绿谷双名工程 “绿谷双名工程”丛书

活动与体验

指向深度学习的课堂教学改革

潘巧明　韩庆英　编著

上海交通大學出版社
SHANGHAI JIAO TONG UNIVERSITY PRESS

内容提要

本书是浙江省“绿谷双名工程”丛书之一。选录了68位幼儿园、中小学教师的课堂教学案例，包含数学、语文、科学、英语等多个学科的内容，以文字方式再现了培养对象的精彩课堂。全书聚焦指向深度学习的课堂教学改革这一主题，呈现了丰富多彩的实际教学案例，表明深度学习是全面深化教育教学改革，落实学生核心素养的重要路径，兼具理论性和实践指导意义。

图书在版编目(CIP)数据

活动与体验:指向深度学习的课堂教学改革 / 潘巧明，韩庆英编著. —上海:上海交通大学出版社，2024.6

ISBN 978-7-313-30124-6

Ⅰ.①活… Ⅱ.①潘…②韩… Ⅲ.①课堂教学—教学改革—中小学 Ⅳ.①G632.421

中国国家版本馆CIP数据核字(2024)第018816号

活动与体验：指向深度学习的课堂教学改革

HUODONG YU TIYAN：ZHIXIANG SHENDU XUEXI DE KETANG JIAOXUE GAIGE

编　　著：潘巧明　韩庆英

出版发行：上海交通大学出版社　　地　　址：上海市番禺路951号

邮政编码：200030　　电　　话：021-64071208

印　　制：广东虎彩云印刷有限公司　　经　　销：全国新华书店

开　　本：710mm×1000mm　1/16　　印　　张：27.5

字　　数：416千字

版　　次：2024年6月第1版　　印　　次：2024年6月第1次印刷

书　　号：ISBN 978-7-313-30124-6

定　　价：78.00元

总　序
Foreword

加强教师队伍建设，实现教育现代化

中华民族自古以来就有尊师重教的优良传统，荀子说“国将兴，必贵师而重傅”。党的十八大以来，党中央特别重视教师队伍的建设。2018 年《中共中央、国务院关于全面深化新时代教师队伍建设改革的意见》指出：“百年大计，教育为本；教育大计，教师为本。”并提出了“真正让教师成为让人羡慕的职业”的政策目标。2019 年教师节，习近平总书记再一次向全国广大教师和教育工作者祝贺教师节，并寄语教师，不忘立德树人的初心，牢记为党育人、为国育人的使命。

改革开放以来，尤其是党的十八大以来，我国教师队伍建设取得了巨大的成就，逐步探索出了一条坚持党的领导、以师德建设为核心、不断提升质量和岗位吸引力的中国特色社会主义教师队伍建设之路。但也要看到，随着各级各类教育普及率大幅提高，教师规模不断扩张，不可避免地出现了发展不平衡、不充分的问题。有些地方教师待遇还是不能很好地得到保障，有些地方教师质量还不达标，也有些地方很难招聘到合格的教师。特别是中西部乡村地区，那里教师招不进去，留不住人。2021 年中央拨款 300 亿元支持农村教育的发展，本人认为这笔钱应该放在教师队伍建设上，以加大公费师范生的教育，加强农村教师的培训，提高乡村教师育人的专业水平。

一、教师培训要改变灌输的方式，采用多种形式向农村输送优质教育资源

首先，教师培训要改变过去那种灌输的培训方式，要培养教师的专业思

想，使他们愿意当教师，热爱教育工作，热爱儿童。其次，要让他们懂得教育的规律、教育的法律法规，有正确的教育观念、良好的师德。再次，要培养他们教书育人的能力，掌握课程标准和教材内容，能够把课上好。另外，除了国培计划、省培计划以外，可以采用多种形式把城市的优质资源输送到农村：一是省级市级之间的交流与帮扶，要像扶贫工作一样，由一个发达省或市帮扶欠发达省或市的教育；二是由市一所优质学校，帮扶市属县里乡村的教育，不是一时一事，而是约定合同计划，进行长期帮扶；三是采取一对一的模式，由一所优质学校帮助一所乡村学校；四是充分利用信息化技术，把优质课堂输送到农村，把线上课堂教学与乡村教学同步进行，不仅使让学生听到优质的课堂教学，还能提高当地教师的教学水平；五是由老教师和年轻教师开展同课异构活动，上同样一节课，由专家点评，开展讨论，深入挖掘课程和教材的本质，改进教学方法，从而提高课堂教学质量，在这个过程中培养年轻教师。

二、在教师队伍建设中改革教师评价制度

2020 年 10 月，中共中央、国务院办公厅发布了《深化新时代教育评价改革总体方案》（以下简称《改革方案》），这是贯彻落实习近平总书记关于教育重要论述和全国教育大会精神、深化教育改革的重大举措，对教育改革有重大的意义。《改革方案》提出要改革学校评价、教师评价、学生评价、用人评价。这几方面评价的改革，归结到一点就是要着力破除唯分数、唯升学、唯文凭、唯论文、唯帽子的顽瘴痼疾，建立科学的、符合时代要求的教育评价制度和机制。《改革方案》对教师的评价制度改革有着重要的作用，因为对教师的评价最终都要落实到教育教学上。《改革方案》对改革教师评价的要求是：坚持把师德师风作为第一标准，突出教育教学实绩，强化一线教学工作。《改革方案》提出，要改进结果评价，强化过程评价，探索增值评价，健全综合评价，这四个方面对教师评价非常重要。

在对学校、对教师进行评价的过程中，应该重视过程评价、综合评价，特别要重视增值评价，鼓励进步。能够治好疑难病症的医生就是好医生，但是教师在所谓“名校”中教优秀学生可以成为名师，在薄弱学校中把所谓“差

生”教好的却成不了名师，这显然是一个悖论。因此，对学校和教师进行评价应该重视增值评价，从发展中看学校和教师的进步。对教师的评价要根据教师的实际情况进行评价，例如，对老教师和青年教师的评价就不应该一样，要重视青年教师的进步和提高，既要严格要求，又要重在鼓励，因为对教师评价的目的是促进教师的发展。

三、什么样的教师是好老师？

什么样的教师是好老师？习近平总书记已经给我们提出了四个标准。2014 年在北师大师生座谈会上他讲到，一名好老师要有理想信念、道德情操、扎实学识、仁爱之心。基于此，我总结了以下五点好老师的标准。

（一）好老师要有理想信念、道德情操

教师本身就应该有高尚的师德师风。师德是教师专业化的一部分，核心就是敬业爱生。教师是用自己的知识和才能、品德和智慧影响学生的。教师的一言一行都在学生眼里，被学生所模仿。这种影响是长远的，有时教师不经意的、无心的一句话，恰好说到学生心坎上，他会记一辈子，所以，教师的言行要慎之又慎。

教师的任务是传道授业，既是经师，又是人师，教师的工作是塑造灵魂。教师的职业不仅是传授知识，而且要育人，要把学生培养成有理想、有道德、有文化、有纪律的人。教师要用自身的品德和才能影响学生，而不像其他职业那样需要特殊的工具。

（二）好老师要有扎实的学识，善于引导学生

教师要掌握所教学科的知识体系，要掌握教育规律，同时还要做学生学习知识的引路人、创造思维的引路人。过去我们常说，教师引导学生从未知到知、从知之甚少到知之甚多。现在，教师要引导学生从已知世界到未知世界，去探索，去创新，去构筑美好的未来。

（三）好老师要树立以学生为本、学生是主体的观念

教师的作用在于启发学生的主体性、主动性和积极性。也就是孔子说的“不愤不启，不悱不发”。教师要了解每一个学生的需要，帮助学生设计适应他发展的学习计划。因此，新时代教师应该成为学生学习的设计者、指导

者、帮助者和共同学习的伙伴。教育的对象是生动活泼的学生，要使学生的潜能得到发挥，就要以学生为主体，发挥学生的积极性、主动性和选择权。我们常常低估了学生的能力，其实教师解决不了的问题要交给学生，往往很快就能解决。我们要平等、公正地对待每一个孩子，不要把孩子分为三六九等，相信他们将来都能成才。

教育是仁爱的事业，没有爱就没有教育。教育的对象是人，是正在成长中的青少年儿童，而不是无生命的物质。教育关系到民族的未来、家庭的幸福、学生个人的成长。学生具有主观能动性，而且千差万别。要把每一个学生培养成才，就要研究学生成长的规律，掌握正确的教育方法。要做一名受学生爱戴，受家长欢迎的好老师，就要对教育的本质有正确的认识，要认识学生成长的规律，科学育人。

（四）好老师会把课堂教学作为立德树人的主渠道

教师要教好每一个学生，课堂是主渠道。教师要深入研究课程和教材，改进教学方法，提高教学质量。现在学生课业负担很重，如何改变这种状况？如何减负？提高课堂效率是根本。如果教师把每一节课上好，让每个学生都能学懂学会，课业负担就能减轻。教师也只有上好课，才能激发学生的学习兴趣，受到学生的尊重。

（五）好老师要坚持学习，终身学习

现在的教师工作很辛苦，但老师的专业培养需要较长的时间，除了理论学习，教师还特别要重视在长期实践中学习，提高自己的文化修养，培养教育智慧，提高教书育人的能力。要活到老，学到老，终身学习，这一点尤为重要。未来教育最大的变革，是从教师的“教”转变为学生的“学”。人机互动创造出新的教育模式、新的学习方式。我们每个教师都要拥抱变化，勇于迎接挑战。面对新的挑战，最好的办法是学习。首先，在实践中学，向别的教师学习，学习他们的长处，比照自己的不足，不断改进；其次，向书本学习，学习专业的书籍；再次，还要跨界学习；最后要放下架子，向学生学习，这就是所谓的“教学相长”“向学生找智慧”。只有这样，才能提高自身的文化修养，才能应对信息社会和人工智能时代带来的挑战，做一名真正的好老师。

总之，教师树立正确的教育观、人才观、学生观和质量观；在深化教育改

革的过程中，提高对教育工作的认识，提高教师育人的能力。

以上是我为《河北师范大学学报(教育科学版)》2022年7月第24卷第4期写的一篇文章(有增删)。2022年11月，我到了浙江丽水学院。在浙江省丽水市参加"教育赋能·共富先行"山区26县高质量发展论坛期间，我了解到了丽水市自2019年12月起实施了"绿谷双名工程"。该工程面向丽水全市选拔培养了336位山区名校长、名教师，通过实施"双导师制"，开展"六个一"活动，创建"虚拟学校"平台等方式助力山区教师成长。我认为这样的名校长、名教师培养活动非常有意义，特别是对浙西南革命老区山区教师培养是一个新的尝试和突破，对全国山区教师培养有着很好的借鉴价值。

顾明远
中国教育学会名誉会长
2023年7月

前言

Preface

2019年12月，丽水学院承接并启动了面向336位山区教师、为期三年的丽水市绿谷名校长、名教师培养工程（简称“绿谷双名工程”），旨在通过三年的系统培养，形成一批在省内、国内有较大影响力的专家型校长和知名教师，夯实山区教育的发展基石。

三年培养接近尾声，丽水市推出“绿谷双名工程”学员成果丛书（4卷），集中展示学员的培养成果。本书选录了68位幼儿园、中小学教师的课堂教学案例，包含数学、语文、科学、英语等多学科内容，以文字形式再现了培养对象的精彩课堂。

课堂是人才培养的主阵地，深度学习是全面深化改革、落实核心素养的重要路径。深度学习是师生共同经历的一场智慧之旅，指向深度学习的课堂教学设计努力让学生积极、充分、灵活地运用所习得的知识去理解世界、解决问题、学以致用，并获得人格的健全和精神的成长，成为新时代的社会主义建设者和接班人。

越来越多的证据证明，深度学习方法比传统的讲授模式更有效。当深度学习的改革目标和任务必须全面依赖校长和教师的行为进行系统转化，最终落实在学校办学和课堂教学中时，对教师的要求也逐渐提升。仔细阅读本书会发现，在实践导师的指导下，各位培养对象所设计实施的课堂教学活动在不同程度上均体现出了深度学习的影子，从目标的设定、环境的创设、活动的安排及评价的设计上，都以培养学生的核心素养为目标。本书案例分别从不同角度展示了浙西南山区一线教师所理解的指向深度学习的课堂面貌。

本案例集中既有文科教学案例，也有理科教学案例，从文科教师的案例中可以体验人文之美，文采之美；从理科教师的案例中可以窥见科学之美，逻辑之美。阅读本案例集有助于山区新手教师快速成长为山区教学“名师”。

本书在案例收集、书稿编辑过程中得到了丽水市各县（区）教育局领导以及校长的大力支持，得到了各位案例入选者的积极配合与回应。再次表示衷心感谢！

由于编者水平有限，书中难免会出现疏漏及不当之处，敬请读者批评指正！

潘巧明
丽水学院教师教育学院院长
2022年10月

目 录

Contents

颜建胜

指向学习力生长的“三有课堂”教学实践

——以“反比例函数”教学为例

一、 教师简介

颜建胜

初中数学高级教师，现任浙江省丽水市莲都区括苍中学教科室主任，教龄23年。曾被评为浙江省校本研修先进个人、丽水市初中数学学科带头人、丽水市优秀教育工作者等，多次荣获莲都区工作业绩突出贡献奖，多次被评为莲都区教育科研先进个人。其利用互联网技术创办的“括苍微课八点整”栏目，切实解决了学困家庭课外辅导难的问题，因而被评为丽水市精准教学先进个人。

二、 课堂教学思想

激发学生学习数学的热情，引导学生发现学好数学的方法，远比学习什么知识更重要。在数学课堂教学过程中，用贴近学生知识生长点的情境引入课题，用学生已学的旧知识类比新知识，用新掌握的知识解决曾经出现而无法解决的问题，创设“三有课堂”，让学生在有趣、有效、有用的数学学习体验中增长知识，积累经验，改良方法，提升思维品质。中学阶段的数学学习是一个知识螺旋上升、学法循序渐进的过程。引导学生以掌握的知识为工具，学会主动地、更广泛地自我摄取新知识，拓宽知识面，才是我们教学追求的最终目标。

三、教学案例（片段）

（一）趣味导入妙趣横生，开放设问引发思考

【教学片段】

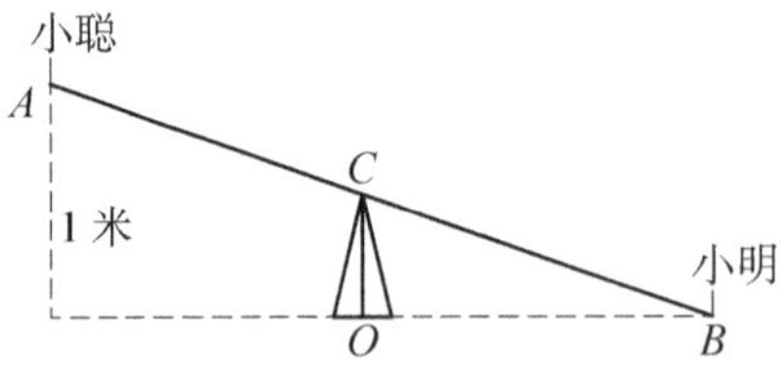

图 1

师：图 1 是公园跷跷板的示意图，立柱 OC 与地面垂直，点 C 为横板 AB 的中点。小明和小聪去玩跷跷板，小明最高能将小聪翘到 1 米高，小明想要把小聪翘得更高一些，你能帮他想出一种方法吗？

生 1：小聪这边再接一块木板上去就可以被翘得更高。

生 2：不用那么麻烦，把立柱 OC 向小明这边移过去一点就可以了。

……

生 5：老师，不改变跷跷板，小明这边能否挖一个坑？（全班哈哈大笑）

师：同学们很会动脑筋，给出了这么多种方法，但是，老师发现有很多同学一脸茫然，为什么他的这种方法可行呢？你们想要揭晓这些秘密吗？

生：想（学生异口同声）……（教师给出课题 6.1.1 反比例函数）

（二）整体回顾同类学法，展望函数单元学习

本节课是浙教版数学八年级下第六章的第一课，是概念起始课。学生在八年级上已经学习了一次函数，对函数的学习方法和知识脉络有了初步了解。反比例函数概念虽新但学法类似，所以重新梳理一次函数的学习方

法，不但能消除学生对新概念“反比例函数”的陌生感，还能对全章学习起指导性作用，对今后学习二次函数乃至高中的指数函数也是一种有效引导。

【教学片段】

师：同学们！在八上我们是怎么学一次函数的？还有印象吗？

生：（分别举手，口述一次函数的学习历程）……

呈现：初中学习“函数”的路线图

函数的概念→函数的图像→函数的性质→函数的应用

（三）类比引用小学示例，关联知识平缓升级

在小学六下第四章“正比例和反比例”中，学生就已经学习过什么叫反比例，只是不清楚小学的反比例关系和初中的反比例函数究竟有何关联。此处利用关联性类比教学，可以有效触发学生最近发展区，促使他们认识到小学阶段反比例只停留在数量与数量之间成反比例关系上，到了初中数学升级为式，数量替换成了变量，研究数量之间的关系自然就上升到研究两个变量之间的关系。

【教学片段】

通过解决两个具体的实际问题，感受两个变量成反比例与小学两个量成反比例的联系，并引发思考：

（1）北京到杭州的铁路线长为 1 661 km，一列火车从北京开往杭州，记火车行驶完全程所需的时间为 x(h)，火车行驶的平均速度为 y(km/h)。

（2）一个矩形的面积是 20 cm^2，相邻的两条边长为 x(cm)和 y(cm)。

师：今天我们研究的两个变量之间有何关系呢？它与小学的成反比例又有什么联系呢？

生 1：小学学的反比例关系，是数字运算，没有字母。

生 2：初中和小学的这种关系有一个共同点，就是乘积不变。

师：同学们回答得非常到位。满足这种乘积不变关系的函数，究竟叫什么函数呢？

（四）归纳特征横比旧知，定义概念水到渠成

【教学片段】

由以上的实例中可得到如下的函数关系式：

$y=\dfrac{1\,661}{x}$，$y=\dfrac{20}{x}$

师：这些函数关系式具备什么样的共同形式？你能模仿一次函数的定义，给出反比例函数的定义吗？

（此时教师给出一次函数的定义，令学生参照一次函数的定义方式，自己给反比例函数下定义。）

生：形如 $y=\dfrac{k}{x}$（k 为常数，$k\neq 0$）的函数叫作反比例函数，其中 x 是自变量，y 是 x 的函数，k 是比例系数，自变量 x 的取值范围是：$x\neq 0$ 的全体实数。

（五）抓住本质辨析概念，正反对比壁垒分明

巩固概念的最佳方法就是进行概念辨析训练，倘若选用的习题都符合定义本身，虽然能较快熟练掌握，但不能培养学生的辩证思维，所以适当地选用一些反例有利于让学生更加深刻地领会定义的本质属性。

【教学片段】

下列函数中，哪些是 y 关于 x 的反比例函数？若是，请指出比例系数 k 的值。

① $y=3x-1$　② $y=2x-1$　③ $y=\dfrac{-3}{x}$　④ $y=\dfrac{2}{3x}$　⑤ $y=\dfrac{-2}{5x}$

⑥ $y=\dfrac{1}{2}x$　⑦ $y=-\dfrac{\pi}{x}$　⑧ $y=\dfrac{2}{x-3}$

师：你认为哪一些是反比例函数？

生 1：我觉得只有③、⑦是反比例函数，因为只有它们符合一般式 $y=\dfrac{k}{x}$。

师：生 1 你对反比例函数一般式掌握得挺好，但能从变形的角度再找找是否还有符合一般式的吗？

生 2：我觉得④、⑤也是反比例函数，因为它们可以写成 $y=\frac{\frac{2}{3}}{x}$，$y=\frac{-\frac{2}{5}}{x}$，符合反比例函数一般式。

生 3：我觉得⑧也是反比例函数，因为它跟一般式很像。

师：反比例函数不一定总是以一般形式出现，如第④、⑤通过恒等变换转化成 $y=\frac{k}{x}$ 的形式，再判断就不大容易错误了。但样子“长得像”也不一定是反比例函数，你们对生 3 提出的结论有何想法？

生：……（七嘴八舌讨论）

生 4：我们小组认为⑧不是反比例函数。

师：那，你们是怎么评定它不是反比例函数的呢？

生 4：反比例函数一定要满足“两变量之积为常数”这个特征，而这个函数不满足条件。

师：非常棒，你们小组抓住了判定反比例函数最本质的属性“两变量之积为常数”。

（六）难点问题肢解分析，化难为易体验价值

本节课的例题由于涉及跨学科知识，是教学的难点，如何引导学生用数学的反比例函数知识解释杠杆原理？为突破这个难点，教师采用了由浅入深、层层肢解的方式展开教学。

【教学片段】

师：如图 2 和图 3 所示，你认为，撬动这块大石头，哪一种方法更省力呢？

生：（齐声回答）图 3。

图 2

图 3

师：小组讨论一下，这是科学的什么原理？从数学的角度分析，为什么图 3 会更省力呢？

生：……（小组热烈讨论）。

（七）悬疑设问承前启后，推动学生渴求新知

在本节课的引例中，学生们通过计算初步感受到变量 y 是随着 x 的增大而减小的，这与小学阶段的两数成反比例关系的变化趋势一致，在课时结束前，教师提出了“反比例函数两变量，y 随着 x 的增大而减小，是真的吗？”一问激起千重浪，“为什么不是真的呢？”学生带着疑问、好奇的心理期盼下一节课的到来。

四、教学案例（片段）反思

数学概念是搭建数学知识体系的基石，掌握概念是抓好数学“四基”“四能”的前置条件。数学概念教学要有大单元教学思想，帮助学生建立完整的知识体系，在新课导入中要从学生已有知识或生活经验引入，消除学生对新概念的陌生感，通过类比教学形成概念，通过正反例辨析强化概念；新概念的应用要以“学为中心”，既要体现所学内容的应用价值，还要关注如何学、如何用、学得怎么样、用得怎么样；概念课教学还需关注德育教育与跨学科融合，如本节例题中，引导学生用反比例函数知识解释了科学中著名的杠杆定律，让学生体会到阿基米德为何可以如此豪迈地说出“给我一个支点我可以撬动地球”。有趣、有效、有用的“三有”课堂让欢声笑语充满课堂，让学生的思维蓬勃生长。

五、实践导师点评

兴趣是学生学习最宝贵的内在动力，也是有意义学习的前提条件，而适合恰当的方法则能够起到事半功倍的效果。该案例先用存在于学生经验世界的跷跷板等事例来引发学生思考（先行组织者），激发学生学习兴趣，激活学生已有的知识，再运用加涅的概念学习理论，通过不同方式的类比设计，促进学生对概念的有意义学习。该案例为我们提供了一个奥苏伯尔有意义学习理论的实践应用样式，对开展老师们最为头痛的抽象概念教学有很好的借鉴意义。

林一钢
浙江师范大学，教授

程科花

实验改进培养学生探究实践能力

——以“光合作用”为例

一、 教师简介

程科花

现任浙江省丽水市青田县腊口铁资中学教育集团初中科学教研组组长。1999 年毕业于丽水师范专科学校，23 年教龄；2006 年荣获青田县德艺双馨教师称号；2015 年被评为青田县初中科学学科带头人，同年被称为丽水市初中科学学科带头人；2016 年开始担任青田县初中科学学科工作室导师；2021 年承担青田县名师工作室（初中科学）学科主持工作，多次参加各类各级公开课、示范课及讲座等教育教学活动。

二、 课堂教学思想

《义务教育科学课程标准（2022 年版）》提出立足学生核心素养的发展。核心素养的内涵包括科学观念、科学思维、探究实践、态度责任。其中探究实践主要指在了解和探索自然、获得科学知识、解决科学问题，以及技术与工程实践过程中，形成的科学探究能力、技术与工程实践能力和自主学习能力。陶行知先生说过：行是知之始，知是行之成。实践是获取知识的必备途径。在教学过程中，根据科学问题，设计学生的探究实践活动，让学生做到主动参与、动手动脑、积极体验，经历科学探究实践过程，将外在的知识变成学生内在的能力和品格。

三、教学案例（片段）

"光合作用"是浙教版《科学》八年级下第三章第6节，在这节中安排有3个光合作用的实验，分别为：绿叶在光照下制造淀粉；光合作用产生氧气；光合作用吸收二氧化碳和水。这节知识以及实验在整个初中科学的学习中都占据着十分重要的地位。

但是，教材中提及的实验存在材料难找、实验操作过程烦琐、实验过程等待时间长等问题，学生在课堂仅有的45分钟内很难有效地完成这些实验并观察到相应的实验结果。尝试改进实验器具，优化实验方法和步骤，寻找更好的实验材料，变演示实验为学生探究实践活动能有效提高学生的参与度和实验的可见度，从而进一步培养学生的动手能力和思维能力，较好地达到实验教学的目的。

（一）绿叶在光下制造淀粉的实验

1. 教材实验及不足

教材中关于绿叶在光照下制造淀粉的实验选用的植物是银边天竺葵，由于此实验在初中科学教学中的重要性，在教学时最好采用学生分组实验教学，如果学生分组实验，就需要大量的天竺葵盆栽，价格也较高，实验成本很大。

在实验过程中，植物是放在盛有酒精的小烧杯中，再把小烧杯放在盛水的大烧杯中，让酒精灯对整个装置进行加热。这套实验装置在学生的分组操作中由于存在对酒精灯的使用，再加上小烧杯中又盛有酒精，存在一定的危险性。同时，在课堂中对绿叶进行现场水浴加热至褪色，学生需要至少5

到10分钟,甚至是更长时间的等待。这会使学生觉得课堂单调无聊,有些学生会转移注意力,有些学生会打乱实验操作顺序,使得实验半途而废。

2. 实验材料及器具的改进

1）植物的选择

同银边天竺葵一样,银边黄杨同样有银边部分,便于探究绿叶进行光合作用时叶绿体的作用。同时,银边黄杨生长周期长,枝叶繁茂,并且可以大面积种植在校园绿化带中,在需要做实验时,可大面积地采摘,解决了实验的取材问题。

2）装置的改进

鉴于用酒精灯对整个烧杯装置进行现场加热存在危险以及实验过程等待时间长的问题,教师采取了用刚煮沸的开水来代替原来烧杯中的冷水,将整个烧杯装置放进泡沫保温盒中用于取代教材实验中酒精灯的加热装置。具体操作为:将绿叶放进盛有酒精的小烧杯中,整个小烧杯装置放进盛有开水的500 ml的大烧杯中,再将整套烧杯装置放进泡沫保温盒中。

在上课之前就可将装置给予学生,由于开水温度大于酒精的沸点,所以在整个保温过程中酒精可一直处于沸腾状态。当课堂教学讨论升华到实验探究时,绿叶已经在等待的时间里完美褪色成黄白色,同时酒精也变成了绿色。

3. 实验改进的优点

经过改进,省去了酒精灯加热这一操作,可以将教师的演示实验变为学生分组探究实践活动,安全性高,操作方便,化学生被动观看教师活动为主动参与,提高了学生的动手实践能力。当教师打开泡沫盒盖将整套装置和实验褪色结果呈现在学生面前时,对学生造成强烈的视觉冲击,给学生留下深刻的印象,将课堂推向高潮。

对实验材料、器具以及步骤的改进,不仅节省了等待的时间,同时也让叶片褪色得更为彻底,彻底解决了叶绿素的绿色对淀粉遇碘变蓝色的现象的干扰,使实验更具说服力和权威性,真正体现了实验教学的直观效果。

（二）光合作用产生氧气的实验

1. 教材实验及不足

教材中关于光合作用产生氧气的实验采用的是将金鱼藻放入漏斗中，倒置在装满清水的烧杯中，再将装满水的试管倒扣在漏斗上方，最后将整个装置放在阳光下。首先，这个实验的材料获取较难，因为金鱼藻这种水生植物在一般的城镇地区较难寻到，通常要在城市的水族馆中才能找到。其次，这套装置（见图 1）在操作上很不方便，由于漏斗底部较长，使试管不易从烧杯中取出，如果将漏斗截短，又破坏了实验器材，同时由于漏斗容量的原因，罩在漏斗中的植物数量较少，使在整个实验过程中收集到的气体较少。再次，即使经过较长的时间收集较多的气体并取出试管用带火星的木条检验，一套装置只能做一次实验，不能重复进行实验。最后，植物光合作用时需要二氧化碳作为原料，而装置中装的是清水，清水中的二氧化碳的含量可能不能满足植物光合作用所需，从而影响了光合作用产生氧气的速度。

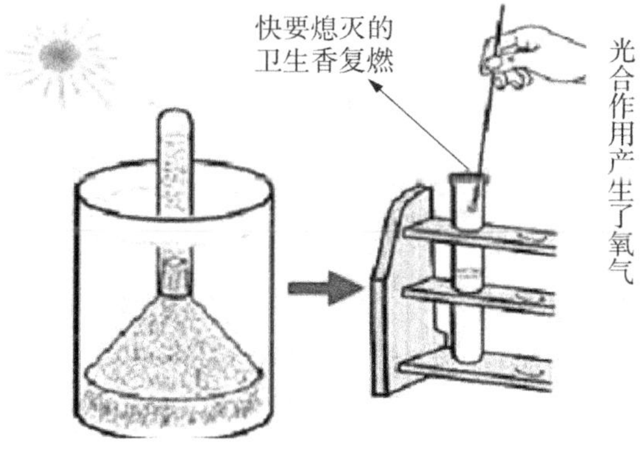

图 1

2. 实验材料及器具的改进

1）植物的选择

鉴于金鱼藻较难找寻，可以选择陆生植物空心莲子草（又名革命草）作为实验对象。空心莲子草在 4 月到 11 月这段时间在田边、花坛边都大量地生长繁衍，取材非常方便，而且，在相同条件下、相等的时间内，空心莲子草产生的氧气与金鱼藻产生的氧气的量是差不多的，都能使带火星的木条复燃。如果在晚秋时节，空心莲子草很难寻觅，还可以取芹菜叶作为实验对象，芹菜叶具有叶子薄、大、绿的特点，它在光照下产生氧气的效果也较好。

2）装置的改进

鉴于教材中烧杯和漏斗试管套组的操作不便、产生氧气的量少以及实验不能重复进行等缺点，教师可以采用 550 ml 的矿泉水瓶、双孔橡皮塞、导气管、橡皮管和止水夹连接成实验装置。具体操作方法为：植物装满三分之二矿泉水瓶并装满水，双孔橡皮塞中的两根导气管一根尽可能插入水中深一些，另一根导气管一端刚过橡皮塞底即可，另一端套上橡皮管并用止水夹夹紧，再将整套装置放在太阳光下。

植物进行光合作用产生氧气留在矿泉水瓶中，使矿泉水瓶内的气压增大，瓶内的水就从长的导气管中溢出。由于瓶内装清水会使植物光合作用速度较慢，故实验前先在烧杯中配置碳酸氢钠溶液（碳酸氢钠可以缓慢地分解释放二氧化碳，可以为植物光合作用提供原料）。经查阅资料，表 1 是空心莲子草在不同浓度的碳酸氢钠溶液中进行光合作用的现象：

表 1　空心莲子草在不同浓度的碳酸氢钠溶液中进行光合作用的现象

序号	1	2	3	4	5
碳酸氢钠浓度	0（清水）	0.5％	1％	1.5％	2％
实验现象	气泡有，极少	叶子表面覆满气泡且气泡不断从溶液中冒出，速度快	叶子表面覆满气泡且气泡不断从溶液中冒出，速度快	叶子表面覆满气泡且气泡不断从溶液中冒出，速度快	刚开始溶液中有气泡冒出，但 1 小时后植物发黄，无气泡产生

由表 1 可知，碳酸氢钠浓度在 0.5％到 1.5％时，氧气产生的速度较快，所以这个范围的浓度也较合适，同时，为使实验效果更好，最好取用新配置的碳酸氢钠溶液。

3. 实验改进的优点

通过改进后的材料和器具收集到的气体都在矿泉水瓶内，当需要检验瓶内气体时，只需将带火星的木条放在橡皮管口，同时打开止水夹即可。当看到明显的实验现象想停止实验时，只需关闭止水夹即可。这样矿泉水瓶内的氧气不会溢出，当需要再次进行实验时，只需再次打开止水夹即可。这实现了用同一个装置可以进行多次实验的目的，节省了实验的材料和器具，并且矿泉水瓶的容量大，里面可以装较多的植物，在相同的时间内可以产生更多的氧气。

由于这套装置选用了生活中常见的矿泉水瓶作为器具，既节能又环保，并且器具非常容易获得，可以作为学生家庭探究实践作业，重现课堂实验，并且在此基础上进行拓展，比如：比较不同植物光合作用的速率；温度、光照对光合作用的影响等。在探究实践过程中，提高学生的动手操作能力、实验设计能力、自主探究能力、分析实验的能力以及自主学习能力。

四、 教学案例（片段）反思

以上两个实验装置在不改变实验原理的基础上，综合运用了科学课程中的相关知识，针对教材中实验的不足进行分析、讨论，并结合自身课内外的实践经验进行了创新改进，使科学课程中的微观生命活动较为形象、有效地展示给学生。同时，以上改进实验装置方便、实用，实验过程严谨，实验现象明显，并且注重安全环保和材料的充分利用。在科学教学过程中也有利于培养学生的创新精神和提高学生的科学素养。

五、 实践导师点评

程科花老师执教的“光合作用”一课中，关于“绿叶在光照下制造淀粉”和“光合作用产生氧气”的两个实验，均在自身的课堂教学实践中进行了实验优化改进，通过变演示实验为探究实践活动充分体现学生的课堂主体地位。并以实验原料的选择优化，实现了实验全面开展的可能性；优化实验操作，特别是在保温盒中用刚煮沸的热水代替酒精灯加热进行色素脱色，极大地缩短了实验的时间，提升了实验的安全性和有效性；验证氧气实验则从课堂延伸到课后，放手让学生探究实践，并在实践过程中给予适当的指导，提高学生的实践探究能力。程老师的实验改进具有可复制性和推广性，值得肯定。

王盛之
杭州市安吉路实验学校，浙江省特级教师，正高级教师

郭楚锋

立足问题导向　构建科学抽象概念

——以“机械运动”教学片段为例

一、 教师简介

郭楚锋

现任浙江省丽水市青田县华侨中学副校长，执教初中科学；2001 年毕业于丽水师范专科学校，21 年教龄；2009 年荣获丽水市优秀教师称号，2012 年被评为丽水市初中科学教坛新秀，同年被评为青田县初中科学学科带头人，2015 年被评为丽水市初中科学学科带头人；2012 年至 2022 年，一直担任青田县初中科学学科工作室主持人兼导师，多次参加各类各级公开课、示范课及讲座等教育教学活动。

二、 课堂教学思想

教书育人是教师的天职，但教师如果没有扎实的教学技能，空有一腔热情是没法完成教书育人这一使命的。多年来，我一直把提高自身素养能力当作不断提高师德修养的一个目标去追求，致力于课堂教育教学研究，教学上更是潜心学习研究课程标准、教材教法，广采他山之石。课堂上关注学生的学习体验，追求“动手动脑学科学”的教学理念，在教学中注重培养学生的科学素养。能把各种教学方法有机地结合起来，讲课亲切自然，善于建立平等、协作、和谐的学习氛围，将学生对知识的渴求和探索融于简朴、真实的教学情景之中，实现师生、生生、生本之间的平等对话，课堂因学生个性的张扬而美丽，因教学理念的前卫而精彩。

三、教学案例（片段）

初中科学概念的学习是学生掌握基本的科学知识，形成初步的科学观念，掌握基本的思维方法的核心内容之一。实践证明，从概念的形成过程和学生学习者的角度来看，科学概念的类型繁多。其中，科学抽象概念对于学生而言，理解上比较困难，需要学习者将事物的本质特征提取出来从而形成概念，具有典型的抽象性和概括性。比如，七年级科学下册第三章第1节“机械运动”中，运动概念的相对性以及参照物的选取和判断，都属于学生难以理解的抽象概念。从创设问题情境引概念、设置问题链锁建概念、拓展问题应用固概念三个方面，立足问题导向，谈谈如何帮助学生构建初中科学的抽象概念。

（一）创设问题情境引概念

片段一：在引入“机械运动”这个课题时，教师引用热门的抖音视频，画面看上去是有人在“骑马”前行，旁边的树木从“骑手”的旁边呼啸而过。

问题1：从画面上看到，这个人在干什么呢？

生：骑马飞速前进。

再播放展示完整视频，发现这个“骑手”并不是在骑马，而是坐在一张凳子上，边上的人拿着树枝从其身旁不断地游走。当我们只看上半部分时，会感觉到这个人在“骑马”。

问题2：这位“骑手”并不是在真的骑马，但为什么，我们在看上半部分画面的时候，却感觉到这个人在“骑马”向前飞奔呢？

问题3:而看到整个画面的时候,却发现这位“骑手”在原地没有前进呢?

利用学生喜闻乐见的抖音视频,结合发生在身边的生活现象,利用两个画面产生的不同感觉,再根据学生在小学阶段已经形成的关于运动的前概念,原本心中认定的“骑手”位置在改变,到真实情形中却是“骑手”在原地,其周围的人在向后移动,在学生心中形成强烈的认知冲突,激发其学习的内在动力,为机械运动的概念构建做了很好的诠释,为物体相对运动的概念做了很好的铺垫。

(二)设置问题链锁建概念

片段二:在引入“机械运动”这个概念时,教师引用太阳东升西落、动物奔跑、瀑布下落、雪崩、天体运动、草履虫运动等系列生活现象,从其中科学家总结出“一切物体都是运动的”。

问题1:自然界中有没有物体是不运动的呢?

生:教室里的课桌凳、房子、路灯、旗杆……

问题2:为什么科学家说“一切物体都是运动的”,我们自己举出的例子为什么又是静止不动的呢?

片段三:用一组常见的玩具小熊、小虎和一辆小汽车,模拟一场运动与静止的判断,从而得出机械运动的概念。(课件呈现该场景)

问题3:在上述场景中,小车运动了吗,小熊运动了吗,你是怎么判断的?

生总结:物体位置是否改变,是判断物体运动与否的关键。

问题4:物体位置是否发生改变,你是如何判断的?

生:小车和小熊相对于小虎的位置是否发生改变。

师:哦,原来物体是运动还是静止,需要参照其边上的另一个物体来进行判断,那么,这个用来进行参照的物体,我们可以称之为什么呢?

生:参照物。

以生活中众多的例子,在课堂上逐渐形成一组模型,利用一组连续性的问题导向链锁,来构建“参照物”这个十分抽象的概念,在具体的情境中,学生根据连续性的问题链锁,有效地提高了对“参照物”的理解。

（三）拓展问题应用固概念

“机械运动”这一课中，物体“运动和静止的相对性”是教学中的重点和难点，判断学生是否掌握和理解，关键要看学生能否把所学知识有效地应用于具体的情境中，熟练地运用参照物的概念、物体运动和静止的判断原理在新的环境中解决问题。

片段四：进行学生活动一，并说出判断的理由。

（1）将重物压在纸条上，慢慢拖动纸条，判断重物是运动还是静止的？

（2）将重物压在纸条上，快速抽出纸条，判断重物是运动还是静止的？

生：慢慢拖动纸条时，重物以桌面为参照物是运动的，以纸条为参照物是静止的。

生：快速将纸条抽出时，重物以桌面为参照物是静止的，以纸条为参照物是运动的。

师：（小结）原来同一个物体是运动还是静止的判断，也是根据参照物的不同而不同，所以说，物体的运动和静止是相对的。这就是物体运动和静止的相对性。

片段五：进行学生活动二。

（3）设计让一辆小车上的冰墩墩和另一辆小车上的黄小鸭保持相对静止。

（4）设计让一辆小车上的冰墩墩和另一辆小车上的黄小鸭保持相对运动。

生：要让冰墩墩和黄小鸭保持相对静止，一种是让两辆小车相对地面都静止；另外一种是让两辆小车用相同速度、相同方向在地面上运动。

生：要让冰墩墩和黄小鸭保持相对运动，一种是让冰墩墩的车在地面上静止，黄小鸭的车在地面上运动；另外一种是让冰墩墩的车向左（或向右）运动，黄小鸭的车向右（或向左）运动，即两车在地面上向相反的方向运动；还有一种是让冰墩墩和黄小鸭的车在地面上都向相同方向，但保持不同的速度运动。

瑞士儿童心理学家皮亚杰指出：学生对概念的理解是通过在具体的问

题情境中思考，应用实践过程中采用创新性的活动，逐步表现出来的。通过片段四和片段五的两个教学活动，学生从知识的简单运用到逆向地、没有任何提示的帮助下运用知识，解决全新的真实问题，有效地巩固了参照物概念运用、物体运动和静止相对性的判断等概念。

四、教学案例（片段）反思

在“机械运动”一课中，学生对运动的存在有比较清楚的前概念认知，但只是停留在事物变化的表象中，对“机械运动”“参照物”“物体的运动与静止的相对性”等概念的理解是模糊不清的，特别是如何选取参照物以及如何判断“物体的运动与静止的相对性”更是非常抽象。故在教学设计时，教师首先选用了学生生活中常见的抖音视频活动引入，让学生的原认知与现实问题产生冲突，激发学生的学习兴趣。生活中关于运动和静止的现象是非常多的，但是，在短短的45分钟课堂中是无法全部真实照搬展现的，因此，利用身边的常见道具创建类似的生活情境，利用精简的问题导向，激发学生的思维，逐步自主构建并形成重要概念，是本节课最大的亮点。

五、实践导师点评

郭楚锋老师执教的“机械运动”一课，教学设计结合生活情境和课堂教学创设的情境，非常符合学生的认知规律，在情境中运用有效的问题导向，抽丝剥茧，引出概念、建构概念、应用巩固概念，从具体的情境中找到事物的本质特征，帮助学生自主建构概念，促进了学生思维的发展，有助于学生逐步理解科学的本质。

王燕红
浙江省台州市新桥初中副校长，正高级教师，浙江省特级教师

江慧荣

为科学理解而教

一、教师简介

江慧荣

浙江省丽水市云和县第二中学副校长，执教初中科学，教龄17年，高级教师。曾获得丽水市师德楷模、丽水市学科带头人、丽水市教坛新秀、云和县学科带头人等荣誉。多次获丽水市初中实验技能大赛一等奖、丽水市命题比赛一等奖等。视频课“物质的密度”被评为省级优课，“动能演示仪”科学实验创新项目获得省三等奖、市一等奖。撰写的《创设生活化情境教学在科学教学中的实践与研究》等论文在省、市级获奖，参与撰写的课题多次在市级获奖。

二、课堂教学思想

课堂教学思想秉持“为科学理解而教”。叶圣陶说：“好的先生，不是教书，不是教学生，乃是教学生学。”陶行知认为“教的法子要根据学的法子”，教与学的关系被重新定义，教的意义是为了满足学的需求，是为学提供发展所需的影响；教的效果体现为学的效果，所以学才是核心；学不能被外在逼迫，而应从内部唤醒。科学的学习过程，学生要经历科学—体验科学—理解科学。“为科学理解而教”的设计，教师在想“如何教”之前，应先设计好“如何评”，通过各种具体教学活动，为学生在评估当中的“成功”奠基铺路。以清晰的学习目标为起点，诊断学生需求，围绕教学目标设计教学评估和教学活动，检验我们的工作是否已经达到了预期的目标。

三、教学案例（片段）

以“物质的密度”一课为例。

（一）展示校园文化，激发学生兴趣

（开始上课，教师利用PPT展示“校园文化石”）

教师：同学们，请看这张照片是在哪里拍的？

学生甲：篮球场旁边。

学生乙：这块石头上有八个字“知者待识，识者方知”。

教师：对，这八个字是我国女作家、国务院参事、中国作协副主席张抗抗女士所题，张参事也是我校芽芽文学社顾问。张女士的著作《城市的标识》被选入小学教材，《地下森林断想》被选入中学教材。这块文化石近似长方体，长约2米，宽约1米，高约1.6米，你知道它的质量有多大吗？

学生丙：不知道。又没有这么大的天平。

教师：今天这节课，就让我们感受文化魅力，探寻石块的特性，估测文化石的质量。

（二）创设科学情境，引导学生思考

（教师给学生展示不同的石块，指导学生认真观察）

教师：我们来观察文化石和石块，它们有什么不同点？

学生：质量和体积大小不一样。

教师：我们桌上有体积不同的石块，我们来探寻质量和体积之间到底有什么关系？

(三) 分组开展实验，体验科学奥秘

(教师介绍实验装置后，让学生动手实验)

用天平测出石块质量，用量筒测体积，做完实验后，把数据写在统计表上，结果小数点后保留一位。

教师：我们来看各小组的数据，你能得出什么结论？小组讨论一下。

学生甲：我们组石块的质量和体积的比值基本都在 2.5 左右。

学生乙：我们组有几个数据不同，由于实验过程存在误差。

学生丙：我们组认为石块的质量和体积比值相同。

教师：同学们回答得很好，实验结论是石块的质量和体积比值相同。

(四) 替换实验对象，思考科学奥秘

教师：其他物质的质量和体积比值是否也是一个固定值呢？其他物质的质量和体积比值和石块的比值一样大吗？

教师：我们继续做相应的探究。在同学们的桌面上有铜、铁、铝三个柱体，黄颜色的是铜，银白色的是铝，亮白色的是铁。同学们通过动手、动眼，不用实验器材，观察三个柱体的相同点和不同点。请各位同学汇报小组观察结果。

学生丁：三种柱体体积相等。

学生戊：我用手估测了一下，质量的排序为铜柱＞铁柱＞铝柱。

学生己：它们质量与体积的比值，铜柱最大，铝柱最小。

教师：和他们结论相同的，请举手。我们定性判断了三种物质质量和体积的比值大小。还可以用天平测质量、用量筒测体积等方法进行定量研究，

教师：大家可以看“如图所示”的相关数据，分析这些数据，你可以得出什么样的结论？

物质		体积/cm^3	质量/g	质量/体积 g/cm^3
铜	1	10	89	8.9
	2	20	178	8.9
	3	40	356	8.9

物质		体积/cm^3	质量/g	质量/体积 g/cm^3
铁	1	10	79	7.9
	2	20	158	7.9
	3	40	316	7.9

物质		体积/cm^3	质量/g	质量/体积 g/cm^3
铝	1	10	27	2.9
	2	20	54	2.9
	3	40	108	2.9

学生：同种物质质量与体积的比值相同。

教师：你是通过比较哪几组数据得出结论的？

学生：铜1、2、3组，铝1、2、3组。

教师：这位同学是通过比较铜1、2、3比值、铁自身比值、铝自身比值得出相同物质的质量和体积比值相同。你还能得出什么结论呢？

学生：不同物质的质量与体积比值不同。

（五）教师及时引导，建立科学定义

（教师边讲解边板书，建立密度概念）

科学中将质量与体积的比值定义为密度。像这种由两个科学量的比值来定义一个新的科学量的方法，称为比值定义法。密度可以写成质量除以体积，这是密度定义的计算公式。

教师：如果把体积取作1个单位体积，如1立方米、1立方厘米，质量与密度的数值上有什么关系？

学生：质量与密度数值上相同。

教师：在体积为1 m^3 或1 cm^3 时，密度和质量的数值是相等的，所以密度我们还可以描述成单位体积物质的质量。

（教师指导学生通过归纳、运用理解概念）

现在请同学们计算体积为20 cm^3、质量是50 g的石块的密度，将它写在任务单上。

（学生的计算过程没有公式，没有单位。）

请这位同学讲一下订正后的过程。石块的密度是 2.5 g/cm^3。

教师：g/cm^3 是密度常用单位，读作 g/cm^3。质量还有国际单位，是 kg，体积的国际单位是 m^3。密度的国际单位是 kg/m^3。

教师：这两个单位有什么关系呢？在任务单上完成 $1\,g/cm^3 = 1\,000\,kg/m^3$

2.5 g/cm^3 = 2 500 kg/m^3，找个同学讲一下，换算过程。

教师：表示每立方厘米的石块（质量）是 2.5 克。

假如大理石 1 cm^3，它的质量是多少？2 cm^3，它的质量是多少？2.5 克，它的体积是多少？

学生：大理石 1 cm^3，它的质量是 2.5 g。2 cm^3，它的质量是 5 g。2.5 克，它的体积是 1 cm^3

教师：烧杯中水的密度是 1 g/cm^3，它表示 1 立方厘米的水，质量是多少？

学生：表示 1 立方厘米的水，质量是 1 克。

（六）教师巧妙设问，引导学生发散思维

教师：自然界有许多物质，科学课本 135 页列举了常见物质的密度（见表 1）。我们来观察，密度最大的是什么物质？密度最小的是什么物质？

表 1　常见物质的密度（单位：千克/立方米）
（除专门标注外，在 0℃、标准大气压下）

金	19.3×10^3	铝	2.7×10^3
铅	11.3×10^3	冰	0.9×10^3
铜	8.9×10^3	石蜡	0.9×10^3
钢、铁	7.9×10^3	干松木	0.5×10^3
水银	13.6×10^3	植物油	0.9×10^3
硫酸	1.8×10^3	煤油	0.8×10^3
海水	1.03×10^3	酒精	0.8×10^3
纯水（4℃）	1.0×10^3	汽油	0.71×10^3
二氧化碳	1.98	氦气	0.18
氧气	1.43	氢气	0.09
空气	1.29		
一氧化碳	1.25		

还可以获得哪些科学信息?

学生甲:从表格中发现,金的密度最大,密度最小的是氢气。

学生乙:发现冰和石蜡、植物油的密度相同。

学生丙:冰和水密度不同。

学生戊:大量物质的密度不同,固态金属密度比较大。

学生丁:影响物质密度变化的因素有温度、气压、状态。

教师:同学们观察得很仔细。密度是物质的一种特性,同时温度、气压、状态等因素对它有影响。

(运用所学知识,解决生活问题)

文化石长约2米,宽约1米,高约1.6米,现在可以计算它的质量。已算出石块的密度是 $2.5\,g/cm^3 = 2.5 * 103\,kg/m^3$

学生计算的结果是,石块的体积约为 $3.2\,m^3$,质量约为8000千克,即8吨。

课后同学们可以近距离感受一下质量约8000千克、体积约 $3.2\,m^3$ 文化石的大小,体会一下"知者待识,识者方知"所表达的意思。

四、教学案例(片段)反思

教师从校园文化石入手,引出与科学有关的问题,激发了学生的兴趣。接着给学生展示不同的石块,指导学生认真观察,进而引导学生对石块质量与体积的关系提出大胆的猜想,然后通过分组实验、小组合作、全班交流,得出了正确结论,这个环节设计有助于学生体验质量和体积的比值关系。接着给学生铝柱、铁柱、铜柱,并展示三个柱体的质量与体积关系表格,小组讨论,全班交流,得出了正确结论,这个环节设计有助于学生理解质量和体积的比值关系,建立密度概念。

有三点收获:

(1) 本节课教学过程中,通过观察、交流、讨论初步形成密度概念,再通过实验、合作和分析进一步建立密度概念,有助于学生从经历—体验—理解三个阶段对密度概念的建立和理解。

(2) 本节课教学过程按“观察—合作—实验—讨论—结论”的教学模式组织，注重科学方法渗透，所有结论的得出并不是由教师讲授，而是由学生在实验中发现总结得出，学生参与度很高，成为学习的主体，也有利于培养学生的思维能力。

(3) 在课堂教学中，对待学生的回答，教师都加以鼓励和引导。当学生总结出一些规律时，教师就因势利导，层层追问，引出新的问题，并引发学生进一步思考。和谐的师生关系使学生不仅发展了智能，而且获得了深层次的情感体验。

五、实践导师点评

教育从来不是一个结果，而是一个生命展开的过程，它永远面向未来。江老师提出“为科学理解而教”的课堂教学主题，充分发挥学生的学习积极性、主动性，彰显学生的主体地位；翻转原有的备课习惯，教学设计从学生端出发，分析学生的学情，把期望的学习结果转化成实实在在可被观察到的学生行为。翻转原有的设计目的，从精致地设计课程和学习体验活动，满足特定的教学需求，转变到诊断学生需求，检验我们的工作是否已经达到了预期的目标。

方建平
丽水学院，教授

李河敏

说题，让习题讲解更生动

一、教师简介

李河敏

浙江省丽水市缙云县实验中学数学教师。先后被评为县教坛新秀、市教坛新秀、县学科带头人、市学科带头人、县五星级教师、县师德楷模。多次被评为市县级数学竞赛优秀指导师。曾获县“实效课堂”评比一等奖、省优质课比武活动一等奖。撰写的论文多次在省、市、县级获奖，负责研究的课题“初中数学形象教学的研究”获市二等奖，现有在研市级课题“初中数学课堂管理策略的研究”。

二、课堂教学思想

数学教学中，为了让学生更好地理解并掌握数学概念、法则和定理等，教师需要以题目为载体，揭示其发展和本质。新课教学需通过例题讲解，并配以习题练习加以巩固。考试也多以题目形式来检查学生的知识掌握情况。要提高学生的学习效果，教师必须对“自己讲得滔滔不绝”的教学模式进行改革，树立“以学生为主体”的教学意识，采用多种教学模式，提高学生的注意力和参与度，让学生的思维动起来，激发学生的学习热情，主动参与课堂、积极探索问题、深入学习知识。

“说题”教学刚好顺应了这一要求。“说题”教学的主体是学生，学生“说题”，改变了“教师讲、学生听”的被动学习局面，让学生成为课堂的主角。通过学生“说题”活动，教师创设机会让学生在“说”中进一步理清解题思路，优化解题认识链并养成反思的习惯。

三、教学案例（片段）

（一）作业讲评课中学生精彩说题

“双减”背景下，要减少作业量，又不减教学质量。这就需要教师帮助学生对作业的每道题目都仔细分析，落实到位。

案例 1

在七年级下册因式分解这一章内容的学习过程中，经常碰到分解不彻底的情况。作业里有一道题为将多项式 a^4-16b^4 分解因式，很多学生出现了分解不彻底的问题。于是，在习题课上，我请学生举手讲题。学生 W 踊跃举手，信心满满地上台讲解。

生 W：先观察多项式，发现第一项可看成 $(a^2)^2$，第二项可看成 $-(4b^2)^2$，符合平方差公式的特征，于是可以这样分解：

$$a^4-16b^4=(a^2)^2-(4b^2)^2=(a^2+4b^2)(a^2-4b^2)$$

生 W：很多同学可能做到这里就觉得已经做好了，其实还没有分解彻底。请大家仔细观察，哪个因式还能再分解？

这时，观察仔细的学生已经发现，第二个因式还可以再分解。

生 W：是的，第二个因式中 $4b^2=(2b)^2$，还能再用平方差公式分解，如果第二个因式为 (a^2-3b^2)，就不能再分解因式了。所以正确的分解是：

$$\begin{aligned}a^4-16b^4&=(a^2)^2-(4b^2)^2=(a^2+4b^2)(a^2-4b^2)\\&=(a^2+4b^2)(a+2b)(a-2b)\end{aligned}$$

讲解完毕，学生们报以热烈的掌声。

待学生 W 走下讲台，我快步上前，给予总结："刚才 W 同学讲得很好，但是有一个地方值得探讨。如果第二个因式为 (a^2-3b^2)，就不能再分解因式了吗？"

学生们被我这么一问，都睁大了眼睛，虽然不知道怎么回答，但充满了好奇。我趁热打铁说道："如果在有理数范围内，(a^2-3b^2) 是不能再分解因式了，但是如果在实数范围内，(a^2-3b^2) 可以继续分解成 $(a+\sqrt{3}b)(a-\sqrt{3}b)$。所以 W 同学这句话需要加一个条件：在有理数范围内。目前我们书本要求的因式分解基本都是在有理数范围内。"

学生 W 听后也点点头，他的讲解不但帮助了别人，也拓宽了自己的认知。

（二）试卷讲评课中小组互助说题

在试卷讲评课中，如果都由教师来讲解错题，错误少的学生不太愿意听。有些学生错得多，希望教师多讲一些题，讲得慢一点，细一点。教师若慢讲细讲，学优生觉得自己在无聊等待，不太愿意听。而学困生看学优生不愿意听了，他们也不能专心了。所以，试卷讲评课对数学教师来说是个大挑战。

由此，我尝试采用小组互助模式。我把学生分成 6 人一组，先让小组同学互相教，会的同学教不会的同学。教的同学在教别人的同时自己对知识点重新进行理解巩固，不会的同学有了一个认真教他的小老师。小老师能根据他的知识断层对他进行指导，他听懂了再讲给小老师听继续巩固，这时数学老师可以到各个小组去对他们进行一些补充性的指导，对全组都有疑问的题目进行集中答疑，对各个小组都不会的题目再进行集中讲解。

案例 2

因式分解单元测试的试卷讲评课，这个单元主要要求学生掌握因式分解的提取公因式法和公式法，并拓展了十字相乘法。试卷批改后老师发现学生出现各种各样的错误。但总体来说，优生已经掌握得比较扎实，学困生却困难重重，还有一部分学生有错但帮助一下很快能订正。于是，我安排学生们小组内互帮互助，最后再统一反馈讲解。

学生们立马忙碌起来，优生负责讲解，其他学生围坐旁边，哪题需要讲哪题，一遍不懂讲两遍。我负责巡查，发现有不认真听讲的学生，马上予以提醒。发现有不参与听讲、坐着不知所措的学困生，给予思想上的鼓励和方法上的指引，让其参与课堂，学会听讲。

在汇报阶段，要求组内被优生教会了的学生上台讲解比较难的题目。我选了一个容易被遗漏的填空题，让学生来讲解。

题目 6(3)：两个大小不一样的正方形按图 1、图 2 所示的两种方式放置，若 $AB=a$，$CD=b$，则图 2 阴影部分的面积为________________。

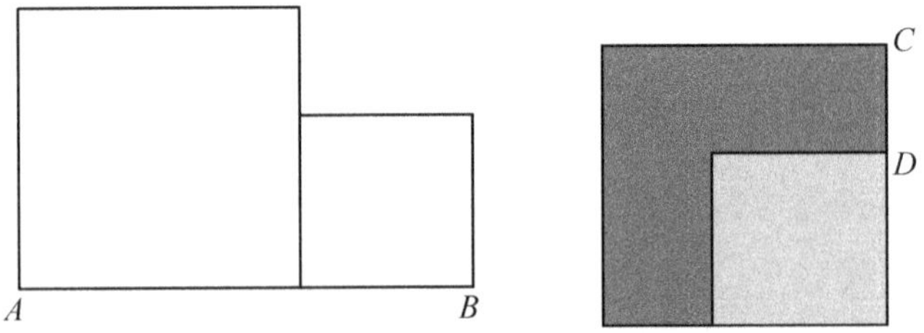

图 1　　　　图 2

第七大组的 L 同学把手举得老高，脸上满是喜悦，看来已经听懂。同组的同学也积极推荐他讲解。我当即把讲解的机会给了他。

生 L：设大正方形边长为 x，小正方形边长为 y，

则 $AB=x+y=a$，$CD=x-y=b$，

阴影部分面积：

$$S_{阴}=x^2-y^2=(x+y)(x-y)=ab$$

听到这里，下面已响起热烈的掌声。从掌声里我读懂了，有些学生是从不会到听会了，还有些学生是惊喜于这种方法比自己的方法更优。此时再看 L 同学，满满的幸福感。我想，在这种幸福感的感召下，他学习数学的兴趣会更浓烈，热情会更高涨吧！

四、教学案例（片段）反思

“双减”背景下，我们教师要思考的是如何在减少作业数量的情况下提高作业质量。学生是课堂的主体，我们应该积极创设“让学生位于前台，自己退居其后”的机会。在数学教学中，开展学生说题活动恰好顺应了这一要求。尤其在习题课中，学生走上讲台精彩说题，小组合作里互助说题，都让课堂变得生动活泼，大大优化了课堂氛围，提高了学习效果。这种教学方式锻炼了说题学生的表达能力和分析能力，也强化了听讲学生对题目条件的挖掘能力和知识的灵活运用能力，又增强了课堂管理的效果，可谓“一举多得”。当然，教师在课堂中要做好检查督导的作用，让讲和听都落到实处。在一线教学中，我们教师要不断反思，采取灵活的教学模式，一切以学生为主体，锻炼学生的数学思维，培养学生的核心素养。

五、实践导师点评

李老师紧扣“双减”要求，认真思考如何处理作业和试卷中的错题，提高学生的学习效率。学生上讲台说题和小组互助说题，凸显了学生的主体地位，增加了习题讲解的生动性，优化了课堂学习氛围，增强了学生学习数学的兴趣，锻炼了学生的数学思维，培养了学生的核心素养，提高了课堂学习的效果。在这样的课堂中，教师充分挖掘学生的潜能，增强师生间的交流与对话，扩大解题教学的交互性，给学生提供了展示的空间和时间。学生“说题”不但改进了学生的学习方式，也是教师教学方式的一种改革。“少了理论的实践是盲目的，少了实践的理论是空洞的。”李老师在习题讲解中采用“说题”教学，正是实现了理论与实践的有机结合。

叶茂恒
温州鹿城区教育研究院，正高级教师

刘小东

通过模型建构促使深度复习

——以"实验装置气密性检查"为例

一、教师简介

刘小东

浙江省丽水市景宁畲族自治县民族中学教师，执教初中科学，从教25年；浙派名师名校长培养工程首批初中科学培养对象、省优秀指导师、绿谷名师理科班培养对象、市学科带头人、市优质课一等奖、县首届畲乡名师。近年来，主持的课题"教材中(浙教版初中科学)'活动'的二次开发初探"和执笔的课题"初中科学错误资源有效利用的策略研究"获省三等奖，参与编写现行小学教材《人·自然·社会》，出版教辅资料《命题研究》《典点》等。

二、课堂教学思想

课堂是教学的主阵地，不仅是教师展示其教学艺术的舞台，更是体现学生才能的舞台。我的课堂教学思想是"稳固基础、激发内驱、侧重效率"。只有扎实稳固地掌握并落实基础知识，才有可能实现教师的"教学行为自由"，学生的思维也才能得以提升;唯有内驱力的激发才能打破“智力说”,更能让学生的学习行为持续、恒久;在精细化教学时代,效率的高低能直接决定学生学习的幸福指数。在有扎实的基础和学习内驱力的前提下,侧重培养学生的解题习惯来提升单位时间的效率。课堂的主角是学生,关注每一个学生的差异,关注每一个学生的思维起点,关注每一个学生的心理动态,把课堂真正还给学生。

三、教学案例(片段)

初中科学的很多实验都涉及气密性的检查,尤其是气体的制备过程。实验装置气密性的检查是中考的高频考点,考查的方向主要有:判断气密性检查的方法是否正确;通过现象判断装置的气密性及建构气密性检查的模型等。通过复习,引导学生借助模型构建气密性检查的方法,促使深度复习的同时提高学生的核心素养。

教学过程如下。

(一)真题分析,明确主题

装置气密性检查是中考的高频考点。尽管各地市针对该考点设置的问题情境不同,考查方向也有所区别,但各地市都以该知识点设置了试题。表1是2020年浙江省各地中考有关装置气密性检查试题的分析。

表1　2020年浙江省各地中考有关装置气密性检查试题分析

地市	题号	考查方向
杭州	28(1)	现象描述
台州	31(2)	
舟山	24(1)	
嘉兴	22(1)	
宁波	2. A	判断方法是否正确
湖州	6. B	手捂法的原理

续表

地市	题号	考查方向
丽水、金华、义乌	21	思维模型构建
衢州	33(1)	装置气密性检查原理的应用
绍兴	19	为确保实验的准确性，装置气密性必须保证
温州	32	

【设计意图】通过中考真题的呈现，让数据更有说服力；通过考查方向的分析，让学生明确复习的方向。

(二) 演示实验，初步感知

演示用手捂法和水压法检查装置气密性，学生观察后完成表2。

表2 演示手捂法和水压法

检查方法	手捂法	水压法
装置	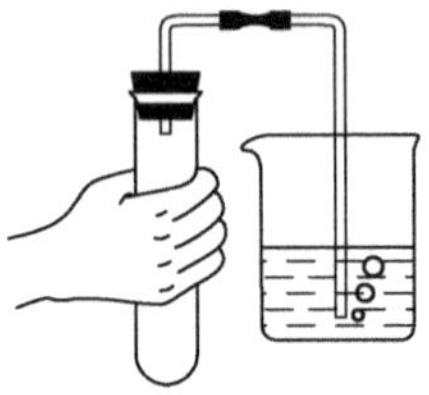	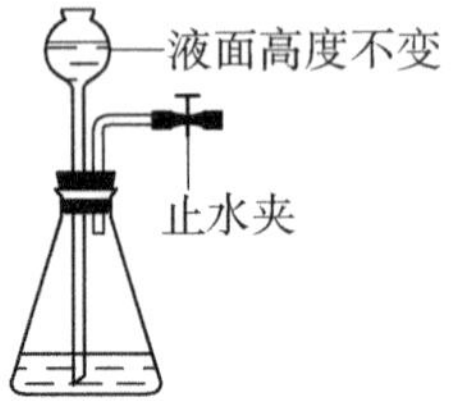
操作步骤	① 连接装置 ② 将导管下端浸入水中 ③ 手掌紧握试管	① 连接装置 ② 关闭止水夹，从长颈漏斗加水直至锥形瓶内液面没过漏斗下端 ③ 继续加水使漏斗中液面高于锥形瓶中液面
现象	若导管口有气泡产生或手掌离开试管外壁后，导管口有稳定的水柱	若静止后液面差稳定不变
结论	气密性良好	气密性良好
原理	通过改变温度来改变试管内的压强	通过注水压缩气体体积来增大锥形瓶内的压强

【设计意图】通过演示教材中两种常见的检查气密性的方法，引导学生仔细观察并表述这两种方法的操作步骤、现象及结论，归纳其检查的原理。

(三) 学生实验，深入体验

小组设计实验方案并利用提供的器材(针筒)完成装置的气密性检查。评价交流后，将表 3 补充完整。

表 3　学生分组实验：手捂法、水压法和抽气法

检查方法	手捂法	水压法	抽气法
装置	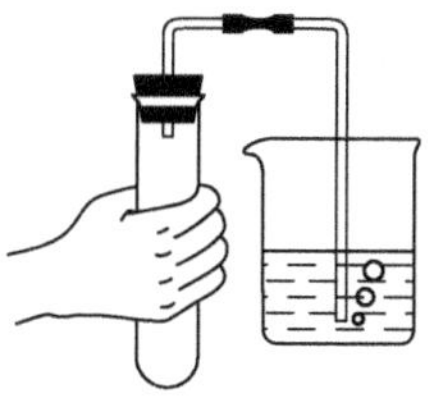	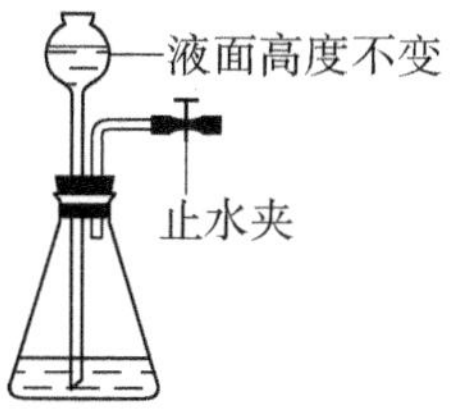	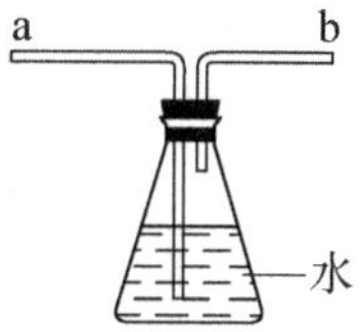
操作步骤	① 连接装置 ② 将导管下端浸入水中 ③ 手掌紧握试管	① 连接装置 ② 关闭止水夹，从长颈漏斗加水直至锥形瓶内液面没过漏斗下端 ③ 继续加水使漏斗中液面高于锥形瓶中液面	① 连接装置 ② 将 a 导管下端浸入锥形瓶内液面下 ③ 将针筒与 b 导管口相连后，活塞缓缓往外拉
现象	若导管口有气泡产生或手离开试管外壁后，导管口有稳定的水柱	若静止后液面差稳定不变	若 a 导管口有气泡冒出
结论	气密性良好	气密性良好	气密性良好
原理	通过改变温度来改变试管内的压强	通过注水压缩气体体积来增大锥形瓶内的压强	通过抽气减少锥形瓶内气体的量来减小压强

【设计意图】通过实验方案的设计，并用实验验证方案，体验在新情境中气密性检查的一般方法。

(四) 交流讨论,构建模型

【思考与讨论】

(1) 表3中提供了三种检查气密性的方法,为完成气密性检查,其具体操作步骤有差异,但从其解决问题的思维过程分析,其操作步骤①是为了构建一个封闭体系;归纳操作步骤②的目的。

(2) 分析三种方法检查气密性的完整过程,归纳出气密性检查的思维模型。

表4　建构模型

检查方法	手捂法	水压法	抽气气法	思维过程
装置	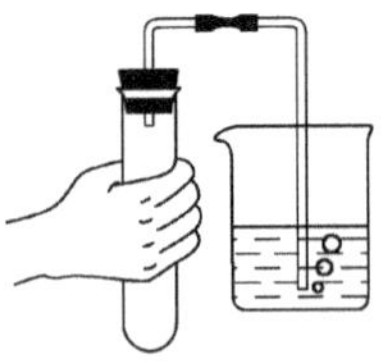	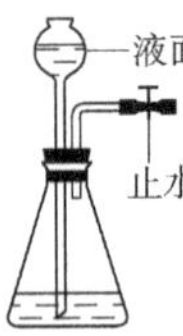	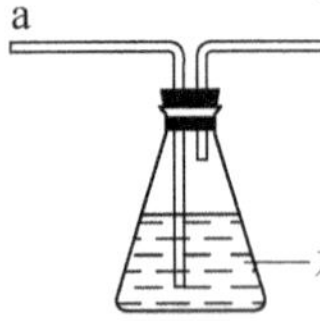	/
操作步骤	① 连接装置	① 连接装置	① 连接装置	/
	② 将导管下端浸入水中	② 关闭止水夹,从长颈漏斗加水直至锥形瓶内液面没过漏斗下端	② 将a导管下端浸入锥形瓶内液面下	构建封闭体系
	③手掌紧握试管	③ 继续加水使漏斗中液面高于锥形瓶中液面	③ 将针筒与b导管口相连后,活塞缓缓往外拉	改变压强
现象	若导管口有气泡产生或手掌离开试管外壁后,导管口有稳定的水柱	若静止后液面差稳定不变	若a导管口有气泡冒出	观察现象
结论	气密性良好	气密性良好	气密性良好	/
原理	通过改变温度来改变试管内的压强	通过注水压缩气体体积来增大锥形瓶内的压强	通过抽气减少锥形瓶内气体的量来减小压强	构建封闭体系→改变压强→观察现象→得出结论

【设计意图】通过学生对三种具体的气密性检查过程，分析归纳得出气密性检查的思维模型。培养学生的高阶思维能力。

(五) 应用迁移，深度复习

进行习题的演练，通过互评巩固实验装置气密性检查的原理和方法。

例 1：图 1 是某同学设计的“一氧化碳还原氧化铁”的实验装置。请回答下列问题。

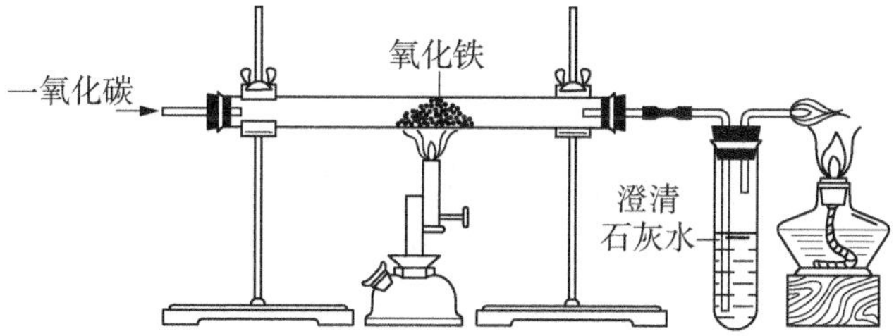

图 1

(1) 进行气密性检查时，可在万用瓶中盛适量水，然后推注射器活塞，当观察到____________，说明装置气密性良好。

(2) 结合气密性检查的思维模型，设计检查该装置气密性的方案(不同于上述方案)。

【设计意图】通过在实际情境中的应用，验证学生归纳的思维模型的可靠性，并在此基础上促发深度复习。

四、教学案例（片段）反思

科学实验的首要任务是保证安全，在确保安全的前提下服务于教学。看似不同的操作，但深究其本质，总是服从于基本的规律。为了能真正改变通过“刷题”换取分数的现状，本节课借助模型建构装置气密性检查的思维模型进行深度复习，在以学生为主体、任务为载体的导向下，通过生生、师生之间的多边交流，灵活调用学生认知结构中的碎片化知识，以达到触类旁通的效果，从而更好地解决新的问题。

该案例也体现了我的课堂教学思想，“稳固基础、激发内驱、侧重效率”，把课堂真正还给学生。

五、实践导师点评

以“实验装置气密性检查”这一主题为载体开展深度复习，发展学生以模型建构和模型认知为主的科学思维，是一节值得借鉴和学习的优秀复习教学案例。从分析中考真题，明确复习主题的重要性引课展开复习，课中演示实验和学生实验相结合，通过观察、实验装置、操作步骤、现象、结论和原理等方面完善认知，在此基础上引导学生建构实验装置气密性检查的思维模型，到最后模型的应用，解决新情境中的问题，符合学生的认知和学科的逻辑。教学可以更加开放一些，围绕本节课的挑战性问题“如何进行气体的气密性检查”让学生自己设计装置方案，展开分析讨论，进行发散思维，再进行思维模型的提炼和应用，这样学生的自主性、思维性会更强。

朱红
宁波市海曙区教育局教研室，正高级教师

朱丽红

让教学真正走进学生的生活

一、 教师简介

朱丽红

浙江省丽水市庆元县第二中学英语教师，至今已有11年教龄。曾被评为县级优秀班主任，2014年荣获县级教学成绩突出奖，2018年被评为丽水市教坛新秀，2019年被评为浙江省教坛新秀，2021年荣获丽水市教学先进个人。曾获荣誉称号：庆元县优秀共产党员。撰写的学科论文、电教论文、心理“三优”论文及师德师风论文多次获得市级、县级奖项。

二、 课堂教学思想

北京师范大学林崇德教授指出，素养是指“在教育过程中逐渐形成的知识、能力、态度等方面的综合表现，其对应的主体是‘人’或‘学生’，是相对于教育教学中的学科本位提出的”。学科素养理念的提出，要求一线教师认识到：要实现立德树人的目标，需要教师转变育人方式。她认为：育人方式要从“以师为主”变为“以生为本”，让学生真正参与到课堂中，成为课堂的主导者。

要如何达成这一目标呢？她认为：每堂课教师设置的每个环节都应该从学生的角度出发，环节的设置旨在让学生生成学习动机。有了学习的主动性，教师才能引导学生进行深度理解，进而实现深度学习。学生在理解和学习的过程中，能够真真切切地体验到自己在不断地思考、沉淀、解决问题，为最终的实践创新做好铺垫。

三、教学案例（片段）

踏上英语教师这个岗位已有十余年，在此期间教学上遇到过各种困难和突发状况。其中，让她耿耿于怀的是2018年学校组织的“优秀青年教师评比活动”上的一节公开课。那节课的前5分钟，让她遭遇了既难堪又无奈的冷场。

上课的对象是随机抽取的本校八年级某个班级的学生，内容是人教版八年级下册Unit 4 “Why don’t you talk to your parents?” Section A阅读文章部分。这篇文章讲述的是一个13岁的孩子在家里遇到的困惑、压力及其心理感受，该话题贴近学生生活，难度适中，符合初二学生心理和思维发展特点。文章包含两封信：一封心理咨询信及一封答复信。

在上Unit 4　Section A阅读文章这一课时，教师在导入环节进行了相应的活动设计。和很多英语教师的做法相似，由于是首次面对教授对象，在刚进入课堂时进行了自我介绍，同时引出自己这几天遇到的麻烦：My neighbor plays loud music late at night. What should I do?试图通过这一环节，拉近与学生的距离，缓解紧张的课堂气氛，同时也能引出本堂课的重点句型：如何提建议。

但结果却出乎她的意料，上课班级的学生对老师的自我介绍并没有表现出浓烈的兴趣，在她想要寻求孩子们的帮助时，竟然没有人意愿为她的“麻烦”提出意见，分享自己的意见。那些被动被她抽到回答问题的同学，也是敷衍了事。其中让她印象尤为深刻的是，有一位同学这样回答：I think it’s not a big problem. 当听到这个答案时，她的大脑是一片空白的。环顾四周后，她发现似乎还有不少同学赞成这位同学的观点，于是她猛然回想起，她在设计这个导入环节的活动时，并没有从学生角度去考虑问题，而是单纯地以自己的生活经验为依据。这也让她意识到：或许对她来说是困扰的事情，对学生们来说并不一定是。

她想着，孩子们和一位并不熟悉的老师之间可能存在距离感，所以最后她决定将话题从自己身上转移到学生身上。于是她将话题转为：You're so active and outgoing, it must be very happy to be teenagers. But sometimes as students you will have lots of trouble. So what kind of trouble do you usually have?同时让学生四人为一组，以思维导图的形式，呈现青少年可能会遇到的一些麻烦。思维导图如图 1 所示：

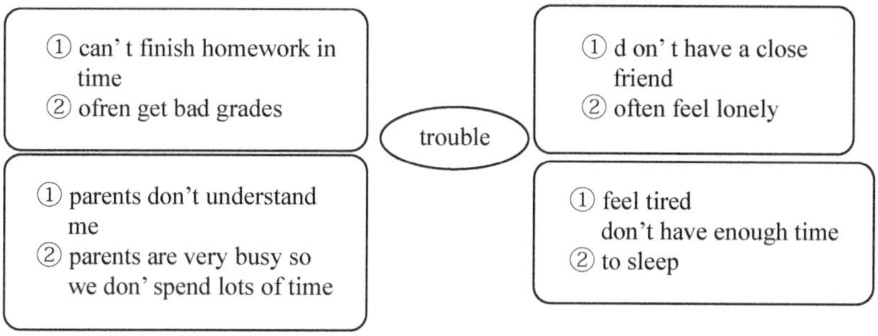

图 1　思维导图

相比于第一次引入的话题，这次的问题明显让学生动了起来，积极参与到讨论中。组里的每位组员都至少提出一到两点意见，组员之间以讨论的形式分享观点，同时也能让英语语言表达更加丰富。

在讨论时，教师及时提醒学生将组员的观点以思维导图的形式记录下来，并试图使其通过思维导图将观点复述出来。待学生回答后再引入本堂课的内容：Sad and Thirteen is a teenager like you, he/she also has some problems, let's look at the picture and guess what the problem is. 在引入环节已经有了充分的讨论，学生对于以上问题的回答会更加容易，课堂气氛也会相对活跃。在这一环节，有学生居然主动举手问道：Is Sad and Thirteen a real name? 这个问题是她备课过程中没有考虑到的，这一问题让她兴奋不已。于是她顺水推舟，将问题抛给教室里其他孩子们。在连续追问了三个孩子后，学生们似乎已经得到答案了：Sad and Thirteen 是一个网名。这个过程，从头到尾她都没有发表自己的观点，而是一点点抛出问题，默默地引导孩子们自己去探索，去解决。而学生们在思维被激发后，自然而然地就进行了主动深入的思考。

她在对第一封信进行文本解读时，认为本堂课重点要解决的其中一个问题为：How does Sad and Thirteen feel at home?以及对这一问题的追问：How do you know?这两个问题学生基本上都能找到关键句，并在理解的基础上给出相应的答案。她在追问环节对信中出现的句子“When they argue, it's like a big, black cloud hanging over our home.”进行了重点解读，询问学生：What can we know from this sentence?呈现了一张乌云的图片，让学生能有更直观的感受。对“When they argue, it's like a big, black cloud hanging over our home.”这一句子的解读可以让学生体会到比喻句的运用，能更准确深刻地表达作者当时极度无助与恐惧的心情。吸取了导入环节的失败教训，在要求学生模仿书本句子的环节，将学生视为课堂的主体，引导学生用“When... it's like...”这一句型，表达自己低落的心情。在适当的引导下，学生也能积极思考，造出比较出彩的句子，如：When I fight with my brother, it's like ants on the fire. When my parents ask me about my grades, it's like putting salt on my cut. When I can't solve a math problem, it's like a big stone hanging over my head. 虽然部分学生的句子不太符合语言表达，也存在语法错误，但从课堂活跃的气氛中，学生饱含情感的语句中，她感受到英语课堂带给他们的乐趣。这样的教学形式比教师一带而过地翻译更能让学生保持注意力高度集中，提高学生参与度。她想有了这节课的铺垫，即使学生在课堂之外遇到类似的问题，也能创造性地解决问题了。

四、教学案例（片段）反思

通过反思，她认为在借班授课时遇到“冷场”的主要原因为：未将学生作为课堂主体，创设的情景不够贴近学生生活，未能让学生产生期待，同时也没有给学生提供足够的语言输入，因此学生很难有输出，更无法达到创新。在将讨论主题改变后，她做到了循序渐进，并给予学生充足的语言支撑，英语表达能力不够强的学生可参照思维导图中给出的信息，结合自己的生活实际，尝试以完整的句子表达观点。而对于英语表达能力较强的学生而言，思维导图只是一个参考，学生完全可以在讨论的基础上进行拓展和创新。而这一点符合现在提倡的深度学习：要求学生有能创造性地思考问题的能力。

在阅读环节，不仅要让学生理解句子的意思，还要让学生能够结合自己的生活实际，利用已学的句子，表达自己的真情实感。实现了经验与知识的相互转化，深度阅读的目的也达到了。

五、实践导师点评

新课改提出培养学生的核心素养，注重深度学习，而所有这一切，都必须要求教学真正"以生为本"，走进学生的生活。只有教学走进学生，学生才能走进课程、走进教学。案例以此为切入口，可谓抓住问题的关键。案例结构完整，有背景介绍，也有问题揭示和问题解决过程。特别是对问题解决过程及效果，案例给以详细的描述，真实而生动，能给人以重要的启迪。案例反思准确到位，且有一定的理论深度。

周建平
绍兴文理学院，教授

何星女

搭建支架　激活思维

一、教师简介

何星女

高级教师，任教于浙江省丽水市松阳县民族中学，从事教育工作30年。一直担任班主任及从事英语教学工作。在教学工作中一贯遵循“爱与尊重是教育的出发点”的理念，在工作中注重对教学方法的探索，对教育方式的研究。曾获松阳县教坛新秀、学科带头人称号，多次被评为市、县先进教师。数十篇论文在省内获奖或发表，主持的课题“农村初中英语学困生的成因及转化策略探究”和“班级文化建设探究”获市级奖励，多次开设市级以上公开课及讲座。

二、课堂教学思想

中学英语教学的重要目标之一是发展学生的思维品质。听说教学是初中英语教学的重要内容，英语听说教学理所当然要把培养学生的语言能力和思维品质作为重要的目标追求。因此，英语听说教学活动设计需要关注语言和思维的融合，把语言发展和思维发展有机结合起来。这就需要教师在英语听说教学中，不仅要关注语言知识的教学和语言技能的训练，还要基于对主题意义的探究，设计出富有思维层次的问题，让学生在主题语境中进行有深度思维的表达。教师在设计听说课时，应进行语篇解读，遵循“听前创设情境，听中精心设问，听后深化拓展”的理念，设计融“目标语言学习、听说技能训练、思维能力培养”为一体的、听说联动的英语课堂。

三、 教学案例

本文以人教版《英语》(Go for it!)八年级上册 Unit 6 “I'm going to study computer science” Section B la－1e 为例，探讨如何在听前、听中、听后三个环节中通过重新设计与整合教学活动，为学生搭建学习支架，提升学生思维品质，培养学生的语言综合运用能力。

该听力语篇是一个对话，内容为 Kim，Lucy 和 Mike 谈论新年的决心以及打算如何去实现，其中运用了表达打算的功能句型和一些动词，文本内容的呈现有严密的逻辑关联特性。从交际功能的角度看，对话按照引出话题、表达打算、询问怎样去实现目标的行程推进。

（一）听前创设情境，激发学生思维

1. 巧设引入——发散学生的思维

学生对文本的理解和听力能力的提高，通常是在一系列情景化的教学活动中实现的。在听力教学前，教师可精心设置问题，设定具体情景来启发唤醒学生的思维。这种情景支架的有效搭建，有助于激发学生的兴趣，帮助学生将已有认知结构中的相关经验和知识与当前的新知识相连接，激发学生的发散性思维。

课始，师生复习谈论“What do you want to be when you grow up? How are you going to do that?”在真实的语境中导入主题：We all have our dream jobs. To make our dream come true, we need hard work. New year is coming. What are you going to do next year? Are you going to get good grades?通过这些讨论，复习了职业的名词以及未来计划的表达方式，并在语

境中无痕地教授生词 resolutions。此活动将学生的生活经验与当前的新知识链接，使学生的思维能有效地进行发散。

2. 利用插图——聚焦学生的思维

在本课例中，让学生根据插图中人物的活动、穿着、表情等进行聚焦思维，预测对话内容，为接下来 1c、1d 的听力活动做好语言和思维的铺垫。预测听力内容，推断主旨，确定说话对象、场景及主要内容，这些都有助于激发学生的发散性思维，让学生了解“听”的任务，引导学生逐步缩小听力任务所涉及的范围，为听中排除次要信息、集中注意力捕捉重要信息做好充分准备。

教师在屏幕上呈现教材中 1d 右上角的插图，问学生：“Where are they? Who are they? What’s the relationship between them?”之后呈现听力练习 1d 的内容，让学生预测：“What are they going to talk about?”这些问题让学生进行思考，激发学生听的欲望，明确听力要求，聚焦听的关注点。

（二）听中精心设问，设置思维路径。

听中活动设计的重点是围绕主题，引导学生联系已有的知识和经验，理解语篇的基本意义，把握语篇的具体细节信息，深化、拓展和建构自己对该主题的理解。通过有层次的问题设计，在理解和表达的语言实践活动中，促进知识学习、技能发展和思维培养的协同提升。

1. 问题引领——获取语篇信息

理解大意是听说课教学的核心技能要求之一，学生要能够综合所听到的信息判断其所反映的话题(赵旭辉，2017)。听前，教师布置任务：Some students are talking about their new year’s resolutions. What resolutions will you hear? Please listen and circle the resolutions you hear. 学生听整段对话，关注听力文本的整体语境和主题意义，获取对话语篇的主旨大意，在 1a 中圈出听到的新年决心，培养学生获取信息的能力。

2. 搭建建议支架——培养学生思维准确性

建议支架是指教师在学生学习陷入困境时所提供的恰当建议和精妙点拨，它可以使学生走出困境，有效提高学习效率。教师提供恰当、及时的建

议有助于启发学生思维，拓宽学生视野，培养学生思维的准确性。

第二遍听前，教师设问："We know Lucy、Kim and Mike's new year's resolutions. How are they going to make their resolutions work?"要求学生有选择地听，并填写 1d 中的表格，引导学生关注与主题有关的关键词，训练学生的选择性注意力。在短时间内进行记录，学生的书写量较大，写了前一个答案可能就没有听清下一个答案。因此，在听之前，教师给予听力策略指导：When you listen, you can take notes in shorthand. In this way, you can write down answers more quickly.

3. 引导学生分析推理想象——培养学生思维的严密性

第三遍听，在要求学生将听到的如何实现新年决心的内容填入表格，获取三位说话人对新年决心的表述之后，教师用一连串问题不断追问，让学生根据上下文语境推断信息点之间的逻辑关系。比如，教师设问：Who do you think will make her/his resolution come true? 然后追问：How do you know? From which sentence did you know the answer?学生根据 Kim 说的话"I'm going to study hard and of course do my homework every day"当中 of course 强调了 Kim 的坚定决心；Mike 则补充说明了"This summer, I'm going to a soccer camp. I can play soccer every day there."由此可知 Mike 对实现愿望的渴望。学生的分析都是基于对话的语言，他们争论 Lucy、Kim and Mike 谁更有可能实现新年决心。学生通过对话和争论，学会理性、深度分析人物，发展了逻辑思维能力和批判性思维能力。同时，学生在分析、推理、想象时，也明白了实现新年决心所需要的要素，促进了文化意识的提升。

（三）听后深化拓展，提升思维品质

1. 创建思维导图——培养学生思维的逻辑性

思维导图是模拟大脑思维系统进行记忆总结和创造的工具，有助于学生对语言知识进行重新组合、联系和创新。在处理完听力文本信息并引导学生归纳文本主题后，追问学生人们为何要 make resolutions，一方面是 want to be better，另一方面是 like doing something。教师将本课所有内容进行整合，和学生一起设计了蝴蝶状的思维导图（见图 1）。学生明晰这节课

的内容(what,即蝴蝶的左翼)及实现 New Year's resolutions 的方法(how,即蝴蝶的右翼),文本主题是 New Year's resolutions,制定 New Year's resolutions 的目的是 be better 或 like doing(蝴蝶的触角)。整个思维导图是一只美丽的蝴蝶,寓意我们只要有目标,并朝着目标努力,最后都能破茧成蝶,到达成功的彼岸。

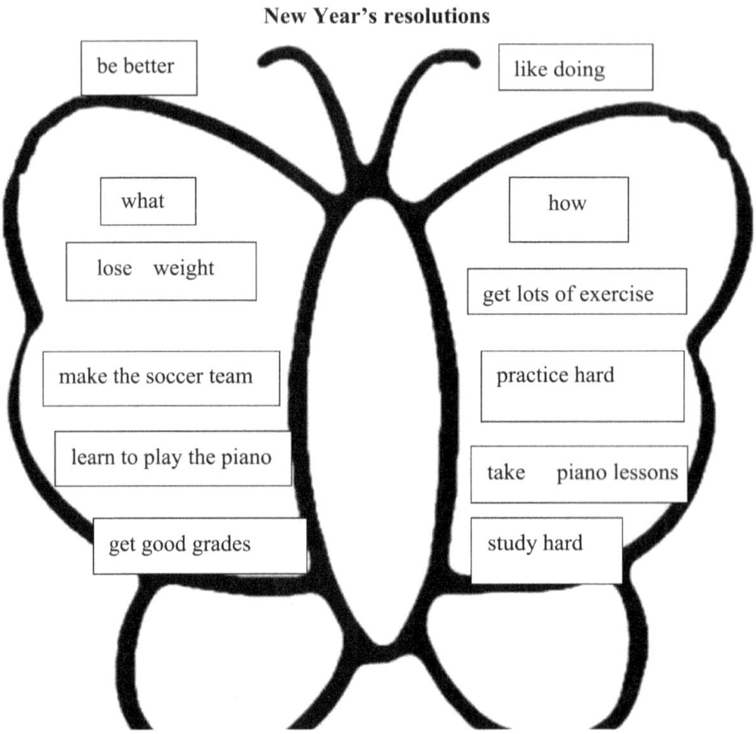

图 1 蝴蝶状思维导图

教师引导学生在听力教学活动后绘制思维导图,可以使教学的主要内容条理化、结构化,使知识点相互关联、层次分明,使复杂抽象的文本语言形象化、直观化,这样可以更好地帮助学生掌握知识的内在逻辑联系,促进学生对知识的理解与应用,培养学生的逻辑性思维。

2. 迁移主题语境——培养学生思维的批判性和创造性

教师交代任务语境(Suppose you and your family are talking about new

year's resolutions and how you are going to make your resolutions work, talk in groups.)，提醒学生运用板书上所列的句型(Do you want to...? What are you going to...? How are you going to...?)以及上面蝴蝶状的思维导图进行语言活动。要求学生基于真实情境，将目标语言和对话推进的内在逻辑在新的主题语境中迁移运用，可以培养学生交往和协作等社会性需求能力，同时有利于学生批判性思维和创造性思维的培养。

四、教学案例（片段）反思

在本案例的听说教学中，她在学生听前创设了真实的情境，充分利用插图提问，为学生听前活动做了很好的铺垫；在听中精心设置问题，搭建建议支架，引导学生思考，培养了学生思维的准确性和严密性；听后创建思维导图以及利用思维导图进行创设真实语言的活动，培养了学生的批判性思维和创造性思维。在整堂课的教学中，她都是以完成教学任务为核心，尽可能多地为学生提供训练思维的机会，搭建培养思维的平台。在课堂中学生都能在教师的引导下认真思考，积极参与，达到了预设的教学目标。

五、导师点评

思维品质是学生的重要核心素养之一，培养学生的思维品质是新课改背景下初中英语教学的重要目标和任务。本案例着力展示初中英语听说教学中如何培养学生的思维品质，选题准确、新颖，教学观念先进。案例具体呈现了听说教学中的各个环节搭建支架，培养学生思维的准确性、逻辑性、批判性和创造性的具体方法和策略，内容翔实且真实，具有重要的参考和借鉴价值。

周建平
绍兴文理学院，教授

虞淑敏

让活动引领真实学习
——人教版新目标九年级第十单元 “You're supposed to shake hands”教学课例

一、教师简介

虞淑敏

浙江省丽水市缙云县实验中学初中英语教师，教龄26年，丽水市学科带头人，曾荣获缙云县优秀班主任、县优秀教师和丽水市优秀指导师等荣誉称号。曾获丽水市命题比赛一等奖；多篇论文在省市各级获奖和发表；本人主持和参与的课题均荣获丽水市教育科学研究成果评比一等奖。作为县教科研优秀管理工作者，带领本校英语组团队于2021年10月荣获浙江省和丽水市先进教研组称号。

二、课堂教学思想

《普通高中英语课程标准(2017年版)》提出了基于英语学习活动观的活动设计;《义务教育英语课程标准(2022年版)》新课程理念中同样强调践行

学思结合、用创为本的英语学习活动观。反观现如今大部分的英语课堂教学，课堂活动的设计往往流于表面和低层次，而且由于语言知识点教授过多而忽视了其他能力的培养，容易出现课堂活动机械化和教学碎片化的现象。于是，在这两年的教学中，我始终秉持学习活动观的课程理念，以提升学生核心素养为最终目标，努力设计指向主题意义探究的学习理解、应用实践、迁移创新等一系列相互关联、循环递进的课堂教学活动，引导学生在体验中学习、在实践中运用、在迁移中创新，并通过设置真实情境提升学生解决实际问题的能力，引领学习真实发生。

二、 教学案例（片段）

本案例内容为人教版新目标九年级第十单元“You're supposed to shake hands”的阅读篇章。本课主题属于“人与社会”范畴，涉及“跨文化沟通、包容与合作”。

（一）语篇研读

What：本课语篇是一封中国交换生 Lin Yue 写给笔友 Laura 的信，主要讲述了自己在法国期间遇到的关于食物、语言和餐桌礼仪等方面的挑战，以及描述如何适应不同国家的文化差异并做出恰当的反应与表现。

Why：作者通过描述在国外的亲身经历及最后成功融入的过程，使读者理解并初步体验世界文化的多样性，增强跨文化意识，实现跨文化沟通，明白“入乡随俗”的道理并最终形成积极的生活态度。

How：语篇依照典型的信件写作风格进行叙述，明线是 Lin Yue 在法国的经历尤其是挑战，暗线是不同国家的文化差异。全文分为三个段落：第一个段落主要介绍了 Lin Yue 如何应对食物和语言两方面的挑战，第二个段落则主要描述法国的餐桌礼仪及 Lin Yue 是如何应对的。两个段落均展现了 Lin Yue 情感态度的变化。第三个段落则是常规的信件语言，表达了对朋友美好的祝愿。

（二）教学目标

（1）获取和梳理 Lin Yue 面对的三个挑战，并加以整合和概括，形成信息结构图；

（2）根据信息结构图描述 Lin Yue 面对的挑战，分析 Lin Yue 的情感变化经历及其发生变化的主要原因；

（3）比较和评价不同国家之间的习俗差异，并就是否愿意成为像 Lin Yue 一样的交换生这一话题发表自己的观点及陈述理由；

（4）针对 Lin Yue 的笔友将要来到中国作为交换生这一事实情境给出关于餐桌礼仪及参加生日聚会等方面的建议，并完成一封回信。

（三）教学过程

<table>
<tr><th>教学目标</th><th>学习活动</th><th>学习效果评价</th></tr>
<tr><td>获取和梳理 Lin Yue 面对的三个挑战的具体信息并加以整合和概括，形成信息结构图。（学习理解）</td><td>1. 学生观看展现不同国家习俗的短视频，接着以头脑风暴的方式回答身处国外将面临的最大挑战是什么这一问题。
2. 学生通过整体阅读的方式获取并梳理 Lin Yue 面对的三个挑战。
3. 学生通过细读后回答问题的方式获取并梳理关于三个挑战的具体信息，并形成文本的信息结构图。</td><td>观察学生完成头脑风暴的表现情况，了解学生对该主题的整体把握。
从学生完成信息结构图的情况，判断其获取信息的准确程度，并给予必要的评价和反馈。</td></tr>
<tr><td colspan="3">设计意图：以视频和头脑风暴的方式激发学生的求知欲，引发学生自主思考，激活学生与语篇之间知识和经验的关联，明确本课要解决的问题；帮助学生有逻辑地梳理主人公面临的三个挑战并基于主题意义来重构文本信息，体会语言、文化与思维的关联。（感知与注意，获取与梳理，概括与整合）</td></tr>
<tr><td>根据信息结构图描述 Lin Yue 面对的挑战，分析 Lin Yue 的情感变化经历及其发生变化的主要原因。（应用实践）</td><td>4. 学生借助信息结构图描述 Lin Yue 所面对的挑战，并提炼出文本明暗两条主线，即 Lin Yue's Experience in France 和 A Very Different Culture，从而形成结构化知识图。</td><td>观察学生的描述情况把握其对语言和信息的内化程度，并通过学生对主线和结构化知识图的完成程度评价其概括和提炼的能力。</td></tr>
</table>

续表

教学目标	学习活动	学习效果评价
	5. 学生在教师的引导下通过回答和讨论的方式探索 Lin Yue 情感上的变化以及分析变化原因，形成学会适应真实环境的积极态度。 6. 学生思考并回答教师提出的如下问题，即假如你是 Lin Yue，你将如何学会适应在法国的生活。	观察学生是否能准确分析主人公的情感变化及其原因，适时给予提示和鼓励。 观察学生的表达情况进行追问或给予引导。
设计意图：引导学生内化结构化新知和关键语言，并提炼出文本的两条主线；根据语篇表层结构的主线探究理解主人公的情感变化及分析其变化原因，启发深度思考，探究深层意义，深化主题，同时培养学生积极适应真实生活的策略和良好态度。（描述与阐释、分析与判断、内化与运用）		
比较和评价不同国家之间的习俗差异，并就是否愿意成为像 Lin Yue 一样的交换生这一话题发表自己的观点及陈述理由。（迁移创新）	7. 在教师的引领下，学生以小组讨论的方式比较中国与其他国家的文化差异并加以评价。 8. 学生再次深入分析和推断 Lin Yue 作为一名交换生的情感变化及原因，并就是否愿意成为像 Lin Yue 一样的交换生这一话题发表自己的观点及陈述理由。	关注学生在小组讨论和班级展示中对文化差异的比较和评价，给予适当的补充和引导。 观察学生个体在班级的展示情况，给予必要的语言上的帮助和思想上的鼓励。
设计意图：引导学生超越文本，上升到与作者对话的层面，促进学生逻辑思维和辩证思维的发展，同时培养学生的跨文化意识；通过提问引导学生思考及发表个性化的观点，促进学生情感和价值观的提升。（推理与论证、批判与评价）		
对 Lin Yue 的笔友将要来到中国作为交换生这一事实情境给出关于餐桌礼仪及参加生日聚会等方面的建议，并完成一封回信。（迁移创新）	学生基于 Lin Yue 的笔友 Laura 将作为交换生来中国学习和生活的事实情境，思考并给出关于餐桌礼仪及参加生日聚会等方面的建议。	关注学生在小组讨论和班级展示中的表达是否涵盖了本情境下的具体信息及提建议的多种表达方式，教师根据情况给予必要的指导和反馈。
设计意图：引导学生用所学语言做事，推动迁移创新。（想象与创造）		
作业： 必做：根据课堂讨论及写作要求，请你以 Lin Yue 的名义给 Laura 写一封回信。 选做：假如你有机会作为交换生去国外学习和生活，你将会有哪些攻略？请列举并与同伴们进行交流和探讨，在下次课中进行班级内分享。		

四、教学案例(片段)反思

在本课中,我秉持了英语学习活动观的理念组织和实施教学,引导学生从基于语篇的学习逐步走向深入语篇和超越语篇的学习,在此过程中非常有效地达成了语言能力发展、思维品质提升、文化意识建构和学会终身学习的目标要求,学生能够很好地在围绕主题获取、梳理、概括、整合事实性信息的基础上,参与多层次的实践活动内化语言和文化知识,并通过新的情境创设学会批判性地表达个人观点和解决实际问题。同时,通过践行“教—学—评”一体化的评价方式,观察学生的学习情况并通过多种形式的效果评价确保了学习真正发生并能取得最大成效。

五、实践导师点评

《义务教育课程标准(2022版)》倡导学思结合、用创为本的英语学习活动观,旨在让学生在理解、实践、创新等一系列相互关联、循环递进的语言学习活动中发展核心素养。本案例以新课标理念为切入点,并具体展现了围绕教材内容和教学目标设计理解、实践、创新等各类活动的方法和策略。案例选题精准、新颖且具有很强的针对性,不乏有关教学的真知灼见,给本学科的课程实施与课程内容的教学提供了很好的样板,具有很高的参考价值和推广价值。

诸才章
金华市教育教学研究中心,中小学英语教研员,正高级教师

毛然馨

追本溯源，引领阅读

一、 教师简介

毛然馨

浙江省丽水市丽水经济开发区中学初中语文教师，教龄16年，丽水市教学名师，丽水市138人才工程培养对象；“中语杯”全国中青年教师课堂教学评比一等奖获得者，浙江省课堂教学评比一等奖获得者。从教以来，10余篇论文发表在全国中文核心期刊，《UGS协同作用下的语文精准教学实验》获丽水市基础教育成果奖一等奖，出版合著《语文精准教学原理及案例评析》一部。

二、 课堂教学思想

语文教学应有理性的逻辑支撑，在课堂教学中，要精准、科学地瞄准课程标准中要求学生学习的语文知识，将它们组织在丰富、合理、有序的语文活动中，开展听、说、读、写的教学活动，让学生开展充分的语文学习并产生良好的教学效果。在语文课堂教学活动中，本着“学为中心”的思想，教师要让学生站在学习舞台的中央，让学生充分体会语文学习的快乐；在课程资源开发的过程中，教师要从实际生活中提炼有益的学习资源，感受语文与生活、与时代的天然联系，使学生产生学习语文的兴趣和动力，学有所获。

三、教学案例（片段）

（一）默读全文，梳理文章结构

学习任务一：默读过程中不动唇，不指读，不回读。本文共1 378字，我用时（　　）分（　　）秒。（教师在电子白板上设置正序时间秒表供学生对照）我认为我用时过多的原因是________________________，提醒自己，以后的默读要克服的不良习惯有______________________________。

学习任务二：与《从百草园到三味书屋》一样，这也是一篇带有回忆性质的课文，默读完后，用跳读的方法圈画出“回忆”的时间，梳理全文，看看作者是沿着怎样的顺序来展开本节的写作的；试着仿照我们学习《从百草园到三味书屋》时的做法，依据关键句画一画本文的结构导图。

学习任务三：精读回顾，“春”“济南的冬天”“秋天的怀念”“散步”“从百草园到三味书屋”这些标题都在内容、结构、主题主旨上成为全文的纲目，请回顾我们学习这些课文的学习经验，观察本文的标题，沿着下面的提问展开思考，以“再塑生命”为核心词，撰写300字的读书小报告。

学生读书小报告举例：

例一：“水唤醒了我的灵魂，并给予我希望、快乐和自由。”我认为，其实莎莉文老师自己就是水，是她让海伦有了一个全新的灵魂。这就是再塑生命。“突然间，我恍然大悟，有一种神奇的感觉在我脑中激荡。”我认为这种神奇的感觉不仅是知道了事物的名称，更是一种自信和希望在小海伦心中萌生了。

- 生命是父母给予的，为什么需要“再塑”？怎么理解“再塑”这个词语？
- “生命”在文章中有几层含义？
- 作者是怎么写“再塑”的？结合旁批开展阅读，理解“再塑”的过程。

例如：（课本第 46 页）“启示真理，经‘我’以爱——莎莉文老师再塑‘我’生命的两个支点”，思考：课文里什么样的内容表现了“两个支点”？你可以以此展开对全文内容的梳理。
“再塑”是多次的互动，“叙事之中穿插‘我’的感受与认识。”画出这样的句子，体会“再塑”过程中的苦与乐。
- 其他译本也将本文的标题译为“生命中最重要的日子”，而华文出版社的译本将标题译为“再塑生命的人”，你认为哪个标题更合适？请简要说明理由。（改编自七上《语文作业本》第 53 页）
- “一个人握住了我的手，把我紧紧抱在怀中”“她在我的另一只手上拼写‘water’——水，……我静静地站着，注意她手指的动作”，“再塑”的过程离不开一双手，从文中画出写手的句子，有多少处？你可以从细节的层面再次关注“再塑”，理解“手”的作用和蕴含其中的情感。
- ……

例二：从文中海伦·凯勒的自述来看，盲童的内心充满了恐惧和孤独，加上无知与莽撞，她的生命是不完整的，是不健康的，所以需要“再塑”。比如文中的这一段描写，我认为就非常贴切和真实地表现了海伦·凯勒的内心世界：“朋友，你可曾在茫茫大雾中航行过，在雾中神情紧张地驾驶着一条大船，小心翼翼地缓慢地向对岸驶去？你的心怦怦直跳，唯恐意外发生。在接受教育之前，我正像大雾中的航船……”

例三：这篇课文的心理描写就是再塑生命的声音，“我心里无声地呼喊着，光明！光明！快给我光明！恰恰在此时，爱的光明照到了我的身上。”这里三个“光明”还有三个“！”和“快”是生命渴望再塑发出的声音。

……

（二）勾连原著，深入拓展，加深思考与理解

重读原著，根据“阅读导引”的提示展开深入思考，加深理解《再塑生命的人》。先在《假如给我三天光明》相关处做好批注，再扩充你的“读书小报告”。

教师阅读、整理举隅，以供批阅学生作品对照和启发学生思考。

●《再塑生命的人》勾连原著阅读导引

1. 试着从以下的内容充实你对“再塑生命的人”的理解：

★在莎丽文老师来之前，小海伦是什么样的？你喜欢这个小孩吗？

★海伦·凯勒获得了哪些成就？试着列一张清单，感受她成长的不易。

★观察安妮·莎丽文老师的工作中的艰辛，体会“再塑”的艰难与伟大。

★是怎样的人生经历使得安妮·莎丽文老师能有“再塑生命”的爱心和能力？读完第四章，或许你会对“再塑”的传承性有更深的认识。

★他人眼中的“再塑”是什么样的？搜集、整理他人对海伦·凯勒的评价，体会“再塑”的成功之处。

2. 观察《假如给我三天光明》目录，再结合全书的内容，思考下面两个问题：

★你能发现《再塑生命的人》这一节在全书结构中的地位吗？请简述。

★你能整理全书的“再塑”是沿着怎么样的顺序开展的吗？试着归纳，并写在目录的相应位置。

在莎丽文老师来之前，小海伦的生活是这样的：

P6[①]“还告诉我，在我刚满周岁的时候就会走路了。我母亲把我从浴盆中抱起来，放在膝上，突然间，我发现树的影子在光滑的地板上闪动，就从母亲的膝上溜下来，自己一步一步、摇摇摆摆地去踏那些影子。”P181“母亲后来常说：‘当你生下来时，我觉得既骄傲又快乐。’”

（教师批注：多么像《秋天的怀念》一文中史铁生的母亲回忆他小时候）

P198 当时法律还明文规定：“盲聋者视同白痴。”

P9 打保姆艾伦

① 页码指华文出版社 2002 年版《假如给我三天光明》。

P10 恶作剧伤人又伤己

P11 剪掉玛莎的头发又剪掉自己的，火烤围裙险些酿成大祸。把母亲反锁起来。

P15 将妹妹甩出摇篮。

（教师批注：这些真切的回忆使得读者认识到，当时的小海伦处于身心皆残的状态，是一个孤独又暴躁的孩子，近乎一只“小野兽”，这些描述使得莎丽文老师的到来成为一件迫在眉睫的事情）

通观全书，借助目录，我们大致可以归纳莎丽文老师“再塑”海伦是沿着这样一条线索前行的：

（1）亲近自然。

例：第一章“亲近大自然”“波士顿之行”“拥抱海洋”“山间秋季”，第二章“洁白的世界”，到海边，到山上，到新英格兰的一个小村庄。

（2）理解爱的含义。

例：第一章“了解‘爱’的含义”；

教海伦学会阅读、学会说话。

例：第一章“喜悦和惊奇”；

从家庭走向学校，从学校走向社会

例：第一章“波士顿之行”到柏金斯盲人学校与那里的盲童交朋友。

（3）带领海伦走到社会舞台的中央，成为公众人物。

例：交益友，如布鲁克斯主教、霍姆斯博士、贝尔博士、赫顿先生、马克·吐温先生、泰戈尔先生等。

（4）参加社会活动。

第三章“鼓起勇气上台演讲”“热烈的反战运动”“拍摄电影”等。

（教师批注：在以上梳理的过程中，我们可以发现，“再塑生命”是一个循序渐进的过程，是一个逐渐从封闭到打开的过程。全书用细腻而生动的描述，向读者展示了一个盲女成长并终成传奇的经历。而从第 26、33、26、27、33、34、62、67、88、108 页等相关内容都可见，莎莉文老师非常重视心灵的塑造与品德的修养。在“霜王事件”中，海伦体验了羞耻感，而在 108 页的描写中，海伦叙述了自己对穷人的深切的同情之心。可见“再塑”不仅是

技能的提升，更是人格的完善）

（教师批注：综观全书，再次理解《再塑生命的人》一节，它是全书的“关节”。本节连通了莎莉文老师到来的前、后，介绍了本书中的重要人物——莎莉文老师，总括式地开启了下文的“再塑”的全过程，点明了“生命”成长，爱与拼搏的主旨，实是在以点带面，以自读课带动全书阅读的优秀文本）

梳理莎莉文老师自己的成长经历，了解并理解“再塑生命的人”——莎莉文老师，对“生命”和“再塑”，我们会有更深的认识。

例：第四章《春风化雨——莎莉文老师的故事》

（教师批注：在这一章中，莎莉文老师的成长经历也颇为坎坷。在幼年背井离乡的生活中，莎莉文生活艰苦，遭遇悲惨，幸运的是，她也受到了许多人无私的关爱。如“老好人”、巴巴拉神父、车夫老丁、布来福医生、义母霍布金太太等。她忘不了幼年时眼瞎、穷困潦倒、焦虑无助的生活，因此她特别关心孤寂无援的人，以期把自己战胜眼疾、奋发自强的成长经历带给更多需要的人。这是她成功教育海伦的心理基础和经验积累。这里我们不妨将“再塑”看作是爱的传承，将“生命”看作是爱的延续）

四、教学案例（片段）反思

这个教学案例突显了学生学习自读课的一种模式：从课文走向原著阅读，以原著加深课文学习。《假如给我三天光明》是初一年级学生在小学阶段的必读书目，学生有一定的阅读积累。课文《再塑生命的人》是联结全书前后的重要一章，以此为据，理解“再塑”既是学习本课的“课眼”，也是打通全书的“关节”。

在本课中，学生阅读并学习课文并不困难，困难的是如何联系全书，理解“再塑”。这既需要学生有较强的情节概括能力，又要求学生有一定的阅读理解水平。反思这个案例，我们或许对一部分阅读能力较低的学生提出了过高的要求。

五、实践导师点评

毛老师的案例很好体现了从课文走向原著阅读，以原著加深课文学习的理念和思想。主张“以学生为主体”，使其在默读中圈点勾画，寻找关键词句，把握文章内容与结构，体会文章主旨。以标题“再塑生命的人”为纲，在课文中理解“再塑”的含义，体会标题的点睛作用。较好地体现了学生自主学习的一种模式，并从反思中找到不足，可以看到进步。

童国强
金华市金东区光南中学，校长，浙江省特级教师

王娟

寻意象议题，探诗词情深

一、 教师简介

王娟

任教于浙江省丽水市庆元县第二中学，初中语文学科，教龄10年。曾获丽水市教坛新秀，庆元县学科带头人，省优秀指导教师，县优秀班主任。热爱教育，寓教于乐。教学上，主张尊重、信任学生，充分发挥学生的主体作用，让学生做课堂的主人。课堂上，善于营造简单活泼的气氛，致力于展现语文课堂朴素与艺术的融合魅力。

二、 课堂教学思想

古诗词具备独特的文学性质与内容内涵，一方面其大多借助意象进行景观描绘，进而达成情感表达的目的；另一方面，对于相同的意象，不同诗人在不同环境氛围下的应用会展现出一定的差异。因此在古诗词教学中，理解意象是探析诗词情感的关键，也是学生学习古诗词的重点与难点。本案例所采用的教学思想与方法主要为群文阅读教学和议题式教学。通过二者结合的方式，寻意象作为议题展开教学设计，另外群文阅读将同一意象的不同诗词呈现效果汇集在一起，满足了学生学习古诗词的情感需求，由此可以达成良好的教学效果。

三、教学案例（片段）

（一）定议题，择诗词，准备充分

本案例围绕《水调歌头・明月几时有》一课展开。本课中最关键的意象为“月”，该意象在古诗词中为经典常见的意象内容，不仅展现出人性化与平民化的一面，而且一般与亲情、爱情、离别、思乡等情感相关，在不同境遇、成长历程、生活背景的诗人笔下，“月”意象也呈现出多样化的特征与内涵。因此，“月”是本课的核心议题。

（二）创情境，设问题，自主学习

教师利用多媒体为学生播放关于月亮的风景图片或视频内容，同时播放歌曲《但愿人长久》，让学生对《水调歌头》这首词建立初步印象，并对“月”这一意象产生关注。

教师：说起月亮，几乎没有人不喜欢。如果你拿起一本中国古人的诗集，抖一抖，叮叮当当，会掉下好多个“月”字。同学们，你能抖出多少句有关“月”的诗歌呢？

学生1：床前明月光，疑是地上霜。

学生2：小时不识月，呼作白玉盘。

学生3：我寄愁心与明月，随君直到夜郎西。

……

教师：的确，诗人们都爱将自己的情怀寄托在浪漫的月亮上。接下来，请同学们初步阅读一下，本课中老师为大家准备的诗词。

本环节为导入阶段，通过简单的情境、歌声与回顾，唤醒学生心中对“月亮”这一意象的记忆与认知，并由此引出本课需要学习的群文诗篇，让学生进入群文阅读与议题式学习的氛围之中。学生初步阅读后，教师通过预设问题，引导学生进入自主学习环节。

教师：大家都能看到，这些诗词中都将“月”作为核心意象，那么诗人们利用“月”想要表达什么情感呢？请同学们仔细阅读，或者查阅相关资料，看看是否有哪些相似处与不同处。

教师通过多媒体展示学习任务单，并要求学生按照要求完成预设问题的解答。

“月”意象学习任务单

篇名	诗人	关于“月”的诗句	创作的背景	表达的情感
《水调歌头》	苏轼			
《月夜》	杜甫			
《月下独酌》	李白			
《把酒问月》	李白			
《竹里馆》	王维			
《鸟鸣涧》	王维			

学生开展自主学习活动，按照表格顺序依次自学每一篇诗词，并依照表格要求将其中关于“月”的诗句记录下来，结合预习环节的学习成果以及相关资料，了解每一首诗的创作背景，包括诗人的人生境遇、创作诗词时的情况、创作时的社会背景、诗人的创作风格与特点等，并由此总结每一首诗中“月亮”对应表达的情感意图。

本环节目的在于引导学生深入阅读几首包含“月”意象的诗词，并重点分析其描写“月亮”的诗句，由此不仅可以将学生预习环节中掌握的背景知识与课程内容相结合，还可以让学生在不同的诗词对照中发现“月亮”在古诗词中的意义与内涵，进而真正从“月”的文化寓意中读懂诗词，提升学生的诗歌鉴赏水平。

（三）建小组，享成果，总结评价

自主学习环节结束后，教师提出新的讨论问题，并组织学生构建小组，开展讨论活动。

首先，依据“同组异质”分组原则，将学生分为 3—4 人小组，要求各小组采取一名优秀学生、两名普通学生、一名一般学生的组合形式，保持各小组之间实力均衡。

其次，由教师向学生发布学习任务内容，要求学生根据问题展开合作学习活动。

教师：通过对上述表格的填写以及对这些诗词情感的分析，你们对“月亮”这一意象有了怎样的看法？你们觉得“月亮”的内涵在古诗词中可以分为哪几种类型呢？试着分一下类，并通过诗词解析给出结论。

最后，要求学生在小组内选出组长，并由组长进行组织安排，通过小组讨论、分配任务、总结成果等环节完成小组任务。

通过分类的方式，进一步加深对“月”意象的理解，感受月亮在不同诗人眼中的差别，并由此培养学生的团队协作能力，掌握在不同古诗词中月亮的内涵与意义。

各小组完成探究任务后，小组派遣代表上台分享小组学习成果。

学生代表 1：我们组主要对《水调歌头》和《月夜》两首诗进行了研讨，在这两首诗中，“月”的意象主要用于思乡怀人。在《水调歌头》中，作者苏轼借助月亮寄托自己对手足兄弟的亲情，并将由此为世间一切经受离别之苦的人们送上美好祝愿。在《月夜》中，作者杜甫则通过月亮寄托自己对妻子儿女的思念之情，并由此展现出自己对美好生活的向往之情。

学生代表 2：我们组主要对《月下独酌》和《把酒问月》两首诗进行了分析，这两首诗都是李白所作，作为同作者的不同诗篇，这两首诗中的“月亮”都用于抒怀言志。在《月下独酌》中，通过李白邀月对影的描写，直观展现了李白的孤寂生活，同时则潜在表达了他在怀才不遇之下产生的孤傲气质与寂寞心性。《把酒问月》中，李白则借助月亮表达了人生短促的感慨，由此展现了其旷达与飘逸的性格，但暗中则体现了李白在怀才不遇的境遇下的无畏精神。

……

学生分享结束后，由教师进行总结和评价。整个环节以小组成果分享的形式展开，引导学生思维碰撞，发现多方面的观点，拓宽学生的视野与认知。

（四）重拓展，移思维，品读深情

教师通过多媒体为学生展现拓展内容，并由此为学生布置课后作业。

教师：经过以上学习过程，想必大家对古诗词中的“月亮”意象有了深刻的理解，那么请大家观看大屏幕，自主阅读和学习《后出塞五首（其二）》与《江汉》这两首诗，并结合所学知识与技能，分析这两首诗中的“月亮”意象有怎样的表达意图与情感价值，在课后还可以搜集更多的资料，并将你们的理解与感受记录下来。

四、教学案例（片段）反思

本教学案例充分融合了议题式学习与群文阅读两种教学方法，环节完整，充分发挥学生的主体性，一定程度上展现出良好的教学价值。但在实际教学设计中，也暴露出一些问题。第一，在议题确定环节，由于直接由教师给定关键词，导致学生的参与感与自主性在该环节并未呈现，在后续的教学设计中，应当引导学生自主提出“月”的议题关键词。第二，在“预设问题、自主学习”环节，本案例的预设问题较为直接，通过一个表格呈现，但对于部分能力较差的学生来说容易造成学习障碍。教师应进一步分解问题内容，通过问题串与任务链的方式展开，引导学生循序渐进发展，满足不同能力水平学生的学习需求。因此，在后续的案例设计中，教师应进一步优化上述两个问题。

五、实践导师点评

《义务教育语文课程标准（2022 年版）》提出“语文学习任务群”的概念，指出“设计语文学习任务，要围绕特定学习主题，确定具有内在逻辑关联的语文实践活动”。本案例群文阅读的方式，整合诗歌意象，进行主题探究。

学生通过对有关“月亮”的诗文的自主探究，对“月”的意象有了充分感知，比较深入、全面地理解“月”的意象背后的复杂情感。相对单篇诗歌的教学，这种群文阅读之下的主题探究的教学方式能更好地培养高阶思维能力，提升学生的语文综合素养，让语文教学起到事半功倍的效果。

童国强
浙江省金华市金东区光南中学，校长，特级教师

吴玲玲

抓住本质　深化概念内涵

——以五下体积单元复习拓展课为例

一、教师简介

吴玲玲

浙江省丽水市庆元县江滨小学数学高级教师。曾在农村学校任教过复式班，在丽水学院进行英语学科的脱产学习，2003年开始任教英语兼数学，2007年成为专职的数学教师，从此走在学习和研究小学数学专业的道路上，多次承担县市级公开课，其中“分数的再认识”和“编码”分别获得县课堂教学一等奖和市课堂教学二等奖。近年来，她不断钻研，渐渐形成自己的教学风格。先后获得县级、市级教坛新秀，市学科带头人，县优秀教师、优秀共产党员等荣誉。

二、课堂教学思想

学生需求第一：课堂是学生成长的主阵地。教师在教学中要把学生放在第一位，以学生的生活经验作为教育教学的出发点，遵循孩子发展的规律，多表扬，多鼓励，用爱心和细心去发现学生的需求。以“被学生所需要”作为老师最大的幸福，努力让学生对数学学习产生兴趣。

师生共同成长：《数学课程标准》提出“学有价值的数学”，即要把所学的内容与生活实际联系起来，能够运用所学知识解决生活中的问题，让数学真正为生活服务。在师生互动的过程中进行思维的碰撞，师生相互促进，共同成长；使学生在一次次不同的学习内容中发现自己的长处，发展自己的能力，不断地开启心智。

三、教学案例（片段）

本教学案例的内容为义务教育课程标准北师大版小学数学五年级下册“体积复习”拓展课。重点是引导学生把各个知识点构建成网络，并运用运动的观点认识、阐述和理解立体图形体积产生的过程。

（一）环节一：回顾旧知，寻找关联

题 1. 如图：出示一条线段，你知道它有多长吗？

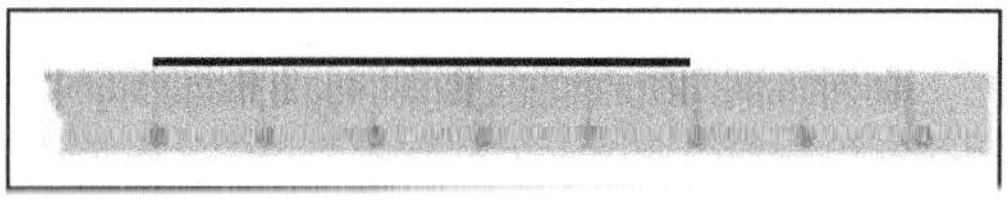

图 1

师：用一把断尺子去量，能知道它有多长吗？

生 1：从 3 到 8，就用 8 减 3 得到 5 厘米。

生 2：一厘米一厘米地数刚好是 5 厘米。

师：一厘米一厘米一起数数看：1 厘米，2 厘米，3 厘米，4 厘米，5 厘米。以 1 厘米为单位，这条线段一共有 5 个这样的长度单位。

题 2. 依次出示如下图 2、图 3：每个小正方形的边长为 1 厘米，长方形的面积是多少？长方体的体积是多少？你是怎么知道的？

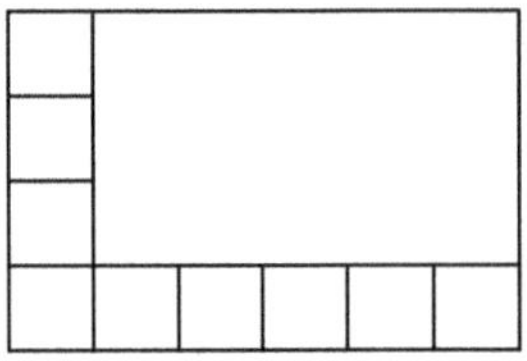

图 2

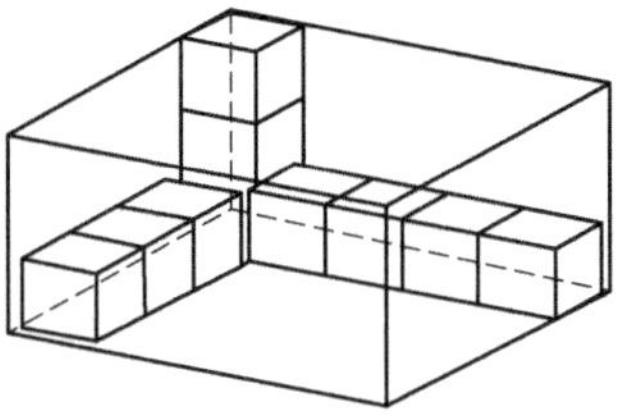

图 3

生：长方形的面积：$6\times4=24$（平方厘米）

长方体的体积：$5\times4\times3=60$（立方厘米）

长方形的面积可以看成一行摆了 6 个 1 平方厘米的小正方形，摆了 4 行，一共有 $6\times4=24$（个）1 平方厘米，也就是 24 平方厘米。长方体的体积可以看成底面一层共摆了 20 个 1 立方厘米的小正方体，摆了 3 层一共是 $20\times3=60$（个）1 立方厘米的小正方体，也就是 60 立方厘米。

题 3. 同时出现图 1，图 2，图 3。

师问：看着这些图，你觉得它们有相同的地方吗？你有什么想说的？

生：图 1 求长度就是数一数一共有多少个 1 厘米；图 2 求面积就是算一算一共有多少个 1 平方厘米；图三求体积就是算一算一共有多少个 1 立方厘米。

在学生回答的基础上师生共同小结：

在讲长度有多少的时候实际是看它有几个长度单位；

在讲面积有多少的时候实际是看它有多少个面积单位；

在讲体积有多少的时候实际是看它有多少个体积单位。

（二）环节二：紧扣本质　理解公式意义

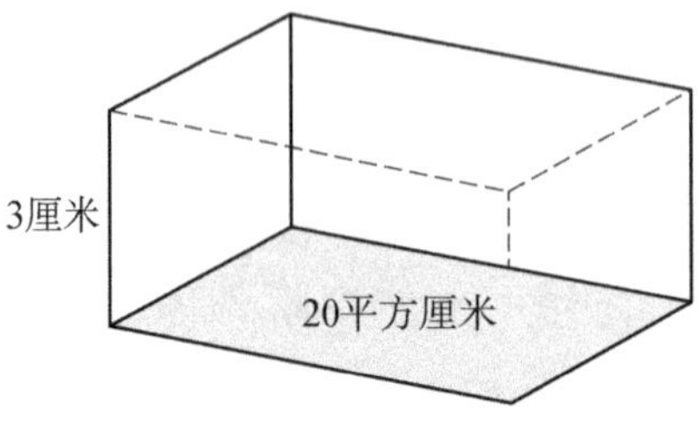

图 4

题 1. 图 4 长方体的体积是多少怎么算？

生口答：$20\times3=60$（立方厘米）

师：列式 $20\times3=60$，我们用底面积×高求出了长方体的体积，那么底面积×高就是求出它有几个体积单位了吗？你是怎么想的？

生：如果用小正方体摆，底面可以看成一行摆 5 个，摆 4 行，刚好摆 20 个，就是 20 个 1 立方厘米，高是 3 说明正好可以摆 3 层。

题 2. 课件出示图片：动态演示摆一层，摆 2 层，摆满 3 层。

小结：原来底面积×高其实就是求出了这个长方体有几个 1 立方厘米这样的体积单位。

（设计意图：紧扣本质来理解体积公式的意义，帮助学生建立一个结构化的过程：度量，就是选择度量标准，用标准去计数。）

（三）环节三：丰富材料　深化概念内涵

下面哪种算法求出了图 5 中有几个体积单位？

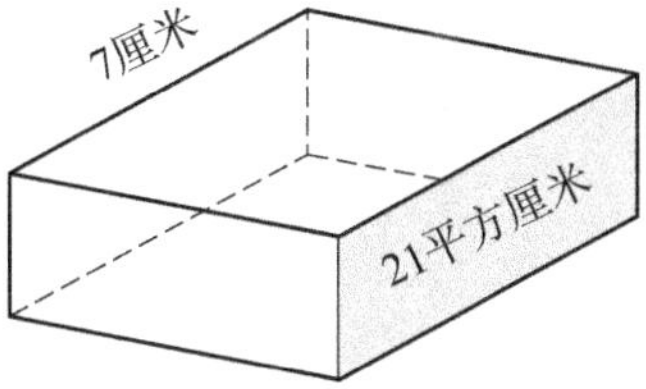

图 5

方法 A：21÷7＝3 厘米　　21×3＝63 立方厘米

方法 B：21×7＝147 立方厘米

学生讨论 3 分钟后反馈：

（1）21÷7 算出的是长方体的高，而 21 不是表示长方体的底面面积，所以 21×3＝63 并不是图形的体积。

（2）21×7 也不是求它有几个体积单位，要知道长方体的宽才可以知道它有几个体积单位。这是因为可以把长方体往右侧立起来，把 21 平方厘米那个面当底面，那么宽就是底面对应的高。

师操作课件：长方体往右侧立起来，再往底面放入小正方体，刚好一行 7 个，放 3 行，这样一层 21 个，再一层一层地放入小正方体，又刚好放了 6 层。

提问：现在你知道刚才你们说的长方体的宽是多少了吗？这个长方体它有几个体积单位？

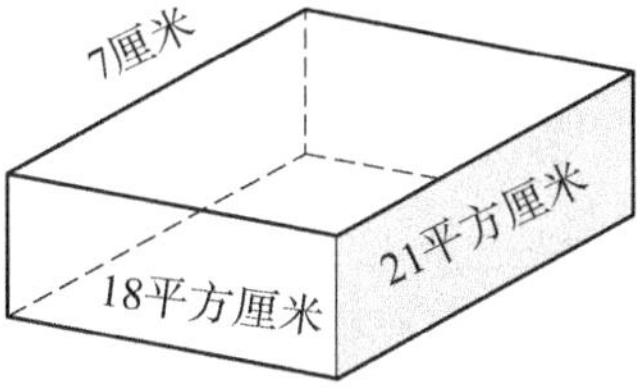

图 6

生：叠了 6 层，宽就是 6 厘米，所以正确的体积是 21×6＝126 立方厘米。

师：如图 6，如果前面一个面的面积是 18 平方厘米，那么这个长方体的体积还可以怎么求？

生：还可以这样算：18×7=126 立方厘米，因为 18 平方厘米和 7 厘米才是对应的底面积和高。我们在计算长方体的体积时一定要注意它们的对应关系。

(四) 环节四：巧设问题 拓宽解决问题的策略

题 1. 下面哪些立体图形的体积能用底面积×高来计算？

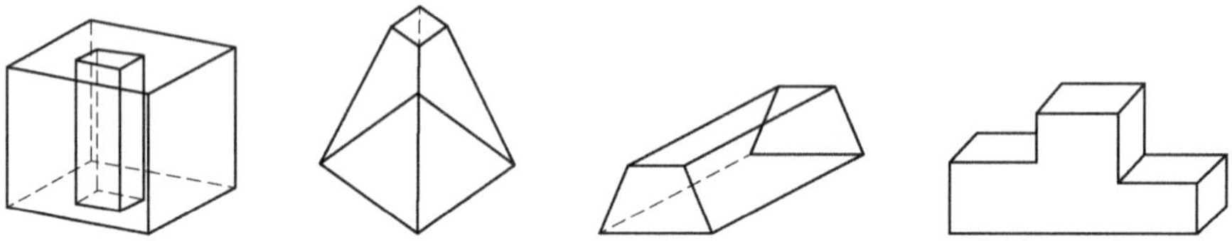

(1) (2) (3) (4)

讨论发现：(1)(3)(4)号图形都可以从不同的角度去看，如图(3)和图(4)可以将它们向前立起来，把前面当成底面，把长当成高，一层一层地叠上去，每一层放相同数量的小正方体，所以都可以用底面积×高来求出体积。

题 2. 讨论：能用底面积×高来求体积的图形有什么特点？

动图演示：相对的面相等，由一个面平移产生。

师小结：这样可以由一个面平移产生的立体图形有一个名称叫作“直柱体”。

四、教学案例（片段）反思

数学与生活之间、数学知识之间都有着密切的联系。引导学生正确把握数学知识之间的联系，有助于学生内化数学知识，形成融入自我认知的知识体系，开拓学生的思维。本节课是在学生学习了长方体和正方体体积之后安排的一节拓展课，在本课的教学中我注意引导学生把各个知识点构建成网络，并运用运动的观点认识、阐述计算直柱体体积的本质，为后续学习直柱体体积（如六下圆柱的体积）做好铺垫。

五、实践导师点评

这是一堂关于长方体、正方体体积的复习课，同时也是一堂关于直柱体体积的拓展课例。吴老师执教的这一课例，是一堂以学生为本的示范课。在教学过程中她关注学生的原有经验和学生知识网络的构建，充分发挥学生的积极性，运用和以往学习经验不同的全新的运动的观点来认识体积的本质概念，让学生经历了立体图形体积产生的过程，基于原有的学习经验，整体架构知识网络，培养空间观念。吴老师的复习课案例，不仅仅定位在"查漏补缺"，更体现在"温故知新"上，她将体积知识进行由"厚"到"薄"的提炼，在新旧知识之间寻找关联，并且还架起一座通往后续知识学习的桥梁，注重学生主观能动性的发展，注重教师的引领点拨和学生的自主发展，体现了以生为本的课堂，是一节比较有价值的复习课。

张绍军
丽水市莲都区教师进修学校，校长，浙江省特级教师，正高级教师

徐莹

深度操作　聚焦量感

——以“认识厘米”教学为例

一、教师简介

徐莹

高级教师，浙江省丽水市学科带头人，现为云和县育英小学数学老师兼教科室主任。先后被评为“县优秀班主任”“县先进教育工作者”“县学科带头人”“丽水市教坛新秀”“丽水市优秀教师”；曾获得县课堂教学评比一等奖，丽水市优质课一等奖，执教的“分桃子”获得2017年度省级优课，多次承担市、县级公开课与讲座，获得一致好评。近年来，她不断耕耘，负责的课题、撰写的论文案例在省、市、县级多次获奖。

二、课堂教学思想

1. 对接已有经验，聚焦量感培养

2022版新课程标准中增加了“量感”。量感主要是指对事物的可测量属性以及大小关系的直观感知。量感的建立与学生的经验有关。如果学生缺

乏相关的活动经验，量感的建立就无从谈起。因此在教学时，必须通过各种深度的操作，对接学生的已有经验，唤起认知，培养学生的量感。

2. 选材结构化，促进整体建构

郑毓信教授指出："基础知识的教学不应求全，而应求联；基本技能的教学不应求全，而应求变。"数学无论是知识本身，还是学习知识的方法都是自成体系的，都是结构化的，都是有机生长的。因此要选择简单结构化的素材，让孩子对知识、方法、过程等系统观概念有深入的认识与理解，形成整体的综合大数学思维方式。

三、教学案例（片段）

"认识厘米"是长度单位教学的开始。教材在引出长度单位时，有一个课时的自选长度单位的测量，让学生用不同的物品去测量物体的长度。虽然测量的是同一物体，但所用标准不同，所以量得的结果不同。由此引起认知冲突，让学生感受统一长度单位的必要性。接着引入刻度尺，指出比较短的物品可以用"厘米"作单位，并通过猜、看、量等操作活动形成厘米的长度概念。并能估计一些物体的长度，进行测量，会画指定长度的线段。为后续学习长度单位"千米、米、分米、毫米"以及进行简单的单位换算打下基础。

（一）环节一：谈话导入，唤起认知

师：同学们，你们知道我们今天要学习什么吗？

生：认识厘米。

师：那你们在哪里见过或听过厘米呢？

生：我的身高是 135 厘米……

师：身高可以用厘米表示，那其他小朋友的身高呢？

师：看来你们是认识厘米的，厘米是可以用来表示物体的长度或者高度的单位。

设计意图：鉴于学生在一年级科学课程中已学过粗略的测量，对厘米有了一定的经验认识。因此，课堂的导入部分开门见山，先用轻松的语言和学

生进行聊天，从谈话中收集和回顾学生对厘米的认识。

（二）环节二：深度操作，感悟新知

1. 认识1厘米

师：那你知道1厘米有多长吗？

生：大概有这么长……

师：你们桌上有4根吸管，老师在里面放了一根1厘米长的吸管，你觉得会是哪一根呢？

师：觉得这根（10厘米的吸管）是1厘米的举个手，为什么你们都不选这根啊（学生：它太长了），这根（5厘米的吸管）的举个手、这根呢？

师：那1厘米应该是比较短的。（0.5或1厘米的吸管选择的学生较多）

师：大家选这两根吸管的比较多，那到底哪一根才是1厘米呢？你有办法验证吗？

生：可以用尺子量。

师：现在，请出我们的宝贝工具——尺子，请同学们拿出尺子来量一量。（拍摄学生作品并解释）

师：这回再让你们做个选择，你会选择哪一根？

师：你改变主意了，你是怎么量的，你能上来量一量吗？

师：除了这么量，还有别的方法吗？（请学生上来量）

师：1厘米还可以是？还可以是？谁来总结一下，怎样在尺子上找到1厘米。

（只要相邻长刻度线之间就是1厘米）

师：没有对准长刻度线，现在还是1厘米吗？（老师移动吸管）

生：是，因为吸管长度没有变。

师：尺子上不能看大格了，还可以怎么看是1厘米？

生：10个小格是1厘米，1大格里有10个小格。

设计意图：在4根吸管里挑选1厘米长的吸管活动中，调动学生的原有认知，引发学生的认知冲突，产生测量的需求。通过学生不同测量方法的对比，把握尺子上寻找1厘米的本质，尺子上的1大格就是1厘米或者10个小

格是 1 厘米，丰富学生的认知。

2. 感受几厘米

师：1 厘米，记住了吗？1 厘米我们找到了，那这根吸管是几厘米呢？

师：先估一估。

生：7 厘米、8 厘米、10 厘米……

师：有不同的意见了，再用尺子去验证一下到底是几厘米？

师：好了吗？我们来看一看！同样是量，每个人量的结果不一样，究竟哪个是对的呢？

（请学生说，再数一数格子，教师反馈）

师：那剩下的这根黄色吸管，谁来估一估，它是多长？

生：5 厘米、7 厘米……

师：你为什么这么估？

师：用尺子去验证下你们估得对不对？

师：多少厘米？

生：5 厘米。

设计意图：通过先估计，再测量，培养学生的估计意识。同时，通过探索、交流和分析，使学生体会从“刻度 0”开始测量的优势，测量的方法在不知不觉的体验中生成，使学生亲身经历了学数学的过程。

（二）环节二：实践应用、深化新知

1. 动手操作，剪 1 厘米

老师：真的认识 1 厘米了吗？现在老师来考一考你们，不准用尺子，能不能在黄色吸管上剪出 1 厘米，看谁剪得最准！有信心吗？

师：同学们都剪好了，请你们用剪出来的吸管和桌上 1 厘米的吸管比一比，看看剪对了吗？

生 1：剪长了。

生 2：剪短了。

生 3：刚刚好。

师：剪长剪短的同学们你现在能重新修正一下吗？（学生修正）

设计意图：在动手操作中进一步巩固 1 厘米的长度观念，正确掌握使用厘米测量的方法，同时培养了学生的估测意识。

2. 寻找生活中的 1 厘米

老师：你能说一说生活中哪里有 1 厘米吗？和同桌互相说一说。

学生：门牙、指甲盖是 1 厘米……

老师：同学们观察得可真仔细，其实我们的身体就是一把尺，可以用来估测我们周围的一些事物。

(四) 环节四：练习巩固、实践延伸

1. 下面的物体分别有多长？

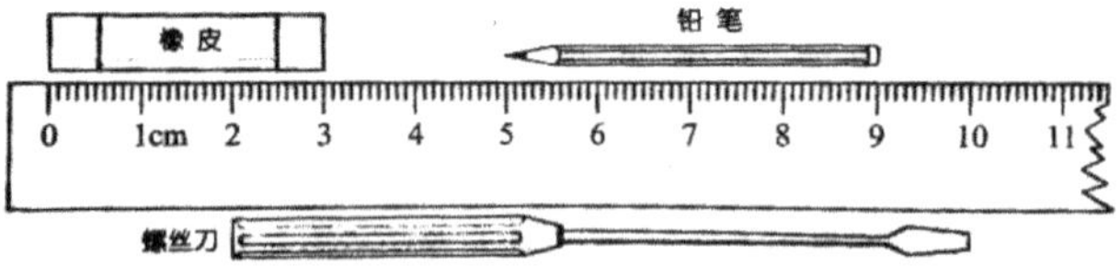

橡皮长（　　）厘米，铅笔长（　　）厘米，螺丝刀长（　　）厘米。

2. 测量课桌有多长

老师：现在能记住 1 厘米了吗？怎么记的？那这个黑板擦的宽大概是多少？(1 厘米)那这个课桌呢？不用尺子就用手上的吸管来量一量我们的课桌大概有多长？

学生：用 10 厘米的吸管去量。

老师：为什么你会用 10 厘米的吸管去测量呢？我看有同学是用 1 厘米的吸管去量的。

学生：用 10 厘米的吸管去量会比较方便，1 厘米的太短太麻烦了。

老师：你们表现得可真棒！知道了量比较短的物体要用“厘米(cm)”作单位，那如果现在让你们去量我们的教室有多长，你会用 10 厘米的吸管去量吗？

学生：不会，我用更长的东西去量。

老师：看来还有比厘米更长的长度单位，这个问题留给同学们课后去

思考。

设计意图：第1题是一道基础题，作为检测本课时的基础知识，第2题是实践操作题，第一层次是让学生通过实践再次感受厘米，知道量比较短的物体要用“厘米(cm)”作单位。第二层次是让学生在具体操作中感受还有比厘米更长的长度单位，为后续学习“分米、米、千米”等长度单位埋下伏笔。

(五) 环节五：课堂小结

这节课，我们认识了1厘米的实际长度。进一步认识了刻度尺，学会了估计，学会了测量，给大家点赞！

设计意图：学生通过谈收获，再一次体验学习的快乐。教师梳理小结，不仅回顾了本节课学习的重点内容，而且激发了同学们在以后的学习中积极参与的热情，使学生享受到成功的快乐。

四、教学案例(片段)反思

通过多次实践改进，我对“认识厘米”有了更深的思考：

1. 学科整合，基于学习起点

在一年级科学中，学生已经学会了简单测量，会比较长短，基于这样跨学科知识的起点，课堂开始没有经历统一单位的必要性体验，而是直入主题：“关于厘米，你知道吗?”激活孩子们的原有经验，找到本课学习的链接点。

2. 深度操作，聚焦量感培养

本课运用简单的素材吸管，通过一系列的多维活动，让孩子们建立1厘米的概念，并在操作中深刻理解几厘米就是由1厘米标准量的累加得到，把握量感本质。

3. 多维练习，感受学习延展性

在测量课桌有多长的活动中，经历矛盾冲突，激发学生改进测量工具，积累了物体的长度不同，选择测量标准也可能不同，为后续学习分米、米积累经验。

五、实践导师点评

徐老师执教的这一课例，是一堂“心中有生”的示范课。她注重操作、注重思考、注重交流，注重孩子的体验与实践，充分发挥了学生的积极性，让学生经历了长度单位厘米的形成过程，并注重在知识的形成过程中建立量感，培养了学生的核心素养。

基于学习的认知起点，整体架构学习过程。经历“做数学”的学习过程，关注量感核心素养的培养。徐老师的单元关键课“认识厘米”的案例，内容全面，有思想、有层次、有深度，从教学内容、教材简析、学情分析、教学目标、教学过程到设计意图的表达以及教学案例反思等，充分体现了徐老师以生为本、素养导向、整体观照的教学思想。

张绍军
丽水市莲都区教师进修学校，校长，浙江省特级教师，正高级教师

孙梅琳

思维导图在小学英语教学中的运用实践

一、 教师简介

孙梅琳

任教于浙江省龙泉市实验小学教育集团,小学英语学科,教龄 15 年。浙江省教坛新秀,丽水市小学英语学科带头人。曾获教育部“精品优课”,丽水市网络公开课一等奖等,荣获丽水市优秀教师、龙泉市“事业家庭兼顾型”先进个人等荣誉称号。撰写的论文及研究的课题多次在省市县获奖。多次在市、县专题研讨活动中开设讲座及公开课。

二、 课堂教学思想

课程改革提出,学科综合素养的培养必须落实到课程实践中。《义务教育英语课程标准(2022 年版)》提出以主题为引领选择和组织课程内容,践行学思结合、用创为本的英语学习活动观。思维导图将语言、信息图像化,能充分发挥知识引领作用,其灵活性与创造性,能激发学生思维潜能。小学生易受课时限制而忽略知识整合,学习方式单一,缺乏持续性。在教学中,教师以思维导图的形式促进学生通过具体的主题引领、贴近生活的情境,着眼于学习活动由浅入深、从易到难，有利于学生发散思维，深度思考、挖掘和分析，逐步提高综合素养。

三、 教学案例（片段）

以思维导图在小学英语教学中的运用为例。

（一）思维导图在词汇教学中的运用

英语单词在“音、形、义”上是有关联的，具有融合性和延伸性，而思维导图的联想可以把单词组成相互联系的词汇网络，形成词汇思维导图。教师可组织学生运用思维导图构建词汇知识体系。

1. 利用思维导图学习拓展新词

人教版教材三年级的语音板块 Letters and sounds 中，重点学习字母以及以这些字母开头的例词。教师可借此激发学生已有的词汇，提升其学习兴趣。这些词或许熟悉又陌生，在阅读或视频片段中接触过，可以通过思维激发，增强记忆。教师还可引导学生通过发音规律衍生学习新词汇，滚动旧词汇。

以人教版教材一年级第五单元 “Let’s eat! Letters and sounds”为例，在教授 Oo, Pp, Qq, Rr, Ss, Tt 六个字母时，教师问：These words start with p, do you know any other words start with “p”?学生会结合已学词语说出 pencil、pencil box、panda，还能说出更多词：play、pay、pear、pineapple、plane、purple、perfect、picture、party 等。在教学中，学生感受单词间的联系，能更好地理解、记忆词汇，并能根据发音规律绘制以字母为中心的思维导图，如图 1 所示。

2. 利用思维导图梳理主题词汇

英语教学中每个单元都有自己独立的主题，单元各板块之间有联系。以每一个主题单元教学内容为核心展开整合，更能织成一张学习网。同时，PEP 教材遵循循环往复、螺旋上升的原则来安排各册教材中的话题，旨在扩展和提升本话题。这就更有利于学生在主题梳理归纳时，将旧知相连接，与新知相融合，与生活相联系，掌握相关词汇。

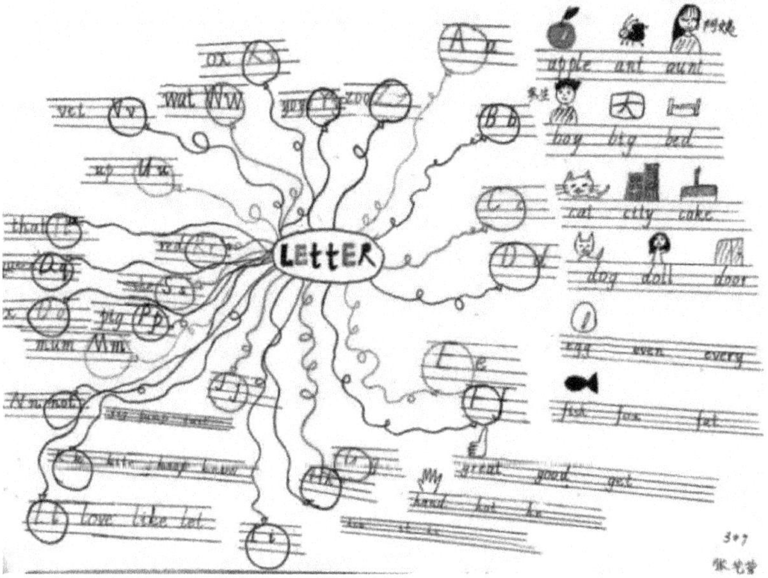

图 1　学生的“Letters”气泡图

以人教版教材四年级第四单元“At the farm”为例，本单元围绕“农场”这一话题展开，重点是通过教学农场里的动物和蔬菜，学生能询问农场情况并做出相应的回答与介绍等。在梳理词汇时，可以将 Part A，B 两部分结合，并结合生活延伸更多相关词汇，分为 vegetables，animals，view 三个分支：Vegetables 包含 carrots，potatoes，green beans，tomatoes，onions eggplant，(pepper，mushroom，corn...)；Animals 包含 horses，cows，sheep，hens，ducks，(chicken，dogs，pigs，donkeys，cats，mouse，fish..)；View 包含 hill，mountain，grass，house，fence，trees，flower 等等。延伸新词汇并非提高学习难度，而是在以主题发散思维的过程中，鼓励学生与生活实际相结合，激发记忆更多已知词汇以及调动学生查阅相关词汇的主动性与积极性。

（二）思维导图在对话教学中的运用

听说能力是语言学习者在语言学习过程中所需掌握的重要技能，二者相辅相成，相互依存。思维导图用于对话交流之中能让语言逻辑更清晰。思维导图在高段对话课中运用较多，如树形图、流程图，更能帮助学生按照时间发生顺序、对话逻辑理清脉络。

以人教版教材五年级第三单元“What would you like? A Let’s talk”为例，本课学习的主要内容是通过 Sarah 和父母在家用餐场景谈论自己喜欢的食物与饮品。关于食物的话题在人教版教材一年级第五单元“Let’s eat!”和三年级第五单元“Dinner’s ready!”中学习过，同类话题在逐步提升学习深度。而英语学习有学生思维超前于学习内容本身的特殊性，将前期学习的知识与生活体验习得的知识巧妙结合的必要性更进了一步，让对话更具丰富性、更有生活启发。本课教学导入部分，用已有旧知 chant 及歌曲唤起学生的记忆。学生通过看、说、听等活动获取“Who is hungry/thirsty? What would Sarah’s father like to eat/drink?”等问题的信息，并学习新的食物表达：sandwich，salad 等。随后，对话听读模仿练习。本课核心句型为“What would you like to eat? I’d like some... What would you like to drink? I’d like some...”，句式较单一，与生活真实交流情境有一定距离。真实生活中，语境会有一定的增量，如：“Can I have some...? Would you like some...?”因此，拓展部分，教师追问：“What will Sarah’s father say?”学生则可结合实际生活自然地、自如地表达更多的内容。本课对话教学通过树状图将对话逻辑梳理清晰，为学生的自主练习提供必要的帮助，实现学生多方面能力的稳步提升。

巧用流程图推动对话进程。听说课的对话类型较多，中低段对话多以一问一答的形式，逻辑简单，清晰明了，而高段对话冗长，前后关系繁杂，学习能力弱的学生一时理不出逻辑。思维导图中的流程图由箭头、图形构成，主要用于列举顺序、时间过程、步骤等。教学中，巧用流程图可使对话内容连成一条线，一目了然。

比如人教版教材八年级第三单元“Where did you go? A Let’s talk”一课，该单元学习的主题是谈论和描述人物在过去做的事情。本对话课内容较长，学习力不足的学生较难提炼其中的关键信息。教师提问“What happened to John?”引出话题，学生答：“John fell off his bike and hurt his foot.”继而谈论 John 的五一假期经历。教学中，教师可用流程图直观化呈现对话进程，如图 2 所示，学生在流程图的引导下，更易于理解、记忆对话内容。

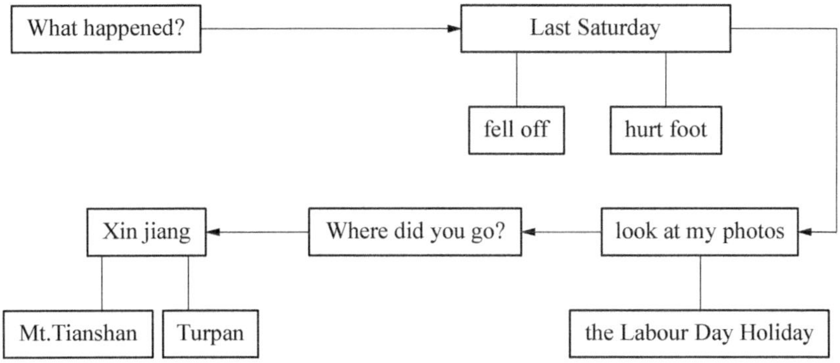

图 2　流程图

(三) 思维导图在读写教学中的运用

读写课即阅读与写作相结合。阅读时,学生易将注意力集中在不熟悉的词句上,而忽略了文本结构与意义。同时,篇幅较长的文章令学生望而生畏。思维导图用可视化的图形将文章的结构与关键信息突显出来,有助于提高学生的阅读兴趣,也有助于学生解读文本。

如:人教版教材五年级第一单元"What's he like? B Read and write",这节读写课主要介绍 Robin 的特征。教学以机器人相关视频导入激发学生兴趣,引出 Robin,然后教师提出问题:"What's his name? Who is the designer?"学生通过 Fast-reading 找出对应的信息。接着学生通过 careful-reading 寻找更多细节信息并总结出 Looks, Character 等方面的内容。阅读过程中,教师在黑板上动态生成括号图。括号图有助于学生分析、理解事物整体与部分之间的关系。在 Retell 环节,学生能通过此导图介绍 Robin,复述文本内容。教师还可引导学生关注语言表达的逻辑性、完整性,并鼓励其在导图基础上创新、发展个性思维。

导图构建支架,有效导说导写。读写课中,引导学生发挥想象设计时,学生的思维往往会呈现碎片化的状态,易将一些生动的词语句子叠加在一起,缺少逻辑性。思维导图能帮助学生更好地进行语言输出,尤其在复述文章主要内容与写作方面。

在人教版教材三年级第六单元“Meet my family! B Read and write”一课中，讲述的是 John 一家，包括 John's father, mother, uncle, aunt and John 等人物的信息。教学过程中教师通过提问“What are their jobs? What are they like?”逐步呈现文章内容，并以思维导图展开教学，如图 3 所示。

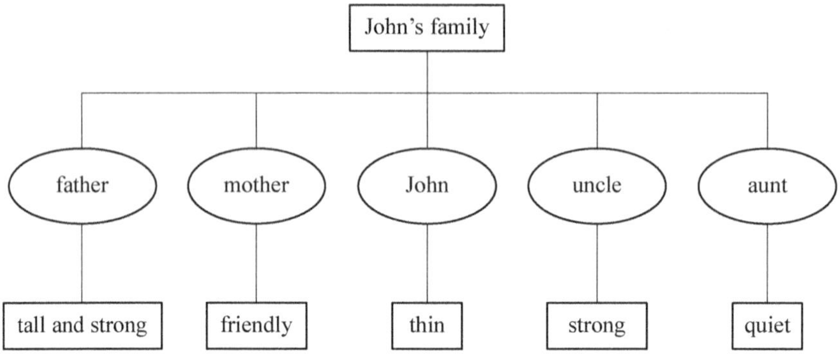

图 3　“John's family”树状图

四、教学案例（片段）反思

思维导图的尝试运用为小学英语教学提供了更为广阔的途径。作为一种思维工具，它不仅能激发学生的学习兴趣，而且有助于教师在小学英语课教学中进行词汇导学、支架导说、有效导读、模仿导写，有效提高学生的识记能力、表达能力、阅读能力以及写作能力，为其今后的学习打下了坚实的基础。在教学实际运用中，不同类型结构的思维导图发挥着不同的作用，教师应结合教学内容选择适宜的思维导图类型。在今后的教学实践中，教师还可以将前期获得的一些经验和实施策略运用于学生的自主阅读、学习能力形成中，逐步提升学生的思维品质及综合运用语言的能力。

五、实践导师点评

思维导图的合理运用对于提高小学英语教学有效性具有积极作用，也深受教师和学生喜爱。本文结合小学英语 PEP 教材分析了当前常用的思维导图类型，并进一步阐述了其在词汇、对话、读写等方面的教学实践运用。但是目前思维导图在课堂教学中的实践运用仍存在不足，教师需要以发展的眼光审视英语教学，探寻思维导图与教学内容的契合点，适时调整教学策略，打造更具现代化的高效英语课堂。

郑文
浙江省教育厅教研室，正高级教师

梅琳敏

超棒的朋友制造机

一、 教师简介

梅琳敏

高级教师，现任浙江省丽水市实验幼儿园教育集团副园长，幼教全科，教龄21年。主要荣誉：丽水市教学名师、丽水市绿谷新秀、丽水市事业家庭兼顾型先进个人、丽水市教科研先进个人、丽水市市直优秀教育工作者等。曾获浙江省精品课程1项、丽水市优质课评比一等奖，主持、参与省市课题24个，各级论文发表、获奖近30篇，参与基础教育教学成果研究获市一等奖、省二等奖。

二、 课堂教学思想

幼儿的社会性主要是在日常生活和游戏中通过观察和模仿潜移默化地发展起来的，成人应注重自己言行的榜样作用，避免简单生硬地说教。因此，社会领域的教学内容应源于幼儿当下的生活及社会环境，尊重幼儿的生活经验，顺应幼儿的自然性向；教学设计应强调幼儿个体的参与和体验，个体对活动的多维度解释，教师对幼儿的支持回应；教学范式更注重综合、生成、情境和经验的获得等，帮助幼儿发生有意义的建构。

本课例源于生活中大班幼儿感兴趣的“手机”话题及社会环境中的手机诈骗现象，是以绘本《超棒的朋友制造机》为载体生成的教学活动。本课例以“超棒的朋友制造机”教学实录为例，展现了对生成性社会活动的实践与思考。

三、教学案例（片段）

（一）经验唤醒：在交流中探讨手机的作用

1. 教学实录片段

师：（出示手机）手机长什么样？你们都用过手机吗？用手机做过哪些事情？

幼：手机是长方形的，薄薄的。我用爸爸妈妈的手机玩游戏、看动画片、看抖音……

师：哦，你们用手机娱乐放松心情，除了娱乐，手机还能做什么？

幼：我用手机下围棋，我用手机洪恩识字，我用手机画画……

师：是呀，手机还可以学本领增长知识。（出示图片）手机的用处还有很多，打电话、发信息、看视频、听音乐、下围棋，还可以学习、购物……手机给我们的生活带来了很大的方便。

2. 教学实录片段解析

经验是儿童在日常生活和学习过程中与周围环境相互作用而产生发展起来的。对于大班的孩子而言，手机和其生活密切相关，手机的通信、娱乐、学习、支付等多种功能是他们探究的兴趣点。对于手机，他们拥有一定的经验。此环节，我通过手机实物激发幼儿交流兴趣，通过提问追问唤醒其已有经验，通过图片呈现拓展功能认识，引导幼儿充分交流，使其在传递经验中达成共识：手机的功能很多，给我们的生活带来了很大的便利。

(二) 绘本链接:在情境中了解手机的陷阱

1. 教学实录片段

师:(出示图片)故事的主人公“爆米花”在做什么?它收到了什么消息?

幼:“爆米花”在看手机,它收到了很多“你好”。

师:这么多的“你好”会是谁发来的?“爆米花”喜欢这只手机吗?你们从哪里看出来?

幼:应该是“爆米花”的朋友发来的,也有可能是农场主。“爆米花”很喜欢这只手机,因为它走路的时候一直盯着手机,大家都睡觉了它还一直在发信息。

师:你们觉得“爆米花”这样做好不好?为什么?

幼:不好,因为一直盯着手机会近视、头晕,还会影响身边的朋友休息。

师:原来的“爆米花”可不是这样的,它可是稻草人农场里最友好、最热心、最受欢迎的小鸡。农场委员会连续三年给它颁发了超棒的奖牌。自从“爆米花”捡到了手机后,它的生活发生了很大的变化。

师:(出示对比图片)“爆米花”和以前有什么不同?(引导幼儿用“以前……现在……”的句式讲述。)

幼:以前“爆米花”喝早茶的时候会和朋友们聊天,说好听的话,现在它只忙着看手机;以前“爆米花”在奶牛挤奶的时候会给它们讲超棒的笑话,现在它只坐在牛背上看手机;以前“爆米花”会帮助小鸭过马路,现在它只顾着看手机,自己都快被车子撞到了。

师:“爆米花”把老朋友们都忘在了脑后,它要邀请所有的新朋友来参加聚会。“爆米花”的新朋友是谁?看到新朋友,“爆米花”的反应是什么样的?它心里会怎么想?

幼:(吃惊地)“爆米花”的新朋友是大灰狼。它感到很意外、很害怕。

师:新朋友是来参加聚会的吗?它们真正的目的是什么?“爆米花”是怎么做的?它已经无路可逃,这可怎么办?

幼:大灰狼真正的目的是吃了“爆米花”,它赶紧逃跑,找老朋友来帮忙。

师:在这个危急时刻,谁来了?它们是怎么做的?成功了吗?

幼:奶牛、小鸡和大狗一起吓跑了大灰狼,它们成功了。

师：(出示绘本封面)手机真的是超棒的朋友制造机吗？手机里的朋友可信吗？现实中的朋友才是最真实、最宝贵的。

2. 教学实录片段解析

(1) 有情境的情感体验。绘本《超棒的朋友制造机》画面生动有趣、对比鲜明，故事情节跌宕起伏，惊险中充满友情的温暖，非常适合大班幼儿阅读。我对绘本素材进行了删减、整合、重组，使幼儿快速进入故事情境，体验主人公"爆米花"对手机里"新朋友"的期待、对农场老朋友的冷落、见到"新朋友"后的惊慌失措以及得到老朋友帮助后的追悔莫及等情感，更易于幼儿理解和产生共鸣。

(2) 有效度的问题推进。为了帮助幼儿进一步体验手机给"爆米花"带来的影响，我结合故事情境，通过故事线的连续性追问、反问，如：有了手机，"爆米花"和以前有什么不同？这样的"爆米花"你们喜欢吗？为什么？"爆米花"的新朋友会是谁？见到新朋友，"爆米花"是怎么想怎么做的……不断启发、引导幼儿在猜测讨论、对比观察中换位思考。最后，通过"手机真的是超棒的朋友制造机吗？手机里的朋友可信吗？"这一问题引发幼儿的思考，助推幼儿深刻感受手机隐藏的诱惑和陷阱。

(三) 经验建构：在讨论中梳理防骗小妙招

1. 教学实录片段

师：在生活中，就有一些像大灰狼一样的坏人，通过手机来和我们做朋友，获得我们的信任然后行骗。你们有听说过这样的事情吗？

幼：听说过，有些骗子会打电话骗钱，我爸爸就接到过骗子的电话，有些骗子会让你买很便宜的东西然后骗钱，有的广告也是骗人的……

师：你们有什么好办法可以避免上当受骗？和好朋友一起讨论并画下来吧！

幼：(几人一组讨论记录，展示交流)不接陌生人电话，不透露自己的信息，不相信陌生人，遇到骗子要打 110，不随意点开软件……

师：今天我们一起讨论了这么多的防骗小妙招，让我们来当防诈骗的小小宣讲员，把这些小妙招分享给更多的人，让他们远离网络诈骗。

2. 教学实录片段解析

手机诈骗作为幼儿所在社会群体的一种现象，无形中对幼儿产生影响，幼儿作为一个具有主体性的成员应该学会有选择地甄别，积极地适应社会。此环节，我以幼儿的已有经验为起点，瞄准最近发展区，通过生活回顾、小组讨论、思辨记录、展示交流等支架有意识地帮助幼儿在其已经知道的知识和需要知道的知识之间架起桥梁，建立新的经验“生长点”，在集体智慧中树立防骗意识，梳理防骗妙招，使幼儿的已有经验得到深化和扩展。

四、教学案例（片段）反思

本次活动源于教师对课程内容的敏感性，从现实生活中取材，通过甄别幼儿对“手机”这一事物的兴趣需要，判断经验价值，寻找教学“生长点”。在活动中，教师始终尊重幼儿的主体地位，通过生活经验回顾、对比观察讲述、思辨讨论记录等多种策略唤起幼儿对手机的独特体验，支撑幼儿的经验建构。同时，营造开放自主、轻松愉悦的交流环境，在激励式、追随式的师幼互动中，帮助幼儿建立防范手机诈骗这一新的经验“增长点”，让“学”成为幼儿通过活动的主动建构，也实现了让“教”作用于幼儿并对其发生影响。幼儿在感受、讨论、表达和体会中得到启发，学会正确看待、使用手机，警惕网络世界的危险，促进了幼儿有意义的学习，获得了有益的成长经验。

五、实践导师点评

如何发现与支持幼儿有意义的学习，提升幼儿日常生活经验？《评估指南》向幼儿园老师提出了更高的要求。此活动是一个很好的实践案例。教学内容源于老师发现孩子的现实需要而展开话题讨论，既有现实意义也为孩子将来的学习与生活适时地埋下良好的认知及价值取向。教学设计巧妙，利用生动形象的绘本故事，将教育内容融入其中，支持孩子真实的体验，支持孩子有意义的学习。

戴和英

丽水市实验幼儿园教育集团，正高级教师

杨秋林

给简单概念的学习以丰富体验

一、教师简介

杨秋林

浙江省丽水市遂昌县梅溪小学，高级教师，教龄 26 年，现任丽水市遂昌县梅溪小学书记、校长。先后获省教改之星、市学科带头人、市教坛新秀、市教科研先进个人、市少先队先进个人、市教育提质突出贡献先进个人、市优秀教师、县优秀校长、县最美书记、县先进教育工作者等荣誉称号。也是浙派“名校长”培养对象，市绿谷名校长培养工程对象。同时也是县第十六次党代会代表，并当选为遂昌县委候补委员。

二、课堂教学思想

数学教学应当为培养学生的数学核心素养而努力。首先，“数对”对学生来说是一个新概念，概念教学应当充分展开过程，让学生参与到概念的形成过程中，加深对概念的理解。其次，数对概念相对简单，除了理解概念这一教学目标，教师应思考如何提升学生其他维度的能力，推动学生核心素养的形成，因此课堂中必须设计高质量的学习材料。最后，数学学习是一个主动的建构过程，应强调学生的参与，以学生为中心。相比直接告诉学生“数对是什么”的教学方式，借助设计良好的学习材料，学生有充分的时间观察、独立思考、合作交流则更有助于学生充分展开思维过程，理解数对的由来和含义，发展数学思维。数学学习也变得有意思，有意义。

三、教学案例（片段）

（一）数对的书写

师：数学是一门追求简洁的学科。你能用比“第2组第4排”更简便的数字或符号来表示他的位置吗？请试一试。

师：这是两位同学的作品。

生1：2组，4排。

生2：2，4。

师：他们的描述中有什么相同的地方和不同的地方？

生3：相同的地方是他们都用2和4表示，不同的地方是第一位同学有文字，第二位同学没有。（板书2，4）

师：掌声送给她。我们去观察相同点和不同点，是一种非常好的学习方法。两位同学的表述中，都有2和4，你看懂了吗？

生4：第一种方法“2组”就是“第2组”，“4排”就是“第4排”；第二种方法“2”就是“第2组”，“4”就是“第4排”。

师：同学们非常会思考，也认真研究了第2组第4排怎么表达更简便。老师还有个建议，虽然2和4要隔开，但是这两个数在一起才能表示淘气的这一个位置，所以这两个数又是一个整体，在外面还要加上小括号。这就是我们今天要学习的新知识——数对。

【设计意图】展开数对的写法，学生在自主尝试和交流中感悟数学语言的简洁和精确。

（二）数对意义的深入理解

1. 辨析(2，4)和(4，2)

师：奇思的位置是数对四二，淘气的位置是数对二四，他们两个人的数对中都有2和4，是同一个位置吗？为什么？

生1：淘气是在第2列第4行，奇思是在第4列第2行，位置不一样，他们数对里的2和4是反过来的。

师：从数对的第一个数来看，淘气是2，奇思是4，他们在不同列；从数对的第二个数来看，淘气是4，奇思是2，他们在不同行。用数对描述同学的位置时，数对里第1个数和第2个数表示的意思不同，请你说说看。

生3：数对的第一个数表示列数，第二个数表示行数。

师：看来你已经非常明白数对中每个数的意义了。

【设计意图】学生在辨析中加深对数对中两个数的意义理解。

小游戏：说一说、猜一猜。

师：接下来我们来玩两个小游戏。

(1) 说一说。

师：先说一说，用数对表示自己在教室中的位置。老师规定，把这一组当作第1列，依次是……把这一排当作第1行，依次是……根据这个规定，请你用数对来表述你的位置，然后大家一起来当小裁判。听清楚要求了吗？你来。

生4：我的位置是数对三二。（同意！）

(2) 猜一猜。

师：现在我们来玩猜一猜。请同学用数对说一个好朋友的位置，请大家猜一猜他的好朋友是谁。

生6：我的好朋友位置在数对三二。

其余生：是×××！

师：大家还想猜！那么课后大家还可以再和同学猜一猜。

【设计意图】利用两个游戏，学生在欢乐中巩固了用数对表示位置，在实际场景中加深了对数对的理解。

2. 在图形中感知数对的特点

师：数对不仅可以确定位置，还有许多值得我们去探究的奥秘。

师：大屏幕上的图 1 中有 A、B、C、D、E 五个点，请同学们在格子图上找到数对相对应的位置，并且将数对标上。

图 1

生 8：(2，5)就是第 2 列第 5 行，找到第 2 列，从下往上数出第 5 行……(6，6)就是找到第 6 列，数出第 6 行。

师：讲得非常具体，老师表扬她上课认真，学习习惯也非常好。

师：老师将这五个点顺次连接，最后回连到 A 点，这是一个什么图形？

生齐答：三角形。

师：再看，这三个数对连成一条线。请仔细观察，你发现这些数对有什么共同特点？

生 9：数对开头都是 2。

师：这位同学非常会观察，这三个数对中第一个数相同，都是 2。这个 2 表示什么？

生 10：这几个数对都在第 2 列。

师：看来数对的第 1 个数相同，就表示他们在同一列。

师：继续来思考，这一列的这个点你会表示吗？再往上的点呢？如果这格子很大，写得完吗？（生齐答：写不完。）

生 14：语文中的有省略号，可以用吗？

师：语文中省略号表示还有很多，省略不写。你想到用它来表示，想法很好！在数学中，有一种非常简洁的方法，比省略号还简洁，今天我教给大家，就是用一个字母来表示。我们可以把这个数对写成(2, a)，a 这个字母就可以表示 1、2、3、4、5、6……这许多种情况。

师：接下来，我们来看看这条横着的线上的数对吧，你发现了什么？

生 15：我认为它们都是在第 6 行，因为它们后面的数都是 6。

师：请同学们继续思考一下，你能不能也用一个数对来代表这一行上所有的点呀？谁来试一试，说说你是怎么想的？

生 16：我认为后面的数可以写 6，因为都在第 6 行，前面那个数写不完，可以用字母表示，我用 b 来表示，就是数对(b, 6)。

3. 斜线

师：最后，我们把斜线请出来吧！请同学们仔细观察这条斜线上数对的特点，想一想，如果让你也用 1 个数对来表示这条斜线上所有的点，你会怎么表示？

师：嗯，想到了，说说你的想法。

生 18：我观察到这些数对里第一个数和第二个数都是一样的。

师：观察得可真仔细！那么这个点用数对表示是？

师：以此类推，可以用什么数对来表示这条线上的所有点呢？

生 19：(c, c)。(很多学生也说出这种表示方法)

师：同学们很会学习。数对里还有许多值得我们探究的奥秘，这些奥秘就和数对中的两个数表示的意义有关，第一个数表示列，第二个数表示行。

【设计意图】观察在同一列、同一行、直线 $y=x$ 上点的数对特点，培养学生的观察能力。学生进一步理解数对中两个数的含义，在尝试归纳中萌发了符号意识，教师因此能顺势而为，带领学生感受数学语言的抽象。

4. 利用已知数对求未知数对

师：接下来挑战升级了哦！首先请同学们认真看一下题目要求，这个任务是什么样的？

生 20：题目告诉我们图 2 中 A 点的位置，没有告诉我们 B 点是第几列第几行，让我们自己求。

师：那怎么才能知道几列几行呢？

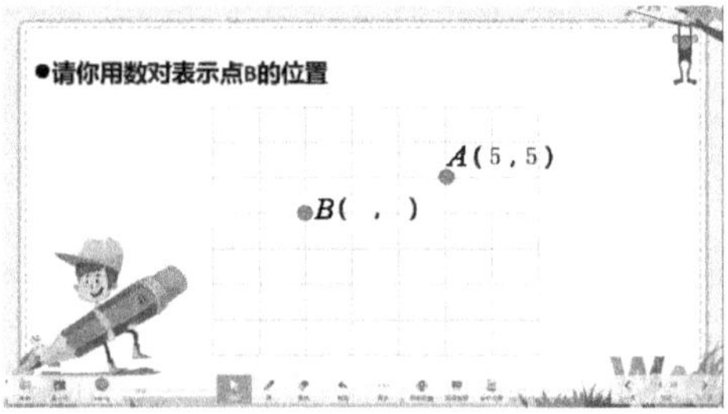

图 2

生 22：A 的数对是(5，5)，前面这个 5 就是说它在第 5 列，那么再前面一列就是第 4 列，再前面就是第 3 列，第 2 列，第 1 列；后面这个 5 是第 5 行，往下就是第 4 行，第 3 行，第 2 行，第 1 行，那么 B 就是(2，4)。

师：他的方法真好，题目中虽然没有直接给出，但是我们可以通过 A 的位置，用数对(5，5)来推出列数和行数，我们就能标出第几列，第几行了。如果遇到下面这种情况，该怎么办？你还能通过图 3 中的 A 点确定 B 点和 C 点的位置吗？请同学们课后去试试。

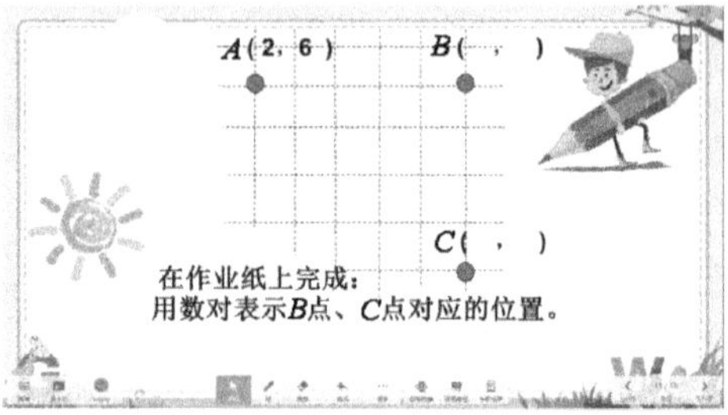

图 3

【设计意图】通过已知数对找出另一个数对，发展学生的推理能力，通过更有挑战性的方式加深学生对数对中两个数意义的理解，培养学生的数学思维。

四、教学案例（片段）反思

本课中对数对写法的讨论以及学材设计是亮点。学生在尝试用自己的数学语言更简洁地表达位置时，感受数学语言的简洁；对逗号和括号的探讨则体现了数学语言的精确。

在游戏中巩固数对的应用，寓教于乐，课堂变得活泼；后续“点—线—平面图形”的变化，则渗透数形结合；观察数对的特点，并尝试用一个数对表示所有数对时，培养学生的观察能力，初步感受符号的作用；用已知数对求未知数对，则培养学生的推理意识。教师在课堂上也关注学生的表达，能给学生时间观察和组织语言，因此学生的表达也比较准确、流畅。不足之处在于教师会着急想替学生解释，还应再多些耐心，放手让学生自主完成部分任务。

五、实践导师点评

杨老师的“用数对确定位置”可圈可点。一是学材针对性强、层次分明、富有思维含量。二是因势而为，顺学而教，学生学得自然、轻松、流畅。三是问题驱动，引发学生深度思考，深刻理解数对概念。四是注重能力提升，指向核心素养，整节课堂洋溢着“新课标”气息。

教学是永远存在缺憾的艺术。杨老师的教学语言还可再简洁些；再多点耐心，放手让学生探索；“图形的运动”与“图形的位置”有机结合，从动态的视角“用数对表示位置”。

严从根
杭州师范大学，教授

田华娇

格点多边形的面积计算

一、 教师简介

田华娇

高级教师，现任浙江省丽水市青田县伯温中学效能中心主任、初中数学教师，青田县初中数学名师工作室导师，青田县初中数学专家组成员，教龄28年。曾获丽水市优秀教师、丽水市教育科研先进个人、丽水市初中数学学科带头人、丽水市初中数学教学名师、青田县名师等荣誉。多次承担各级各类讲座和公开课；参加了浙江省教育厅组织的“百人千场”送教下乡活动，承担了题为“因式分解”（七年级）的名师课堂送教任务，获得好评。

二、 课堂教学思想

数学课堂要“以生为本”“学为中心”，创设“生本课堂”。课堂中教师要准确把握教学内容实质与学生实际，确定合理的教学目标，采用适当的教学方式，引导学生主动参与、积极思考、自主探究、合作交流、充分体验数学知识的发生发展。充分理解数学知识的教学只是数学课堂的一部分，育人才是最终目标。

数学知识的教学注重知识的“生长点”，立足学生已有经验，通过解决相关联的问题，引导学生主动建构新知识，提炼新方法，让学生把所学新内容置于整体知识体系中。要以数学知识的教学为载体，帮助学生在习得数学知识和技能的同时，逐渐掌握探索数学规律时所运用的实验、归纳、猜想、建模等数学思想与方法，丰富数学活动经验，落实数学核心素养。

三、教学案例（片段）

初中数学“课题学习”属于“实践与综合运用”的内容，每册都有，课题学习的内容能让学生清楚感受数学来源于生活又应用于生活。教师要充分重视课题学习的教学探索，合理运用课题学习提供的素材，创设真实情境、设计较复杂问题、采用恰当教法，引导学生口、手、脑齐动，综合运用所学解决问题。

（一）创设情境，初步建构

创设实际问题情境，立足学生已有数学经验，能降低新知学习的陌生感，对学生主动参与教学活动起促进作用；介绍数学家的贡献，帮助学生了解和领悟独特的数学智慧，让学生体会数学的价值。

教学开始，给出如图 1 所示 6×6 的正方形网格，请学生求出图中格点三角形的面积。学生通过这个任务回顾格点、格点三角形的概念，并回忆格点三角形面积的计算方法：补形法、分割法或建立平面直角坐标系后运用三角形面积坐标公式。引入格点多边形的概念，学生在图 2 中画格点多边形（同学们画出的多边形可能是三角形、四边形，也可能是边数更多的凸多边形，或是凹多边形），并求出所作多边形的面积。这样从学生已有经验出发，让每个学生都能迅速集中精神，到课堂中来。

引入奥地利数学家皮克的相关知识：如果是他，那么他就会用他自己在 1899 年发现的公式来求格点多边形的面积。学生带着“这个公式是怎样的呢，他是怎么发现的呢?”等问题，能激起其好奇心，促进对后续课堂的主动参与。

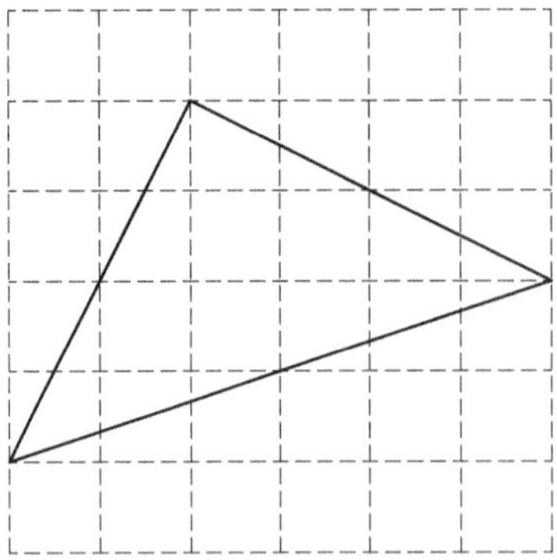

图 1

图 2

(二) 问题引领,充分探索

问题是数学的真正组成部分,通过设置一系列有层次的问题,启发学生思考,引领学生分析问题、解决问题,在分析解决已有问题的过程中发现更有价值的新问题,学生带着问题思考、探索,并得出一般规律。

在本课的学习中,教师提出如下问题:

问题 1:一劳永逸的皮克公式是计算图形面积的,如果你是皮克,开始会怎么考虑?(引导学生思考影响多边形面积的因素)

问题 2:根据面积的计算,你认为这些因素中的哪些因素对格点多边形面积的影响更容易找到规律?(让学生明白影响一个多边形的面积的因素是多方面的,可以从相对容易找到规律的方面入手。)

问题 3:多边形外部的格点数(形外的格点数),多边形内部的格点数(形内的格点数)和边界上的格点数这三个量中谁对面积的影响更直接?

追问:①多边形的面积是怎么变化的?②这里有几个变量?如何减少变量?③先让哪个变量确定下来更容易研究问题?④如果将多边形内部的格点数定下来,那么怎么研究多边形面积和它边界上的格点数的关系?

(通过追问,把学生的思维引向已经学过的函数模型。)

这些问题,都由学生回答,在不同学生的不同回答中,通过讨论,找到最合适的答案,慢慢把凌乱的、分散的观点集中。通过问题,引导学生充分探索影响多边形面积的各种因素:边、坐标、方格数、格点数等。结合问题,通过求面积，观察图形，把多边形面积的研究方向归结到研究格点数上来。把多边形形内的格点数，多边形边界上的格点数，多边形形外的格点数与多边形面积相联系，发现多边形的面积与它形内的格点数及它边界上的格点数关联更直接，之后引导学生收集格点数与面积的数据，建立模型。

（三）互学互助，充分参与

课题学习中，研究课题出来之后，由于学生个体存在差异，不是所有学生对这个问题都能研究透彻，所以一方面教师在课堂上教会他们研究的方法，另一方面小组合作、同伴互助也是必不可少的。小组合作、同伴互助能分解问题，合作与互助中学生能见到更多不同情况，进而提高课堂效率。

本课中：难在把多边形内部的格点数（记作 a）确定后，如何探究变量——多边形面积（记作 S）与多边形边界上的格点数（记作 b）之间的关系。学生要解决的问题是：多边形内部的格点数确定为多少？这样的多边形是怎样的？我要怎样画？我怎么画才能与其他同学不一样？我画的多边形边界上的格点数 b 是多少？除了顶点，边上的格点算不算边界上的格点？我画的多边形面积 S 是多少？怎么算更快更对？其他同学画的面积是多少？不同的多边形的 b 与 S 得到后，怎么处理这些数据？怎么知道这两个变量之间的关系？

这时采用同学互助形式，讨论确定 a 的值，a 值确定后，每个同学都能独立完成或在同学帮助下画出符合条件的不同的多边形，然后计算各自相应的 S，数出 b，再让同学帮助检查所得结果的正确性，当然也解决了有些同学的疑问：顶点和边上的格点都是多边形边界上的格点，然后讨论 S 与 b 的关系。不同小组的同学确定了不同的 a 值，画出不同的多边形，得到了形式不同的 S 与 b 的关系式。在这个过程中，同学们作图，计算，列表，经历观察、猜想、归纳、建模的全过程，充分参与，积极思考，学习用数学的眼光观察，用数学的思维思考，用数学的语言表达。

（四）整体关联，实现迁移

在学习一次函数时，学生已经知道确定两个变量构成一次函数关系的常用方法是:利用图像去获得经验公式。即通过实验获得数据,然后根据数据建立一次函数模型的过程,这是一种很有价值的建模方法。本课教学中类比"一次函数的函数建模",激活学生记忆,关联"当 a 确定,探求 S 与 b 的关系"。

本课中,以 A 小组为例,确定形内格点数 $a=3$,在 6×6 的正方形网格中,组中四位同学共作出如图 3—图 8 的六个格点多边形,其中图 8 是凹多边形。记格点多边形边界上的格点数为 b,面积为 S。根据所画图形获得对应的 S 与 b 的值:(引导学生用表格来整理所得数据,列表法是数据整理的常用方法,也是研究函数时的常用方法。同学们还发现,图 3 和图 5 形状不同,但 S、b、a 的值均相同。)

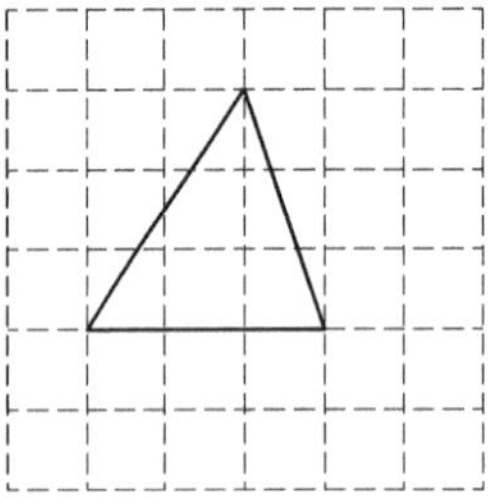
图 3

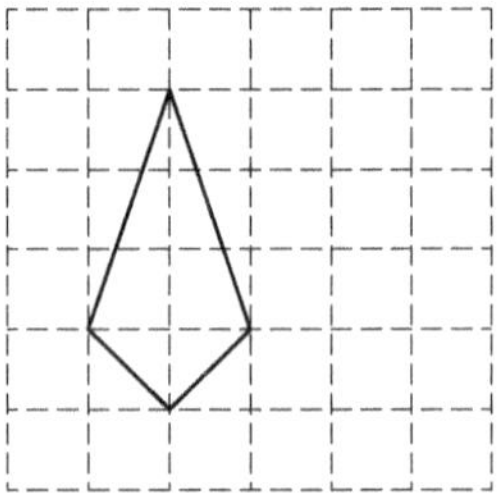
图 4

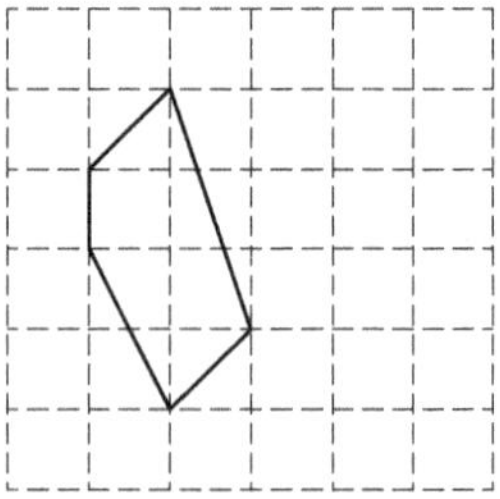
图 5

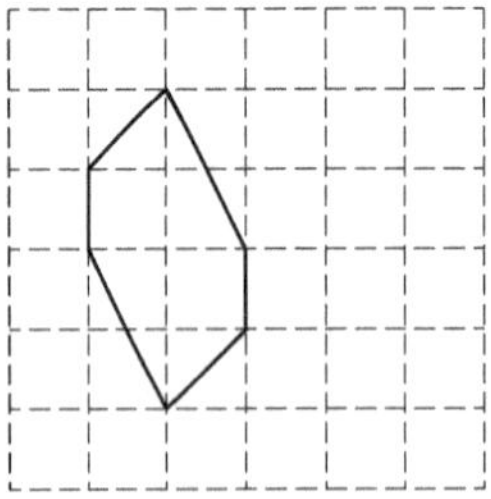
图 6

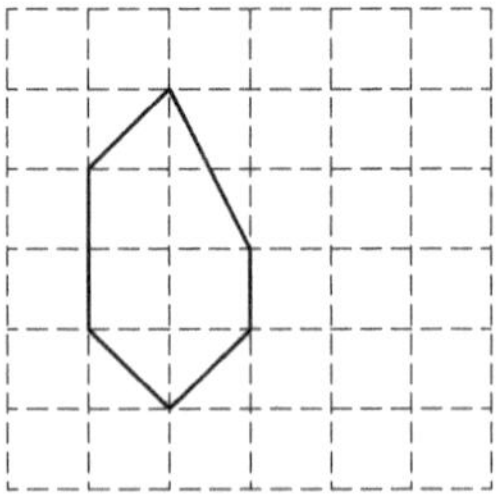
图 7

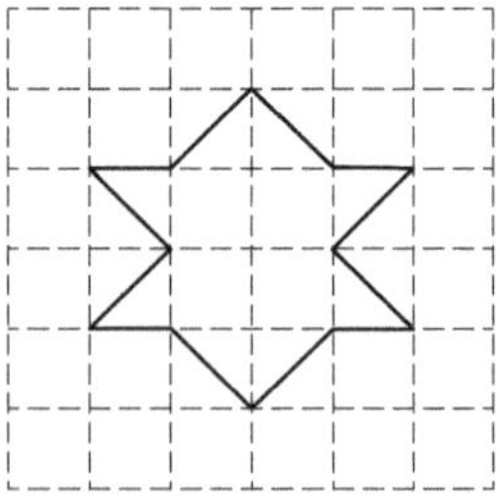
图 8

图	图 3	图 4	图 5	图 6	图 7	图 8
b	5	4	5	6	7	12
S	4.5	4	4.5	5	5.5	8

引导学生根据所得 b 与 S 的对应值，在平面直角坐标系中描点，画出图像。

根据图像选择一次函数模型进行尝试，选取其中的两对数值用待定系数法求出函数关系式 $S=\frac{1}{2}b+2(S=\frac{1}{2}b+3-1)$，再将其他的点坐标一一代入，发现满足表达式。运用同样的方法，B 小组求出当 $a=4$ 时，S 与 b 的函数关系式 $S=\frac{1}{2}b+3\left(S=\frac{1}{2}b+4-1\right)$，C 小组求出 $a=5$ 时，S 与 b 的函数关系式 $S=\frac{1}{2}b+4\left(S=\frac{1}{2}b+5-1\right)$，…… 根据所得猜想 S 与 a，b 的关系式是 $S=a+\frac{1}{2}b-1$，经过实例验证得出关系式正确，且公式对于凹多边形也同样适用。

最后运用所得关系式，求图 9 中多边形的面积（应用公式）。

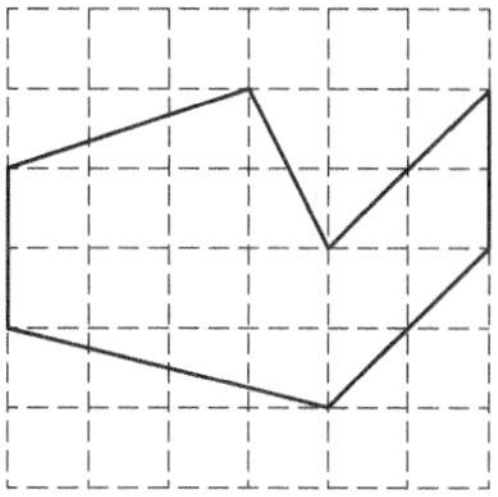
图 9

在关联教学的过程中，实现了两大迁移，一是知识的迁移：求格点多边形面积的方法除补形法、分割法，还有皮克公式（公式法）；二是在获得公式的过程中，实现了研究方法的迁移，进一步熟练建模方法。

总之，课题学习强调以“课题”研究为标志的学习方式，既关注课中的数学知识学习，更关注如何让学生在数学知识和规律的学习活动中，掌握学习的方法，如实验、猜想、归纳、建模等，丰富活动的经验。当然课堂中也不能只关注活动，只想把课堂搞得热热闹闹，活动中要突出数学思想方法的提炼，努力将数学知识演变成数学思考，让学生在努力思考中获得数学知识，自主参与探索全过程，感悟其中的数学思想和方法，积累有效活动经验，发展数学核心素养。

四、教学案例（片段）反思

教学中，教师力求把课堂还给学生，学生能解决的问题都让学生自己解决。学生经历皮克公式的探索过程，他们认真听讲，动手动脑，运用所学知识解决新问题，发展了能力，提升了素养。

教材内容很适合八年级学生，学生的参与度高，但在课堂时间限制的情况下，探究不够充分，学生思考消化的时间不足。课堂中把影响多边形面积的因素归到格点数，研究变量关系时出现了多个变量与一个变量的关系，需固定某一变量减少变量个数，这些都是学生的新经历，基本是直接告诉学生，“预设”明显。由 $a=3,4,5$ 时 S 与 b 的关系式，直接猜想得出 S 与 a，b 的关系式是 $\boldsymbol{S}=\boldsymbol{a}+\frac{1}{2}\boldsymbol{b}-1$，这种不完全归纳法，论证不够充分。所以在课后还要补充教学，以弥补不足。

五、实践导师点评

田老师对本课的教学目标与教学要求理解清晰到位。课堂中以学生为主体，引导学生尽量自己解决问题，真正做到了以生为本。了解学生的认知结构，掌握学生的最近发展区，从学生的实际情况出发，鼓励、激发并引导学生带着问题用自主探索、同学互助等多种方式进行有效学习，并做好有效指导。教学中突显了数学知识与方法的关联，实现了数学知识与方法的迁移，在课堂中真正落实了学生数学核心素养的培养。

王伟
宁波市宁海县星海中学，浙江省特级教师，正高级教师

范水妫

多边形

一、教师简介

范水妫

任教于浙江省丽水市丽水经济开发区中学，中学数学高级教师。2006年参加工作至今，17年来，一直努力追求“以生为本”和注重学生学科思维养成的课堂。通过不断参加一些交流评比活动提高自己，曾获得莲都区教科研先进个人，市教坛新秀，市学科带头人，丽水市三项评比多次获奖命题一等奖，公开课一等奖，多篇论文在市区级获奖。

二、课堂教学思想

在教学中采用自主学习、体验探究的教学方式，让学生类比三角形学习四边形和多边形，体现单元整体思想，而在探究四边形内角和的过程中，展现多途径的问题解决策略。让学生感受从特殊到一般的过程。整堂课力主体现以学生发展为本，以核心素养为导向，强调学生通过“自主、合作、探究、交流”获取新知识的教学理念。

三、教学案例（片段）

（一）类比引入

请同学们观察下列 3 幅图片，你能从图中抽象出几何图形吗？

图 1

图 2

图 3

设计意图：从实际背景出发，直观感知多边形，使学生在头脑中产生多边形的初步印象，为下一步的数学抽象出多边形的概念做铺垫。

师生活动：引导学生举出更多多边形的例子，由此引出课题。

（二）概念和定理

师：在以上这些几何图形中，哪位同学能回顾下三角形的概念呢？

生：三角形是由不在同一条直线上的三条线段首尾顺次相接所形成的图形。

师：能由三角形定义类比出四边形定义吗？

生：由不在同一条直线上的四条线段首尾顺次相接所形成的图形。

生：举反例，说明必须在同一平面内。

师：能否再次类比到多边形的定义？

生：多边形是在同一平面内，由不在同一条直线上的若干条线段（线段的条数不小于 3）首尾顺次相接所形成的图形（强调在同一平面内）。

师补充：本套教科书所说的多边形，都指凸多边形。即多边形的各条边都在任意一条边所在直线的同一侧。

师：我们已经学习过三角形的边，内角，外角，对角线，同学们能否类比出多边形的边、顶点、内角、外角以及对角线呢？

（注意：教师在黑板上画一个多边形，由同学们经过类比得出以上概念，并在图上标注出基本要素）

生 1：多边形的外角是多边形一边的延长线与相邻的另一边所组成的角。

生 2：多边形的内角是多边形相邻两边所组成的角。

生 3：多边形的顶点是多边形每一个内角的顶点。

生 4：多边形的对角线是连接多边形不相邻两个顶点的线段。

1. 画一画

在纸上任意画一个四边形，说出四边形 $ABCD$ 的各个要素。

如图 4，可表示为四边形 $ADCB$ 或四边形 $ABCD$。

即从一个顶点出发顺时针或者逆时针写出各个顶点。

（注意：叫学生自己动手画一个四边形）

设计意图：通过动手画一画，学生能感受四边形的产生过程。

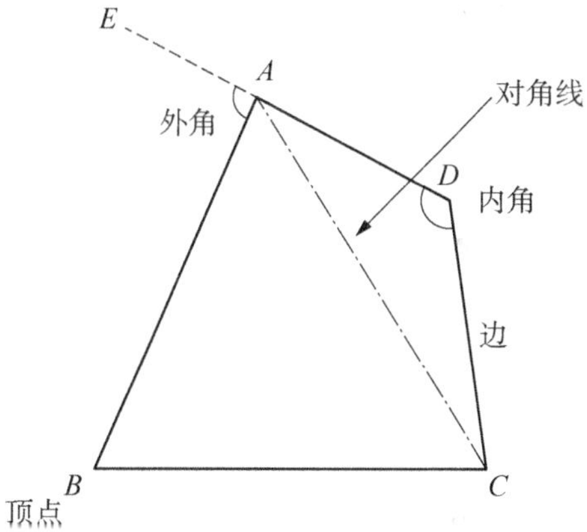

图 4

2. 拼一拼

任意画一个四边形，剪下四个内角，拼在一起（注意四个角的顶点重合）。

设计意图：通过剪一剪，拼一拼，有助于调动学生的积极性，发挥学生的主体作用，让学生在动手中实践，在实验中探索，在探索中领悟，在领悟中发展合情推理意识。

（注意：可以引导学生现在先标注好四边形的四个内角，有助于识别。）

3. 想一想

要证明四个角加起来为 360°，你有哪些经验？

（通过这个环节让学生练习三角形性质的证明，从而为后续证明四边形的性质做铺垫。）

4. 证一证

四边形的内角和为 360°。

已知：四边形 $ABCD$；求证：$\angle A+\angle B+\angle C+\angle D=360^\circ$。

5. 画一画

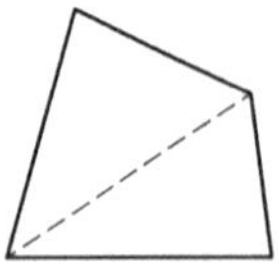
图 5

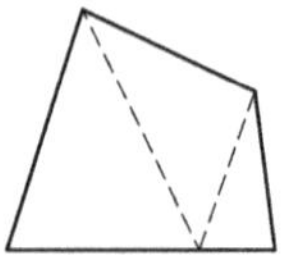
图 6

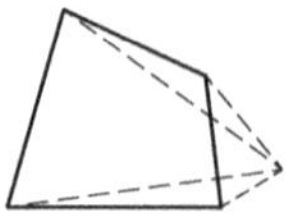
图 7

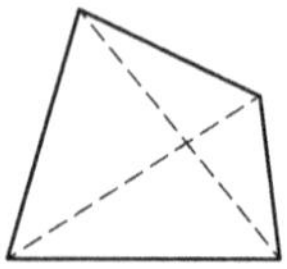
图 8

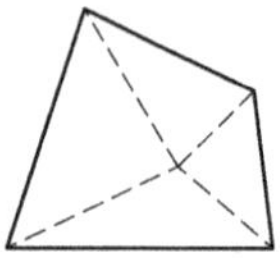
图 9

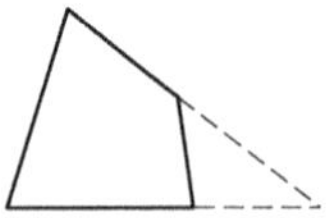
图 10

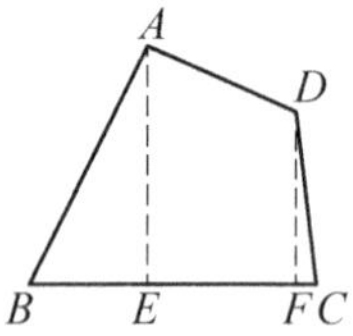

图 11

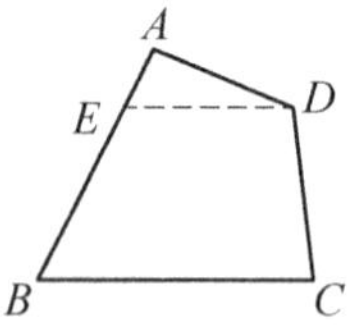

图 12

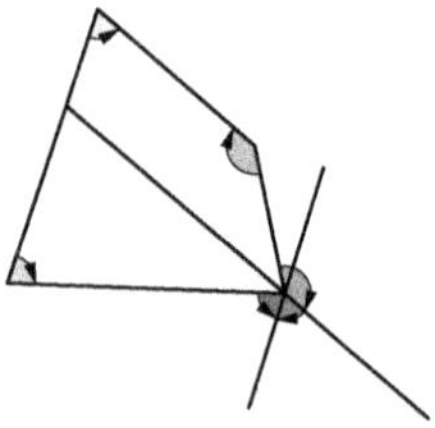
图 13

师：以上这些拼图有什么区别和联系？解决四边形问题可以转化为什么来解决？

共同点：找一个点，四边形转化为三角形。

生 1：用一个点割补四边形。

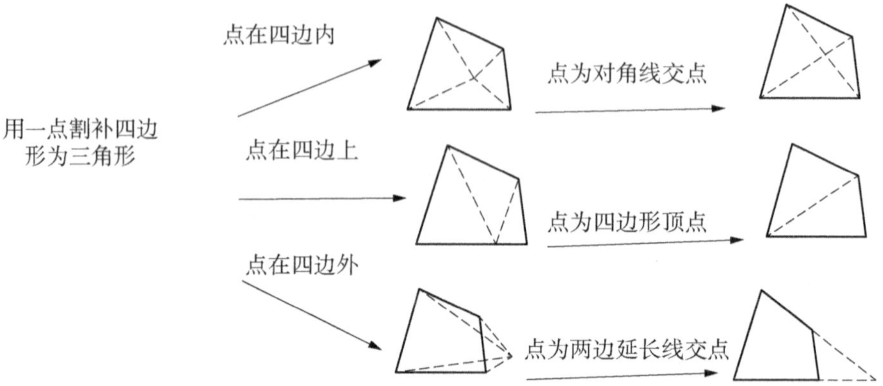

设计意图：通过讨论整理以上图形的区别和联系，让学生感受从特殊到一般的过程，并总结出以上这些图形本质上都是一个点割补四边形，展现多途径的问题解决策略。

师：都是图形的分割，能否用线与线的位置关系来实现？

生 2：类比三角形，运用线与线的位置关系来实现。

生 3：类比三角形最后一个图形将四边形的内角转化到一个周角。

师总结；像生 3 说的，四边形有四个内角，那就还能再画出三个图形，由于时间原因，这个留给同学们课后去思考。

设计意图：先让学生回顾三角形定理添加辅助线的方法，进而类比出四边形内角和定理证明添加辅助线的方法，体现大单元思想。

定理：四边形的内角和等于 360°

∵四边形 $ABCD$

∴ $\angle A+\angle B+\angle C+\angle D=360^\circ$

(三) 例题讲解

四边形风筝的四个内角 $\angle A$、B、$\angle C$、$\angle D$ 的度数之比为 1∶1∶0.6∶1，求它的四个内角的度数。

设计意图：这道题是为了巩固四边形的内角和定理而配置的。已知若干数与若干数之比，求各数，这类问题学生已有经验，可以让学生独立完成，教师着重指导如何表述解题过程。（教师要在黑板上有条理地板书，有助于培养学生的规范解答，及时查漏补缺。）

(四) 学以致用

1. 第一关

（1）已知四边形 $ABCD$，$\angle A=\angle B=\angle C=90^\circ$ 则 $\angle D=$________。

（2）在四边形 $ABCD$ 中，$\angle A=85^\circ$，$\angle D=110^\circ$，$\angle 1$ 的外角是 71°，则 $\angle 1=$________，$\angle 2=$________。

设计意图：这两道题目比较简单，主要是对四边形的内角和定理的一个简单应用，两道题目一起给出，有助于节省时间，同时有助于回顾四边形的外角，也为后续学习多边形的外角和做一个铺垫。

2. 第二关

已知四边形 $ABCD$ 中，$\angle B=\angle D$，$\angle A=\angle C$。

(1) 证明：$AB \parallel CD$；

(2) 若$\angle B$ 与$\angle A$ 的度数之比是 2∶1，求其各内角的度数。

设计意图：这道题目除了应用多边形的内角和定理，主要还考查学生的书写过程是否严谨，利用投影仪展示学生的作业情况。

(五) 拓展探索

请问同学们无缝隙的地板能由相同的四边形余料镶嵌成吗？如何设计？

设计意图：回归到生活中来，让学生理解四边形内角和定理在生活中的应用。

(六) 小结收获

(1) 多边形的概念。

(2) 思想方法：类比，转化，方程。

(3) 能否应用化归思想计算五边形的内角和公式，N 边形呢？外角和？(留问)

设计意图：培养学生反思的习惯，鼓励学生多提问题多质疑，多概括。

师生活动：学生发言，互助补充，教师点评完善。归纳出多边形的两种思想方法，并给出框架图。

四、教学案例（片段）反思

学生通过动手操作，类比三角形拼一拼，从而发现四边形内角和定理；将发现概括成命题；让学生回顾三角形性质的证明方法，通过类比证明三角形性质添加辅助线的方法，从而突破四边形添加辅助线的难点，整合关联得出四边形性质命题证明的不同方法。整节课是在核心素养导向下的“大单元”教学设计，充满着“自主、合作、探究、交流”的教学理念。我在听了傅老师的讲座后，性质命题证明的不同方法一一陈述修改为选取典型叫学生讲解，其余通过投屏图形，并问你的证明方法与同学的方法有什么异同之处？以上这些拼图有什么区别和联系？解决四边形问题可以转化为什么来解决？都是图形的分割，能否用线与线的位置关系来实现？

五、实践导师点评

范水妫老师执教的浙教版八下“4.1 多边形”一课，立意于“学为中心”，展现“自主、合作、探究、交流”的教学理念。全课思路清晰，从四边形的定义到性质以及运用，环环相扣，让学生类比三角形学习四边形和多边形，体现单元整体思想，有效突破难点。在探究四边形内角和的过程中，鼓励学生动手操作，合作交流，展现多途径的问题解决策略，特别难能可贵的是将不同的方法进行分类，实现辩证的统一，是一节有理念又有实践策略的好课。

潘小梅
宁波市鄞州区教育学院，浙江省正高级特级教师

蒋红芳

神奇的三角板

一、 教师简介

蒋红芳

浙江省龙泉市第二中学高级教师，2001年参加工作，任教初中数学，担任班主任工作16年，担任数学教研组组长10年，龙泉市优秀教师，丽水市初中数学学科带头人。热爱数学课堂教学，热爱学生，为创造学生乐学的课堂，坚持踏实进行初中数学教学研究，并多次参与县市级各类教学质量监测的命题研究活动。

二、 课堂教学思想

初中数学教学中，教材里有许多设计题、探究题，为培养学生的综合实践能力提供了很好的素材。教学中教师也可以自己积累一些朴实有趣的素材，编写设计相应的教案，培养学生应用知识、迁移知识的能力，激发学生学习的兴趣，培养学生发现问题、提出问题、分析问题、解决问题的能力。这种探究课可以开放学生的思维，培养学生独立思考、动手操作、合作探究的能力，同时也可以培养学生的推理能力和创新能力。本节“神奇的三角板”的教学设计就是从学生们熟悉的作图工具三角板中挖掘数学几何图形的内涵，充分提供时间和空间，鼓励学生巧妙地构造特殊图形，多角度思考，用不同的方法进行作图，从而培养学生的数学素养。

三、教学案例

（一）低起点引入，激起所有学生的学习热情

引入：同学们，拿出你的一副三角板，你能用这副三角板作出哪些度数的角？

生 1：$90°$，$60°$，$45°$，$30°$。

（低起点引入教学内容，引导学生回顾三角板的基本性质）

生 2：还可以作出 $120°$，$105°$，$75°$，$135°$的角。

生 3：还可以作出 $15°$的角。

教师请学生上黑板操作，作出以上度数的角，并引导学生进行总结：利用现有的特殊角，可以利用角的和差构造其他度数的角。

（二）动手操作，直观感知并推理验证

问题 1：已知 $\triangle ABC$，$\angle ACB = 90°$，$\angle A = 60°$。

用没有刻度的三角板完成以下作图，作 $\angle C$，$\angle B$ 的平分线。

师：请同学们独立思考，并动手操作；1 分钟后请同学展示作图方法。

学生展示：直接利用 $45°$角作$\angle C$ 的平分线，利用 $45°$减 $30°$作$\angle B$ 的平分线。通过举手了解到大部分同学都用了这种方法。这时候，一个学生高高地举起手，“老师，我还有不同的方法”。生：直接利用 $45°$角作$\angle C$ 的平分线 CE，利用 $30°$角作$\angle A$ 的平分线 AF，CE 与 AF 交于一点 O，连接 BO 交 AC 于点 G，则 BG 就是$\angle ABC$ 的平分线。这时候，全班同学自发地热烈鼓掌，从中可以感受到？都领悟了这种方法，教师追问：“依据是什么？”生：“三角形的三条角平分线交于一点。”教材中三角形的三线这节新授课中，学生们已经有过直观画图得出三条角平分线交于一点的结论。基于这个认知基

础在这个问题的作图中自然地想到可以直接作角平分线的两个角，从而产生角平分线的交点，构造第三条角平分线。这种方法蕴含着“执果索因”的推理方法，以及转化的思想，很好地打开了学生的思维，激发了学生的学习兴趣，让课堂探究有了积极的氛围。

变式练习：用三角板作 AB 边上的高线。

【设计意图】这个练习的安排让学生感知应用特殊度数的角构造垂线段。

（三）巧妙转化，激发学生积极探索交流

作 AB 边上的中线。

【设计意图】从学生认知的特殊角作图跳跃到作中线，激起了学生的认知冲突，激发了学生的挑战力，解决这个问题时，学生思考积极，不断和同伴交流，并不断挑战不同的作法。

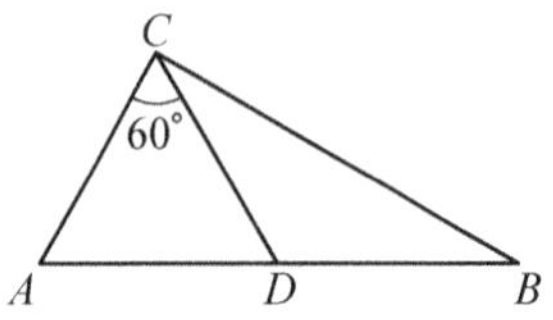

图 1

此环节注重引导学生小组合作，相互交流作图方法并用数学语言表达解决问题的过程。

学生展示成果如图 1 所示，并叙述思路形成过程：因为 AB 上的中线 $CD=BD=AD$，$\angle A=60°$，所以 $\triangle ACD$ 是等边三角形。所以 $\angle ACD=60°$，只要作 $\angle ACD=60°$ 即可。

师追问：这种方法用了什么知识？

【设计意图】启发学生归纳直角三角形的相关性质。并总结：这种作图法是应用作图结果分析图形性质，反过来把性质当条件进行作图。这种思维方式为“执果索因”。

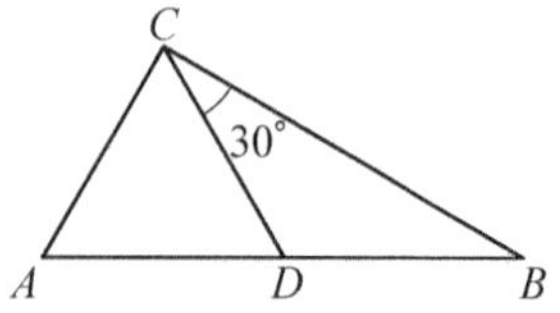

图 2

学生展示成果如图 2 所示，思路形成类似第一种方法，从 $\triangle CDB$ 是底角为 30° 的等腰三角形入手。

学生展示成果如图 3 所示，叙述思路形成过程：找 AB 上的中线主要就是要找到 AB 的中点，$\angle A=60°$，$\angle ACB=90°$，沿着 BC 折叠后可以得到一个等边 $\triangle MAB$，利用等边三角形三线合一的性质，直接作 $MD\perp AB$ 或者

作 $\angle BMD = 30°$，点 D 就是 AB 的中点。教师总结：这种方法抓住构造 AB 的中点入手，从而以 AB 为边借助现有的直角三角形巧妙地构造了等边三角形，借助等腰三角形三线合一的性质构造了中点，实在是妙。

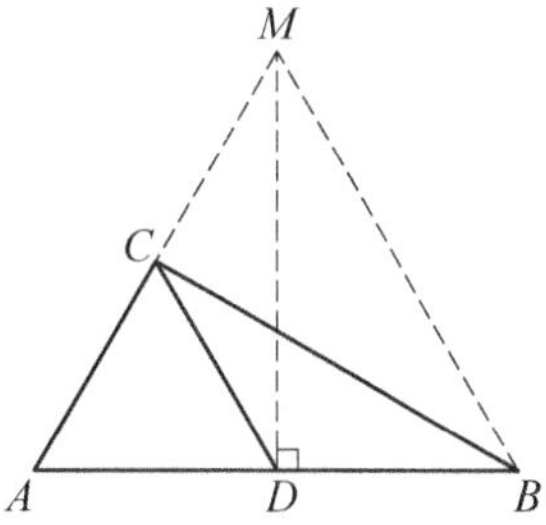

图 3

【设计意图】这种方法再一次打开了学生的思路，激起了新一轮的思维论坛。

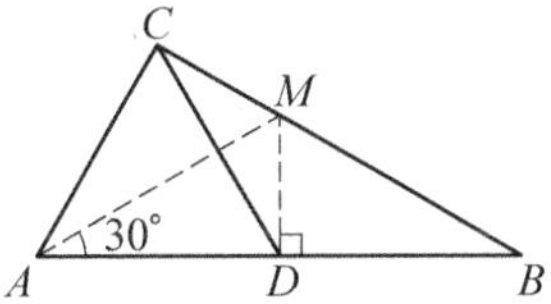

图 4

学生展示成果如图 4 所示，叙述思路形成过程：我也是构造 AB 的中点，基于 $\angle B = 30°$，作角 $\angle CAB$ 的平分线 AM 交 BC 于点 M，则 $\triangle MAB$ 是等腰三角形，直接作 $MD \perp AB$，垂足为点 D，连接 CD 就是 AB 上的中线。

总结：这种方法巧妙利用了现有的图形（前面作过角平分线），观察并得到特殊的等腰三角形，从而利用等腰三角形三线合一构造出 BC 的中点。同学们觉得图 3、图 4 的作法有什么共同点？这个追问让学生感受到本质的回归，构造中线的本质是构造线段 AB 的中点，体会到多法归一。

教师追问：这 4 种作法都是利用 30°角的直角三角板完成，那用 45°角的三角板能作出 AB 上的中线吗？和你的同桌一起交流，看看谁最快有想法。

【设计意图】这个追问目的在于打开学生的思维，突破认知局限，尝试在新的条件中进行创造发明，激发学生的学习兴趣。

很快就有学生作出图形如图 5 所示，利用 45°角以 BC 为底边构造等腰直角三角形，从而利用等腰直角三角形三线合一构造中线得到 AB 的中点。

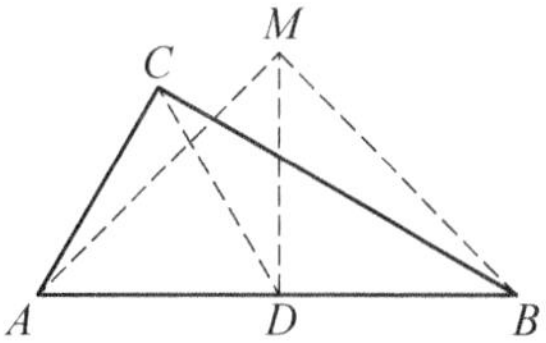

图 5

练习：任意作一条线段 AB，用没有刻度的三角板作线段 AB 的中点。

你有哪些方法？把时间交给学生，并以小组为单位上讲台充分展示各种方法。让学生归纳总结所有方法的共同点：利用三角板构造特殊三角形，利用特殊三角形的性质构造中点。

【设计意图】这个练习让学生从例题中的三角形作图变化为一条线段的

作图，目的在于启发学生充分运用所学知识，在线段的背景中构造图形，提升构造转化的综合分析能力。

（四）拓展提高，引发学生认知冲突

问题 2：已知线段 AB，用没有刻度的三角板作线段 AB 的三等分点。

【设计意图】这个问题是本节课的提高题，再一次激起学生的认知冲突，点燃学生的学习激情。独立思考、合作交流的学习方式自然地呈现出来。给予学生充分的时间讨论交流后得出以下作法。

学生展示：

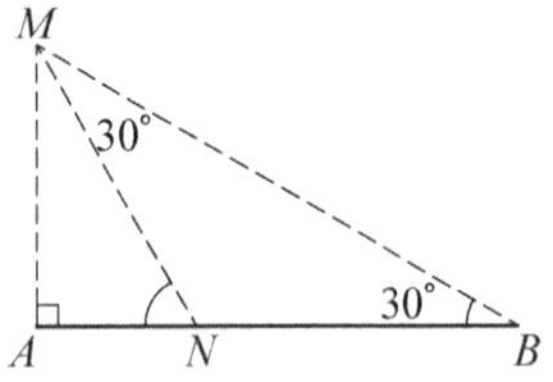

图 6

生 1：（见图 6）作 $\angle ABM=30°$，过点 A 作 AB 的垂线交 BM 于点 M，

作 $\angle BMN=30°$，射线 MN 交 AB 于点 N，则点 N 就是 AB 的三等分点。教师追问：你是怎么想的？作图思路：三等分点 N 分出 1 比 2 的两条线段，于是想到构造 30°的直角三角形 ANM，$NM=NB$，所以得到 $\angle B=30°$。

这种思路形成过程充分体现了数学作图的思维方式——“执果索因”。这和一般尺规作图的思维方法类似。从结果入手，分析性质关系，得出常规的几何图形，联系现有工具构造相关图形。

拓展提高练习：

用一副没有刻度的三角板完成作图，在线段 AB 上作一点 P 使 $\frac{AP}{BP}=\frac{1}{\sqrt{3}}$。

【设计意图】最后，留给学生一道拓展提高题，由学生在课外独立思考及时巩固。这道巩固题需要两块三角板结合起来构造特殊三角形，能够防止学生定势思维。

课堂小结：

(1) 三角板的作用：可构造特殊度数的角、等边三角形、等腰三角形。

(2) 巧妙地代替尺规作图。

(3) 作图策略：三角板作图问题—画草图、得结论—转化为常规作图。

四、教学案例（片段）反思

“神奇的三角板”这节课的课堂教学效果良好，学生思考积极，合作交流的氛围浓厚，一题多解培养了学生的发散性思维，多题一解培养了学生的集中思维，回归数学本质。这节课的教学设计，起点低，入口广，参与度高，学生研究问题的兴致高。最终感受到“神奇”这个词的魅力，三角板的神奇在于它的普通性与创造力能够完美地在作图中展现出来，又能回归到数学几何图形研究的本质：基本图形的性质应用。

初中几何图形的学习已经从直观感知向演绎推理进军，本节课很好地提升了学生归纳推理的能力，同时也感觉到一些问题，比如，因为给予学生充分的思考交流和展示的时间，造成这节探究课上了 60 分钟，是不是可以设计成两个课时或者把设计再进行精简？再比如，学生的表述和表达能力不够规范、不够科学，这些能力应该在平时的教学中就重视培养。

五、实践导师点评

本节课是在学生学习了特殊三角形之后的一堂探究应用课，设计别出心裁，巧妙地将特殊三角形的几种常见基本图形融于学习过程中，并应用这些基本图形解决新问题——二、三等分线段。由于构造法等分线段不容易想到，教师以 30 度直角三角形的无刻度三角板画直角三角形的三线作为问题的起点，引导学生发现蕴含其中的数学价值——等分线段，进一步启发学生创新而开放的思维，且放中有收，发现构造法的基本方法，为未来学生学习带来更多可能，如未来九年级还可以用平行线构造等分。另外，构造的思想也是数学的重要思想，但在教材中体现的机会不多，值得老师们在教学中尝试开发。

叶茂恒
温州市鹿城区教育研究院，正高级教师

卢晓民

质量的测量

一、教师简介

卢晓民

任教于浙江省丽水市缙云县瑞杰实验学校初中部，初中科学学科，2005年9月参加工作。主要荣誉：多次获缙云县教师素养考试一等奖，缙云县科学教师实验创新比赛一等奖，县、市学生素养展示优秀指导师，多次展示县市级公开课、示范课，缙云县教学名师，丽水市优秀班主任，丽水市科学学科带头人，浙江省教坛新秀。

二、课堂教学思想

科学核心素养包含科学观念、科学思维、探究实践、态度责任。科学课程的基本理念是立足学生的素养发展。核心素养下的科学课堂应该注重学生的感性体验、学科知识的形成过程和高阶思维的培养；应该重视实践探究，以逐步形成适应个人终身发展和社会发展所必备的品格和关键能力。

课堂应注重学习情境的创设，引导学生关注生活，热爱生活；课堂应突出科学问题意识，围绕科学问题，开展科学概念的辨析，建构概念；课堂精准指向思维误区，通过建构学习支架，破解难点，提升学生学习的获得感；课堂须有实践活动，以实践活动为有效载体，以课堂小结为检测反馈，发展关键能力，落实科学素养。

三、教学案例

1. 创设真实情境，增进积极体验

教学片段 1：

今天老师给同学们带来了我们当地的美食——缙云烧饼，请同学们课前先仔细品尝，再交流体会，讲一讲这些烧饼都由哪些食材组成？生活化的“食材”概念其实就是科学抽象化所指的“物质”；此活动的目的在于感知物质，请举例说出不同物质的种类。

学生：面粉、水、食盐、食用油、鲜肉、芝麻、梅干菜等。

教师：真不错，同学们都很善于发现，我们当地美食的独特的配料通过同学们的品尝、思考都被发现了。用我们今天学习的科学术语可以将烧饼的这些材料配方统称为“物质”，烧饼称为“物体”，同时以 PPT 呈现。

设计意图说明：真实情境是学生获得感性体验的重要方式，是激发学生学习兴趣、启发科学思维的重要载体，也是形成态度责任的必备条件。根据实际教学的内容，选择合适的情境，是设计教学的策略。

本课题是典型的科学概念教学。学生在小学阶段的学习更多地注重体验、实践和感性认识，这为学生学习本节课提供了较好的学习基础。学生对“质量”这一概念的理解往往与生活相割裂，不能将生活与科学相互联系，表现为难以形成正确表述，仍会与生活中的“质量”用语混为一谈，对科学概念形成错误的认识。这就需要在开展学习活动时注重设置合理的概念学习情境。烧饼是当地的特色美食，以“烧饼”为情境导入，主要基于这样的设计策略：以学生熟悉的生活为切入点，提出科学问题，引导学生明白科学源于生活，生活中的现象可以提炼出有趣的科学问题，通过探究实践形成对现象规律的理解，激发兴趣，形成热爱家乡的态度责任。

2. 辨析迷失概念，形成科学观念

教学片段 2：

思考讨论：售卖“缙云烧饼”是根据什么标准来定价的？

学生思考回答：不同的物质种类、同种物质根据所含物质的多少、数量、质量等。

（可能表述不到位，但应鼓励学生的表达意识。）同学们能将今天所学的知识内容进行分析回答，体现了学以致用的理念，表现都很优秀。

教师讲解质量概念：质量表示物体所含物质的多少。

刚刚同学们提到的千克、市斤都是质量的计量单位，质量的国际单位是千克，常用单位还有吨、克、毫克，请同学们将这些单位由大到小进行排序。

教师展示铁钉和铁锤实物。提问：两者都是由什么物质做成的？它们的质量大小关系是？你这样判断的依据是什么？

活动：学生单独回答，相互间形成评价补充。

以列举的方式巩固强化“物质”“物体”和“质量”概念的理解。根据学生的回答剖析：比如铁就是物质。举例：一瓶水中水就是物质，不同物体由不同的物质组成。物体所含物质的多少不同，其质量不同。

设计意图说明：概念的形成需要理解其内涵、外延。教学活动的设计要从学生已有的经验入手，通过活动暴露学生认知方式的不足，以优化或修正其思维方式来改正错误认知，形成正确的科学观念。

本课中学生容易对“物质”和“物体”这两个科学概念相互混淆，这样对物体质量的属性特征的理解就会出现问题。所以要准确把握概念的内涵与外延，厘清前概念对学习的影响，消除错误的认知方式，形成正确的理解。通过辨析、列举等活动的开展破除迷失概念对学习的负面影响，强化学生对概念本质的理解，逐步形成科学观念。

3. 设置精准问题，深化概念理解

质量是物体的属性，关于物体的质量请同学们思考下列问题：

问题一：把“缙云烧饼”从缙云邮寄到其他地方，整个烧饼的质量会怎样变化？你判断它变化的依据是什么？

问题二：若将冷却了的“缙云烧饼”再次加热，整个烧饼的质量怎样变？

你判断它变化的依据是什么？

问题三：将“缙云烧饼”均匀分割成四小块，这四小块的总质量有什么变化？你判断它变化的依据是什么？

通过刚才的讨论分析，你能得出物体质量的属性的特征是什么？学生总结发言。在这基础上教师呈现问题四：物体通常会发生位置、温度、形状、状态等的变化，当发生这些变化时，物体的质量怎样变化？请举例说明。

设计意图说明：概念是思维的基本形式，反映事物的一般的、本质的特征。教学不能只简单地讲授概念本身、学生识记概念等。精准设置问题，启发学生思维，经历科学概念的形成过程，思考体验科学思维的严谨精神，对发展学生核心素养，有着积极的作用。

本片段设置的问题链围绕物体质量属性特征，从不同角度设问，问题覆盖面广。每一个设问不是简单地回答结果如何，而是通过追问“判断依据”，让学生讲理由，问题指向概念的本质特征，导向深度思考。最后一问，需要学生全面思考，体现出思维的全面性；同时这一问具有一定的开放性，有利于创造性思维的启发和培养。

4. 开展实验活动，发展核心素养

教师引导：为了定量描述物体的质量我们需要对物体进行称量，在生活中你见到过哪些称量物体质量的工具呢？（学生举例。）

实验室常用托盘天平来称量物体的质量。使用托盘天平准确称量出老师所准备的物体（有鸡蛋、硬币、橡皮等）的质量。托盘天平的使用操作活动按照图 1 进行：

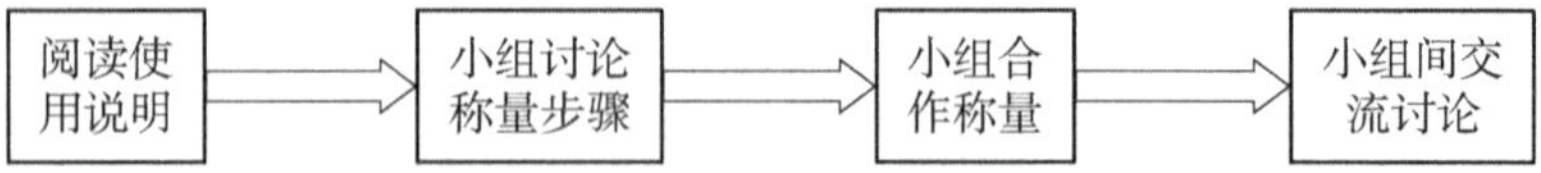

图 1　操作活动流程

说明：“使用说明”是指托盘天平的使用说明书。称量步骤提示内容有仪器使用前、使用中如何快速准确测量、使用后如何操作等。小组合作称量时教师注意个别指导和抓拍学生操作过程中的典型情况。小组间交流内容有所称量物的质量、操作过程中的诀窍，教师参与其中将抓拍到的特别优秀的做法以短视频的形式呈现，也将存在的普遍问题以图片形式呈现，提供讨论素材。

设计意图说明：实验活动是开展科学学习的基本方式和主要途径，通过实验活动可以掌握基本的仪器操作技能，理解科学知识，发展高阶思维；学生乐于在动手动脑中学习知识和技能，是培养学习兴趣的重要载体。实验活动的有效开展还是提升学生实践探究能力的重要基础。

5. 创新课堂小结，提升科学思维

课堂小结：

问题一：一枚大头针的质量很小，使用托盘天平不能测量，你有什么测量方案吗？请你说说你的测量方案。

问题二：使用托盘天平称量物体质量时，误将物体放在了右边托盘。获得物体的质量为 12 克，该物体的实际质量是多少？你是如何得出来的？

问题三：称量物体质量的仪器有许多，原理方式也各不相同，你能设计一种称量物体质量的工具吗？说说你的设计原理。

验证性探究活动：教师将天平秤、大头针（若干）、钩码（整盒）放置于班级，让同学们把自己刚才的设想付诸实践，检验其合理性。

设计意图说明：课堂小结是一堂课的基本环节，它有检测反馈、反思提升、激发兴趣、开拓视野、启发新知等功能。课堂小结不宜形式套路化、机械复述知识化，应有创新，结合本课时内容，设计有针对性、有挑战性的任务活动，避免形式主义，应发挥课堂小结的积极功能，提升学生的思维能力。

四、教学案例（片段）反思

注重学习情境的创设，引导学生关注生活，热爱生活，用科学的观念思考。烧饼是缙云的一种美食，美食背后有着我们科学课堂的素材，学生学习的兴趣浓厚，教师引导学生关注生活，在生活中发现科学问题，以科学的思维、理念生活，养成积极向上、健康的生活理念。

注重概念建构，通过建构学习支架，概念辨析，破解难点，提升学生学习的获得感。物质对学生而言是一个很抽象的概念，要想让学生明白科学中的“质量”概念不等同于生活中的表示物体材质的好坏的“质量”，不能生硬地直接告知其书本上的概念定义，而是需要破除学生先前形成的前概念，让学生列举大量的事实，归纳辨析，帮助学生理解科学本质。

课堂以学生为主体，通过平等对话交流，获得感性体验，发展学生的核心素养。始终意图体现的课程理念：面向全体学生，立足素养发展。从全体学生品尝烧饼，一起探讨烧饼的“配方”，逐步上升到科学的物质和质量的概念；实验活动中学生看视频或说明书进行实验操作，培养自主学习能力、动手实践、探究的科学精神。教师抓住学生良好的操作细节予以即时表扬，存在的问题或是不足，拍下照片，大家一起评价交流，在交流中发现不足，得到提升。课堂氛围民主、真诚，学生充分感受到被尊重、受鼓舞、明事理。

五、实践导师点评

本案例设计运用多种不同的教学策略，学生获得知识和技能是在教师搭建的平台中自主习得，学生认知的不足是在师生间、生生间相互合作交流讨论中实现发展。案例设计体现对学生学习兴趣的激发，渗透情感态度和责任，体现了素养要求。卢晓民老师曾将本课例开设公开课，课堂实施中充分展示了他的亲和力和幽默感，学生学习兴趣浓厚，学有所获。本案例对同行教师也有一定的借鉴价值。

王燕红
全国优秀教师，浙江省特级教师，正高级教师

麻伟钊

圆周角(2)

一、教师简介

麻伟钊

浙江省龙泉市第四中学数学高级教师，从事数学教学近20年。在搞好教学的同时，还致力于教育科研，学术成果颇丰，多篇教育、教学论文在《中学课程辅导》《中学生学习报》《学习方法报》等刊物的学术版发表。专业基本功扎实，对中考命题趋势颇有研究，多次参加丽水市数学中考命题，为丽水市初中数学学科带头人，目前正以积极的姿态投身于教改洪流中。

二、课堂教学思想

几何作为初中数学的重要学习内容之一，其目的就是要让学生敢于主动探索。教师鼓励学生在交流中展开联想，进而凝练出重要的几何结论。本课时作为圆周角定理的第二课时，将圆周角与圆心角的关系拓展到"在同圆或等圆中，两个圆周角、两个圆心角、对应的弧、对应的弦、对应的弦心距，一对量相等，则其余各对量都相等"中。将圆的轴对称性和中心对称性充分整合，让圆的知识更加丰盈，学生感受到同一章节的知识是一个整体，同时给学生提供更多的解决问题的思考角度和方法。通过本节课的变式训练，学生可以从不同角度进一步掌握相关的学习内容并利用圆周角的相关性质解决一些实际问题，真正实现学以致用。

三、教学案例（片段）

（一）温故知新

问题 1：什么是圆周角？

问题 2：如图 1，若 $\angle AOB = 100^\circ$，

则 $\angle ACB =$ ________，$\overset{\frown}{AB} =$ ________。

问题 3. 在图 1 中改变点 C 的位置，你还有什么新的发现？请和你的同伴交流。

圆周角定理的推论：

教师活动：

(1) 出示两个问题，让学生回顾前面学过的圆周角以及圆周角定理。

(2) 运用几何画板演示，学生相互交流并推导出圆周角定理的推论。

学生活动：

(1) 让学生回顾什么是圆周角。

(2) 通过图形让学生回答问题 2 并复习圆周角定理的内容。

(3) 在具体图形中说出圆心角与圆周角的关系。

【设计意图】以问题串的形式导入，让学生体会从特殊到一般的学习过程，旨在复习圆周角的定义及圆周角定理（圆周角与圆心角的关系），为本节圆周角定理的推论的推理过程做准备。通过生生互动、师生互动的形式，感受与体会定理的形成过程。在平时的教学中，我们常常会忽视定理的形成过程，得出结论的过程往往简单粗暴，侧重点在于定理的实际应用。让学生经历与体验定理的推导过程，是为了对原来所学知识的进一步地理解与应用。

做一做：如图 1 中，四边形 $ABCD$ 的四个顶点在 $\odot O$ 上。找出图中分别与 $\angle 1$，$\angle 2$，$\angle 3$ 相等的角。

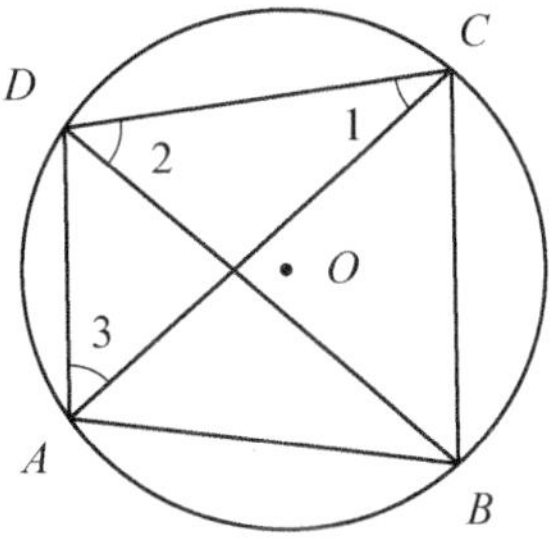

图 1

教师活动：

(1) 出示问题，让学生完成学习单上练习。

(2) 请学生展示练习的解题过程。

(3) 让学生初步感受圆周角定理推论的简单应用。

(4) 让学生自己感受并归纳方法：在同圆或等圆中，要找相等的圆周角只要找相等的弧。

学生活动：

(1) 完成学习单上的练习的解答。

(2) 学生展示练习的解题过程。

设计意图：通过练习，让学生感受圆周角定理的推论在解决问题时为解题带来的方便。

(二) 例题讲解

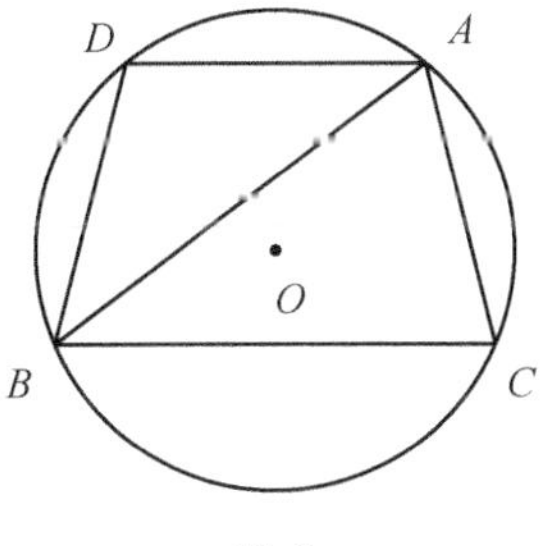

图 2

例 1　已知如图 2 所示，$\triangle ABC$ 内接于 $\odot O$，$\angle ACB=2\angle ABC$，点 D 平分 $\overset{\frown}{AB}$。

求证：(1) $AC=BD$；

(2) $AD \parallel BC$。

(问题设计：本例中的弧中点对等圆周角有一定的价值，可以再做变式或探究。)

变式：已知如图 3 所示，AB，CD 是 $\odot O$ 的两条弦，且 $AB \parallel CD$。求证：$\overset{\frown}{AC}=\overset{\frown}{BD}$。

例 2　如图 4 所示，有一个弓形的暗礁区，弓形所在圆的圆周角 $\angle C=50^\circ$。问船在航行时怎样才能保证不进入暗礁区？

变式：足球赛场上，甲、乙两名队员相互配合向对方球门 MN 进攻，当甲带球冲到 A 点时，乙已跟随冲到 B 点。如图 5 所示，甲是直接射门好，还是迅速将球传给乙，让乙射门好？并说明理由。(仅从射门角度考虑)

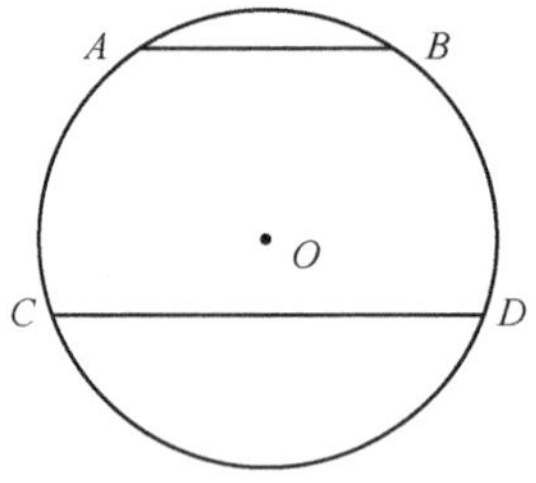

图 3

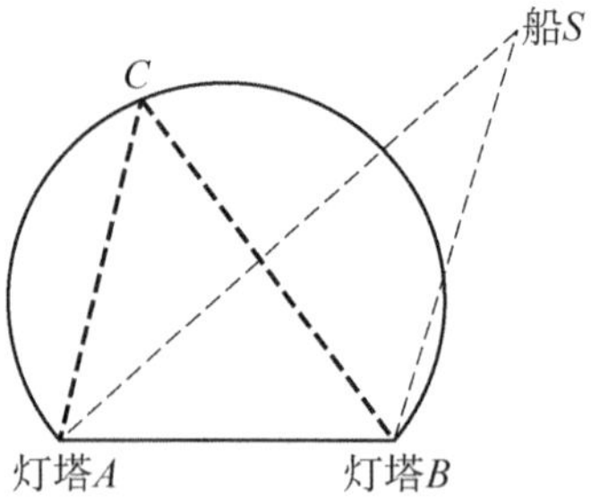

图 4

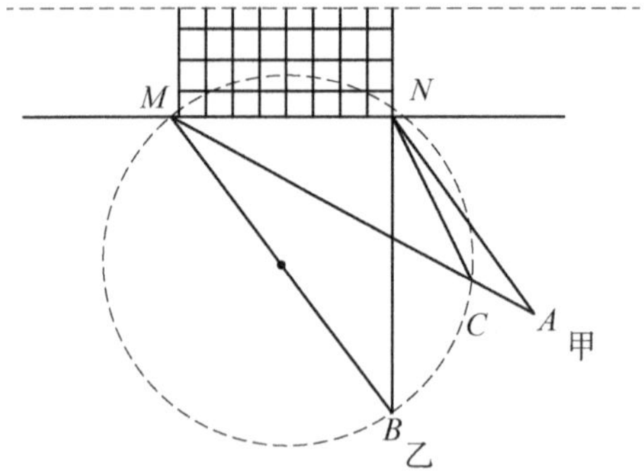

图 5

教师活动：

(1) 结合书本的内容，准备了两道书本例题。

(2) 给予学生充足的时间解决例题问题。

(3) 例题讲解完后，进行适当的变式训练，让学生再次感受圆周角定理推论的应用。

(4) 让学生经历和感受要证弧相等只要找弧所对的圆周角相等，体验在没有明确标注圆周角的情况下，可以通过添加适当的辅助线构造圆周角完成推理证明。

学生活动：

(1) 学生独立完成例 1 并向同学展示解题思考过程。

(2) 学生独立完成变式练习，用实物投影展示解题过程。

(3) 与教师一起探讨点与圆的位置关系的另一种判定方法。

(4) 与教师共同完成例 2 的解题过程。

设计意图：学生是学习的主体，是课堂上真正的主角。作为学生不仅要会解题，更需要一个展示自我、表现自我的平台。学生在讲解的过程中，能更好地展示自己的思维和解题过程，能更深地体会灵活运用定理所带来的简便。当一个学生能够把一道题表述清楚了，基本上也就掌握了这一类题的解题方法了。作为教师,我们需要提供这样一个给学生展示的平台,让学生尽量地展示自己的思维和解题过程,让学生在教会其他同学的同时,自己对题目也有了更深程度的理解。

(三) 巩固提升

题 1. 一个圆形人工湖如图 6 所示,弦 AB 是湖上的一座桥。已知 AB 长为 100 m,圆周角 $\angle C = 45°$。求点 C 到 AB 的最大距离。

题 2. 如图 7 所示,点 A,F 在以 BC 为直径的 $\odot O$ 上,点 A 是 $\overset{\frown}{BF}$ 的中点,弦 AC,BF 交于点 M。过点 A 作 $AD \perp BC$ 于点 D,交 BF 于点 E,求证:$AE = BE$。

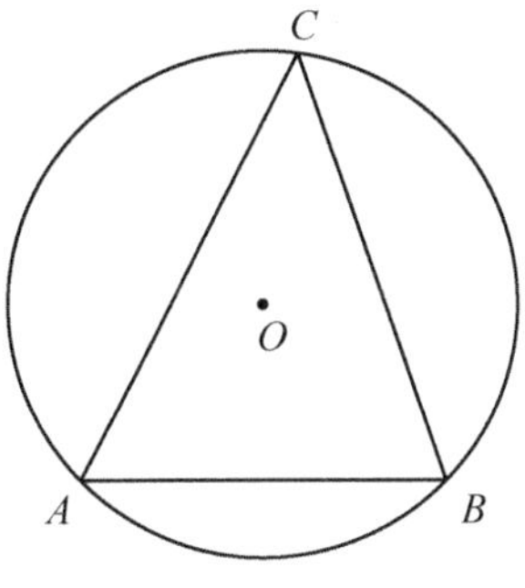

图 6

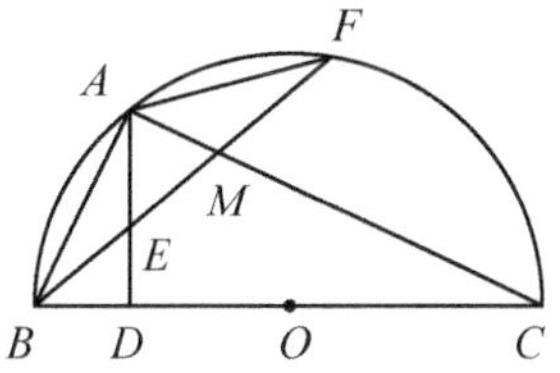

图 7

教师活动:

(1) 向学生提供两道练习进行适时地巩固提升。

(2) 给予学生充足的时间讨论这两题的解题过程,要求学生用不同的解题方法求解。

(3) 对解题有困难的学生进行个别辅导(师生互动)或让已经解决问题的学生辅助遇到困难的学生(生生互动)。

学生活动:

(1) 学生先独立思考,然后采用小组合作的形式进行相互交流。

(2) 相互展示学习结果,一个小组推荐一名学生向全班同学展示。

设计意图：巩固练习环节旨在及时巩固本课所学内容并引导学生，在解题时，尽可能要想到用不同的方法解决问题。在自己解决不了问题时，可以求助同学。在与同学交流的过程中，形成自己的解题思维。在解题过程中，让学生经历与感受解题时常用到的构造与转化的思想方法在解题时的重要性。

我的收获：

通过这节课的学习，我的收获是：

（1）在同圆或等圆中，同弧或等弧所对的圆周角相等；相等的圆周角所对的弧也相等。

（2）在同圆或等圆中，证弧相等只要找相等的圆周角，要证圆周角相等只要找同弧或等弧。

（3）当题中没有直接给出相应的条件时，通过构造、转化的方法来解决问题。

设计意图：课堂的归纳梳理让学生回忆整节课的一个过程——圆周角定理推论的推出、推理的简单应用、推理的实际应用。整节课所贯穿的思想方法：构造与转化的思想方法。构造与转化思想是平时解题时常用的解题方法。

(四) 作业布置

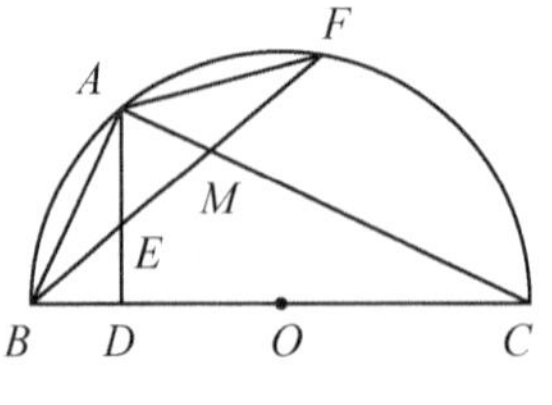

图 8

如图 8 所示，点 A，F 在以 BC 为直径的 $\odot O$ 上，点 A 是 $\overset{\frown}{BF}$ 的中点，弦 AC，BF 交于点M。过点 A 作 $AD \perp BC$ 于点 D，交 BF 于点 E，求证：$AE = BE$。（请用至少 2 种方法证明）

（本题与上述巩固 2 题目类似，但要用多种不同方法证明，有利于拓宽学生的思维）

在上道题的条件下，添加条件“若 A、F 是半圆 $\overset{\frown}{BFC}$ 的三等分点，$OB = 6$”，求 BE 的长。

四、教学案例(片段)反思

本节课作为圆周角的第一课时的延续，总体上实现了教学任务，教学过程完整，学生参与度高，积极参与到学习的过程中，充分体现了课堂上学生的主体地位；教师通过教学组织，有效地调动了学生的学习积极性，通过检查学生的练习情况，了解到学生对本节课的掌握情况比较理想。学生对本节课的重点内容掌握到位，通过铺垫，例 2 的教学较为顺利，也意味着难点的突破较为顺利，同时为足球射门问题的解决打下了基础，有效地将书本内容和实际问题结合起来，真正做到了学以致用。对于学生圆的整体观念的形成有一定的帮助，但还需要不断地通过变式训练等多种途径帮助学生形成更高水平的圆的整体观。

五、实践导师点评

圆周角推论一课主要内容有三部分，推论的探究、应用推论导角变换、圆内角圆周角圆外角与点与圆的位置关系。本课例采用问题串设计导入推论的发现、猜想、验证、推理得到，引导学生经历数学探究过程，感受数学知识的生长。在例题应用中感悟圆中等弧或同弧的导角变换，体验角—弧—角的灵活转换，进一步巩固圆周角推论在圆中应用的价值。课例设计时关注学生思维生长，关注知识生长，注重变式教学，突出问题链设计。但在具体执行上还可以进一步改进、优化，进一步突出导角变换的价值。

叶茂恒
温州市鹿城区教育研究院，正高级教师

叶春红

光的反射

一、教师简介

叶春红

浙江省丽水市庆元县第三中学初中科学教师，兼任庆元县初中科学工作室领衔人，丽水市绿谷名师班成员。教龄14年，荣获丽水市初中科学学科带头人、庆元县先进教研工作者、庆元县优秀指导老师、庆元县优秀党员等荣誉。多篇论文获市级奖项并发表，多次指导学生在科技创新大赛中获省级奖，负责开发的“庆元蓝”“学海扬帆”两个拓展课程获丽水市精品课程，参与开发“名校课堂”作业科学教学资源。

二、课堂教学思想

科学课程的学习目标是培养学生的核心素养，同时培养解决问题的能力。在2022年版的科学课程标准中着重增加了探究实践环节。在了解自然、获得科学知识、解决科学问题以及技术与工程实践中，形成科学探究能力，技术与工程实践能力和自主学习能力。

基于探究实践的提出，我们的科学课堂教学更应该多让学生动一动，只有在动中对知识有了应用，才能发现问题，解决问题，才能更好地培养能力。很多伟大的科学结论都是在实践中产生的，比如科学家奥斯特在上课的时候发现通电导线周围的磁针会动，从而提出了电流的磁效应这一伟大结论，所以我们科学老师不能将课本实验变成“一言堂”，在实验的操作中，于学生而言，提高了动手能力和知识应用能力，于教师而言，可以教学相长，既提高了自身专业素养，也许还会发现什么伟大理论哦！

三、教学案例（片段）

下面我以“光的反射”这节课为例，本节课的教学流程是：玩光→认光→评光→品光。

（一）设置驱动性问题，促进学生动起来

片段1　玩光

要保证学生的深度学习，首先是要问题设置到位，让学生面对的问题是有意义的、对其学习是有帮助的。驱动性问题的设置需要老师有一定的教学艺术，为能设计出更好的问题，在设计问题时是可以先进行集体备课的。比如在这节课中，我设计的课堂引入问题是：给同学们两分钟时间玩光，请观察光路传播有哪几种情况？

此处设置的问题，既复习了前面的光沿直线传播，又引入本节课主题“光的反射”，学生自己从做实验中还能概括出光反射的定义。学生带着这样的任务玩起来开心，思考起来不累，愉快地进入本节课的学习。这样既挖掘了学生学习的内驱力，也真正做到玩中学的理想教学模式。

（二）聚焦学习目标，促使学生动起来

片段2　认光

在做实验的过程中，教师在布置实验的时候，要保障基于课程标准的深度学习，就要运用以学习目标作为起点的思维过程。在解决入射光线、反射

光线、入射角、反射角、法线的概念教学中，我让学生通过结合书本做实验辨别出图 1、图 2 中的入射光线、反射光线、入射角、反射角、法线。再让学生分组讲解，选出优秀的代表来汇报，并对各组代表根据量化表（见表 1）进行打分。学生在自己组选代表和给各组代表打分的过程中，对代表的讲述内容是否正确也进行了深度思考。

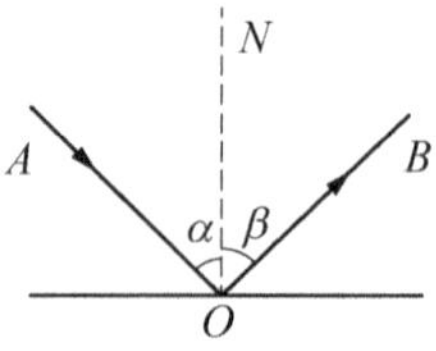

图 1

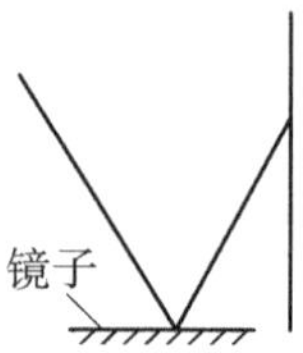

图 2

表 1　光路图评价量化表

（每项满分可以得★★★）			
姓名	做实验速度	指认正确	表述流利正确

教师在聚焦学习目标的问题中，也要开发一些能够表现学习成果的认知性任务，高度集中学生的注意力，使所学的内容难以忘记，最终达到学习的目标。

（三）合作学习，促使学生动起来

片段 3　评光

在平时的教学过程中，7 年级学生入学的时候会组建学习临时共同体，利用这段时间，我对学生进行了课堂上观察、作业检测、性格分析等，等到一个月后，对各位学生大体上了解后，再根据学生的特点进行重新组建，到 8 年级的时候再进行微调，初中三年都不做太大的变化。这样长时间的接触，让同一小组的同学“荣辱与共”，成为“学习共同体”。

比如在光的反射定律的教学中，我让学生 2 人 1 小组合作，一个学生做实验，另一个学生记录，改变不同的入射角（见图 3）做两次，接着又改变不同的入射角，让两位同学任务互换，又做了两次实验，接下来小组内选代表汇报结果，这样大家实验的机会均等，各个环节都接触过，有利于学生对整个实验的理解，有助于学生学会相互切磋各自的见解，也培养了学生对合作者的一种信任与感情。

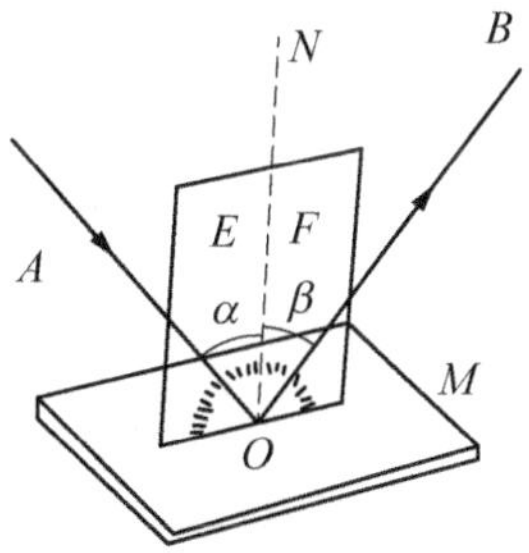

图 3

表 2　光的反射实验评价量化表

（每项满分可以得★★★）			
姓名	做实验速度	指认正确	表述流利正确

这种深度学习的方式给予学生和教师相互协同、探究问题与观念的机会。教师也把课堂的主体还给了学生，学生有了更多的展示机会，教师自己的咽喉炎等职业病也会少一些，实现师生间的双赢，何乐而不为呢？

（四）技术支援，促使学生动起来

片段 4　品光

近些年来，浙江省对信息技术整合到学科教学的模式非常重视，经常组织教师开展线上线下不同形式的学习。在线下活动过程中，电教站聘请的专家给我们教师展示演示课，其中发现有些专家利用学生自制的实验视频对一节课的易错问题和难点问题有很好的突破。

但是我校现在的初中科学课的教学环境还是在以教室为中心的范围内，学生们大都依赖教师来获取教学资源，学生是外部刺激的被动接受者，其主要活动是完成教师传递下来的课堂任务，很少有学生能够做到主动发现问题和解决问题。这样的教学氛围，不利于学生科学兴趣的培养和科学素养的提高。哪些策略能促进学生提高学习兴趣，主动去解决科学课程中出现的难题呢？基于此，我们备课组进行了研究并实践。

例如，在镜面反射（见图4）和漫反射（见图5）的教学中，我在课堂上布置课外作业，让学生合作到现实生活中寻找并拍成照片或视频，下周在课堂上进行汇报。学生汇报的成果是惊人的，漫反射的例子有没擦的皮鞋、没涂粉底的妈妈的脸、墙壁、走夜路时的路面……镜面反射的例子有擦亮的皮鞋、擦粉底的妈妈的脸、雨夜的路面……汇报的学生认真，听的学生也很认真，借助学生学习兴致勃勃的时机，教师进行镜面反射和漫反射的光路图讲解，达到了预期的教学效果，还可以看出哪位同学是视频制作高手或拍照高手。借助高科技技术的支持，老师凭借教学的智慧，设计一些可操作的问题，利用不一样的展示，赋予课堂生机。

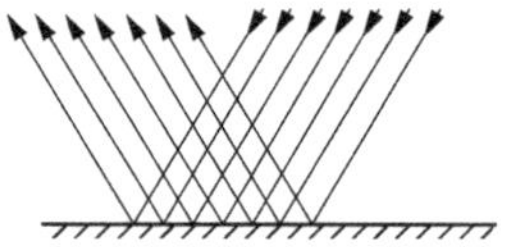

镜面反射

图4

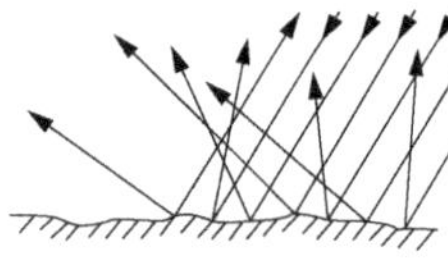

漫反射

图5

再比如，我们传统布置作业的形式单一，枯燥乏味，导致学生对作业反感，怕作业，对科学学习也起到负面的作用。而我在这节课中布置的将几个实验拍成微视频的作业，学生交作业积极，形成拍摄比拼。

录制实验视频，学生的角色由学生到老师，增加了学生的荣誉感，学生在视频拍摄的过程中，把自己当成一个小老师，加深了对知识的理解。让学生在综合性学习中学会"做"中学，体会到学习科学的本质，体验到学习的快乐；使学生朝着"自主、合作、探究"的学习模式发展。教师通过观看学生拍摄的视频，还能发现哪些知识点是学生易出现的共性的错误，然后再进行讲解，提高了课堂的有效性。

四、教学案例（片段）反思

"光的反射"这节内容中，我自己的教学思想是学生能发现的问题、学生能完成的探究尽量让学生自己完成，我只是充当这节课的导演，学生则是演员。这节课从学生自己做实验出发，让学生自己从生活中找例子来拍摄说明镜面反射和漫反射，教师没有展示图片或播放视频来简单地解决问题，我觉得这种教学方式更能激发学生学习的兴趣和挖掘学生的学习内驱力。在作业布置环节，采用让学生提交实验视频的模式，老师掌握学生对本节课知识理解的错误点，再对症下药，提高了教学有效性，更提高了学生学习科学课程的兴趣和学科素养。不足的是，在本节课中没有加入光的反射现象在现在社会高科技中应用的实例，所以后面我要再找一些涉及高科技的例子，使学生的眼界跟得上时代发展的需要。

五、实践导师点评

本节课的老师观点鲜明，生活中处处是科学，将学生引导到生活中学科学，引导学生关注生活，让学生不觉得科学知识高大上、陌生，而是对生活充满了好奇，有助于激发学生对生活的热爱和幸福感。本节课学生动手环节多，教师真正做到把课堂还给学生，同学间小组合作，汇报，拍视频，无形间都是在培养学生的科学能力。这样的课堂是应该多推广的。同时可见叶老师的教学方法的成熟。

王盛之
杭州市安吉路实验学校，正高级教师

郑丽娟

等腰三角形性质定理(1)

一、教师简介

郑丽娟

浙江省丽水市遂昌县民族中学数学教师,已有18年教龄,先后被评为市学科带头人、市教坛新秀、县优秀指导老师、县师德先进个人、浙师大教师培训优秀学员。执教18年来,勤勤恳恳、爱岗敬业,教学成绩突出,多次获得"县教学质量优胜奖"。在2010年中考中,所任教班级数学成绩,位列全县公办学校前茅;2013年市抽测数学成绩的优秀率,位于公办学校第一名,多次获得县效能指数一等奖。

二、课堂教学思想

当我们面对参差不齐的生源,面对学科教学要求和学校提出的教学质量要求时,该做出怎样的教学活动组织方式改变,才能有效落实新课程,激发学生高昂的学习热情、浓厚的学习兴趣、主动的学习行为、灵活多变的学习方法?教学中以什么为载体,从何处切入,采用什么措施,才能在减少学困生的情况下,增加优等生和促进中间学生的进步。面对基础参差不齐的孩子们，为了让每个孩子都能得到发展，为了不让任何一个学生成为掉队的孤雁，我积极探索并实践"大单元结构教学法"的课堂教学模式，经过不懈努力，学生的学习兴趣更加浓厚，效果更加显著。

三、教学案例

(一) 问题导入，明确课题

问题1：今天上新课之前老师有两个问题要大家帮忙，已知三角形ABC的两边长分别为1和3，你能求出第三边吗？

问题2：那你能求出它的范围吗？

设计说明：通过问题1和问题2，帮助学生复习一般三角形的边的性质：两边之和大于第三边；两边之差小于第三边，由此求出第三边的范围是2到4，再延伸到特殊三角形。

设计说明：通过问题让学生回忆等腰三角形的概念及等腰三角形边的性质。因此可以得到等腰三角形有两条边相等，但同时也有一般三角形的性质，所以我们就得到了三边分别为3，3，1或者是1，1，3，结合三角形三边关系排除1，1，3，因为它们不能构成三角形，所以只能是3，3，1，这样就可以求出第三边。

问题：等腰三角形除了两边相等外，我们还可以继续探究它的哪些要素性质？

(二) 提出猜想，探究新知

设计说明：在"三角形的初步知识"教学阶段，已帮助学生形成学习几何的基本结构(见图1)。学生的学习已从"局部"慢慢走向新的"整体"，由此学生可猜想出等腰三角形除了两腰相等还有两个底角相等，并想方设法去证明。并引导学生根据图2所示写出已知求证。

已知：如图2，在$\triangle ABC$中，$AB=AC$，求证：$\angle C=\angle B$。

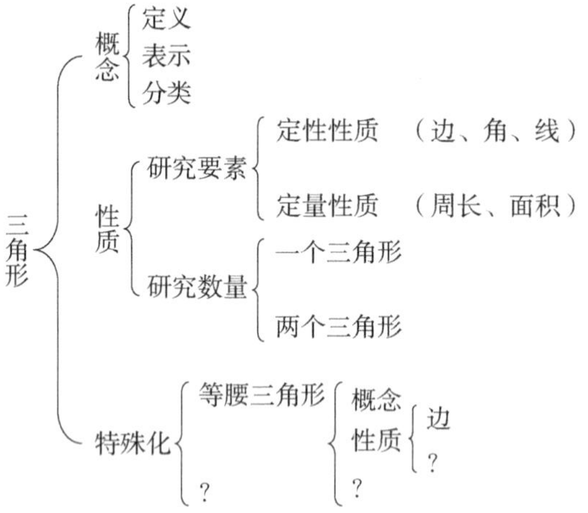

图 1

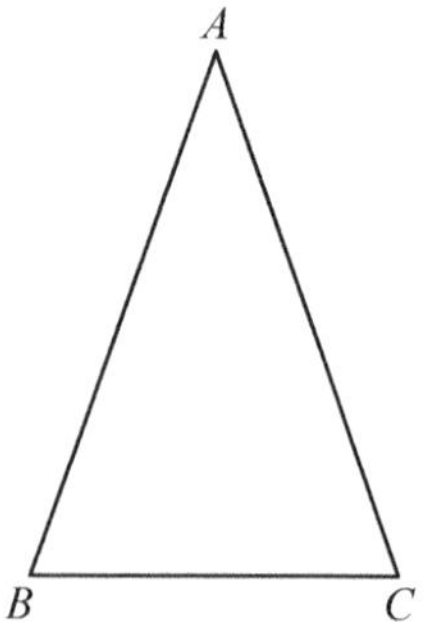

图 2

设计说明：依据目前学生已有的知识，可以知道证明线段相等的基本策略是找全等，先找所证目标所在的两个三角形，不存在就要构造出两个三角形，要学生凭直觉添加辅助线，目的是培养学生的几何直观素养，由此引导学生构造底边上的中线或顶角的平分线，将一个三角形分成两个三角形，根据边边边或边角边可以证明三角形全等，而底边上的高线将在后面讲解。通过性质定理的证明，也让学生清楚命题的证明是获得定理的常用方法。

（三）题组练习，巩固定理

（1）等腰三角形一个底角为 75°，它的另外两个角为________________。

（2）等腰三角形一个角为 70°，它的另外两个角为________________。

（3）等腰三角形一个角为 110°，它的另外两个角为________________。

设计说明：通过弱化条件的方式设计题组，以查看学生掌握等腰三角形的两个底角相等这一性质的情况，并培养学生学会认真审题和分类讨论的能力。

（四）类比探究，体验方法

问题：前面已经证明如果一个三角形两边相等，那么所对的内角一定相等。请问，如果是等边三角形，那么它的三个角是几度？（教学过程见图 3）

例 1　求等边三角形 ABC 三个内角的度数。

解题过程：

$\because AB = AC$

$\therefore \angle B = \angle C$（等腰三角形的两个底角相等）

同理，$\angle A = \angle B$，

$\because \angle A + \angle B + \angle C = 180^{\circ}$，

$\therefore \angle A = \angle B = \angle C = 60^{\circ}$。

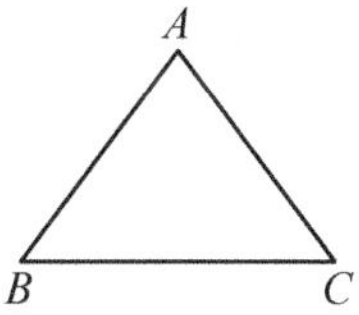

符号语言：

在△ABC 中

$\because AB = AC = BC$

$\therefore \angle A = \angle C = \angle B$

图 3

设计说明：通过强化条件三边相等顺其自然地过渡到研究等边三角形的性质，如果两条边相等，那么所对的角相等，如果另外两条边也相等，那么所对的角也相等，由等量的传递性可以得到三个角都相等，又因为三角形内角和为 180 度，所以每个角就是 60 度，从而得到等边三角形的性质，强化符号语言的书写。

（五）综合分析，学会证明

问题：那我们继续往下研究，上节课我们已经证明过两腰上的中线相等，那么两个底角的角平分线相等吗？现在给大家三分钟时间看下例，在讲学稿上画出图 4，写出已知、求证，稍后和同桌探讨一下有哪些解决方法。

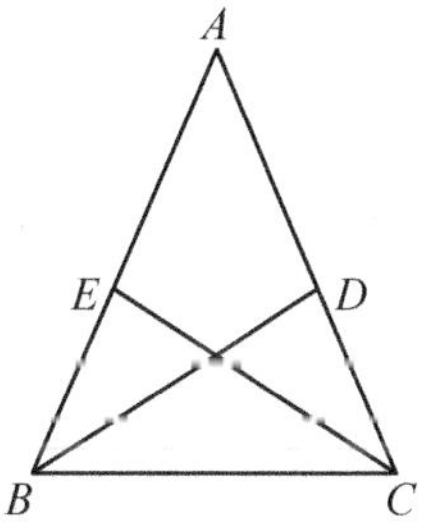

图 4

例　求证“等腰三角形两底角的平分线相等”

已知：如图 4 所示，在 $\triangle ABC$ 中，$AB = AC$，BD，CE 分别是 $\triangle ABC$ 的两条角平分线。求证：$BD = CE$。

问题：时间到，本题要我们做什么？

问题：证明线段相等。到目前为止证明线段相等的基本策略是什么？

问题：等角对等边或全等，依据条件你会选择哪个方法？

问题：从图上可以观察到这两条线段在两个三角形中，你会把这两条线段放在哪对三角形中证全等？有几种方法？

问题：可以三角形 ABD 和三角形 ACE，也可以三角形 BCE 和三角形 CBD。现在我们以三角形 BCE 和三角形 CBD 这对进行分析，这对三角形满足什么条件，现有的条件是什么？还需要什么条件？我们一起来分析。（见图 5）

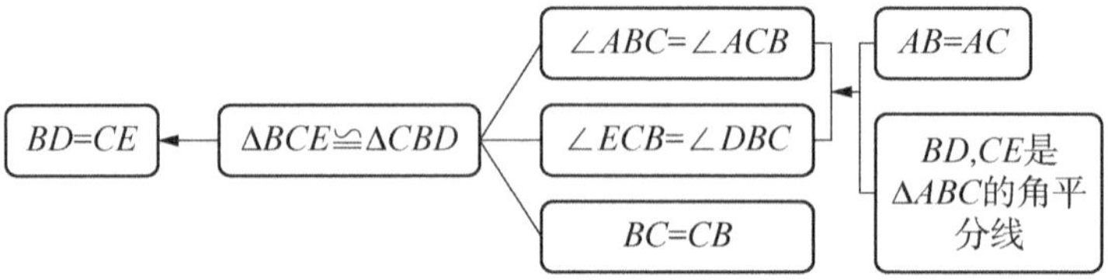

图 5

设计说明：在做几何证明时，我们常常是从结论的果去寻找条件的因，这种执果索因的分析方法，可以让学生明确所证目标，顺藤摸瓜，写出分析的思维导图，让思维可视化。但在书写的时候又从题目所给的条件一步步推导得到所要求的果。本题关键是要培养学生良好的分析能力和几何书写能力。

四、教学案例（片段）反思

本节课的一开始设计了一系列的问题串，目的是让学生通过解题复习回顾三角形边的性质和等腰三角形边的性质，而不是简单地背诵知识，这样可以避免学生死记硬背，让学生学会用数学的方法研究现实世界。在习题教学时通过弱化或强化条件，进行小题组教学，让不同的学生有不同的发展，同时培养学生分析问题、解决问题的能力。

通过类比前一章三角形的学习方法，让学生学习几何有章可循，将分散的知识慢慢系统化，使得学生明确几何学习学什么，从哪些对象去研究，怎么学。积累学习经验，例如学习几何主要从概念、性质、判定、应用等方面研究，性质或判定研究对象为边、角、线、面积等。为后续学习埋下兴趣的种子，为平行四边形教学做好铺垫，慢慢破解学生学习几何困难大的问题。

五、实践导师点评

郑丽娟老师执教的浙教版八上“2.3 等腰三角形的性质定理”一课，体现了“大单元”思想，全课思路清晰，知识点落实到位，是一节有思想、接地气的课。本课从三角形的三边关系自然引出等腰三角形的边的关系，尤其在证明性质定理的过程中，启发学生将一个三角形分割成两个三角形，先让学生感受作辅助线的必要性，再让学生思考作怎样的辅助线，有效地培养了学生的思维能力，也突破了本课的难点。课堂教学始终关注学生的想法、学生的疑点，站在学生的角度思考问题，尤为可贵，值得推广。

潘小梅
宁波市鄞州区教育学院，浙江省正高级特级教师

蓝丽美

海拔最高的牧区

一、教师简介

蓝丽美

一级教师，现任浙江省丽水市景宁畲族自治县城北中学社会法治教师。2008年参加工作以来，扎根农村一线教育教学工作多年，曾获景宁县校本培训先进个人、县教学名师，丽水市教坛新秀、市教学能手，丽水市2021届学科带头人等荣誉称号。所撰写的论文和执教的评比课多次获县、市级一、二等奖，任教班级学科成绩优秀。教学主张：坚持"以生为本"，促进基于核心素养培育的深度学习，为学生未来发展奠基，促进教学相长。

二、课堂教学思想

当前，面对"学科核心素养""义务教育新课程标准""大单元教学""项目化学习"等诸多新理念和教学方式的变革，初中社会法治学科该如何顺应这一新形势？作为落实立德树人根本任务的基础性、关键性学科，该如何发挥其应有作用？教育改革的核心内容是推动教师课堂教学的变革，它最终要落实在课堂教学上，与学生的学习密切相关。无论课改如何变化，我始终认为教师应坚持“以生为本”，以培育学生核心素养为导向，实施促进学生深度学习的课堂教学，为学生未来发展奠基，促进教学相长，这是新课程改革的根本出发点和落脚点，也是教师应坚守的教学本真。

三、 教学案例（片段）

本文以部编版八年级人文地理“海拔最高的牧区”一课为例，展示我对坚持“以生为本”，促进基于核心素养的深度学习所进行的实践和思考。

（一）真情境：连接学生生活与区域地理的“真情境”

在“海拔最高的牧区”一课的教学中，考虑到由于学生没有去过青藏地区，很难真正激发学生对青藏地区的学习积极性，不利于学生获得真实的学习体验。为此，我精选了一些本人去西藏旅行时拍摄的照片和小视频，将其制作成一支旅行小视频导入课堂，引导学生说说视频中所在地理区域的自然和人文景观，并推测老师去的是哪里。这一导入活动，很快拉近了学生与青藏地区的认知距离，激发了学生的学习兴趣和探知欲。

好的课堂导入不能仅仅起到抛砖引玉的作用，教师还应在此基础上聚焦教学重难点，充分挖掘所选的教学资源，设计多层次的核心任务，使学生深度参与课堂学习活动，真实地经历核心素养形成的过程。基于此，我以西藏行的视频为线索串联本课主要内容，设计了四大教学板块。（见表 1）

表 1　“西藏行”问题情境的设计

板块设计	主要内容	学习目标	设计意图
定位置（去哪里?）	青藏地区的地理位置和范围	运用相关地图、图表和文字等资料，观察、比较、归纳、综合分析青藏地区自然地理和人文地理的特征	通过创设贴近学生生活的真实问题情境来激发学生的学习兴趣，培养从图文材料中获取有效信息并进行分析、归纳、综合的能力，理解自然环境和当地人们生产生活特色之间的相互关系，树立因地制宜、人地协调观，助推核心素养落地
说特色（有什么?）	青藏地区的生产生活特色		
析原因（为什么?）	青藏地区的自然环境特征		
话发展（怎么样?）	青藏地区的发展现状		

教学中，我将教学明线和暗线双线推进，明线以“西藏行”所在的青藏地区为情境素材整合教学内容；暗线则是在引导学生合作探究的过程中帮助学生形成区域认知、人地协调观、综合思维等地理学科的关键能力、必备品格和价值观念。

（二）深探究：挖掘学习支架与自主探究的“深度性”

“海拔最高的牧区”是部编版八年级人文地理第五单元第四课的第一框，该牧区隶属于中国四大地理区域中的青藏地区。本单元的学习主题是“认识区域”，要求学生通过本单元学习认识中国四大地理区域，理解和分析不同区域的自然环境和人文环境差异。在学习本节课内容之前，学生已经学习了一些典型的世界地理区域和中国北方地区、南方地区等相关知识，初步掌握了认识区域的基本方法。基于这样的学情分析，为解决“青藏地区为什么适合发展畜牧业?”这一核心问题，我指导学生先复习归纳了认识区域的常用方法，随后组织学生开展小组合作探究：青藏地区适合发展畜牧业的自然条件有哪些？青藏地区牧民生活特色的形成原因是什么？为解答第一个问题，学生需要从不同的自然环境要素角度自主选取书本上相应的图文材料进行分析归纳。学生可以从中国地形图、中国气候类型图、拉萨成都气温曲线比较图、青藏地区草场图、关于青藏地区优质牧草阅读卡等多种学习支架中，分别从地形、气候、植被等自然环境要素角度选取合适的材料进行综合分析，从而得出青藏地区“高”“寒”“旱”的自然环境特征。

对不同地图、图表及文字材料进行分析研读，旨在引导学生感知不但自然环境各要素之间相互影响，而且自然环境深刻影响一个区域的生产特色，从而加深对“因地制宜谋发展”的认识。学生解答第二个问题则要在第一个问题的基础上，从人地关系的角度深入理解牧民的生活特色既受高原自然环境的影响，又受牧业生产的影响，真正理解自然环境与人文环境相互联系、相互作用，从而树立人地协调发展理念。

（三）激生长：激发核心素养与学生发展的“生长力”

在“海拔最高的牧区”一课中，如何推进核心素养落地这一教学暗线呢？

为此，我在设置探究问题的同时，融入核心素养目标的设计（见表 2）。地理学科贴近生活，引领我们关注生活的自然环境与人类社会，具有很强的实践性。例如，在课后拓展的任务设置中，组织学生开展以“为西藏编制旅游宣传手册”的微项目化学习活动，侧重于培养学生利用所学知识解决实际问题的能力，有助于培育学生的地理实践力。

表 2　体现核心素养的教学目标设计

探究问题	学生活动	核心素养目标
从自然环境角度分析青藏地区为什么适合发展畜牧业？	四人小组合作探究，分别从地形、气候、植被、畜种等角度，准确选择相应的图文材料进行分析讨论，并选派一位代表上台分享	① 能自主搜集、选择认识青藏地区的各类图文资料，通过观察、分析、综合、归纳等方法，从图中获取和解读有效信息，认识区域的自然环境和人文环境特征，初步形成从区域的视角分析和解决地理问题的能力（区域认知） ② 能够运用多种地理学习工具分析区域特征、区域差异和区域联系，初步形成从时空视角分析地理问题的能力（综合思维） ③ 能够辩证看待自然环境与人类活动的关系，树立因地制宜、人地协调发展的理念（人地协调观）
青藏地区牧民生活特色的形成原因？	同桌互助交流，简要说明青藏地区牧民的生活特色既受高原自然环境的影响，又受牧业生产的影响	
课后拓展：结合本节课所学知识，为西藏编制一份旅游宣传手册	学生运用所学知识，参照教师提供的评测表编制一份西藏旅游宣传手册	④ 能运用所学知识解决生活实际问题，学会在真实环境中观察和认识地理环境，感悟人地关系（地理实践力）

四、教学案例（片段）反思

在“海拔最高的牧区”一课中，我依据学生的认知基础和身心发展规律，通过创设真实的学习情境，设计不同层次的核心问题组织学生进行深度探究，力求激发地理学科核心素养与学生发展的“生长力”。根据《义务教育地理课程标准（2022 年版）》的要求，教师在地理教学中不仅要紧紧抓住体现核心素养培育的教学目标设计、教学活动设计聚焦核心重点内容等着力点，还要关注如何引导学生更主动地学习。例如，在教学策略和教学过程中如何更充分地践行当下“项目化学习”“大单元整体教学”等新理念。在教学中融入这些新型教学方式与坚守“以生为本”课堂教学这两者之间并不矛盾，这也是我在今后的教学中应努力的方向。

五、实践导师点评

当前新课改背景下层出不穷的各种新理念“乱花渐欲迷人眼”，初中社会法治教师应坚守的教学本真是什么？蓝老师的这节地理课启发我们：无论新课程如何变革，教师应坚持“以生为本”，将促进学生的发展作为教育教学活动的出发点和落脚点，在核心素养导向下创设真实情景，引导学生进行深度学习。蓝老师通过学习支架建构了真实的生活场景，化繁为简，抓住关键问题，引导学生进行合作探究，解决真实问题，以此培养学生的兴趣，并带动学生进行概括和迁移，引导学生“爱学、会学、善学”，为学生的未来发展奠基，从而促进教学相长。

张强
温州市瓯海区牛山实验学校，浙江省特级教师

叶丽芬

英语阅读教学实践
——以“A train journey”为例

一、教师简介

叶丽芬

浙江省龙泉市第二中学教学发展中心主任，英语教师，教龄 11 年，现为浙江省名师网络工作室学科带头人。曾获中华人民共和国教育部部级优课、长三角地区中小学班主任基本功大赛一等奖、浙江省初中英语课堂教学评比一等奖，被评为丽水市初中英语学科带头人、丽水市优秀班主任、丽水市优秀团干部、丽水市教育提质工作突出个人、丽水市德育能手、丽水之干青春榜样、龙泉市十大匠心教师，多次在丽水各县市开设公开课和交流讲座。

二、课堂教学思想

提升思维品质，使学生能够在语言学习中发展思维，在思维发展中推进语言学习，是义务教育课程标准对英语课程学习提出的目标要求，是培养核心素养不可或缺的基本要素，而阅读教学则是培养学生思维品质的重要抓手之一。

我认为，阅读教学是一个启智增慧、研精致思的奇妙活动，思维品质的培养应贯穿语言教学的始终，而不能蜻蜓点水般闪现在某一个教学环节。教师作为教育教学的主导者，应该竭尽全力引导学生主动参与并融入语篇研读的过程，通过创设有效的深层问题和体验活动，帮助学生基于文本解读获取信息、挖掘内涵、探究主题并发展思维品质。

三、教学案例（片段）

在英语教学中，阅读教学是培养学生思维品质的主阵地。如何以问题为载体，以活动为依托，激活学生作为课堂主体的积极思维已然成为亟待思考和探索的重要课题。本文将以本人参加浙江省初中英语课堂教学评比时的课例 A Train Journey 为例，结合各教学环节的不同教学片段，阐述英语阅读教学实践，以期为基于思维品质培养的英语阅读教学提供些许参考。

本课例的阅读语篇是关于火车旅程的记叙性文章，节选改编自外语教学与研究出版社的《书虫》系列丛书（三级下）《牙齿和爪子》一册中《讲故事的人》部分，故事围绕火车上两个主要人物的矛盾冲突展开，故事脉络清晰，人物性格鲜明，有利于培养学生的辩证性思维和评判性思维，发展学生的思辨能力。同时，故事结尾的留白也为教师打造高阶思维课堂创设了机遇，有利于通过设计预测故事发展及结局的活动任务来进一步培养学生的创造性思维和逻辑性思维。

（一）唤醒话题经验，激活阅读期待

在课堂导入环节，她首先分享自己坐火车奔赴比赛所在城市的旅途感受，以聊天互动的形式引导学生谈论自身的火车旅程体验，自然导入语篇主题：A Train Journey。在充分激发学生课堂参与主动性和积极性的基础上，引导学生从读者视角出发，以提问的形式来表达自己希望在文本中得到哪些信息。令人欣喜的是，学生们思维敏捷，迅速提出了以下问题：

Q1：Who were on the train?

Q2：What happened during the journey?

Q3：How did the people on the train feel?

Q4：Was the train journey happy?

她把学生的问题一一罗列在黑板上，然后让学生带着这些期待了解的问题快速阅读文章，运用寻读和略读等阅读策略，获取相关信息。

【设计意图】

在读前环节，教师通过 free talk（自由说话）唤醒学生关于语篇话题的有关经验，充分营造轻松自然的主题语境以及课堂氛围，鼓励学生利用已有语言知识谈论主题内容，为后续阅读教学做好铺垫。通过引导学生自主思考、自由提问的任务形式，进一步激发学生对语篇阅读的心理期待，同时将语篇挖掘和主题探究的主动权还给学生，实现真正意义上的学生主体学习。同时，借助学生提问的环节巧妙帮助学生建构出记叙文的核心要素和关键线索：人物、事件、情感，为阅读教学搭建基本思维框架。

（二）优化课堂设问，提升思维品质

在本节阅读课的读中环节，她针对语篇第二部分的故事发展，提出以下问题：

Q1：Why did the young man look annoyed? Can you find out the reasons in the article?

Q2：What do you think of the aunt? Why do you think so?

事实上，语篇中并未直接评论人物的性格特点，也并未清楚阐明人物情绪表现背后的原因。学生作答以上问题时需在一定程度上参阅语篇文本前后部分内容，结合已有认知和情感体验对文本信息进行整合梳理，通过深入理解和分析给出自己的观点并从文本中找到相关信息来支撑结论。然而教学过程中，学生完成这一思维过程需要充分的深入阅读，此时需要教师及时调整课堂教学节奏，舍得将时间留给学生，学会让自己适时放手。

学生们在分享观点的过程中思维发散性强，各抒己见且有理有据。对

于问题一，学生给出的原因大致如下：

Because the young man felt hot and tired.

Because the children were very noisy.

Maybe he didn't like the conversation between the children and their aunt.

对于问题二，基础较好的学生能逻辑清晰地表达自己的观点及理由，如：①I think the aunt is strict because she always begins with"Don't..." when she speaks. ②I think the aunt is patient because she always answers the children's questions patiently. ③I think she is understanding because she tries to make the children be quiet when she finds the young man looks annoyed. ④I think she is impatient because her answers to the children's questions are always boring.

对于基础较弱的同学，面对这类开放性问题时，要用英语准确流畅地表达自己的观点存在一定难度，所以当这部分学生回答时教师需要做出适当的引导，尽可能通过启发式的提问帮助学生逐步消除思维障碍，勇敢尝试回答和表达。课堂上，她邀请一位男生发表意见，可他似乎有些困难，于是她变换了提问的方式：The boy whistled loudly on the train and the aunt stopped him at once, so what kind of person might she be?此时我发现他对于 whistle 一词并不理解，所以她又通过现场吹口哨的肢体语言形式进行了解释说明。通过一步步的引导，该学生最终轻轻地说了一个词：Polite。听到学生的回应，她欣喜若狂。她想，这应该就是思维品质形成的过程，孩子在他人的帮助下，在信息的锁定和补充下，能够通过逻辑推理得出结论，某种程度上来说就是思维能力的提升。

【设计意图】

在读中环节，教师通过优化开放性、思辨性问题的设计，引导学生充分整合文本信息，深入理解文本语言，基于读者视角与作者视角的不同层面，客观思辨地表达自己的观点并给出忠实于文本解读的理由支撑。整个阅读过程中，学生经过自主阅读和自主思考，从不同角度对文本信息进行梳理、加工和分析，有效地锻炼了归纳、推理、判断的思维能力。

(三) 创新活动形式,强化文本理解

在完成语篇第二部分的阅读之后,她设计了一个情景表演的活动任务,要求学生以三人小组的形式,分别扮演 the aunt, Cyril 和 the young man,通过肢体语言、面部表情以及说话语气的变化,展现人物性格特点和情感态度。一开始,学生相对羞涩内敛,没有同学主动举手展现。于是她带头表率,进行了现场示范,演绎了 the young man looked annoyed 这一情绪状态,学生们的精神瞬间放松,课堂展示立刻有了多组回应,课堂氛围高潮迭起。

【设计意图】

在本环节中,学生化身故事主人公进行现场情景演绎,这就需要他们熟悉并深入理解文本内容,代入式地感受人物的情绪体验,这整个转化和输出的过程也是一种创造性思维能力的体现。教师设计这一环节的主要目的就是为学生搭建更真实的主题语境,通过读、思、演的进阶活动帮助学生强化文本理解,最终提升思维品质,发展核心素养。

(四) 引导合理质疑,碰撞思维火花

针对本语篇阅读教学的第三部分,除了通过设计常规展示型问题来帮助学生提取基本信息之外,我还针对贯穿故事始终的核心矛盾设计了以下小组讨论问题:Does the young man like the children? Please prove your idea. 经过小组热烈讨论,学生们基本锁定文本中的下列信息,给出了否定答案:① In paragraph 1, when the children talked, the young man said nothing. ②In paragraph 2, the young man looked annoyed. 事实上,这是一个仁者见仁智者见智的问题,或许除了作者,谁也没办法给出标准答案。所以,在学生们几乎形成统一答案的时候,我接连抛出了三个强烈的反问:When he said nothing, are you sure he didn't like children? When he looked annoyed, are you sure he didn't like children? When he began to tell a story, are you still sure he didn't like children? Don't you think he might like children?提问时,重音强调 Are you sure 这三个词,引发学生观点,最终大家一致得出结论:一千个读者就有一千个哈姆雷特。

【设计意图】

通过围绕文本主要矛盾冲突设计思辨性的探究问题，引导学生对文本进行再次梳理解读，阐明观点并给出论据。在学生给出明确答案之后，再巧妙地抛出三个反问，颠覆学生原有的逻辑理解，再次激荡和启迪思维活动，在强烈的质疑中提升学生批判性思维品质。

（五）填补文本空白，延伸思维空间

本语篇的结尾只告诉我们年轻男人开始讲故事，孩子们看起来兴趣盎然。这算是给读者留下了一段空白，年轻男人会讲一个什么故事呢？火车之旅后续又会如何发展呢？于是，在本次阅读教学的读后环节，我给孩子们布置了一个续写的任务作为家庭作业，他们可以基于文本，揣摩作者意识，进行合情合理的自由发挥。

【设计意图】

读后续写填补文本空白的任务，对学生静心揣摩作者意识提出了更深层次的思维要求，需要学生在读者与作者两个角色中穿梭，充分发挥创造性思维，最终通过语言的表达延伸思维的深度和广度。

四、教学案例（片段）反思

让学生思维品质在阅读教学过程中生长可谓任重而道远，作为教师，我们绝不能局限于阅读策略和得分技巧的培养，而应坚定不移地聚焦于英语课程的育人价值，围绕思维品质的培养和提升，竭尽全力通过有效的问题导向和任务驱动，让思维发展贯穿英语教学始终。在阅读教学中，我们需要进一步加强语篇研读，基于学生思维品质的培养开展有效教学设计，引领学生走向超越语篇的学习，帮助学生在语言学习过程中收获成长。

五、实践导师点评

作为教师，我们应时刻以《义务教育英语课程标准》为基准，精准把握课

程性质和课程理念，在课堂中不断实践、反思，真正做到阅读教学的有效性。阅读教学中，我们要建立文本的整体意识、梳理文本的行文思路、关注文本的文体特征、体会语言的得体表达、体验文本的文化信息、提升阅读的有效思维，促进学生在学习过程中全面发展语言能力、文化意识、思维品质和学习能力等核心素养。

诸才章
金华市教育教学研究中心中小学，英语教研员正高级教师

刘慧娟

围绕主题意义探究的初中英语阅读教学活动设计

一、教师简介

刘慧娟

浙江省丽水市景宁县城北中学英语高级教师。景宁县高级人才联合会会员、景宁县第十届政协委员。工作18年,先后被评为丽水市学科带头人、优秀教育工作者、教育提质突出贡献个人,景宁县首届拔尖新秀等。曾获得丽水市优质课评比一等奖,浙江省青年教师教学竞赛二等奖。课程"英之韵——英语歌曲学习和欣赏"被评为丽水市精品课程,多篇论文在省市县获奖、发表。多次参加丽水市期末质量监测、学能检测以及中考的命题工作。

二、课堂教学思想

"简约而深刻"的思维课堂一直是她的追求。她努力实现从冗繁走向凝练,从紧张走向舒缓,从杂乱走向清晰,从肤浅走向深邃。在阅读教学中,她以主题为统领,以语篇研读为起点、以思维为核心、以活动为载体开展课堂教学，聚焦学生语言能力的发展、思维品质的提升、文化意识的培养和学习能力的提高。她秉持在体验中学习、在实践中运用、在迁移中创新的学习理念，为学生创设主动参与和探究主题意义的情境和空间，使学生获得积极的学习体验，成为意义探究的主体和积极主动的知识建构者。她坚持学思结合、学用结合、学创结合，以促进学生知识向能力的转化、能力向素养的转化。

三、教学案例

教学内容：人教版初中英语七年级下册第十单元“I'd like some noodles”. Section B 的阅读课 Birthday Food Around the World。

（一）深入研读语篇，明确主题意义

《义务教育课程标准（2022 年版）》指出，教师在研读语篇时要重点回答三个基本问题。第一，语篇的主题和内容是什么，即 What 的问题。第二，语篇传递的意义（作者的意图、情感态度或价值取向等）是什么，即 Why 的问题。第三，语篇具有什么样的文体特征、内容结构和语言特点，如语篇配有图片或表格，其传递何种意义或具有何种功能，即 How 的问题。本课教学语篇的解读如下：

（1）What：语篇情境属于“人与社会”主题范畴中的“历史、社会与文化”这一主题群，涉及子主题“世界主要国家的文化习俗与文化景观、节假日与庆祝活动”。语篇主要介绍了中英两国的人们庆祝生日时不同的饮食习俗。

（2）Why：作者通过介绍中英两国的生日饮食文化习俗，使读者思考不同国家的人们在生日时吃不同食物的特殊含义以及他们的共同之处，这不仅开拓了学生的视野，还渗透了中西方文化的差异，促进了学生的跨文化理解，从而引导学生树立国际视野，坚定文化自信。

（3）How：语篇是一篇说明文，语言简明扼要，结构严谨清晰，属于总分总结构。

基于对语篇的深入研读，她对文章进行了适当的处理，授课时未让学生

使用自己的课本，提供给学生的课文中删除了文章标题和最后一段中“ideas”一词。

(二) 践行学习活动观，探究主题意义

1. 读前导入主题情境，感知主题意义

【教学活动 1】

课堂伊始，她呈现由八个字母组成的英文单词“hi”(见图 1)，和学生进行问好后，我让学生根据“hi”里的字母进行“头脑风暴”自由组词。学生思维活跃，课堂气氛轻松。在学生踊跃组词后，用动画显示字母的先后顺序，引导学生拼出单词“birthday”，呈现与 birthday 相关的内容(见图 2)，并针对 birthday food 这一要点再次提问：“What birthday food do you usually eat?”学生马上回答：“chicken, ice-cream, noodles, eggs, cakes...”这一活动贴近学生生活，学生有话可说，也激活了学生头脑中关于“生日文化”相关的知识。

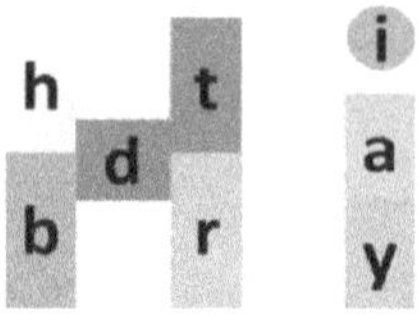

图 1

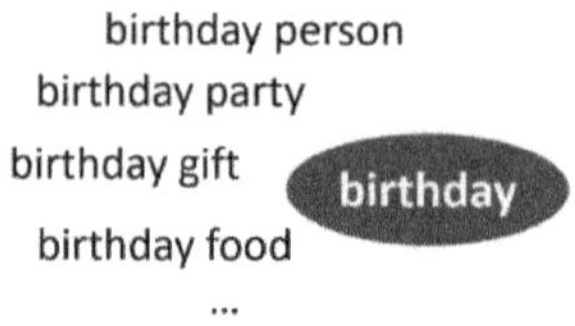

图 2

设计意图：读前导入的“头脑风暴”游戏，属于学习理解类活动，目的在于调动学生的积极性，激活学生已知，引导学生参与到指向主题意义探究的活动中。

2. 读中深入主题情境，探究主题意义

【教学活动 2】

在课件上呈现阅读语篇的第一段，让学生朗读后预测文本的主要内容。引导学生通过查找关键词的方式进行概括，学生马上聚焦关键词“eat, birthday, different”，从而准确得出主旨大意：birthday food in different countries。

设计意图：该活动属于学习理解类活动，教学语篇是说明性文章，属于“总—分—总”结构。设计此活动，可有效地帮助学生在中考阅读题中针对没有标题和图片的文章准确把握文章主题和主旨大意。

【教学活动 3】

学生通过首段预测文章大意后，她分发打印好的文章给学生，并提问：Which two countries are mentioned? 学生快速阅读文章找出答案：the UK, China。之后她让学生分别阅读第 2、3 两段，获取信息完成表格。这一任务的难点是：英国的生日食物（蛋糕）的特殊含义。我通过问题链引导并帮助学生获取答案：What birthday food do people in the UK usually eat? What's the special meaning? Before eating birthday cakes, what do they do? How can they make the wish come true?学生需要组织语言，概括地表达。

设计意图：该活动属于学习理解类活动，我通过填表的任务，引导学生通过获取与梳理、概括与整合的活动，运用语言知识、语言技能，从语篇中获得与主题相关的文化知识，建立信息间的关联，形成新的知识结构。其间，师生之间积极的互动交际帮助学生准确把握了中英两国不同的生日饮食习俗及其含义，教师的追问引导学生慢慢聚焦主题。

【教学活动 4】

在引导学生梳理文本细节信息后，她提问：Why do people eat special foods on their birthday?学生回答问题后她在课件上呈现文章最后一段，并提问：What do you think the word in the blank is?学生思考后，给出了以下答案：meanings, traditions, wishes, needs, ideas。最后她呈现文章作者选择的词 ideas，并肯定学生对文本内涵的深入理解和对主题意义的把握。

【教学活动 5】

在完成 ideas 填空后，她让学生基于对语篇内容的理解，先独立思考再小组讨论，给文本拟一个标题。以下是学生的答案：Different Countries, Different Traditions; Different Birthday Food in Different Countries; The Same Idea in Different Countries; Different Birthday Food, the Same Idea。然后我追问：Which title do you like best? And why?要求学生对给出的标题进行评价并陈述理由。

设计意图：以上两个活动都属于应用实践类活动，意在考查学生对主题意义的理解，引导学生有理有据地表达自己的观点和态度。学生需要深度思考本文的主旨，巩固主题意义。同时这个活动也有效地培养了学生的逻辑性思维和批判性思维。

3. 读后巧设情境活动，内化主题意义

【教学活动 6】

学习整篇文章后，通过问题链，和学生一起在黑板上完成了思维导图，学生借助思维导图，复述课文。

设计意图：该活动属于应用实践类活动。利用思维导图进行小结，学生可以清晰地复盘知识，理清文章结构和内容，自主构建主题，明晰主题意义，逻辑思维能力也得到了很好的锻炼。复述课文，可以帮助学生内化语言知识和文化知识，加深对文化意涵的理解，促进知识向能力的转化。

4. 设计分层作业，深化主题意义

本节阅读课的课后作业如下：

Must do: ① Finish the exercises in workbook (Book A P55 - 56).

② Draw a mind-map of birthday food traditions for the article.

Choose to do: Search the Internet or read books to find out more birthday food traditions around the world.

设计意图：必做作业是复习巩固类作业，为了巩固语篇的主要内容和主题意义。选做作业是拓展类作业，意在提供给学生更多的学习渠道，鼓励学生开拓视野。

四、教学案例（片段）反思

本课例在主题的统领下，聚焦英语学科核心素养的培养，设计了基于英语学习活动观的教学活动，由浅入深地理解、整合和内化信息。通过头脑风暴、问题链、讨论、评价、复述和创编对话等活动，开展了对语言、文化和意义的探究。学生在层层递进的教学活动中加深对语言的理解和对主题意义的感知、体验与内化，促进学生语言能力的发展、思维品质的提升、文化意识培养和学习能力的提高，促进学生知识向能力的转化、能力向素养的转化。

五、 实践导师点评

刘慧娟老师准确理解了践行学思结合、用创为本的英语学习活动观的课程理念，并在其课例中加以有效地运用实施，努力实现其“简约而深刻的课堂”的课堂教学理念。该课例基于主题范畴内容，聚焦英语学科核心素养的培养，通过头脑风暴、问题链、讨论、评价、复述和创编对话等活动，凸显了在体验中学习、在实践中运用、在迁移中创新的学习理念，较好地用案例阐释了学思、学用、学创三结合的英语学习活动观。

李威峰
浙江省教育厅教研室，特级教师、高级教师

卢晓琴

《带上她的眼睛》课堂教学案例

一、教师简介

卢晓琴

浙江省丽水市缙云县壶滨初级中学语文教师；坚守农村教学20年；先后被评为丽水市中小学教坛新秀、丽水市中小学学科带头人、丽水市优秀教研组组长、缙云县第二届最美乡村教师等。微课程《当二十四节气遇上语文》被录用为2018年度省级精品微课程。主持完成了“核心素养视野下的初中语文教学设计研究”“精准教学视野下初中语文教学设计研究”“初中语文教学中学生思维能力的培养”等课题，研究成果多次荣获市县各级奖项。

二、课堂教学思想

以生为本：以学生的学为本，以学生的发展为本。课堂教学目标的制定要遵循学生的身心发展规律，课堂教学的组织要使每一位学生在“自主、合作、探究”的学习活动中主动自觉地进入丰富多彩的语文世界，感受语文的魅力，享受语文学习的乐趣，体验语文学习的成功。语文学习是一个循序渐进、厚积薄发的过程，在课堂上，要把促进学生探究能力的发展放在首位，提高学生的观察、感受、分析、批判能力，重点关注学生思考问题的深度和广度，每一个问题的设计都要力争指向学生的思维发展，促进学生高阶思维的发展；每一次活动开展都要以提升学生综合素养为最高目标。

三、教学案例（片段）

（一）新课导入

师：同学们，2019 年大火的《流浪地球》你们都看了吗？喜欢吗？《流浪地球》是一部科幻电影，是由刘慈欣的同名科幻小说改编而来。纵观你看过的科幻作品，你觉得科幻作品有哪些共同点？

生：科学性和幻想性相结合。

（板书：科学性、幻想性。）

师：今天我们来一起阅读刘慈欣的另一篇科幻小说《带上她的眼睛》，在感受科幻小说科学与幻想交相辉映的无穷魅力的基础上，进一步挖掘你原先不知道的深层魅力。

（二）初读课文，解“悬念”

1. 从标题走向文本

屏显课题：带上她的眼睛

师：看到这个文题，让你产生了哪些疑问？

生 1：眼睛怎么能被带？

生 2：她是谁？谁带上她的眼睛？

生 3：她为什么要让别人带眼睛？看到了什么特别的东西吗？

师：这是一篇自读课文，为了能更好地读懂这篇小说，我们可以先看一下 165 页的“阅读提示”，它能够给你提供帮助哦。

（学生认真阅读“阅读提示”，并圈划出重要信息。）

师：从“阅读提示”中，你捕捉到哪些重要信息词？

生 1：“悬念”“伏笔”。

生 2:“既出乎意料又在情理之中”。

师:很好！这些关键词既提示了我们本文阅读的关注点,也提示了本文的阅读方法。

2. 感知文本,解答疑惑

师:读完小说,你的疑问得到解答了吗?

生 1:“我”带上“落日六号”领航员的眼睛。

生 2:这个眼睛实际上是一副传感眼镜。

师:我还是有点迷惑,谁能简洁清楚地交代来龙去脉?

生 3:“落日六号”领航小姑娘被困地心,主任交给“我”一副具有传感功能的眼镜,不仅能发射视觉,还能发射触觉和味觉,被同样戴传感眼镜的她接收。“我”戴上了这样一副眼镜,带她重游了她思念的大草原。

师:像这篇小说的题目这样,明明可以说是“眼镜”,却偏偏说是“眼睛”,吊足我们的胃口,让我们产生诸多疑问,驱使我们迫不及待地去阅读,这就是科幻小说常用的一种写作手法——“悬念”。

(三) 跳读课文,找“伏笔”

师:如此神奇的经历,在现实中并没有完全实现。明明是虚构的东西,我们读下来却感觉一切都在情理之中,这是因为这个故事建构在一定的科学基础上。作者运用了一种法宝——伏笔。顾名思义,“伏笔”是埋伏在行文中的,是隐性的。刚好和悬念相反,忌显露,水平一般的读者往往忽略无视,一跳而过。请让我们再读课文,看谁最具慧眼,能找出作者精心设下的“伏笔”,用以下句式表达阅读体验。

生 1:当我看到小姑娘并不是在太空,而是被困在离地面 6 300 千米的地心时,对前面“我”刚睡下,她就叫醒我,要去看月亮。我很疑惑,“你在太空中不一样能看到月亮吗”,小姑娘却没有回答我,这一细节让我恍然大悟。小姑娘被困地心,哪能看到月亮？她是该有多么思念那一弯皎洁的明月啊！

生 2:当我看到“后来,航行组中的另外两名地航员在事故中受伤,不久相继去世,从那以后,在‘落日六号’上,只剩下她一个人了”,并且待了好几年,还将一个人在这样一个空间内度过余生时,对前面“我带着她的眼睛在草原上转了一天，她渴望看草原上的每一朵野花，每一颗小草……她对这个世界的情感已丰富到不正常的程度”这一细节恍然大悟，每一个正常人，遭遇到这样的情况，对地面上任何一点细小的东西都会热情到不正常吧！

师：这位同学讲得太好了！看似不正常却是最人之常情！科幻小说，有很多想象的东西，但情感真实却和其他文体一样，是引发读者共鸣的金钥匙。一个高明的作者会将伏笔隐于无形，把故事讲得如行云流水，无空可钻；一个高明的读者，能够发现作者精心隐藏的伏笔，体会前后照应的妙处。

（板书：科学真实、情感真实。）

（四）研读文章，品“人文情怀”

师：小姑娘被困地心，我带上了她的眼睛，让她重温了地球上的美丽风光。让我们深切地感受到她对科学的奉献和对地面的眷念之情。可是，有人却提出了不同的见解，他认为不仅是“我”带上落日六号小姑娘的眼睛，更是落日六号小姑娘带上“我”的眼睛，你如何看待？

生1：与其说是“落日六号小姑娘”被围困地心，还不如说是“我”以及很多和“我”一样被困忙碌工作、麻木了的人被困地上，正是因为“她”对生活的热爱、对世界的眷恋和敬业精神深深感染了“我”，让“我”的生活状态由最初的“灰色”变成了充满希望的“嫩绿”，让“我”的精神气质有了变化。所以与其说是“我”带上的她的眼睛去度假，还不如说是“她”带上“我”进行了一场精神之旅。

师：我们已经多次发现，一篇优秀的小说，它的人物大都是动态变化的。在这篇小说中，“我”看起来似乎只是一个线索人物，但在这个事件中，“我”的前后发生了明显的变化，对生活的态度形成了鲜明的对比。这个变化是小姑娘带给我的。阅读至此，我们会发现，课题中的“眼睛”有着深刻的内涵，谁能来总结一下，它都包括哪些“眼睛”？

生：它既指传感功能的眼镜，也指小姑娘留恋大地、渴望重新看到大地美景的眼睛，更指“我”被俗事麻木了又重新感受到世界多彩的眼睛。

师：有人说这是一篇披着科幻外衣的现实小说，它让我们反思人类现状，试图将麻木的心灵唤醒，让读者珍爱看似平凡的生活，也希望我们的同学们读了这篇小说能感受到它独有的人文情怀。(板书:人文性。)

四、教学案例(片段)反思

科幻小说,孩子们是喜欢读的,但往往“入眼不入心”,只关注离奇、惊险的情节,但对作者是如何达到让读者欲罢不能的效果,通过这么离奇、惊险的情节想传达的到底是什么并不清楚。

基于对本文特有的价值取向、教材的编写意图以及学情的分析,我确立如下课堂教学目标及教学构思:引导孩子通过三个层次的阅读——浏览、跳读、研读,每一层次分别以悬念、伏笔、对比三种常见的科幻小说手法为抓手,体会这篇科幻小说幻想、真实、人文三者兼具的特点。三层逐次深入,第三问与第一问看似相同,却是心灵再叩问。如此带着孩子深入文本,体会科幻小说中难能可贵的人文关怀,实现真实阅读,提升孩子的高阶思维能力、审美能力,提升孩子的语文学科素养。

五、实践导师点评

良好的学习方式一定能促进良好的学习效果,但要做到两者的高度契合,需要教师对文本的深入研读以及足够的设计智慧。卢晓琴老师的这堂“带上她的眼睛”,紧扣悬念、伏笔、对比的科幻文本特质,又兼顾浏览、跳读、研读等单元阅读方法,形成了一个系统化、自主化、探究化的学习过程,既抵达了文本的核心,又完成了高峰的阅读体验。其给出了一个核心素养导向下的自读教学示例:在充足的学习空间之中,如何通过支架的有效搭建,让学生形成高阶思维与深度理解。

张寰宇
温州市教育教学研究院,正高级教师,浙江省特级教师

朱海清

心田上的百合花开

一、 教师简介

朱海清

任教于丽水市特殊教育学校，听障语文学科，教龄22年。获教育部特教园丁奖，第十三批浙江省特级教师，浙江省春蚕奖，丽水市教学名家、第二、三届教学名师、学科带头人，丽水市优秀教师、十佳青年教师，获浙江省聋校课堂教学评比一等奖、教具评比一等奖、省级专业教学空间，主持了包括精品微课程在内的三项省级课程建设，撰写论文与课题60余篇(项)。

二、 课堂教学思想

努力创建聋校的意趣语文课堂，以趣达意，提升学生语文核心素养。一是激发学生学习的内在动机与学习兴趣。联结课堂内外、跨学科、联系生活，提升学生语文学习内驱力。借助图文视频，开展以视觉为主、多感官配合的语文教学。深度解读教材，设计教学板块，开发课程资源，运用教学软件、个人空间开展教学，不断进行教学改革与研究，探索聋校精准教学、教学述评研究。二是促进学生的深度学习与意义建构。引导学生在多形式的读中感知与了解，在品悟中理解与掌握，在尝试表达与运用中形成个性化的知识，发展学生个体语文核心素养，让教与学都饶有乐趣与意味。

三、教学案例

台湾著名作家林清玄的这篇文章是一篇寓言体散文，塑造了百合这个有着自己坚定信念，不懈努力的形象。不管别人怎样说，百合始终坚定信念、不懈努力，最终开出了美丽的花朵，并使它生长的这个偏僻遥远的山谷，成为“百合谷地”。文章与聋校第十八册第二组的训练重点相符。在聋生学习了《生命的意义》之后学习本文，结合第7课中“人，应当赶快生活。”重点体会百合花为什么是开在“心田”上的。抓住文中的三个“内心”，理解百合与人们的内心。了解作者，体会这株百合其实就是作者自己。教师采用多种阅读与师生、生生交流相结合的方式，联系生活实际，启发聋生在面对生活中的困难时，要像文中的百合一样，用坚定的信念和不懈地努力，去创造自己独特的生命的意义。

教学过程如下。

（一）课前谈话，质疑导入

师：之前，我们在第7课《生命的意义》中读到“人，应当赶快生活”。在生活中，我们会遇到种种困难，面对困难的时候要怎样做呢？也许，读了今天的这篇文章会对大家有所启发。

【设计意图】根据建构学习理论，以学生已有知识作为台阶，帮助学生建构新知，引发学生对于新知的兴趣。

师：请大家齐读课文标题《心田上的百合花开》。

师：百合花开在哪里呢？（用红笔在“心田”下画红心标出。）

师：那文中的“心田”指的是？内心。（板书“内心”，画向下箭头。）大家有什么问题？（请大家交流。）

师：带着这些问题，我们来进入课文。

【设计意图】从课文题目《心田上的百合花开》中的“心田上”这一不符合

常理的情况，导入文本的学习；也是依据聋生的特点，找包含“内心”的句子，降低难度，激发学习兴趣。

（二）联系生活，熟读课文

师：请找出包含“内心”的句子。

生1：第2自然段“它的内心深处……花朵。”

生2：第9自然段“在野草和蜂蝶的鄙夷下……释放着内心的能量。”

生3：第13自然段“无数的人看到……触动内心那纯洁温柔的一角。”

【设计意图】用“找到的同学马上举手说”的方式，提高课堂效率及教学节奏。

师：（讲读体会第一处“内心”，理解“念头”“努力”。）（请女生齐读。）

女生：它的内心深处……花朵。

师：它是谁？

生：百合。

师：（板书“百合”。）把“它”换成百合，再读。

生：百合的内心深处，有一个……

师：（板书“念头”。）什么是念头？

生：梦想、想法、打算……

（三）以趣达意，激发兴趣

师：（播放PPT）百合的内心深处为什么会出现这个念头？它生长的环境是怎样的？

生：在一个偏僻遥远的……断崖。

师：（圈出“偏僻遥远”。请学生交流“偏僻遥远”“断崖”人烟罕至，体会环境恶劣。）环境这样恶劣，百合的内心深处却有一个纯洁的念头——（请学生再读课文。）

生：我是一株百合，不是一株野草。唯一能证明……花朵。

师：有了这个念头，百合是怎样做的？（请男生齐读。）

男生：百合努力地吸收水分和……胸膛。

师：可以用一个词来概括。

生：（交流明确）“努力”。

教师板书“努力”。

【设计意图】本环节先理解百合的念头，再体会百合生长环境恶劣，接着理解在这样恶劣的环境里，百合在努力。

师：我们来读第二处“内心”。

生：在野草……内心的能量。

师：当百合的顶部结出第一个花苞的时候，野草和蜂蝶说什么？百合说什么？哪几段？

生：4—8 段。

师：请大家自由朗读 4—8 自然段，注意读的语气，等下我们分组读。

（生朗读时，教师巡视听听学生的发音。）

（分组师生配合读：师读旁白，生读说的话。）

师：私底下杂草们嘲笑百合。（老师请 1 组学生齐读说的话。）

师：百合说。（老师请学生齐声读接下来的话。）

生：我要开花……开花！

师：公开场合，杂草们讥笑百合。（老师请 2 组学生齐读说的话。）

师：百合说。（老师请学生齐声读接下来的话。）

师：偶尔飞过的蜂蝶鸟雀，劝百合。（老师请 3 组学生齐读说的话。）

师：百合说。（老师请学生齐声读接下来的话。）

师：是呀，无论蜂蝶鸟雀怎样嘲笑、劝诫（教师出示 PPT 第 8 自然段：“我要开花……我要开花……我要开花……我都要开花。”）

师：从百合的话中，你感受到了什么？

生：（交流明确）“坚定的念头”。

师：（板书“坚定的”。）百合对自己的想法非常确信。这时，我们可以说百合有了个坚定的“信念”。（改板书。）

师：（指第 3 自然段）努力（再指这个）努力。

（师生交流：百合一直在努力，不懈地努力。）（板书）

【设计意图】通过分组读、齐读，体验百合所处的社会环境，进而体会百合坚定的信念；用第二个“努力”引导出百合一直在“不懈地”努力。

(四) 结合课堂内外，培养语文素养

师：百合有着坚定的信念和不懈的努力，终于开花了。

生：无数的人……内心那纯洁温柔的一角。

师：这里写的是谁的内心？（老师请学生交流）

生：人们的。（师板书“人们的”。）

师：（指大字课文第一段“偏僻遥远”）之前的山谷偏僻遥远，人烟罕至，而现在的山谷变得怎样了？

师：百合花很……？

生：美丽。

师：（板书“花美”。）只是花美吗？人们感受到了百合美丽的内心！（板书“花美到内心”的箭头；指板书“坚定的信念 不懈地努力”。）

【设计意图】通过前、后文本对山谷描写的对比，人们的感动，更深入地体会百合“坚定的信念，不懈地努力”。

(五) 感知作者，体会情感

师：这株百合，其实正是作者林清玄自己。我们一起来看看作者的小时候。（老师请学生朗读。）

生 1：我出生在台湾南部一个非常偏远的乡下，我家里很穷，我在 18 个兄弟姐妹中排行第十二。我小时候印象最深的就是从来没有吃饱过，没有一餐吃饱过。

生 2：林清玄，1953 年生，1973 年开始散文创作。1979 年起连续 7 次获台湾文学奖、散文优秀奖和报道文学优秀奖、台湾报纸副刊专栏金鼎奖等。他的散文集一年中重印超过 20 次。林清玄现为台湾自由作家，曾创造了连续 3 年台湾年度畅销书排行榜第一名的佳绩，赢得了“世纪末最清明的文章，人世间最美妙的声音”的美誉。

生 3：但林清玄成名的过程也不是一帆风顺的，他也屡屡遭受到别人的怀疑、讽刺和打击，但是他说：“我知道自己内在的潜质，我知道自己终究要

成为以文字为生的人。不管别人怎么看我，我都愿意用我的文字表达自己对美的追求，对生活的热爱，至死不渝。”

师：作者其实就是在借用百合来写自己，百合开在了作者的心田上。（板书“内心”箭头到心田。）

【设计意图】本环节的设计，意在通过作者自身小时候与现在的对比，引读作者所说的话，以及通过作者与文中百合的对比，由花及人，鼓励学生学习百合，用坚定的信念和不懈的努力创造自己生命的意义。

（六）以写触读，升华情感体验

师：读到这里，我想大家心中一定也有很多话想对百合说，请在课文纸的背面写一写“我想对百合说……”

学生各自书写想对百合花说的话。

师：看来，百合花不仅开在了山谷中，开在了作者的心田上，也开在了同学们的心田上。（教师把“心田”下的红心填上红色。）

【设计意图】通过写来加深对文章主旨的把握，鼓励学生凭借自己的坚定信念和不懈努力去实现属于自己的独特的人生价值。

四、教学案例（片段）反思

教学中遵循“理解、发展、升华”三个情感发展阶段，挖掘蕴含于文本当中的意趣，激起学生与百合、作者思想感情上的共鸣，深度理解文本。

（1）情感的理解。抓住题目中的“心田”，联系到“内心”，找出文中三个包含内心的句子，以这条清晰的情感主线来理解文本。

（2）情感的发展。语言文字中蕴含着作者内在的情感。把花与人联系起来，了解作者的人生经历，他所取得的成就与文中百合一样的坚定的信念和不懈地努力密切相关，深化学生的情感体验，由花及已，让学生的情感得以发展。

（3）情感的升华。从心底唤起学生对百合花坚定的信念和不懈地努力的肯定，激起学生写的兴趣。学生都能由百合花的精神写到自己，要向百合学习，创造自己生命的意义。

五、实践导师点评

给聋校的孩子上《心田上的百合花》有着特别意义，但要将“百合花”开进聋孩们的心田里又特别不容易。朱海清老师用“意趣”式教学，浇灌了孩子们的心田。趣，是对聋校孩子认知学情的深切把握；意，是对文本的深入解读。朱老师循循善诱，努力让孩子们说、读、喊、写……说着读着写着，语文的百合花就慢慢开进了心田。于是，趣，也是将教师的心灵与聋校孩子连在一起的快乐；意，也是将语文学习与聋校孩子人生成长连在一起的深悟。在聋校坚守的朱老师，正是这样一个有意趣的人。

张寰宇
温州市教育教学研究院，正高级教师、浙江省特级教师

胡灵仙

基于“教—学—评”一体化的英语课程教学
——以“Will people have robots?”为例

一、教师简介

胡灵仙

浙江省丽水市缙云县实验中学英语教师，教龄21年，中共党员，丽水市中学英语学科带头人，丽水市中学英语学科教坛新秀，丽水市绿谷名师培养对象，全国中学生英语竞赛优秀指导师。曾获得浙江省初中英语优质课评比二等奖，丽水市初中英语优质课评比一等奖，丽水市心理健康教育活动课评比二等奖，丽水市初中英语命题评比二等奖，缙云县初中英语优质课评比一等奖；所著论文曾在国家级报刊发表，多篇论文在省、市、县级比赛中获奖。

二、课堂教学思想

《义务教育英语课程标准(2022年版)》提出要推动“教—学—评”一体化设计，要准确把握教、学、评在育人过程中的不同功能，树立“教—学—评”的整体育人观念。教、学、评三者相互依存、相互影响、相互促进，发挥协同育人功能。因此，我们要注重各教学要素相互关系的分析，设计并实施目标、活动、评价相统一的教学。明确教什么、为什么教、怎么教、怎么评，建立相互间的关联，体现以学定教、以教定评，使评价镶嵌于教学之中，成为教学的有机组成部分。在实施教学和评价的过程中，我们要通过观察、提问、追问，以及合理、科学的测试等方式，收集学生学习是否真正发生的证据，包括理解了什么、能表达什么、会做什么，以及是否形成了正确的价值观等。教师要及时诊断学生在学习过程中的问题，根据需要提供必要支架和及时反馈，帮助学生达成预设的教学目标，以评促学，以评促教。

二、教学案例

（一）语篇研读

What：本课的对话语篇主要是同学们围绕“未来的世界”这一话题，对未来进行预测。对话中，同学们预测了未来是否会有机器人，未来的东西是否都是免费的，孩子们是否还要去上学，未来是否会有更多的人，未来是否会有更少的车等内容。

Why：通过对话语篇呈现了“运用一般将来时谈论对未来的预测”的语言功能，本课呈现了包括一般将来时（will）的肯定句、否定句、一般疑问句和 what 引导的特殊疑问句，其中包括 there be 结构在一般将来时中的用法。

How：1a—1c 是本单元的导入部分。1a 主题图中的对话内容是两个男孩对人类未来生活的预测，将学生引入本单元“谈论对未来的预测”的话题语境中。活动 1a 中的六个表述均是对未来的预测，呈现了本单元的核心语法句型（一般将来时的肯定句和否定句）。活动 1b 以听力训练的形式再现上述句型，让学生进一步体会一般将来时对未来进行预测的语言功能。活动 1c 让学生就 1a 活动中的预测进行问答，尝试把一般将来时的陈述句改成一般疑问句，并学会作肯定或否定回答。

2a—2d 以听说教学为主。本部分听力材料拓展了第一页的语言输入：第一页以呈现基本的一般将来时句式为主，本页则以学习 there be 结构在一般将来时中的用法为主。活动2a让学生通过听、读、讨论等方式关注和体会"There will be..."句型以及more, less和fewer的用法，为后面的语法归纳做铺垫。2b的听力训练综合了基本的一般将来时陈述句和"There will be..."句型，让学生找出听力中的几个对未来的预测，从而进一步巩固对一般将来时的理解。活动2c让学生利用听力中的信息两两对话，并谈论自己对未来的预测，口头练习一般将来时表预测的句型。

（二）教学过程

教学过程见表1。

表1　教学过程

教学目标	学习活动	效果评价
1. 获取对话1和对话2中同学们对未来的预测的主要内容，完成1b、1c、2a和2b。（学习理解）	1. 学生观看一段关于"未来厨房"的视频，思考并回答老师的提问： (1) Who will cook in the kitchen in the future? (2) In the future, will people have such robots in their homes? 2. 通过图片预测两个男孩的谈话内容。 T: What are the two boys talking about? Ss: They are talking about the robots at home and in the restaurant. T: What else are they talking about? Ss: Maybe they are talking about the money, books or countries. 3. 听录音提取关键信息，完成1b，并验证预测。 (1) T: After listening, do you know what they are talking about? Ss: They are talking about robots, countries, money and schools. (2) Check 1b. 4. 听录音，根据听力内容用will或won't填空（教师改编） (1) People ________ have robots in their homes. (2) People ________ use money. Everything ________ be free.	观察学生回答问题的表现，把握学生参与课堂的积极性 根据学生预测出的对话内容的合理程度，评价其利用情境线索推断对话内容的能力 观察学生1b、2a、2b的完成情况，判断其获取并记录信息的全面和准确程度

续表

<table>
<tr><th>教学目标</th><th>学习活动</th><th>效果评价</th></tr>
<tr><td></td><td>(3) Kids ________ go to school. They ________ study at home on computers.
(4) There ________ be only one country.
5. 根据2a中所给的信息，预测听力材料内容，然后听录音，提取关键信息，完成2a、2b。
(1) Prediction
T: Try to predict what they are talking about according to the picture.
Ss: I guess in the future, people will live in the sea.
Ss: ...
T: Predict the future life in the following way.
There will be (more/less/fewer) cars.
trees.
people.　　　　pollution.
free time.
(2) Listen and check the answers.
6. 学生跟读对话(部分)，重点模仿部分语句的语音语调，感知、体会和明确其表意功能。</td><td></td></tr>
<tr><td colspan="3">设计意图：导入主题，创设情境，激发学生参与课堂的兴趣；通过预测任务引发学生思考，培养学生利用情境线索进行推断预测的能力；帮助学生整体感知对话内容，并培养学生准确获取、梳理和记录关键信息的能力。(感知与注意、获取与梳理)</td></tr>
<tr><td>2. 基于对话中同学们对未来的预测，关注、提取、归纳并内化表示预测的语言表达方式；分析并掌握如何开启一个话轮，如何表达自己的观点，如何评价他人的观点。(应用实践)</td><td>1. 通过模仿Alice的话语，分析Alice的言外之音，然后思考并回答教师的提问。
(1) What do you think of the environment in the future will be like?
(2) What can we do to protect the environment?
2. 分析听力文本结构，归纳如何开启一个话轮，如何表达自己的观点，如何评价他人的观点
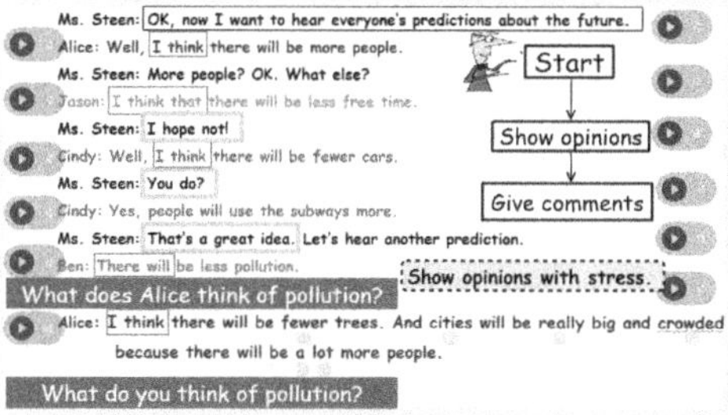
</td><td>根据学生对Alice的话语分析，判断是否真正理解Alice的言下之意，把握学生的理解能力
观察学生回答问题的表现，了解学生对表示预测的语言表达方式的掌握情况
观察学生对听力文本结构的分析结果，了解学生是否掌握如何开启一个话轮，如何表达自己的观点，如何评价他人的观点</td></tr>
</table>

续表

<table>
<tr><th>教学目标</th><th>学习活动</th><th>效果评价</th></tr>
<tr><td colspan="3">设计意图：引导学生梳理、学习和内化关键句型与重点语言，分析听力文本结构，归纳如何开启一个话轮，如何表达自己的观点，如何评价他人的观点，为进一步在现实生活情境中运用所学做好铺垫。（描述与阐释、内化与运用）</td></tr>
<tr><td>3. 通过创设情境，运用相关的语言表达方式及技巧，与同伴编一个新的对话，谈论 20 年后的生活及环境。（迁移创新）</td><td>根据教师创设的情境，结合本节课所学内容，对照 PPT 上呈现的 checklist，和同桌对话，预测 20 年后自己的生活以及周围的环境
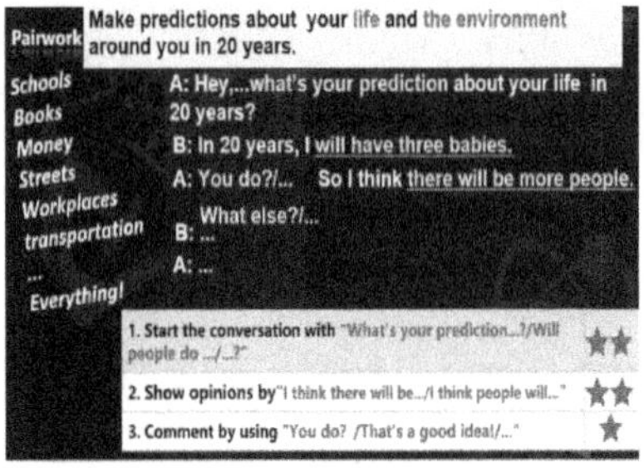
</td><td>观察同伴对话和展示中学生能否用一般将来时的肯定句、否定句或一般疑问句，或者 There will be more/less/fewer... 等句式来谈论 20 年后的生活及环境。根据需要给出必要的指导和反馈</td></tr>
<tr><td colspan="3">设计意图：引导学生进行超越语篇、联系实际生活的活动，用所学语言做事。根据新情境整合运用相关语言表达，预测 20 年后自己的生活以及周围的环境，和同桌对话，完成交际任务，学以致用，培养学生在真实情境中运用所学语言和文化知识解决实际问题的能力，推动迁移创新。（想象与创造）</td></tr>
<tr><td colspan="3">作业：请与同伴共同选择作业本中提供的一个情境，整合运用相关语言表达，创编一组对话并进行角色扮演</td></tr>
</table>

四、教学案例（片段）反思

课堂教学是课程实施的中心环节，课程实施要实现“教—学—评”一体化，才能产生好的效果。教师认为本堂课最大的优点是着力体现了“教—学—评”一体化这一整体育人观念。本堂课设计了三个教学目标，为了达成这三个教学目标，教师分别设计了不同的学习活动，并紧紧围绕着三个教学目标展开，同时把评价融入课堂教学的每一个环节。课堂上，教师通过观察、提问、追问、检查等方式，收集学生学习是否真正发生的证据，包括学生对听力材料的理解程度，学生的口头表达，以及是否形成正确的价值观（保护环境)等。在最后的展示环节,学生呈现的对话很精彩,在对话过程中,学生能用一般将来时的肯定句、否定句和一般疑问句,或者"There will be more/less/fewer..."等句式来谈论20年后的生活及环境。因此,笔者认为本堂课的教学目标达成较好。

五、实践导师点评

在本节听说课的教学设计中,教师基于全面、深入的语篇研读,设计了体现主题意义探究、逻辑连贯、可操作、可检测的教学目标,并着力体现了"教—学—评"一体化。围绕教学目标,教师设计了一系列紧密关联的听说教学活动,在教学过程中特别关注到了三类活动,即学习理解、应用实践、迁移创新。在教学设计中,教师以解决问题为目的,不断向学生提出问题,引导学生思考,注重思维品质的培养。教学中,教师关注对学生听说技能与策略的指导和训练,如利用所给情境线索进行推断预测,抓取关键词获取信息、快速记录信息、整合信息等。学生既学会了语言,也发展了能力,体现了英语课程的育人价值,凸显了以学生为主体的教学理念。

罗敏江
上海外国语大学附属浙江宏达南浔学校,中学高级、特级教师

周海红

整本书阅读教学
——以《西游记》名著导读课为例

一、教师简介

周海红

中共党员,中学高级教师,现就职于浙江省丽水市遂昌县遂昌育才中学,26年教龄。丽水市初中语文学科带头人,丽水市优秀教师,遂昌县钱瓯名师,浙江省第六期浙派名师培养对象,丽水市绿谷名师培养对象。课堂教学方面,“钱塘湖春行”获得浙江省“一师一优课·一课一名师”省级“优课”奖,“课外古诗词诵读”获得浙江省微课程开发一等奖,《西游记》名著导读课获得浙江锦绣教育集团十佳好课称号。

二、课堂教学思想

周老师说,潜存于思想深处的责任感和危机意识不时撞击着她的思绪,她把课改中心定位在课堂教学上。融洽的师生关系,激情洋溢的课堂氛围和幽默风趣的课堂语言是她课堂教学的特色。名著整本书阅读导读,大单元项目设计教学，群文对比阅读课，UBD教学设计理念等都是她尝试激发孩子们多巴胺分泌的课堂教学实践。事实证明，她的付出是有成效的，她的课孩子们百上不厌，她的课堂笑声融融。她常说，面对课堂，老师的站位应该很低很低，唯课是大；她常说，作为一线教师我们要仰视课标，平视学生，俯瞰教材；她常说，教育要以爱动其心，以言导其行，而行胜于言。

三、教学案例（片段）

统编教材对阅读体系进行了“三位一体”的设计，教读—自读—课外阅读，把原来作为教材附录的“名著导读”放在了第三单元和第六单元的后面，成为教材中阅读体系构建的一部分。《西游记》导读被编在了统编七上教材中，其中设计了三个专题探究：取经故事会，话说唐僧师徒，创作新故事。本节课就是运用跳读与精读相结合的阅读方法，探究西游故事模式，进而针对“创作西游新故事”这一专题来设计的。

教学过程设计见表1。

表1　教学过程设计

教学环节	教师活动	学生活动	设计意图
（一） 导入	1. 同学们，刚才课前看的视频是电视剧《西游记》片段，你能说出这几个片段涉及哪几个故事情节吗？同学们真是火眼金睛，你还能说出其他的关于《西游记》的故事情节吗？ 2. 老师整理了《西游记》的故事情节，真不少，让我们一边读一边回忆《西游记》的故事情节吧！（PPT展示）	课前观看电视剧《西游记》并截取视频片段 学生说出视频相关的三个《西游记》情节 学生补充说出其他的《西游记》故事情节 学生读一读PPT《西游记》情节	围绕《西游记》故事情节激趣导入
（二） 探究一： 异中有同	西游记情节探究 今天这节课老师想和大家一起探究有关《西游记》故事情节的秘密。同学们，你们觉得应该怎样探究呢？	学生回答 预设： 1. 西天取经为线索 2. 故事相似 理解“模式”	探究《西游记》故事模式之特点一：异中有同

续表

教学环节	教师活动	学生活动	设计意图
	这么多不同的独立的情节，却给我们多而不复杂的感觉，是因为它们背后有共同的东西存在，这个共同的东西我们可以称之为“模式”，什么是模式呢？那么《西游记》的故事模式是怎样的呢？ PPT 探究一：共同的故事模式是什么？ 1. 以“三打白骨精”“真假美猴王”“三借芭蕉扇”三个经典情节为探究对象，看看它们有怎样相同的故事模式。 ① 跳读文本，分组讨论。结果记录在学案上 ② 展示讨论结果 2. 对话交流，归纳故事模式。 明确：（课堂生成）预设：西行—化缘或投宿—遇到困难—和困难作斗争—求援—解决困难—继续出发西行 3. 翻到目录，选择西游取经路上的一个情节，印证这个模式是否基本正确，请同学解说 4. 相对固定模式的变化。 第一类：西行——遇难解围（自己打）——西行 第二类：西行——遇难解围（搬救兵）——西行	学生回答 预设：模具　模型 学生小组讨论 展示讨论结果 学生跳读目录，选择后轻声讲述故事，印证故事模式 充分的交流 与红孩儿的斗争 孙悟空三次被赶走…… 学生：精读所选故事，印证模式	
（三） 探究二： 同而不乏	PPT 投放：长篇小说《西游记》虽然有一定的故事模式，但读来却不令人乏味，为什么？ 活动：将表格补充完整。交流明确：故事模式相同，但具体的情节同中有异，时间、地点、妖怪、寻求帮助的对象方法等	学生回答 学生活动：将表格补充完整 组内交流：基本形成共识	探究《西游记》故事模式之特点二：同而不乏

续表

教学环节	教师活动	学生活动	设计意图
	都不一样，带给读者新的阅读期待		
（四） 探究三： 叠中有序	刚才我们一起揭开了《西游记》情节的两大秘密，让我们明白了《西游记》的情节多而不杂、同而不乏的原因。但是，当我们为揭秘而感到高兴的时候，有学者提出观点：（PPT呈现）故事与故事之间不存在必然的因果关联，也不受时间的先后次序制约，故事位置可随意调配，具有相当大的灵活性 问题探究：既然有人这样认为，那么，值得我们探究。PPT：《西游记》中西游故事的位置可以随意调换吗？为什么？ 预设：试问，三调芭蕉扇的情节提到"三打白骨精"前面去，可以吗？明确：肯定学生的质疑和思考。小结学生思维碰撞的火花	学生：思考专家观点 预设学生质疑： 1. 明线：西天取经 2. 暗线：个人或者团队的成长 3. 照应： 4. 关联： ……	探究《西游记》故事模式之特点三：叠中有序
（五）小结	一个关于情节秘密的顺口溜		
（六） 学以致用	做一回西游故事的创作者，简单构思一个故事 学生展示	学生完成学案相关内容	提升学生创造性思维
（七）作业	请将你构思好的西游故事写完整哦。		

这节课总共有三个主要环节：环节一，梳理小说情节；环节二，探究小说情节的三大秘密，异中有同，同而不乏，叠中有序；环节三，构思西游情节。三个主要环节中，第一个环节既是帮助学生回忆和梳理西游主要情节，又为后面一个探秘环节做准备。第二个环节中，从不同的故事情节探究共同的

故事模式，到感受共同的故事模式背后不同的故事要素，最后以一个专家观点引发思考，探究西游情节故事的典型特征：重叠的故事中有相对的关联和次序。第三个环节，是对第二个环节的拓展与运用，探究出了西游记故事情节模式的秘密。能不能对此进行运用呢？这个环节也与教育部统编七年级（上册）教材《西游记》导读专题探究三“创新新故事”相契合。三个环节之间，力求逐层递进，由浅入深，符合阅读规律。

四、教学案例（片段）反思

第一，课堂上学生的思考发言有质量，有层次。提问：“《西游记》中西游故事的位置可以调换吗？为什么？”一生答：“有些故事是可以的！”我追问“请举例！”回答：“斗法车迟国，不考虑所有因素的话，这个故事可放更后面，不影响其他故事。”紧接着其他孩子回答：“我认为不可以，取经是一条线路，唐僧师徒从起点出发到达西天。”“不可以，如大战红孩儿和三借芭蕉扇，故事情节有因果关系，红孩儿是铁扇公主和牛魔王的儿子，孙悟空打败红孩儿在先，铁扇公主不借芭蕉扇在后。”孩子们思维缜密，发言有理有据，后一名孩子会对前一位的思考进一步深入，从“单个故事模式可以独立存在”到“西游明线”到“故事之间的关联”到“取经人物的性格成长”的发言中，可以看到孩子们的思维火花在迸射，在生成，在发展，在深入。

第二，学生编撰新故事热烈，课后阅读与创造在延伸。“真假猪八戒”“黑森林白蟒擒僧去”“西游路上偶遇灰太狼”……下课后孩子们津津乐道。他们创造、创新，构思的故事新颖有趣，让人忍俊不禁。课堂向课外延伸！孩子们开始了自读，开始了课外阅读……

五、实践导师点评

周海红老师的整本书阅读的《西游记》导读案例，根据统编教材“三位一体”阅读体系，从大处着眼、小处着手，以激发阅读兴趣为切入点，以“精读和速读”的阅读方法指导为支撑点，以故事情节的探究和故事的创编为教学重点……让学生把长篇巨著读薄、读透。名著导读课关键是让学生读，教师要隐藏在学生背后，在关键之处提供阅读支架，阅读过程全程跟踪，本教学案例较好地体现了这个特点。

童国强
金华市光南中学，浙江省特级教师

杜海燕

童话阅读单元《海的女儿》教学案例

一、教师简介

杜海燕

浙江省丽水市青田县城东实验小学教育集团，语文教师，21 年教龄，曾获丽水市教坛新秀，丽水市小学语文学科带头人，丽水市优秀教师，丽水主题征文优秀指导师，青田县优秀教研组长等荣誉称号。多年来，一直本着“每个孩子都是一颗闪亮的星星，珍爱童心，让每颗星星绽放出独特的光彩”的教学理念，认真扎实地在教学一线努力耕耘。

二、课堂教学思想

《海的女儿》是四年级下册第八单元的一篇略读课文，选自丹麦作家安徒生经典童话《海的女儿》的开头部分。课文情节生动，充满诗意的氛围，表现出童话想象的奇妙，华丽的海王宫殿、花园里奇异的花草树木，海公主鱼尾人身的外形等，带给读者奇妙的感觉。课文还通过细腻的描写，塑造了一位美丽纯真、对人类世界充满向往的小人鱼形象。

本单元以“中外经典童话”为主题，单元语文要素是“感受童话的奇妙，体会人物真善美的形象”。教学本课时，要引导学生调用已有的阅读经验和阅读方法进行自主阅读，以小组合作学习的形式交流探讨，先感受童话的奇妙，再体会小人鱼美丽纯真的形象，最后对课文结尾的悬念进行大胆预测，激发学生阅读整篇童话的兴趣。

三、教学案例（片段）

童话是儿童最乐于亲近的一种文学样式，它以奇妙动人的故事、奇异曲折的情节、奇幻夸张的语言为儿童创造出接触新世界的独特方式，对儿童心灵的发展具有重要作用。

童话丰富的想象和夸张的语言，能大大地刺激儿童的想象力，开发儿童的心智。安徒生童话语言优美，富有想象空间，因此在《海的女儿》一课的教学中，当学生整体感知了课文内容之后，教师要引导学生朗读品味语言，感受童话想象的奇妙。

（一）朗读品味语言，体会想象奇妙

师：童话故事充满了奇妙的想象，请同学们用较快的速度默读课文，在你觉得奇妙的地方做做批注。

学生自主默读批注之后，教师引导学生交流奇妙之处。

（1）交流奇妙之处，根据学情出示课文中的相关句子，并读一读。

（2）梳理小结课文描写的奇妙都是关于哪些方面的：人鱼公主的形象奇妙、人鱼公主居住的海底世界的奇妙、人鱼公主眼中人类世界的奇妙。

（二）解锁语言密码，尝试仿写迁移

童话是想象的故事，这些奇妙的想象是用怎样的语言形式表现出来的呢？童话教学的重点在于引导学生解锁语言密码，在揣摩语言文字中生成情感体验，发展感受和理解的能力，为构建与运用语言打好基础。

根据学生初读课文时感受到的“人鱼公主的外形奇妙、海底世界的奇妙、人鱼眼中人类世界的奇妙”等各方面，教师可以抓住其中一个方面进行学法指导。如：研读人鱼公主的形象奇妙。

出示句子：她的皮肤光滑柔嫩，像玫瑰的花瓣；她的眼睛是蔚蓝色的，像最深的湖水。不过跟其他公主一样，她没有腿，她的下身是一条鱼尾。

可以设计以下问题引导学生品悟语言，体会想象的奇妙。

(1) 说说奇妙在哪里；

(2) 边朗读边想象画面，加深体会；

(3) 你觉得小人鱼的样子还会是怎样的呢？(仿写句子)

例：她的皮肤光滑柔嫩，像玫瑰的花瓣；她的眼睛是蔚蓝色的，像最深的湖水。

她的__________，像______________________________。

学法小结：边读边想象是阅读童话的好方法。

学法迁移，合作学习：学习小组内选择一个最感兴趣的部分，共同研读学习，完成相关部分学习单(见表1)。

表1　小组合作学习单

小组合作学习单 请从以下三个方面任选一个部分，以小组为单位，进行自主、合作学习，再全班展示。 ▲海底世界的奇妙之宫殿 ① 默读第2,4自然段。 ② 和组员说一说，海王的宫殿奇妙在哪？ ③ 朗读展示宫殿的奇妙。(读给组员听) ④ 仿写句子，你觉得海王的宫殿还会是怎样的呢？ 例：它的墙是用珊瑚砌成的，尖顶的高窗子是用最亮的琥珀做成的，屋顶上铺着黑色的蚌壳，它们随着水的流动可以自动开合。
▲海底世界的奇妙之花园 ① 默读第5,6自然段。 ② 和组员说一说，花园奇妙在哪？ ③ 朗读展示花园的奇妙。(读给组员听) ④ 仿写句子，想象海底花园还会有什么奇妙的景物。 例：树上的果子亮得像黄金，花朵开得像燃烧着的火。 __________像______________，_________像_______________。

续表

▲▲人鱼眼中人类世界的奇妙 ① 默读第 7 自然段。 ② 和组员说一说，人鱼眼中的人类世界奇妙在哪？ ③ 朗读展示人类世界的奇妙。（读给组员听） ④ 仿写句子，想象人鱼眼中的人类世界还会有什么奇妙的景物。 例：地上的花能散发出香气，而海底的花却不能；地上的森林是绿色的，而且在树枝间游来游去的鱼儿会唱得那么清脆和好听。

根据学习单，小组内讨论—班级展示交流—教师小结。

“边读边想象画面”是最常用的阅读教学语言之一，也是最经常做的阅读能力训练之一。但是，怎样“想象”画面，想象到怎样的“画面”，怎样表达想象到的画面等，都需要教师给予指向性明确的引导。

要落实“想象着读”，教师要善于寻找“想象点”，在教学时，提供想象的“支架”，引导学生发现课文的语言表达规律，然后模仿课文的语言进行想象训练，就如学习单中学习任务的设计，先让学生说说奇妙在哪里，再朗读句子，然后进行句式的仿写，就是一个很好的迁移训练的支架。这样的设计遵循了学生的认知规律，能逐步提升学生的语言表达能力与思维能力。

（三）品鉴童话人物，感受美好形象

童话美好的人物形象和心灵，潜移默化地影响着儿童的心灵和道德品质。《海的女儿》塑造了一个美丽纯真、向往人类世界的人鱼小公主，当学生感受到童话想象的奇妙之后，教师如何进一步引导学生感受理解童话的深刻意蕴呢？

师：小人鱼是这个故事的主人公，再去读读童话，说说她给你留下了怎样的印象，是从哪儿感受到的？

学生自读自悟之后进行讨论，交流人物形象：美丽、沉默、富于深思、充满好奇心、向往人类世界……

教师小结。

(四) 预测情节发展,引发阅读期待

课文选择《海的女儿》的开头部分,其用意也是要将课内阅读引向广阔的课外阅读,因此可以这样设计后面的教学环节:

师:这篇课文是世界著名童话《海的女儿》的开头部分,请同学们猜想一下,当小公主到了十五岁浮上海面之后会发生什么?

学生根据理解与想象进行预测。

补充阅读《语文作业本》(浙江省编作业本)中的阅读片段(人鱼小公主浮上海面的部分),再次交流对人物形象新的认识:勇敢、善良。

预测故事结局,激发阅读整本书的兴趣。

通过预测故事情节的发展,课外阅读片段的补充拓展,再对结局进行预测等一系列推进式的阅读,一步步地激起学生的阅读兴趣,引发他们的期待,迫不及待地去阅读整个童话,阅读安徒生的更多童话,从而将阅读推向广阔处,推向更深处,让童话为儿童的人生烙下绚丽多彩的生命底色。

四、 教学案例(片段)反思

《海的女儿》是安徒生的经典童话,课文故事性强,情节生动,孩子们很感兴趣。这是一篇略读课文,语言优美,富有想象力,易于阅读和理解。基于四年级孩子已经有了一定的阅读童话故事的经验和独立阅读故事的能力,在本课的教学中,教师针对童话类文体的特点和略读课文的教学要求,充分利用学习单,采用“提供支架自主阅读,小组合作探讨交流”的方式,层层递进引导学生品味童话的优美语言,感受童话的奇妙想象,感悟人物的美好形象。这一过程充分展现了学生的自主学习能力与合作学习能力,体现了学生学习的主体地位。

五、 实践导师点评

基于学生阅读起点,组织学生进行有质量的阅读实践。一是引导学生

运用阅读童话的方法，体现文体特点。在朗读体悟中，感受童话中人鱼公主的形象奇妙、居所的奇妙以及人鱼公主眼中人类世界的奇妙；通过教师示范引导、小组合作学习，从探究童话想象的特点到体悟小人鱼对人类世界的向往，感受她的美丽与纯洁。二是运用三年级所学的预测策略，以故事开头预测故事内容，结合省编语文作业本提供的故事结尾，引导学生验证自己的预测，引发学生阅读整本书的兴趣。

余琴
浙江省教育厅教研室，小学语文教研员，高级教师，省特级教师

吕伟华

习作单元阅读课《刷子李》

一、教师简介

吕伟华

本科学历，高级教师，现任教于丽水市实验学校。从教以来，先后被评为丽水市明星教师，丽水市教坛新秀，丽水市学科带头人。她致力于“会思考会阅读”的生本课堂，曾多次参与县市的课内课外阅读研讨课并获得好评，所教学生在各级各类征文比赛中也屡获一等奖。她最喜欢和学生一起，在自己的课堂里安安静静地享受语文学习的快乐，享受共同成长的快乐。

二、课堂教学思想

《刷子李》是一篇老课文，在过去的人教版教材里，《刷子李》是作为一篇普通的材料呈现给孩子阅读的，目的就在于让孩子通过抓住人物的描写方法去感受人物的特点。到了统编本的新教材里，改为了习作单元里的一篇阅读材料。所以，教学目标的定位不能仅仅只是感受人物形象，更要站在习作与表达的角度，以积累语言和感受方法为目的，通过“多处比较”的方式，让孩子了解人物的描写方法并加以运用，同时还要试着从文学的角度体会作者在塑造人物形象中所具有的独特叙事风格，推动孩子从读《刷子李》一篇文章到读《俗世奇人》一整本书，顺应2022年新课标提出的整本书阅读的学习任务群。

三、教学案例（片段）

《刷子李》是五下习作单元的第二篇精读课文，在这篇课文之前，教材安排了一组人物描写方法的课文片段。教材之所以这样编排，目的就是要让孩子学会把方法运用到具体的写人记事当中。为此，对于《刷子李》这篇课文，我便以“写作＞阅读”的视角去审视，以一篇优秀的范文去审视。审视中，我发现《刷子李》这篇课文的谋篇布局很是精巧：单看第6自然段，它其实就是刷子李的精彩的动作细节描写，单这一段话就可以独段成文；如果再细看，就看1—6自然段，它也可以独自成文，而且比第6自然段的独段成文多了曹小三这样的衬托人物；接着再细看，看完全文后更会发现，它比1—6自然段多了两个情节，而这多出的两个情节恰恰让故事一波三折，余音缭绕，不绝于耳。此时，如果活用教材，把第6自然、1—6自然段、全文，通过对比的方式分三次呈现，那么这篇课文的谋篇布局以及相关的写作表达定会让孩子记忆犹新。

（一）一用教材，学练细节描写

1. 迁移方法，尝试写作

课文的第6自然段，用了“看到的＋想到的”的写作方法生动具体地描写了刷子李的高超技艺，而这种方法在前面一篇课文《摔跤》中也频频出现。这是孩子需要掌握的写作方法，也是孩子写好动作细节描写的关键所在。对正处在写作学习期的孩子来说，这种方法需要来来回回反复比较，浓墨涂抹。为了保障学习真实有效地发生，在课堂开始阶段，没有预习，而是先回忆前一组课文片段《摔跤》中“比喻”的写作方法，然后提供“刷子李”的个人名片和刷子李刷墙的一幅画面，让孩子尝试性地写一段动作描写。

2. 比较感受，内化方法

孩子课前尝试的动作描写只是对原有知识的一个迁移运用，是一种原生态的写作。要想进一步提升并内化，必须有一个比较的过程。那怎么比较呢？直奔第 6 自然段（不看书，把文字打在大屏幕上），把比较的过程分为三步走：

(1) 把“自己的文字”和“作者的文字”比较。要和课文的作者冯骥才的文字进行比较，只有自己亲手写过尝试过才更真实有效。于是，我说：“刚才我们试着运用了比喻的方法，其实‘刷墙’这一幅生活场景离我们很远，没有什么生活经验，怎么办呢？那我们就必须大量地阅读，读名家写的文字，来，读读大屏幕上写的这段文字（出示课文的第 6 自然段），比较比较，哪儿很值得你学？”话音刚落，孩子们饶有兴趣地看了起来，而且迫不及待地发表起自己的看法。有的说：“冯骥才写的这段文字里，把平常人刷墙和刷子李刷墙形成了一个对比。我没有这样写。”有的说：“冯骥才写的这段文字里，比喻和联想比我丰富，我只会说赛云朵，可他却说如同伴着鼓点，和着琴音。”有的说：“这段文字里的描写有声音，有听觉。而我只有看到的。”……

(2) 把“有修辞”和“无修辞”进行比较。读过《刷子李》第 6 自然段的读者都知道，冯骥才的这段动作描写可谓神来之笔。它的传神之处就在于比喻和联想的修辞妙用。而这种方法恰恰也是孩子写作的难点，它不是一个简单运用的过程，而是“运用—赏析—比较—再运用”的不断往返的过程。所以当孩子把自己写作的片段和作家进行比较后，我对作家的作品又进行了改动（删除比喻和联想的句子），然后把删除版和未删除版通过朗读比较的方式给孩子品味，让孩子自己去发现加上比喻和联想后所能产生的细节描写以及对人物形象的刻画作用。

(3) 把作者笔下相同写法的文章进行比较。当孩子对比喻和联想的修辞有了更深的体会后，我进一步乘胜追击，补充《俗世奇人》笔下的苏七块和张大力这两位人物，出示了这两位人物动作细节描写的两个片段，当“双手赛一对白鸟，疾如闪电”和“像摇一个竹篮子，好像举着一大把花”这样的比喻和联想的句子再次冲击到孩子的脑海时，孩子无形中已把写作的方法从懵懂中的概念化转化成为情境中的生活化了。

(二) 二用教材，关注衬托人物

通过反反复复的比较后，当孩子对第 6 自然段的动作细节描写留有深刻的认知后，我二用教材，以“同学们，刚才大屏幕的这一段，其实就是我们课文的第 6 自然段，而这一段通过细致的动作描写让我们感受到了刷子李的技术高超。但是你们知道吗？冯老先生在写文章时有个习惯，那就是修改。多则七八遍，少则三四遍。刚才我们看的是他的第一个版本，修改后的第二个版本在哪呢？翻开课文，就在课文的 1 到 6 自然段，大家就看 1 到 6 自然段，然后对比对比，你更喜欢哪个版本？为什么？”这样的教师引语再次激发起孩子对学习的探究，然后联系前段时间学过的《军神》这篇课文，把同样是衬托人物的沃克先生和曹小三进行了联结，唤起了孩子已有的知识体系，从而进一步感受到衬托人物在故事中的重要作用。

(三) 三用教材，品味故事情节

二用教材时，孩子对文章的结构和描写都表示非常地满意。此时，教师继续发力，三用教材，让孩子阅读全文，再次对比发现，感受全文故事情节的巧妙安排。孩子一口气读了起来。有的孩子说这文章真是绝了，让人有一波三折的感觉；有的说更佩服刷子李了，他根本就没露馅，他的本领是不容置疑的；有的说刷子李这个故事更有韵味了……在孩子兴致盎然之时，我又继续让孩子回忆《俗世奇人》这本书中类似这样一波三折的故事情节。孩子的话便如流水般泻了下来：

生 1：苏七块，从收银圆到退还银圆的情节转折里传下来的。

生 2：牙医，从不认人到凭牙认人的情节转折里。

生 3：酒婆，喝假酒时飘飘欲仙，喝真酒时命丧黄泉。

三次活用教材，在第 6 自然段、1—6 自然段、全文的不断比较、不断关联中，孩子习得了动作描写的方法，串联起了从一篇文到整本书的记忆，对文章独特的表达方式也有了自己的欣赏和鉴别。而这一切恰恰是习作单元应该给予学生的知识和能力。

四、教学案例(片段)反思

都说语文教学应该致力于学生的核心素养的形成与发展,在引导学生丰富语言积累的同时,发展思维。2022 年新颁布的课程标准在课程内容的设置上就把“思辨性阅读与表达”设为发展型任务群。亲历课堂的我们都知道,孩子要更好更流畅地学会表达与运用,离不开思维的运作。因此,在本堂课的教学上,我立足于“比较”和“发现”这一最朴实也是最有效的思维方法,对文本进行了合理的处理,从紧扣“一段话”的细节描写到“1—6 段”的衬托人物,再到“全文”的转折情节,一步一步地带着孩子领会语言表达,去积极探索和发现冯骥才的写作奥秘,从而培养他们的思考性阅读习惯。

五、实践导师点评

点评:作为吕伟华老师的师傅,对于这堂课,我认为她在教材的处理上可谓独具匠心,别有新意。一般的老师拿到教材,会以通篇呈现的方式先来感受人物形象。但吕伟华不一样,她对课文所处的位置把握很准,这是一篇习作单元里的课文,习作单元的课文是要为语言和表达服务的。所以,她对文本先后进行了三次巧妙的对比呈现,让孩子逐层发现“有细节描写”“有衬托人物”“有转折情节”的表达奥秘。可以说,这是一节有思辨性的语文课堂。

杨丽佳
丽水市实验学校,正高级教师

付良东

融入生活，感悟数学

一、 教师简介

付良东

任教于浙江省龙泉市江南小学，小学数学学科，教龄 26 年。主要荣誉：丽水市学科带头人、龙泉市学科带头人，丽水市教坛新秀、龙泉市教坛新秀，丽水市小学数学课堂教学评比二等奖、龙泉市学科公开课评比一等奖，浙江省省级优课、丽水市市级优课，丽水市小学数学命题评比一等奖、龙泉市小学数学命题评比一等奖等。

二、 课堂教学思想

数学知识是源于生活的。在数学课堂教学过程中，要紧密联系学生生活实际，把数学知识生活化，让数学贴近生活，使学生在学习过程中感受数学知识是真实存在的，数学知识是能学以致用的。

数学学习是精彩有趣的。在数学课堂教学过程中，让学生拥有自主探索的空间，并能充分交流、共同发展，使学生对数学学习投入足够的热情和兴趣，让学生在学习中感受数学是魅力无穷的，课堂是妙趣横生的。

数学研究是轻松愉悦的。在数学课堂教学过程中，通过丰富情境、有效设问、及时追问等方式，注重方法提炼、经验总结，不断引发学生进行数学思考，激发学生的数学思维，引导学生体会并运用数学思想方法，使学生的数学学习获得可持续发展。

三、教学案例（片段）

教学内容：教育部审定北京师范大学出版社 2012 年版《义务教育教科书 数学》四年级上册 79—81 页。

教学过程如下。

（一）新课教学

情境一：创设骑行情境，课件出示 2019 环浙骑游总决赛的路线图。

师：这是 2019 环浙骑游总决赛的路线图，这条路线总长约 70 千米。这个 70 千米其实就是选手们一共骑行的？

生：路程。

师：在数学上，一共行走了多长的距离叫作路程。

课件出示两位骑手的比赛成绩，让学生独立思考后汇报。

61 号	1 时 54 分
73 号	2 时 02 分

师：谁骑行得更快？

生 1：61 号骑得快。因为 61 号用的时间少。

生 2：比较 61 号和 73 号骑手谁骑得快，其实就是比他们骑行所用的时间，时间用得少就骑得快。

小结：在路程相等的情况下，就比时间，谁用的时间短谁就骑得快，谁用的时间长谁就骑得慢。

情境二：创设老师步行上班情境。课件出示时间。

谁走得快？

孙老师	30 分钟
俞老师	30 分钟

师：周末孙老师和俞老师分别从自己家里出发到学校加班，为了锻炼身体，两位老师都步行到学校，如图：两位老师谁走得快？

生 1：一样快。因为两位老师用的时间一样。

生 2：可能是孙老师快，孙老师家离学校远。

生 3：可能是俞老师快，俞老师家离学校远。

生 4：不能确定。

师：为什么不能确定？

生 5：虽然两位老师用的时间相同。但是两位老师家距离学校的路程有可能不一样，所以不能判断谁走得更快。

师：怎样才能准确判断？

生 6：要知道两位老师家距离学校的路程。

课件出示两位老师家距离学校的路程，让学生独立思考后汇报。

谁走得快？		
孙老师	30 分钟	3 000 米
俞老师	30 分钟	3 600 米

师：现在你能判断两位老师谁走得快了吗？

生 7：俞老师走得快。因为两位老师用时相同，但是俞老师家离学校远，所以走得快。

小结：在时间相等的情况下，我们要比路程，谁走得路程长，谁就走得快；谁走得路程短，谁就走得慢。

情境三:创设生活实际情境。课件出示,充分思考后汇报。

谁行驶得快?		
车辆	行驶的路程	行驶的时间
大客车(龙泉—松阳)	132 千米	3 小时
小轿车(龙泉—缙云)	120 千米	2 小时

师:大客车和小轿车,谁行驶得快?把你的想法记录在草稿本上。

生 1:小轿车行驶比较快。

生 2:大客车 $132 \div 3 = 44$(千米),小轿车 $120 \div 2 = 60$(千米),小轿车行驶快。

生 3:如图 1 所示,大客车 $132 \div 3 = 44$(千米),表示大客车每小时行驶的路程是 44 千米;小轿车 $120 \div 2 = 60$(千米),表示小轿车每小时行驶的路程是 60 千米。所以小轿车行驶快。

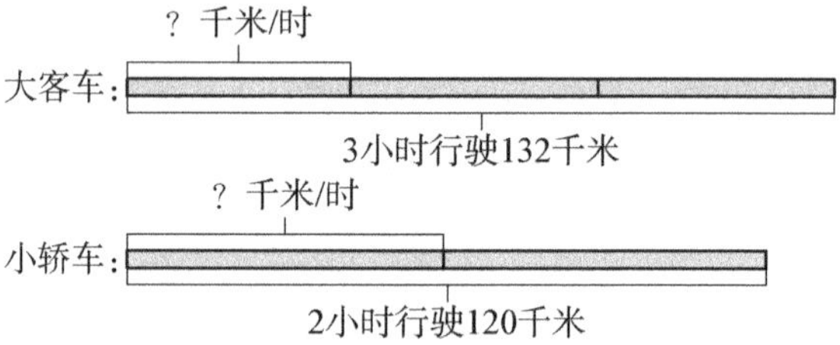

图 1

小结:大客车每小时行驶的路程就是大客车的速度;小轿车每小时行驶的路程就是小轿车的速度。在路程和时间都不一样的情况下,要计算他们的速度进行比较。

(二) 巩固提升

习题:课件出示。

①这辆汽车行驶的平均速度是多少？

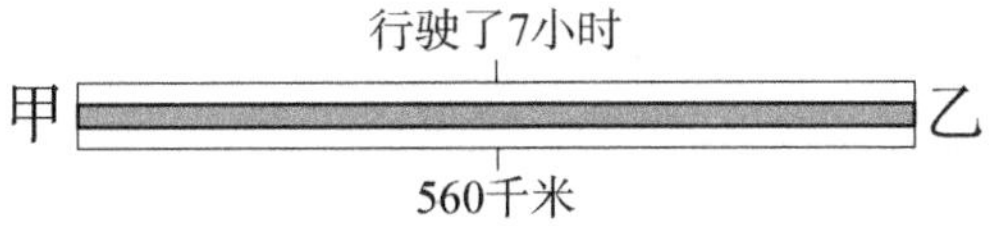

图 2

②这辆汽车从甲地到乙地需要多少小时？

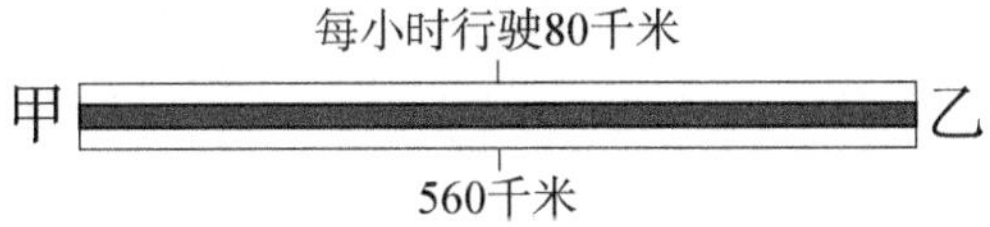

图 3

③从甲地到乙地的路程是多少千米？

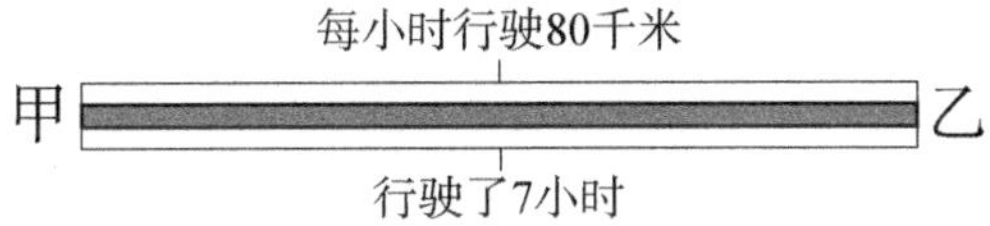

图 4

师：请同学们把想法记录在草稿本上。

生 1：560 ÷ 7 = 80（千米 / 小时）

生 2：560 ÷ 80 = 7（小时）

生 3：80 × 7 = 560（千米）

师：你有什么发现？

生 1：图 3 已知路程和时间求速度，路程÷时间＝速度。

生 2：图 4 已知路程和速度求时间，路程÷速度＝时间。

生 3：图 5 已知时间和速度求路程，速度×时间＝路程。

生 4：路程、时间和速度三个量，我们只要知道其中的两个量，就能求出第三个量。

小结：已知路程和时间求速度，路程 ÷ 时间 = 速度；已知路程和速度求时间，路程÷速度＝时间；已知时间和速度求路程，速度×时间＝路程。

（三）课堂小结

师：通过这节课的学习，你有什么收获？

生1：知道了什么是速度，速度有快慢。

生2：知道了路程、时间与速度三个量之间的关系。

生3：已知路程和时间求速度，路程÷时间＝速度；已知路程和速度求时间，路程÷速度＝时间；已知时间和速度求路程，速度×时间＝路程。

生4：路程不变的情况下，所用的时间越长速度越慢，所用的时间越短速度越快。

四、教学案例（片段）反思

从课堂教学的实践看，教师本着以生为本的教育理念，着眼于学生的可持续发展。成功的方面：①从生活实际出发导入新知到应用所学知识解决生活中的实际问题，使学生真切感受到数学知识与生活的紧密联系。②能正确处理师生关系，学生一直是学习的主体，教师是学习的组织者、引导者和促进者。③能关注全体学生的全面发展，照顾到中下生的自主学习、树立信心，也照顾到优生的数学思考与思维提升，实现让全体学生都得到不同发展的目标。

需要进一步研究的问题：①交流问题。怎样在40分钟的课堂内让学生进行自主、有效的交流，提升数学交流能力，培养学生的倾听能力，有充足时间去感悟、体验。②观察问题。怎样引导学生通过数据观察，感受到需要解决的问题，并作为学习起点，激发学生求知欲望，明确探究方向，从而突破教学重难点。

五、实践导师点评

学生的成长需要老师每节课的精心培育。本节课教师紧密联系生活实际，以真实情境导入，将行程知识融入其中，教师通过精心设计教学环节、精彩追问，不断激发学生求知欲、探索欲、挑战欲，让学生的数学学习真实发生。在学习过程中，教师能够留足学生独立思考的时间，引导学生不断归纳总结，注重思想方法渗透，培养学生的高品质思维，体验数学课堂的无穷乐趣。课后的针对性练习有利于学生对知识进行巩固并适度拓展，有利于学生应用所学知识快速解决实际问题。朴实的情境、精心的预设、及时的引导、有效的练习促进了学生的数学观察能力、数学选择能力、数学思考能力、数学表达能力、解决问题能力的发展，提升了学生的数学素养。

朱国荣
浙江省嘉兴教育学院，浙江省特级教师，正高级教师

潘雄军

“体积与容积”课堂教学案例

一、教师简介

潘雄军

松阳县实验小学集团学校教师，任教小学数学，教龄24年，高级教师，丽水市教学名师，首届“绿谷双名工程”学员，丽水市教研员工作室成员，曾被评为丽水市学科带头人，丽水市教坛新秀，松阳县优秀教师，松阳县优秀党员；曾获浙江省新世纪小学数学课堂教学评比一等奖，松阳县课堂教学大比武一等奖；二十多次承担省、市级公开课任务并获得好评，主持或参与的课题多次在省市级获奖，30余篇论文、多项教学设计在国家、省、市级发表或获奖。

二、课堂教学思想

他努力做一名受学生欢迎、让家长满意、让社会放心、不断进取的教师。课堂上，他引导学生在操作经验中获得感悟，学会抽象；在数学实验中提出猜想，验证结论；在综合实践中积累经验，学会创新。他注重对学生的思想教育，主要通过课堂教学，做到课内与课外、校内与校外相结合。他善于把思想教育与数学基础知识和基本技能的教学、情感训练相结合。他深入挖掘教材中的思想教育因素，恰当选择思想教育的结合点，适时、恰当、潜移默化地开展思想教育。他努力让学生在课堂上蓬勃发展，追求数学教育最美的模样。

三、教学案例（片段）

（一）导入

1. 片段一：所有的物体都有体积吗？

师：今天他们来一起学习物体的“体积与容积”，说一说，生活中哪些物体比较大？哪些物体比较小？

生：举例说（略）。

师：土豆和红薯哪个大呢？通过实验，让学生直观感受物体都占有空间，物体所占的空间有大有小（理解“空间”“空间大小”的概念）。

生：得出体积概念，物体所占空间的大小叫作物体的体积。

师：你能说说什么是课桌的体积，什么是文具盒的体积吗？

师：课桌所占空间比文具盒所占空间大，他们就可以怎么说？

生：课桌的体积比文具盒体积大。

师：其实在生活中像这样的例子还有很多，你能不能也举出两个物体，并说说谁比谁的体积大？

生：举例（略）。

师：那么，哪位同学能列举没有体积的物体吗？

生：（沉思，在脑中苦苦搜索没有体积的物体，最终脱口而出）灯光。

师：还有吗？

生：（受此启发，小手高举）没有体积的物体还有太阳光、紫外线、磁场、声音、医院里做核磁共振的 X 射线……

师：它们有没有体积呢？

分析：物体≠物质。

物体所占空间的大小叫作物体的体积，物体是看得见、摸得着的，具有可测性。一个物体所占空间的大小，到底有多大？怎样才能帮助学生建立起清晰的“空间大小”概念？可以引导学生对物体的长、宽、高进行体验；也可通过水测法进行直观感受。“哪位同学能列举没有体积的物体吗？”问题的指向性就不科学，学生列举的声、光、磁（波）有没有体积？它们是既摸不着又看不见的物质，有没有可测性？课堂上他们对学生解释不清也解释不了，所以教师提问的角度要围绕教学要求。

2. 片段二：等积变形和变形后是否等积？

教师呈现素材，紧紧攥在手中的海绵慢慢地变大（重复演示），问：海绵有什么变化？

生：海绵中注入了空气，海绵的密度变小，体积就变大了（答案完全出乎教师预料）。

师：这位同学都知道什么叫体积了，你能解释“密度变小”是什么意思吗？

生：密度变小，就是海绵变得疏松了。

教师茫然默许，发现思路不对，急忙转问：海绵可以从哪些方向变大？

生：可以从上、下、左、右、前、后六个方向变大；可以从四面八方变大……

教师让学生充分说，并让学生用手势体验这种变大的过程。

师：你能列举生活中像“海绵”这种变大方式的例子吗？

生：面包、爆米花、油条、水结成冰、气球、从小孩变成大人……

师：像这些物体的变大，都是可以从四面八方变大的，是物体所占空间的变大，他们把物体所占空间的大小叫作物体的体积。

分析：变形≠等积。

教师选择的学习材料新颖、呈现方式独特，想直观形象地阐释物体所占空间有小有大。攥紧时海绵所占的空间小，放开时海绵所占的空间大。由于教师没有明确引导，学生看到的、想到的是一个物体由小变大的变化过程。从学生所举的例子也说明此物已非彼物了，如面团变成面包、米变成爆米花……教师没有及时点明此物所占空间小，彼物所占空间大。故留给学生的表象是：一个物体由于外力的作用可以变小变大，以至于出现了如下片段。

出示练习：一团橡皮泥，小明第一次把它捏成长方体，第二次把它捏成球，捏成的两个物体哪一个体积大？为什么？

生：捏成的长方体和圆，体积一样大，因为只是形状变了，橡皮泥的总量没变，因此体积也没变。

师：说得很好，这就是等积变形。

生：它们的体积是可以变的，如果把长方体压得再扁些，扁得不能再扁了，或者把球搓得更紧些，是可以改变橡皮泥的密度的，它的体积就会变小了。

学生说可以改变橡皮泥的密度，使橡皮泥的体积变小，就是受“海绵”变化过程的负迁移。因此教师创新学习材料时，除了考虑“新颖，激发学生兴趣”外，还应进一步思考：学习材料是否能突出教学内容本质？选择的学习材料是否具有典型性？如何合理、充分地应用学习材料？学生在学习过程中是否会产生歧义？

3. 片段三：一个容器的体积不一定大于容积吗？

师：冰箱的体积大于容积吗？

生：冰箱体积肯定比容积大，因为冰箱体积从外面测量，容积要从里面测量。

生：冰箱的体积肯定比容积大，因为它有厚度。

师：大家同意吗？

生：他不同意，冰箱门打开了，它的体积就不一定比容积大了。

师：为什么呢？

生：门打开了，空气可以自由进入，而且里面的东西还算是冰箱的体积吗？

生：他还知道冰箱门打开后，就变成了一个不规则物体了。他们想象一下，如果把冰箱门打开浸入水中，它的体积肯定比把门关上浸入水中小，这时冰箱的体积也就不一定比冰箱的容积大。

师：你的想象力真是丰富。那么在什么情况下容器的体积会大于容积呢?

生:封闭容器的体积大于容积。

分析:材料≠容器。

冰箱也好,其他容器也好,这样的一个容器无疑是既有体积又有容积的,这样的容器都是由一定的材料做成的。设想一大团橡皮泥(材料),可以做成大杯子(杯壁薄)或做成一个小杯子(杯壁厚),什么体积不变?做成大杯子和小杯子的橡皮泥(材料)的体积不变,用水测法一验证便知(把杯子侧放,浸没水中)。那么橡皮泥的体积与大杯子及小杯子的体积会相等吗?再用排水法验证(竖放,底朝下),显然体积不等。学生说冰箱门封闭时体积大于容积,冰箱门一开就变成不规则物体(材料)的体积了,冰箱门封闭是冰箱,冰箱门一开就不是冰箱了,不符合实际。因此材料的体积与相同材料做成的容器体积不能等同。

(二) 教学分析

1. “体积与容积”如何以学定教?

“以学定教”,是课堂教学改革的核心,如何以学定教?即尊重学生的学情,在学生生活经验、学习经验和认知基础上,顺着学生的思路展开教学过程。

在学习这个内容之前,学生已经积累了相当丰厚的生活经验,“物体有大有小”“容器放的东西有多有少”;科学课上也有了用“水测法”测量不规则物体的体积的学习经验;长方体、正方体的特征是学生学习体积概念的“数学现实”。因此本人认为“空间”“空间大小”的体验、理解是学习概念的节点,可分两步进行教学。

第一步,直观感受规则物体所占空间及空间大小。

(1) 文具盒所占空间有多大呢?

引导学生先比画文具盒的长、宽、高;再估一估,长约 20 厘米,宽约 10 厘米,高约 3 厘米;最后连起来说一说,文具盒占了长约 20 厘米,宽约 10 厘米,高约 3 厘米的空间。

(2) 说一说,粉笔盒所占空间有多大呢?

粉笔盒占了长约 10 厘米，宽约 10 厘米，高约 10 厘米的空间。

(3) 为什么说课桌所占的空间比投影仪大呢?

第二步，体验不规则物体所占空间及空间大小。

(1) 估计，把不规则物体估计成接近它的长方体或正方体所占空间的大小。

(2) 转化，把不容易估计的用“水测法”进行转化，如土豆、红薯等。

基于学生的学情展开教学，使抽象的“空间”“空间大小”概念在学生的头脑中变得具体，且具有可测性，帮助学生建立空间观念，同时渗透体积的大小与长宽高有关系，为体积的计算铺垫。

2. 如何理解容器的体积与容积的关系?

一般情况下，他们所说的容器体积是指它的容积，如这瓶酒 500 ml，而不考虑酒瓶的体积。真的要区分的话，他想每一个容器，均由一定的材料做成，即一个容器有三个体积概念：容器的体积＝材料的体积＋容器的容积。

当一个容器的内壁厚度或内底厚度不断增加，容器的大小不变，体积也不变，但容积越来越小。当不能装东西了，也就不是容器了。可以这样来动态想象，当一个容器的内壁越来越薄时，材料的体积(忽略不计)接近 0，或内壁越来越增厚时，材料的体积(没有容积)接近 1，容积在大于 0 而小于 1 时，容器的容积是不相等的，而容器的体积却是相等的。对容器的体积与容积有了一定的认识，才能对概念、命题教学做到心中有数。

四、教学案例(片段)反思

“如何让数学学习真实发生”成为每一位数学教师的关注点。斯苗儿老师的一句话“心无杂念，只有学生”，给了他们深刻的启发。因此，教师应努力追求“以学定教”，让学生站在课堂中央，把课堂还给学生，把主动权、自主思考权等还给学生，让其主动地明白数学知识的本质。在数学课堂上，他们应该立足于学生，关注学生最真实的起点，了解学生最真实的困难。学生在生活中已经积累了许多关于体积和容积的经验，教学从学生熟悉的实物出发，通过学生自己的活动，增强学生的感性认识。利用直观教具演示、动手实验贯穿整个课堂，在动手实践中，处处有猜想，处处有学生间的交流合作，从而实现学生深度的数学学习，最终促进数学学习真正地发生。

五、实践导师点评

“以学定教”，尊重学生的学情，在学生生活经验、学习经验和认知基础上，顺着学生的思路展开教学过程。本文以“体积与容积”教学为例，围绕“所有的物体都有体积吗？等积变形和变形后是否等积？一个容器的体积不一定等于容积吗？”等，基于学生的学情展开教学，且具有可测性，帮助学生建立空间观念。文章切入点小，教学理念前沿，围绕一个个片段进行深刻剖析，进行操作、思辨，从而突破难点，实践性借鉴性强。

朱国荣

浙江省嘉兴教育学院，小学数学教研员，浙江省特级教师、正高级教师

李慧

基于主题意义探究的小学英语词汇课教学
——以“We love animals”为例

一、教师简介

李慧

2005年7月毕业于丽水学院英语教育专业，现任景宁县民族小学校教务主任，英语教研组长。从教以来，一直是小学英语教学改革的一名践行者，曾获得丽水市教坛新秀、市学科带头人、市优秀教师、县名师、最美教师、校本培训先进个人、优秀教研组长、优秀处室主任、线上教学先进个人等荣誉称号。坚信：只有自己不断成长，才能更好地让孩子们学有所得！

二、课堂教学思想

1. 聚焦单元视角

在教学中聚焦单元整体，强化学生对单元知识的意义建构，引导学生基于真实情境主动学习知识、解决问题，提高单元教学的整体性，促进学生对单元主题的意义探究。

2. 基于学生立场

学生已有的学习经验和当下的发展状态是促成学生有意义学习的前提。在教学中以学生为中心，研究学生的内在需求，使其英语学习与多方面内容综合融通。

3. 践行教学评一致

教学、学习、评价及练习的一致性是英语教学的内在诉求。在教学中建立系统的课程思维，积极推进“教学练评”的一致性，寻找小学英语教学的生长点，努力做到教有目标、学有抓手、练有重点、评有方向。

三、教学案例（片段）

（一）教学内容分析

本课是人教版教材三年级上第四单元 We love animals 中 B 部分的词汇课。本课重点词汇由 Let's talk 中的已学词语 panda 和新词 zoo、monkey、tiger、elephant、bird 组成，并以文本“What's this?”“What's that?”“Act like a/an...”以及相应答句“It's a/an”来应用词汇。通过本课学习，鼓励学生运用问答形式来讨论距离远近的事物，发展学生的语言综合运用能力。同时，借助主人公们观赏动物园动物和马戏团表演的故事情境，培养学生的语言运用和信息处理能力。

（二）教材文本解读

英语课程内容包含六个要素——主题、语篇、文化知识、语言知识、语言技能和学习策略，是一个互相关联的有机整体。本节课中，教师基于小学英语课程标准(2022 年版)提出的指向学科核心素养发展的英语学习活动观以及六要素构成的课程观，从主题、语篇、文化知识、语言知识等方面进行解读，带领学生走向有意义的词汇学习。

从语篇类型的角度看，本文本是以动物园为主题，以学生的生活认知和体验为基础，紧密贴合学生的生活实际，语言材料真实具体，让学生在乐中学、学中乐。

从语言知识的角度看，它包含语音、词汇和语篇知识。本节课中的核心知识是能熟练听、说、认读单词：zoo、elephant、monkey、bird、tiger、panda；能熟练运用句型："What's this/that? It's a..."进行动物名称的问答。

从文化知识的角度看，教师应引导学生热爱生活、热爱动物、保护动物的美好情感。

从语言技能的角度看，教师基于单元主题，通过学习理解类、应用实践类及迁移创新类等活动帮助学生习得语言，学会谈论动物。同时学会对动物园里的动物进行性格和身体特征的描述，提升学生对本课主题的表达能力。

（三）教学片段设计

1. 聚焦单元整体，创设主题情境

➡ Activity 1. Sing and do

(1) Greeting.

(2) Listen to the song and imitate animals'behavior.

【设计意图】在开始上课前，以欢乐活泼的唱跳歌曲视频 Let's go to the zoo 点明本课主题，吸引学生注意，烘托课堂氛围。同时，通过音乐和画面的引导，让学生主动模仿动物做动作，为后面教材的 Let's do 教学做铺垫。

➡ Activity 2. Let's say

Where are the children going?

Ss think about the invitation and answer: They are going to the zoo.

They get to learn the word "zoo" at the same time.

➡ Activity 3. Think and say

Ss look at the picture, think and predict the animals in the zoo.

【设计意图】通过校车的动作路径导出本课教学场景"动物园"，让学生充分思考，激活旧知；接着通过对本课标题页面的观察，试着预测在动物园能观赏到哪些动物，在此理解和表达活动中帮助学生习得完成新词"zoo"的

"音""形""意"和"用"。

2. 基于主题语境，整体呈现新词

➡ Activity 1. Let's talk

Discuss the animals in the zoo. Pay attention to 'this'. Ss practice the key sentences learned in Part A.

—What's this?

—It's a/an ________.

【设计意图】利用教材中人物角色参观移动的动作路径，帮助学生直观理解 this 一词用于近距离的事物提问，让学生通过对重点句型的问答操练，结合熟悉的单词，开启对动物的话题讨论，为进入本课主题的讨论做好铺垫。

➡ Activity 2. Listen, match and learn

The children are looking at the zoo map. There are so many animals at the zoo. What animals do they see? Listen and guess.

Ss learn the new words panda/monkey/elephant by using the pronunciation tips. Then students listen to the audio recording and repeat the new words.

(Picture 1: Look at the panda. It's black and white. Cool! I like it.

Picture 2: Look at the monkey. It is brown. It's funny.

Picture 3: Look at the elephant. I see a long nose. Let's play with it.)

【设计意图】借助动物园游览区域图，让学生通过连贯的三段语音，感知主人公们看到的动物及其形态。学生通过已有的知识储备，捕捉听力信息，在语篇中体验感知和学习词汇。词汇教学中，利用直观的图文帮助词义理解，并运用希沃白板 5 的拖曳功能，实现学生单词和图片正确匹配的操作，通过音形迁移的形式和听课本原音，帮助学生掌握新词。

➡ Activity 3. Read and match

Read the passage and match the pictures. Try to read the whole sentences. Get more information about the animals. Imitate the animals and stick the cutout of the animal pictures to match the words on the board.

Then choose to introduce the animal.

【设计意图】在新词教授完后，展示完整的语段认读，引导学生操练单词的“音”；让学生将动物图片贴在黑板相对应单词词条旁边，图片和单词配对加深学生对单词“形”的印象；通过角色之间的文本对话感悟和运用新词。

➡ Activity 4. Let's guess

The children are going to Area 2. Look and guess what is that.

Read the information about the animals and try to guess.

【设计意图】利用希沃白板5的动作路径，呈现望远镜视角的效果，让学生更加身临其境，结合已学的外貌特征描述，以望远镜观察到的动物特征为切入点，迎合学生学习新知的好奇心，通过拼读、听音对本课时剩下的两个新词进行教学，同时为后方拓展句型做好巩固。

➡ Activity 5. Let's read

Enjoy the video and read after the tape. Go to the last area at the zoo-circus.

Get closer to the animals.

【设计意图】回归课本，结合文本资源(图文和音频)对本课时重点句型和词汇进行巩固操练。自然地过渡到马戏团的场景，反复的提问可以更自然地引出后方的听力内容，自然地处理文本内容。

➡ Activity 6. Let's do

The children are so happy at the zoo.

Look! They are acting like animals.

Ss do animal actions together by watching the video from the part Let's do.

【设计意图】通过学生观赏完动物后开心地模仿动物这一情境，在马戏团场景中自然导出本课 Let's do 环节。学生先听音欣赏视频，再全班起立边说边做，一边掌握 Let's act... 句型，一边滚动巩固本课新词。

➡ Activity 7. Read, listen and answer

Ss read the picture on P42. Listen to the music and guess which animal plays it.

Ss work in pairs to figure out what the animals are inside the boxes.

【设计意图】利用图文资源，细化处理图片中动物表演乐器的信息，通过听音选择对应的动物，并利用动画路径隐藏动物增加猜测的趣味性，结合重点句型在问答中巩固本课重点。

3. 延展生活语境，内化运用词汇

➡ Activity 1. Let's play

Let's get the show started! Here come a tamer and a monkey. Ss watch the monkey's action, try to say the tamer's instruction and do the actions.

【设计意图】呈现驯兽师，利用希沃白板5制作能做出相应口令动作的卡通猴子。让学生体验驯兽师说口令，结合第三单元"Look at me"的Let's do动作，活跃课堂气氛，让整堂课更加连贯。主人公在此表达情感I like it，并拍照留念。将故事情境推向下一个高潮。

➡ Activity 2. Group work

Ss choose the animals they like and act like the animals. Then share in the group.

【设计意图】学生根据动物的特征，选择自己最喜爱的动物，结合动作短语扮演动物。使学生对动物的情感不断升温。滚动运用新旧知识，同时难度也在逐步递增，为学生思维发展提供了有深度的空间。

➡ Activity 3. Think and say & Let's say

【设计意图】在本课最后，呼应本课主题We Love Animals，让学生尝试说说游览动物园的主观感受"Cute!" "Funny!"，激发学生热爱动物的情感，感受本课主题：Fun at the zoo。最后落实到写，设计单词在语篇情景中的书写，真正实现学生的深度学习。

四、教学案例（片段）反思

语言是在有意义的情景中使用的，在教学设计中创设相对真实的、有意义的情景，学生就能够更好地理解、体悟、学习语言。词汇教学不是独立的词语操练，而是结合具体的主题，在特定的语境下开展综合语言实践活动。在词汇教学中，教师要基于主题语境和英语学习活动观，让学生聚焦一个主题，在主题语境中开展有意义的词汇教学活动，这样的教学有助于学生语言知识的学习和语言技能的发展，能够培养学生用英语做事情的能力。

本节课的教学设计中，学生在主题意义引领下，通过学习理解、应用实践、迁移创新等一系列体现综合性、递进性、关联性和实践性的英语学习活动，基于已有的知识，依托语篇，在分析和解决问题的过程中，促进了自身核心素养的形成。

五、实践导师点评

授课教师能充分运用教材文本资源、图片资源、音像资源等，紧扣主题创设并延展情境，通过生动有趣的学习活动设计助推词汇学习，让学生在看、听、说、唱、玩的过程中习得语言、实践语言。同时希沃白板5技术在整堂课的呈现过程中起到很好的辅助作用，教师优质的多媒体运用技术可见一斑。站在案例描述的视角，教师能充分展现学生学习过程，描述清晰、阐释合理，值得学习。

沈雨
温州市教育教学研究院，教授级中学高级教师

叶丽芬

基于“语境、语篇、语用”的“三语”策略词汇教学

——以“Let's learn”为例

一、教师简介

叶丽芬

现任浙江省丽水市庆元县城东小学英语教师，庆元县名师工作室领衔人、导师。从教18年来，曾获浙江省教改之星、丽水市学科带头人、丽水市教坛新秀、庆元县优秀教师、庆元县菇乡骨干、庆元县教坛先进个人、庆元县三育人先进个人。主张“以生为本”的生态英语课堂教学，在省市县开设各类公开课与讲座30余场，论文发表或获奖10余篇，县级及以上课题成果10余项，参与开发多项市县级精品课程。

二、课堂教学思想

词汇是英语交流的基础，没有词汇就无法实现语言交流；词汇也是提高小学生的听说读写技能的前提和基础。在词汇教学的过程中，我尝试探索

在单元整体视域下，基于“语境、语篇、语用”的“三语”策略词汇教学新模式。首先，全语境覆盖，显词汇教学之活度；其次，多语篇推进，增词汇教学之趣度；最后，搭语用支架，拓词汇教学之广度。该模式以学生原有认知发展能力为基础，在单元整体的视域下，以单元语境为主线，以语篇为依托，以语用为目的，在语篇中整体推进词汇的音、义、形、用，设计丰富多样的语用活动，引导学生关联起知识间的逻辑关系，让学生真正意义上地习得语言、自主探究和解决问题，提升学生的语言综合运用能力，最终形成学生的核心素养。

三、教学案例（片段）

（一）全语境覆盖，显词汇教学之活度

小学英语倡导基于单元整体，在全语境覆盖的教学活动中渗透活化语言学习。人教版教材四年级第四单元 A “Let's learn，”单元话题为“At the farm”，通过观察物品的远近选择用“These are”和“Those are”句型描述蔬菜或动物并练习相应一般疑问句的使用，并能用已有知识储备，如颜色、外形、味道介绍农场里蔬菜或动物的特征。在进行教学设计时，从单元整体入手，关联与话题相关的旧知，提炼单元板块之间的话题点，并结合学生的生活实际和已有知识储备，形成本单元的“大语境”。基于这一理念，本单元就直接以单元大标题“At the farm”为主题，并以此单元大语境来覆盖课时小语境。

1. 单元大语境统领课时小语境

从整体来看，本单元涵盖四个小语境：

整体通过两个词汇教学和两个对话小语篇的学习，最终达到大语篇 Read and write 的学习和学生的综合语言运用能力的提升。从局部来看，A 部分的词汇教学是要逐步深化 A talk 的句型，要更深入地、多方面地探讨单元话题下的小话题。而 B 部分的词汇教学要回顾和整合大单元的话题，为最后的大语篇“Read and write”学习夯实基础。简言之，每一个小课时都是从单元整体出发，延续与深化上一节课的话题。

具体教学设计时，在单元大语境“At the farm”的统领下，把学生在三年

级下册第五单元学习的水果知识储备设置为农场里的“Fruit garden”，把 A 部分的小语境设置为农场里的“Vegetable garden”；B 部分设置 Animals。孩子们先参观果园，参观的过程既复习旧知又提前感知了本课要深化的复数句型“What are these? These are...”，并尝试用句型“They are...”从颜色、外形、味道等方面来描述物品的特征。接着来到蔬菜区，再参观动物区，核心词汇和句型的学习在小语境关联大语境的过程中自然而然地习得，整堂课都沉浸在农场这个语境中，这样的设计贴合学生的生活实际，语境真实自然。

2. 拓展语境延用课时语境

在落实词汇学习的音、义、形、用的过程中，要设计丰富多样且有效的活动来让词汇教学落地生根。这些活动又该怎样关联分课时的小语境呢？如本课的拓展环节，笔者在教学 Let's chant 环节时，植入 Sarah 这个人物，让学生整体感知 chant 并完成选词。具体操作如下：So many vegetables, what vegetables does Sarah like? Let's have a look. Sarah says "Carrots I will try. But onions make me cry." What's more? Let's listen and choose. 学生能较熟练吟唱 chant 后，老师顺势引导学生梳理 Sarah 对蔬菜的喜好。接着 PPT 创设符合生活实际的真实情境：今天农场免费采摘，一起去摘蔬菜吧！根据上面师生一起梳理出的 Sarah 的喜好，帮助 Sarah 完成她的采摘单。

3. 板书语境活化课时语境

板书是一节课最立体直观的展示，里面蕴含着老师的设计理念，涵盖了课时的核心词汇和句型，是学生语言习得的强有力抓手。本课的板书设计，笔者赋予每一种蔬菜以生命，让整个“Vegetable garden”活灵活现地展现在学生面前，是学生有效习得本课语言的助燃剂。

课前黑板上就贴上了本课要习得的四种蔬菜的叶子，教学相应单词时，通过不同的叶子来确定相应的果实，请学生来贴一贴，把蔬菜果实匹配到对应的叶子，从一个到很多，自然渗透单名词复数形式，巧妙自然；在贴蔬菜果实的过程中还关注到蔬菜的果实是在地上还是地下，把科学中的植物知识植入了英语课堂，让学生在习得语言知识的同时，提升了相应的学科能力；板书上的核心词汇和句型以及单词银行，都为最后的大语用采摘环节提供了可视化的铺垫。教师设计的本课时板书美观、实用且贴合学生的生活实际，贴合本课时的小语境，关联了单元的大语境。

（二）多语篇推进，增词汇教学之趣度

小学英语教学倡导基于语篇的词汇教学，在多语篇整体推进词汇教学的过程中增加词汇教学的趣味性。在设计本课时，教师从词汇导入环节到 chant 的吟唱感知环节，再到最后的拓展输出环节，都让学生在语篇中学习词汇，在句子中运用词汇帮助学生从语篇的角度来学习语言、理解语言和使用语言。基于这一理念，笔者设计多个语篇来对词汇学习进行整体、块状推进。

1. 基于语篇，整体呈现单词

为了提高词汇学习的有效性，教师尝试在语篇中整体呈现新词，让学生在沉浸式的语境中学习新词。在设计本课时，教师通过观看 A 部分对话课的视频，以块状整体推进本课时的词汇教学，自然引出并教学 carrot 和 tomato，在同一语境中整体呈现了蔬菜的单词 carrot 和 tomato，而非一个单词一个情境。

2. 基于语篇，整体感知 chant

在教学本课时，教师深挖了教材所提供的 chant，并对其大做文章，整体推进感知。该环节自然衔接上一环节的看视频跟读 Let's learn 环节，创设情境，植入 Sarah 这个人物让 chant 活化、具体化，为后续的环节做好铺垫，为什么做这三个挖空处理呢？carrots 在 A talk 时已经学习渗透，对于孩子来说并不难，onions 在本课只做感知即可，green beans 为本课新授，tomatoes 和 potatoes 的区分认读为本课的难点，故把这三个词做挖空处理，通过视听整体感知后让学生选一选，通过先整体感知后单句跟读，完成最后的完整 chant 整体输出。

3. 基于语篇，整体输出语言

词汇教学是以主题为方向，在单元大语境的覆盖下，以块状、篇状整体推进词汇的音、义、形教学，推进过程中的语篇是由易到难、螺旋上升的。在设计本节课时，笔者既关注到每个语篇之间的梯度，又从听说读写等各种语言实践活动入手，带领学生在逐层递进的情境中进行整体有意义的表达，从

而让学生的知识雪球越滚越大，达到渐入佳境的自然整体输出。

如本课学习新词后，在描述教材 Let's learn 中的蔬菜单词时关联颜色、外形、味道等描述物品特征的形容词；然后通过听读选 Sarah 的蔬菜喜好关联了本课学习的较难词语 green beans, tomatoes, potatoes，之后通过听录音跟读环节关联句型“I like...”，“I love to eat...”“I will try”，之后通过描述自己的蔬菜喜好又关联了生活喜好等表达，最后在分享每个人的蔬菜喜好环节，一位学生分享，其他学生听且要根据这位学生描述的喜好猜测他会摘些什么蔬菜，并且利用板书摘一摘，利用学生间的信息差，再次扩大语篇的语言容量，雪球越滚越大，在最后输出整体、丰富的语篇。

（三）搭语用支架，拓词汇教学之广度

学生丰富的语言输出是英语课堂教学最终的目标，为了让学生有真实自然且丰盈的语用输出，教师要为此设计多维的语用任务，搭建语用支架，丰富语境体验，加大语言输入，以此来拓宽词汇学习的广度，即语言和能力的双向提升。如教师在设计本课时，在最后的语用环节搭建了三个支架，这三个支架层层递进，螺旋上升。

1. 支架一

在教学完词汇的音、义、形后，植入 Sarah 这个人物来引出 chant，再根据 chant 里 Sarah 的喜好引导学生完成采摘单，采摘单虽是写单词，但也不仅仅是写单词，它有一定的思维含量，因为学生要读懂 chant 这个语篇，才能完成采摘单的填写，喜欢的摘一些，爱吃的多摘，不喜欢的也可以摘一点试试，这符合学生的生活实际，学生通过搭建的采摘单支架，能读懂语篇并参与书写，在他写下最后的答案之前，他的脑中已经有了多种学习能力的提升。

2. 支架二

在完成 Sarah 的采摘单后，通过创设农场免费采摘的语境，让学生说一说自己的喜好，为后续的真实采摘做好铺垫。写之前让学生充分地说，以说促写。这些句型在前方已经做了大量铺垫，环节之间层层递进，教师由扶到放，让学生自由选择不同的语言支架来表达自己想要采摘的蔬菜，满足不同层次的学生需求，真正实现了词汇学习的音、义、形、用。

3. 支架三

在完成书写自己的小语篇后，要求孩子四人一组分享，并尝试说一说他会摘什么。小组内分享后，请学生上台来展示自己写的小语篇，这时候坐在位子上的学生必须认真听才能猜测出他会摘什么蔬菜。本环节是一个信息接收和转换的过程，当一个学生展示自己的蔬菜喜好时，其他学生必须全身心投入去听，并进行信息的转换，最后才能帮助其采摘适合他的蔬菜。Maybe he/she will pick ________。每个人的喜好是不一样的，在这个过程中能获取大量差异信息。采摘时，充分利用板书上的“可活动”蔬菜果实，让孩子们身临其境拿着篮子摘一摘，其中蕴含着满满的劳动教育，把分享交流这个支架运用得淋漓尽致。

四、教学案例（片段）反思

作者尝试立足“单元整体教学”理念，以学生原有认知发展能力为基础，以单元语境为主线，以语篇为依托，以语用为目的，充分利用教材资源，在语篇中整体推进词汇的音、义、形、用，设计丰富多样的语用活动，引导学生关联起知识间的逻辑关系，让学生真正意义上地习得语言、提升自主探究和解决问题的能力。

基于“语境、语篇、语用”的“三语”策略词汇教学模式，对语境是否生活化、语篇是否整体化、语用是否真实化有极高的要求。作者在最后的书写环节进行了分层处理，孩子们写一写，勾一勾，说一说，摘一摘，设计时最初的想法是让孩子们在情境中利用板书来摘一摘喜爱的蔬菜，但在实际操作过程中，孩子们的兴趣、积极性并没有被真正调动起来。因此，如何在英语课堂中真正落实知识点，又让学生感觉有那么一点童趣，让孩子在学中玩，玩中学，这是作者今后的努力方向。

五、实践导师点评

叶老师立足“单元整体教学”理念，以“语境、语篇、语用”为抓手展开有效设计。基于语境的文本选择让词汇学习循序渐进，从感知理解到生活运用，在整体语境的推动之下既指向课时语言目标的完成又融合新旧知识，特别是不同层级的语言支架提供给学生语言渐进发展的脚手架，设计用心，可圈可点。

沈雨
温州市教育教学研究院，教授级中学高级教师

朱丽珍

英语故事课教学案例

——以人教版五下四单元“Story time”为例

一、教师简介

朱丽珍

青田县实验小学教育集团学士路校区英语教师兼教研组长，青田县小学英语学科培训项目负责人，浙江省名师工作室学科带头人，高级教师。从教以来，她以做一名“受学生欢迎的老师”为自己的教育追求目标，让自己在平凡中演绎精彩。曾获浙江省优秀指导师，丽水市教学名师、市学科带头人、市最美教师、市优秀教师，青田县名师、县首席学科带头人、县优秀教研组长等荣誉称号。

二、课堂教学思想

1. 基于学生立场，让学生站在课堂正中央

英语课堂是学生学习新知、体验成功的主阵地，教学活动设计应基于学生的认知规律和生活经验，使学生的大脑、眼睛、手、嘴、空间和时间等都能

得以解放，成为学习的真正主人。

2. 探究主题意义，发挥学科育人功能

强化素养立意，围绕单元主题，深入研读故事图文，挖掘故事育人价值，探究故事主题意义，从而落实立德树人根本任务。

3. 践行英语学习活动观，落实学科核心素养

教学活动设计以主题为引领，以语篇为依托，通过学习理解、应用实践和迁移创新等体现关联性的活动，坚持学思结合、用创为本，发展学生语言能力、培育文化意识、提升思维品质和提高学习能力。

三、教学案例

本课是人教版教材五年级下第四单元“When is the art show?” C 部分的 Story time(故事课)。本课呈现的是 Zoom 在五一假期期间，为了唱歌考试，全心投入，不受外界干扰，反复练习唱歌，并最终在唱歌考试中表现突出，取得好成绩的故事。本课除了复习和巩固句型“The singing test will be on...” “I can't...” “I want to...”等，还通过图片和上下文拓展理解新句子“Practice makes perfect. Will you come to the party/play football with me after school? I want to practise my song. I need more practise.”等。本课教学旨在让学生理解故事、朗读故事、表演故事、续编故事，并能在语境中恰当运用故事中的语言，同时在故事教学中，通过学习理解、应用实践和迁移创新等活动，引导学生初步感知主题，逐步深入主题，并最终升华主题，从而探究谚语“Practice makes perfect”的深刻含义。

(一) 精选热身动画引入——初步感知主题

好的开始是成功的一半。本课伊始选择了一个男孩勤学苦练、从不懂足球到赢得足球比赛的精彩动画作为课堂热身，这一趣味动画既吸引了学生注意力，激发学生学习兴趣，其动画语言“I didn't know how to play football at all. I want to join school football team. I know that one day I would be the best football player in the world. I didn't give up. I train myself every day. I practise. I practise... Just remember that practice makes it perfect."以及动画情境均很好地渗透了"Practice makes perfect."的主题内涵，让学生在欣赏动画的过程中，初步感知"熟能生巧"的主题意义。

(二) 巧设学习理解活动——深入理解主题

《义务教育英语课程标准(2022年版)》指出："教师要充分认识到学生是语言学习活动的主体。要引导学生围绕主题学习语言、获取新知、探究意义、解决问题，逐步从基于语篇的学习走向深入语篇的学习。"为此，教师在设计学习理解类活动时，要注意把握感知与注意、获取与梳理、概括与整合等学习活动要求，以促进学生学习理解语篇内容，并能深入理解主题意义。

1. 巧用思维导图，激活学生已知

思维导图有助于学生对所思考内容进行全方位地描述与分析，有助于对所复习内容进行深入思考、激发创造性发散思维。本课故事教学主要话题为"五一活动"计划，涉及的相关核心词汇是学生的日常学习活动(如 do homework, read books 等)、家务活动(如 clean the room, wash the clothes 等)和娱乐活动(如 watch TV, play football, play music 等)；复习和巩固的核心句型为"—What will you do...? —I will... —Will you...? —Yes, of course. /Sorry, I can't."。

通过精心绘制的精美思维导图(见图1)，有机融合核心词汇和核心句型，既有视觉美感，又直观形象，便于激活学生的发散思维和联想记忆，从而激活学生已有知识，为新课学习做好铺垫。

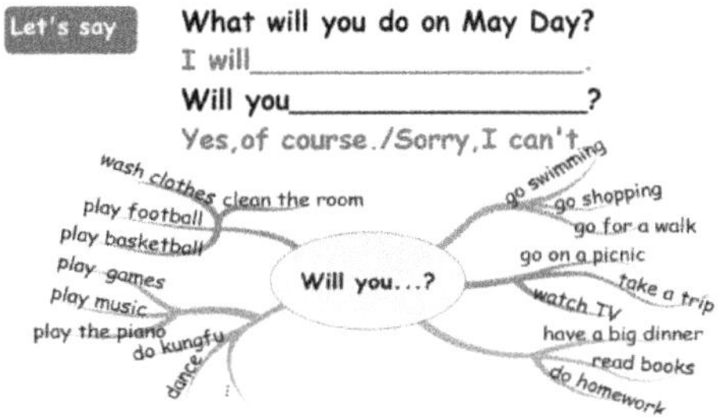

图1

2. 启发学生猜测，激活学生思维

牛顿有句名言："没有大胆的猜想，就不可能有伟大的发明和发现。"启发学生大胆猜测有助于激活思维，提高学习效益。当学生谈论完自己的"五一"计划后，教师抛出问题"What will Zoom do on May Day holiday?"，引导学生进行大胆猜测"Maybe he will..."，以激活学生已有生活经验。基于对Zoom的已有了解，结合它贪吃、贪睡、贪玩的性格，学生的猜测便会趣味横生；然后再通过小组看图猜测活动，培养学生的交流能力和读图获取信息能力。

3. 深入研读故事，理解主题内涵

Watch and answer. 基于学生猜测，教师追问"Will Zoom play with his friends?"，通过观看完整故事动画，学生便能获得意外答案"No, he won't."。

Read and discuss. 引导学生深入研读故事和讨论，找出Zoom为了唱歌考试而每日练习唱歌的原因，体现了Zoom不受干扰、专心学习的好品性。

Look, guess and say. 再次启发学生猜测"Can Zoom sing well?"，学生通过阅读和观察图片，可以得到肯定的答案"Yes, he can."

Read, discuss and answer. 教师再次追问"Why can Zoom sing well?"，学生通过细致研读和讨论，找出不擅长唱歌的Zoom从担心唱歌考试到最后考试受到老师的赞美的秘诀，即日复一日、专心致志坚持练习。并让学生欣赏高技术编制的Zoom从完全跑调到日渐进步的一个个唱歌练习音频和最后考试的精彩动画表演，通过视听体验让学生真正理解"Practice makes perfect."的主题内涵。

通过本环节的学习，使学生在已有的知识经验和语篇主题之间建立联系，发现认知差距，从而对学习形成期待。在学习理解的过程中，以解决问题为目的，引导学生通过获取与梳理、概括与整合等活动，学习和运用语言知识、语言技能，建立信息间的关联，形成新的知识结构，感知并理解语言所表达的意义。

（三）精设应用实践活动——逐步内化主题

《义务教育英语课程标准（2022年版）》指出："关于应用实践活动，教师要把握描述与阐释、分析与判断、内化与运用等深入语篇的学习活动的要求。”

1. 梳理图文支架，复述故事梗概

根据故事要素，即故事发生的时间、地点、人物和发展，梳理本课故事图文支架，师生依据支架，复述故事梗概。并通过描述、阐述和分析 Before the singing contest 和 After the singing contest 两个场景，对比 Zoom 的不同行为活动态度，向学生渗透“Learn while you learn, play while you play.”的学习活动观念，促使学生在学习过程中既能做到专心致志、全力以赴，取得优异成绩，又能劳逸结合、适时放松，培养学生热爱学习、热爱生活的意识，形成正确的人生观，成为身心健康、有理想、有担当的好少年。

2. 欣赏完整动画，感受故事内涵

让学生欣赏完整的动画视频，不仅可以让学生感受故事中各角色的语言表达特点和标准优美的语音语调，以培养良好的英语语感，同时还可以帮助学生从每幅图片小整体的感知过渡到故事语境大整体的学习中，进一步内化和懂得“Practice makes perfect.”的含义。

3. 分组表演故事，内化主题意义

学生分小组有选择地表演故事，然后教师随机选择其中的几组进行展示（活动要求为：学生五人一组，可以演整个故事，也可以选择其中的两幅到三幅图进行表演）。首先，为学生提供选择机会，充分体现了基于学生立场的教学理念，尊重学生的个体差异和自主意识，有助于充分挖掘学生的学习潜能，培养学生的想象能力和创新能力；其次，五人一组小组合作，能很好地培养学生的合作意识和团队精神，同时培养学生的角色意识，发展学生的英语交流能力；此外，分层评价学生的表演展示，促使“教—学—评”一体化，让学生体验成功，使隐性的语言学习转化成显性的语言交流和角色表演，有助于内化故事主题，达到真正的语用目的。

通过以上应用实践活动，引导学生基于所形成的结构化知识开展描述、阐释、分析、应用等多种有意义的语言实践活动，内化语言知识，巩固结构化知识，促进知识向能力的转化，加深对主题的理解。

（四）妙设迁移创新活动——升华主题意义

《义务教育英语课程标准（2022 年版）》指出："关于迁移创新类活动，教师要把握推理与论证、批判与评价、想象与创造等超越语篇的学习活动要求。"本课迁移创新活动从最后一幅图 Cat 邀请 Zoom 去游泳的情景图中，找到迁移创新点，教师提供重新拼组的图文支架，让学生五人小组合作，展开适度想象，续编一个新故事。由图可知，续编故事情境合理，便于学生运用本课所学的核心词句，也能根据自己的喜好和水平进行适度的创新。然后再通过评价主人公的观点和行为，加深对主题意义"Practice makes perfect."的理解，创造性地解决新情境中的问题，理性表达情感、态度和观点，促进能力向素养的转变。

通过以上迁移创新活动，使学生获得了全新的学习体验，学生积极主动地续编新故事，不仅成为新知识的建构者，同时也成为"Practice makes perfect."主题意义探究的主体，在迁移创新活动过程中升华主题意义，确保达成本课教学目标。

四、教学案例（片段）反思

本课故事教学基于学生立场，以主题为引领，以语篇为依托，践行英语学习活动观探究主题意义。首先，在学习理解活动中，坚持学思结合原则，通过猜测、观图、阅读、讨论、视听等活动，特别是让学生欣赏精心录制的 Zoom 日渐变化的唱歌练习音频和完美的考试动画视频，真正让学生在体验中学习并感知主题意义"Practice makes perfect."；其次，在应用实践活动中，坚持学用结合原则，通过欣赏整体故事动画、复述故事梗概、自主小组表演等活动，让学生在实践中应用核心语言，内化故事内容，逐步深入主题；最后，在迁移创新活动中，坚持学创结合原则，巧妙抓住故事迁移创新点，让学生合理续编故事，解决新情境中的问题，提升学生英语综合素养，升华"熟能生巧"的故事内涵。

五、实践导师点评

本案例描述的是一堂生动又有意义的故事课。作者以“主题意义探究”为主要抓手，紧扣“Practice makes perfect”，从主题导入到故事的有层次阅读再到迁移创编新的故事，充分彰显新课标精神，让语言学习不仅有情境而且有意义，是一堂具有丰富语用空间且充满智慧趣味的好课。从案例描述的角度来看，整体行文流畅，主题鲜明。但反思部分比较潦草，若能设置几个视角，更加深刻地表述自己在上课之后的所思所获会更有意义。

沈雨
温州市教育教学研究院，教授级中学高级教师

刘雪梅

“What does he do?”单元整体设计

一、 教师简介

刘雪梅

小学英语教师，就职于丽水市秀山小学，高级教师，丽水市小学英语教学名师，浙派名师、绿谷名师培养对象，浙江省教育智慧讲师团讲师。曾获“丽水市教科研先进个人”“丽水市精准教学先进个人”“丽水市优秀智慧教育讲师”等称号，曾获“全国优质课资源评选、微课资源评选一等奖”“省中小学教师技能评比二等奖”，承建浙江省优秀精品课程5个，多个课题、多篇论文在省、市级立项、获奖，曾赴四川、重庆、甘肃等省市送教及教学交流。

二、 课堂教学思想

小学英语课程围绕核心素养确定课程目标，注重单元教学的整体性，秉持英语学习活动观组织和实施教学。在日常教学中，我主张以“单元整体”作为教学的基本单位，在单元整体教学设计和建构过程中，以语篇研读为逻辑起点，整体解读语篇内涵，优化学习任务设计，带领学生参与、体验学习理解、应用实践、迁移创新几个不同阶段，整合性地学习语言知识和文化知识，深入探究单元主题意义，进而发展学生语言能力和思维品质，形成文化意识和提升学习能力，促进学生英语学科核心素养的发展。

三、教学案例（片段）

人教版小学英语教材（三年级起点）每个单元均围绕某个主题展开，具有相对完整的语境和有意义的语言。六年级上册第五单元“What does he do?”以“职业”为话题展开谈论常见职业及相关生活，有着融合度大、涵盖面广的特点。我尝试从单元整体出发，整合教学资源，深入语篇分析，带领学生探究主题意义，实践并完成相关学习任务，让学习真正发生。

（一）厘清教学资源，提炼主题意义

这里的教学资源是教材、学生、社会等因素的综合体。我通过深度分析解读教材内容，充分激发、唤醒学生已有生活经验，综合分析当代社会的需求，将单元教学内容聚合成结构化的学习材料，判断主题语境，挖掘其育人价值，进而探究单元主题意义。

1. 纵横解读教材

纵观人教版教材体系，与本单元相关的知识内容有“家庭”“职业”“个性”“爱好”“地点”“出行方式”等，涉及多册内容，其中“职业”从四年级上册的 jobs 上升为 careers，内涵更丰富。

横向对比兄弟教材（苏教版、沪教版、湘教版、鲁教版等）同一话题不难发现，人教版教材侧重对他人职业的谈论，而兄弟教材侧重对个人未来职业的规划和设想。相较而言，人教版教材中对个人职业生涯规划的内容欠缺，需给予补充。

横向分析本单元各课时之间内在联系，单元围绕 Career day 大背景展开对家人职业及相关内容的介绍，并讨论爱好与职业之间的关联。但教材对职业种类介绍较少且不够深入，这一方面也需适当补充。

2. 深挖真实学情

六年级的孩子从懵懂少年逐步走向独立、成熟个体，对一般职业有初步

感知，但缺乏深入体验，对未来职业充满好奇和憧憬，却缺乏合理规划的能力，需要教师在教学过程中及时引导与帮助。

3. 明晰社会需求

孩子们身处利用信息技术促进产业变革的4.0时代，社会职业结构变化大，他们对社会变化的洞察力和应对力需要教师给予帮助。

基于以上三方面"教学资源"分析，我在本单元教学中适当增加职业多样性、职业理解力与规划力相关内容，如：提供未来多模态职业相关的群文阅读资料、职业规划及坚持梦想相关绘本等。在此基础上，结合本单元的主题语境——"人与自我""人与社会"，我把本单元的主题意义定为：深入认知职业，初步规划职业。

（二）主题意义引领，构建学习任务

根据单元主题意义，我开始整体设置单元总目标，并在此基础上设计分阶段、有逻辑、相关联的分课时目标，明晰课时任务，促进师生共建并完成相关学习任务。

1. 分解单元主题

在"深入认知职业，初步规划职业"的单元大主题引领下，结合整合后的教学资源，我将本单元的小主题设置为：拓宽对不同职业的认知广度(Careers around us)，丰富对相关职业的认知深度(Deeper understanding of different careers, Advice for future careers)，对未来职业的规划及感悟(My future career, Be loyal to my dream)。分解后的小主题架构起主题意义探究的整体桥梁，引导学生在拓宽职业认知宽度和广度的基础上，对自己的未来职业进行初步规划。

2. 构建学习任务

单元小主题的学习与探究依赖于单元学习内容的重组与学习任务的设计。我通过教材中 Career Day 的话题语境，将零散学习内容进行建构、重组，在语境中设计紧扣话题的学习活动，并设计循序渐进、层层深入的学习任务，帮助学生深入探究主题意义。

在各小主题的探究过程中，学生在同桌对话、小组讨论等活动中完成

“家庭职业卡”“介绍家庭成员职业信息”“选择自己最想体验的职业”“综合分析信息完成职业体验卡”“帮助同伴完成职业建议卡”“设计自己2050年的名片”“给未来自己写邮件”“阅读绘本完成记录卡”等学习任务，经历渐进式、螺旋递进的任务学习体验，不断深化对主题意义的认知。

3. 细化任务目标

在各小主题的意义引领下，结合课时任务本身，我设计了对应的细化任务目标，以便学生能在螺旋渐进的学习活动中逐步完成任务。

(三) 问题驱动任务，互动产出成果

1. 优化问题设计

单元整体教学的推动，很大程度上依赖于有逻辑、有层次的问题链设计。因此，我在每个学习任务进程中，将各小主题的核心内容问题化，整合出几个“核心问题”，即 What careers do you know?/What do you know about your family members' careers?/What careers do you want to experience?/How can you be a...?/What do you think of your career life in 2050?/How to be loyal to your dream career?

从以上问题的设置可以看出，不同任务所解决的核心问题虽不同，但每个问题相互联结、层层递进，形成环环相扣的问题驱动链。由驱动性问题链来牵引学生在互动中进行指向性的体验、参与、实践，在解决问题的过程中自然而然地完成对应活动任务。

在实际操作过程中，每个核心问题还需要一定子问题来搭建小步子，为学生深入学习和完成学习任务搭建桥梁。如小主题三 Advice for future careers，借助本单元 Read and write 阅读材料，通过 What does... like?/What is... good at?/What careers can...choose?等问题引导学生阅读获取相关文本信息，并将“能力”“爱好”“态度”等方面融入职业分析和选择中。再以“Where will you work?/What will... often do then?/How will... go to work?/Who will... work with?”等具体问题追问伙伴，以帮助伙伴明晰未来职业状态，最后以“What should you do to be a/an... in the future?”帮助伙伴从未来设想回到当下现实，分析当下该采取的行动，以实现未来的理

想职业。通过问题的层层剖析，帮助伙伴形成“职业建议卡”，这既是对前面课时所学的运用，也为后面课时学习提供知识储备和任务素材。

2. 互动助推成果

问题链的设计和实施能帮助学生启动思维，搭建起探究主题意义的可操作桥梁。而在这一过程中，学生并非独自思考与实践，而是带着各自的个体经验与合作伙伴进行深度互动、表达想法、交换意见，从而完成学习任务，形成对应的成果。

如在“职业建议卡”互动环节中，学生首先在与同伴的对话中阐述个人未来职业的设想；紧接着，小组深入探讨达成该理想职业所需的必备品格和关键能力，为同伴梳理、收集有效建议；再将意见整理成文，写在“职业建议卡”上。在这个过程中，孩子们通过互动，不断调整和修正，为任务成果的形成提供一定保障。

（四）多元展示成果，持续评价跟进

从每课时的任务设置中不难看出，本单元通过不同形式的任务来呈现学习成果。我提倡以个人汇报、小组合作等多元形式展示任务成果，并通过评价量表开展多维持续评价。

1. 多元展示成果

指向主题意义探究的单元整体学习成果有着阶段性、持续性、多样性的特点。因此，在教学过程中，要给予学生充分展示任务成果的时间，鼓励学生以多种方式展示任务成果。本单元各课时学习任务大多需要在观点阐述、小组讨论中完成，并通过内化，从说落实到写。

如小主题三，Advice for future careers 话题中，要完成“综合分析信息完成职业体验卡”“帮助同伴完成职业建议卡”两项任务，学生要经历以下任务成果呈现过程（见图 1）：

首先，结合自己完成的“职业体验卡”，与同伴交换信息，完成对话一。其次，在 read and write 文本学习与分析之后，学生结合“能力”“爱好”“态度”等方面元素，深入探讨未来职业选择，完成对话二。最后，学生整理以上对话过程中收集到的信息，经过分析、整理，形成文字，并在“职业建议卡”中

对话一：

A. What career do you want to experience?
B. I want to experience as a vet.
A. I see. You want to work in a pet hospital in the future.
B. Yes, that's right.If it is near my home, I'd like to go to work on foot.
A. That's good exercise.But if it's far from your home, how will you go to work?
B. I will go by bus. I don't like driving a car on the crowd roads.
A. What will you often do when you are at work? Will you take a shower for the pets?
B. Yes, I will. I will take care of the pets.
A. What do you think of being a vet in the future?
B. In my eyes, to be a vet is really cool.
A. Yes, it's interesting.

对话二：

A. You are kind and hard-working. And you know so much about animals. But do you have any other hobbies?
B. Yes,I also like taking videos and pictures of animals.
A. So, are you good at making videos?
B. Actually not.
A. Maybe you can take some classes about making better videos.
B. That's good advice. What else should I do?
A. Study hard. You have to study in a good university before being a vet.
B. Yes, I agree. So that, I can work in a good pet hospital with super vets.
A. That's right.

文本三：

Advice for Bill's future career

Bill is my friend. He is a kind and hard-working boy. He likes visiting zoos and taking videos.He knows a lot about wild animals.He is good at taking care of animals.

I think he can be a vet in the future. He will work in a pet hospital with other vets. They will help the pets stay healthily and take a bath. They can take videos for cute pets, too. To be a good friend of the cute pets is amazing and cool.

But how to be a supper vet? I think Bill should study hard now. When he grow up, he can go to a university and study about animals. He should also learn how to take videos better, too.I believe he can make his dream come true in the future.

图 1

成文，完成文本三。

2. 量表外显评价

明确的、持续的过程性评价是单元整体学习的重要保障。因此，制定易理解、易操作、持续性的评价量表尤为重要。制定评价量表时，表中所列的每一个“学习任务”都以“任务学习目标”作为评价参考标准。每一条标准之间联结密切、层层推进、清晰明确，便于操作。学生通过自评、小组互评、教师评，发现完成任务过程中的优缺点，在比较中反思、在反思中调整、在调整中优化，实现对主题意义的深入理解和感悟。

从本单元实践来看，指向主题意义探究的单元整体教学作为一种教与学的方式，是新课标引领下践行“教学单元整体性”的有效尝试。

四、教学案例（片段）反思

在新一轮课程改革以单元整体学习落实核心素养培养的主张下，指向主题意义探究的单元整体教学，从单元整体出发，充分考虑学情，整合教学资源，设计有意义、可操作、可持续的学习任务，以序列化问题引发学生主动参与、深度思考与体验、关联并整体建构知识体系，持续探究主题意义。同时，以积极的评价和反馈保障学习的动态发展，进而实现单元主题意义深入理解。一方面，有助于教师围绕“主题意义”组织单元教学，实现“知识单元”向“学习单元”转化；另一方面，有助于学生发挥“主体地位”建构知识体系，推进“浅层学习”向“深度学习”转化，进而发展学生语言能力，提升思维品质，形成文化意识和提升学习能力，促进学生英语学科核心素养的发展。

五、实践导师点评

刘老师以PEP教材中的一个单元作为研究对象，开展“指向主题意义探究的单元整体教学”探索与实践，为我们提供了一条明晰的实施路径，即：解读教学资源，探究主题意义；整体设置目标，构建学习任务；问题引发互动，推进任务进程；多元展示成果，持续评价优化。这是践行新版课程标准，尤其是践行“注重教学单元整体性”的大胆尝试。

郑文

浙江省教育厅教研室，正高级教师

吴海燕

英语对话课教学案例
——以人教版四下五单元“My clothes”中“Let's talk”为例

一、教师简介

吴海燕

高级教师，就职于浙江省丽水市莲都区大洋路小学教育集团。曾获浙江省教改之星、浙江省课堂教学能手、丽水市学科带头人、丽水市教科研先进个人、莲都区首届拔尖人才、莲都区首届十佳青年教师等荣誉称号；多次在浙派名师风采展示、浙江省疑难问题解决、浙江省百人千场送教等活动中承担示范课或讲座；主持和参与多项省市区级课题研究，取得显著成果；有数十篇论文在各级各类比赛中获奖或发表。在教育教学中，始终秉持着“把书本捧在手上，将孩子装进心里”的理念。

二、课堂教学思想

对话课是小学英语课堂的重要组成部分，在教学中承担着促进和提高学生听、说、读等方面的技能及语言能力的重要使命。在人教版小学英语教材中，每一篇 Let's talk 都提供了相配套的情景、话题、图片、音像、活动等。在日常教学中，教师要充分认识和把握对话教学的课型特点及功能意义，重视其在培养学生“说话”方面的价值，挖掘教材，活用教材，巧妙结合教材内容，积极创设丰富的语境，围绕语篇意义设计体验、模仿、理解、应用等体现逻辑关联的语言实践活动，鼓励学生大胆开口、勇于表达、乐于参与，帮助学生建构知识体系，努力让课堂成为学生自主交流的平台，从而真正提高对话教学的实效性。

三、教学案例（片段）

本课时教学内容为人教版四年级下册第五单元 My clothes 中 Let's talk 板块，是该单元的第一课时，一堂典型的交际型会话课。教材通过体育课结束时 Amy 与体育老师关于物品归属而展开对话的情景，让学生感知核心句型“Is this John's? Yes, it is./No, it isn't. It's Mike's. Are these yours? Yes, they are./No, they aren't. They are Chen Jie's.”的语义及语用情景，学会询问确认物品的主人，并在实际情景中自然运用。

语言学家赫德利（Hadley A. O.）认为：语言必须在语境中才能被理解。在语境中学习和运用语言是最高效的语言学习方法（陶丽洁、计晓敏，2016）。如何营造直观、有趣又贴近生活实际的语境呢？我认为最有效也最便利的是充分利用好人教版教材。如叶圣陶先生所言：“教材无非是例子。”教材是听说读写的范例，是教师教学的依照，是学生学习的资料。

（一）依托主情境图，积极预测，引入话题语境

主情境图，又称“蝴蝶页”，是人教版教材的重要组成部分。它直观形象、简洁明了，整体把握了单元主线，各课时内容围绕其螺旋式展开，对整个单元的教学起着提纲挈领的作用，教师要依托主情景图，设计有效问题，引导学生积极预测，从而自然地导入话题，帮助学生整体感知主要语言结构，构建思维框架。

本单元的蝴蝶页，呈现的是一幅孩子们在公园里游玩的场景，公园里散落着孩子们遗落的物品。以此为切入点，创设情境：It's a Sunday morning. The children are playing in the park. 自然地呈现主情景图，并契合教材实际的需求，设计了两个问题，引导学生预测。

随后，我安排了 Listen and choose 活动，通过播放蝴蝶页的对话内容，向学生展示核心语言材料，让学生在整体情境中初步感知语言，同时也帮助教师了解学生是否理解情境。最后，呈现图片和文本，让学生跟读，引导学生仔细观察图片，整体感知主要语言结构，让文本内容从静态走向动态，赋予文本鲜活的生命。

（二）依托对话的图片资源，解读文本，获取对话信息

除了主情景图，人教版教材的对话课板块图文并茂，丰富的情景资源紧扣语言内容，真实展现了语言的运用情境，为孩子们提供了对话学习的宝贵场景。教师在研读教材时，应充分利用这些资源，深入情境，帮助学生更好地解读文本，理解对话，获取信息。

本课中，热身复习后，我抓住主情景图寻物体主人这个衔接 Let's talk 板块的信息点，顺势提问：What about this hat? Is this John's, too? 为进入 Let's talk 的教学做好情境铺垫，实现了从热身到新授的顺利过渡。提出问题后，又安排学生听音选择答案，核对答案时顺势提问：How do you know that? 引导学生到文本中找出依据，最后呈现对话文本。

初步呈现文本后，教师并没有止步，而是继续设计了 Listen and imitate, Read in group, Role-play 和 Good memory 四个活动，从听、读、演、记忆等方面进行训练，旨在帮助学生进一步熟悉对话、理解对话和加深记忆。

（三）依托教材的文本信息，延续话轮，巩固核心句型

教材中的课文都是一些经典的范文，是实现师生对话的极好的例子。教师要加强对文本的研读，深度挖掘文本信息，并通过设置问题，鼓励学生适当延续话轮，提炼核心语言，丰富语言输出，促进更真实的交际。如在熟练掌握对话后，老师利用文本中 Mike' hat、Chen Jie's shoes 的细节，延续情

境和话题，引导学生将物品归还主人，进一步巩固了核心语言的运用，扩充语言的产出。

在这一环节中，老师在深入解读对话时，抓住一些关键点，引领学生顺着教材的话题，结合目标语言，开启巩固性的对话表演，从而真正实现有意义的交际性对话。

（四）基于学生的生活经验，创设语境，提升语言能力

一堂成功的外语课，“在输出活动中，注意创设真实的、与问题解决紧密关联的语境，引导学生根据正式或非正式场合，选择得体的方式进行沟通与交流”。因此，在 Production 环节，教师需要通过创设富有生活意义的语用情境，引导学生在具体的情境中自由得体地表达。本课中，我结合德育处正在开展的“请把你的好朋友领回家”失物招领活动来拓展话题。在 PPT 的辅助下，利用倡议书、图片、实物等创设联系生活的情境和场景，引导学生运用功能句型，进行拓展性对话表演。学生们的整个拓展对话，都紧紧围绕本节课的目标语“Is this yours?/Are these yours? Maybe it's/they're...”展开，层层递进，既有“保底”要求，又有提升目标。这些活动的设置基于文本，但又高于文本、广于文本、深于文本、活于文本。学生在真实语境中多角度地运用目标语、体验语言的同时，在“情”和“境”的合力之下，引起情感共鸣，得到思维训练，理解性、应用性的对话表演油然而生。

四、教学案例（片段）反思

在本课教学中，我紧扣单元话题和功能，挖掘教材潜力，创设语言情境；重视语篇的整体性输入，强调语境的完整性，采用“听音反馈、朗读训练、拓展表演、提升语言能力”的整体推进模式进行教学，有助于学生感知、理解和运用核心语言的语义及语用情景；同时，设计了丰富且有梯度性的语言实践活动，引导学生在活动中激活思维，积累语言经验，实现有意义的沟通与交流。但是，由于过分重视语篇语境的完整性，弱化了对核心语言的细节分析和操练，导致少部分基础薄弱的同学在听读上还存在一些困难，在课堂上如

何帮助他们获取更大的进步，需要继续努力。

五、实践导师点评

语言的实质是交际，交际的环境是生活。在本课中，教师紧扣话题和功能，深入挖掘教材资源，合理利用图片、音像、主情景图等资源，丰富语篇内容，为学生的学习和交际注入了活力；创设真实语境，引导学生在情境中感知、在活动中操练、在生活中运用，实现了从知识到能力的转变；积极设计丰富的活动，引导学生通过预测、讨论、交流等方式，在活动中学习和使用语言，真正实现了为交际而教，为交际而学。

郑文
浙江省教育厅教研室，正高级教师

叶小燕

小学科学五上第三单元 《时间在流逝》

一、教师简介

叶小燕

女,2011 年毕业于绍兴文理学院,云和县实验小学科学教师,中共党员。丽水市"绿谷双名工程吴韦春、陶然导师小组成员",从事教育教学工作 10 年,热爱教育事业,注重日常经验积累,积极上进,严格要求自己,不断提高认知与业务水平,曾获得丽水市学科带头人、丽水市教坛新秀、丽水市优秀科技辅导员、云和县优秀共产党员、云和县先进工作者、云和县优秀班主任、云和县优秀学科教师等荣誉称号。

二、课堂教学思想

本课从对一分钟的感性判断和理性认识,到多个方式体验一分钟的长短,再到最后想办法用有规律的事物理性地估计更长的时间。整节课从感性到理性慢慢丰满对时间的感知,引导学生在体验中纠正错误的前概念;学习判断时间长短的直接和间接经验,促使学生形成观察和讨论生活中常见现象的好氛围;让学生体验感性判断与事实的不同,养成在探究中寻找事实证据的习惯;通过拓展应用激发学生对后续内容的学习欲望,激发学生对如何比较准确地测量时间的思考。整堂课从学生的生活经验出发,以图片的形式触发回忆,用丰富多彩的活动创造良好的体验和深刻的记忆,循序渐进地让学生掌握初步估测时间的方法,做到既轻松愉快又充分探究和深入思考。

三、教学案例(片段)

(一)创设情境,唤醒经验:初识时间的意义

1. 引入时间

教师带领学生回忆上一次的见面,用语言与学生交流对时间的感受,同时点题。

2. 时间表示"几点几分"和"时间间隔"

教师展示学生比较熟悉的日常生活场景图片(学生做广播操、正午影子、夕阳西下、树的年轮、人从小到大的变化),提出问题:在这些图里,你能看到时间的踪迹吗?

【设计意图】与学生交谈,暴露学生对时间的前概念。再通过几幅图告诉学生时间的一个意义是表示几点几分,而另一个意义代表着一个时间间隔,意味着时间已经流逝,同时借此能给学生引导,通过对身边事物的观察可以大致估计时间。树的年轮和人的成长都是学生在生活中对时间流逝最真切的感受,放在这个环节,希望学生能把抽象的时间生活化。

(二)探究估量时间的方法:体验一分钟

1. 让学生用自己的方法去判断时间的长短

在教师的组织下,学生集体做三个活动:①请同学们站起来,抬起你的右脚,双手举起来,保持这样的动作一段时间;②看一个有悬念的猫和老鼠的动画片;③看一段高倍速度播放的食物腐败视频。并且提问:在这三个活动中,你觉得哪个活动的持续时间最长呢?哪个时间最短?让学生发表自

己的感想，并追问学生：你是怎么想的？让学生说一说自己判断时间长短的方式方法。

【设计意图】学生对时间的前概念是模糊的，甚至他就是完全依赖感觉去判断时间的长短的，又或许他连时间长短的概念都是没有的，通过比较这三个时间都是一分钟的活动，让学生的思维产生冲突，加深学生印象，正确地认识到通过感觉来判断时间是会带来误判的。同时通过学生自己的探讨完成教学科学概念的目标，认识到当人在开心快乐时感觉时间过得快，伤心难过时感觉时间过得慢，实际上时间是以不变的速度在流逝的。

2. 感受一分钟能做一些什么，验证估测时间的新方式

教师提供一分钟世界吉尼斯纪录表，让学生从阅读中接收一分钟能做什么的间接经验。并提问：那我们一分钟能做什么呢？让我们一起来感受一下。教师组织学生对记录单上的 3 个大活动进行探究：①测量脉搏的活动；②写“正”字；③朗读朱自清先生的《匆匆》。并且提问：完成活动后，你发现新的办法来估计时间了吗？同时，让所有学生选择自己的新的估测方法，来实践检验，看看谁的估计比较准确。最后，请估测时间误差在 5 秒内的同学讲授自己的经验。

【设计意图】通过活动让学生体验一分钟能做些什么，进而让学生认识到每个人在一分钟能完成的量是不一样的，如果需要通过观察一分钟能干什么来判断时间走过了一分钟的话，首先要确定对象是不能变的，所以事先要亲自去测量自己的数据，然后才能为接下来一分钟的判断做好铺垫。

（三）拓展运用：探讨估测更长一段时间的办法

教师通过总结上一个活动的经验，提问“一堂课过去了多久”，通过活动引导学生思考和掌握运用规律去估测更长的一段时间。

【设计意图】对一分钟的估计，实际上是找到了一分钟做某一件事情的次数规律，然后根据这个规律去判断一分钟。它是在本单元“时间的测量”这个大概念范畴里面的，和后面的教学内容（利用太阳光下影子变化的规律，利用水滴滴速不变的规律和利用摆的等时性的规律来计时），内容和思想上都是衔接，是一脉相承的。

(四) 整体评析

1. 精心设计活动，纠正学生的前概念

在大部分的五年级同学眼里，时间是个很熟悉的概念。在“哪个活动所持续的时间最长”和“哪个活动更加接近一分钟”两个问题的探讨中，看似简单的改变，却起到了意想不到的效果。原来在学生心目中一分钟的长短是不一样的，而且大家对同样的一分钟流逝也表现出了很多的不同感受。三个一分钟在学生的感受里变成了长短不同的三个一分钟。而且大家还对到底哪个活动更加接近一分钟做了探讨。

2. 丰富学生体验，发挥起始课作用

这是一堂单元起始课，内容安排难度不高却很丰富。五年级的学生的前概念里有表示几点几分的时间，也大致能够知道每天的几点几分我们通常都在干什么，或者太阳大致在什么位置。但是前概念里最薄弱的地方在于对一分钟时间和一秒钟长短的把握，所以我就把重点放在了对一分钟和一秒钟的体验上。为了让体验更加丰富，我安排了三组活动和三次安静感受一分钟的流逝。所有的活动紧紧围绕一分钟的体验展开，丰富学生的体验，发展时间概念，为后面的深入学习做好铺垫。

3. 围绕“核心概念”，发展学生的认知

《时间在流逝》安排在了“时间的测量”这一单元里，作为起始课必定有其重要的意义。接下来两节的内容是利用阳光下物体影子的变化规律和利用水滴滴速的规律来判断时间的长短，再接下来则是对摆的研究，最后则升华为能制作一个较为准确地计时一分钟的工具。整个单元的内容是层层递进、螺旋上升的，紧紧地围绕着“如何更加准确计时”而展开。实际上第一节课的内容就是在引导学生如何进行时间的测量，只不过选择了“感觉”这一个最简单和原始的办法。在得出结论“依靠感觉测量时间并不准确”之后才有了改进测量办法的进一步思考。所以一定要有这么一个环节让学生自由地去思考，还有没有更好的办法来较为准确地计量时间。

4. 合理安排探究与交流，形成科学概念

“你有什么办法来计量更长的一段时间吗”“你来解释一下你的办法”

“为什么这样计时比较准确”三个问题层层递进，让学生的思考更加地深入。当然学生也总能想出更多值得探讨的问题，这时候我们就可以来分析和总结能计时的办法和不能计时的办法，最后引导学生发现，有规律的事物是可以用来计时的。

简单的体验课是快乐的，有探究和思索的体验课是深层的，对学生而言，自己发现并且总结出来的办法或许印象更为深刻，也是最好理解和接受的。概念是抽象的，但是推理和探讨出来的结论却是生动的。如果学生能够用自己的想法去定义一个概念，那也是很不错的。所以我想或许更多看似简单的课也可以想办法让学生的思绪飘得更远，让思考更为深入。

5. 感受音乐，抒发与体验情感

无忧无虑的小孩又怎么会有太多对时间飞逝的感受呢？在小学阶段学生珍惜时间的意识是非常薄弱的。科学作为一门必修课，同样肩负着情感教育的责任，让学生养成爱惜时间的良好习惯，这比学习多少关于时间的概念知识都要强。借着《时间在流逝》这节课，告诉学生时间总是不断以不变的速度在流逝，不以人的意志为转移，我们要珍惜相处的每分每秒，然后再通过数字的对比，让学生体会时间的珍贵。希望孩子们从此刻起珍惜美好的童年，珍惜有限的时间。

四、教学案例（片段）反思

这节课过程流畅，逻辑清晰，时间安排也比较合理。作为单元起始课，学生的体验很丰富，学生对时间的前概念也有了一些向前的发展。从“时间的测量”单元大概念看，学生对“如何更加准确地判断时间的长短”也从原来的感性的“感觉”上升到了理性的“寻找规律”。学生在不断地实践和描述事实与自我感受中，逐渐形成一些规范的概念性的表述。每部分活动都非常注重课堂的生成，也做到了以学生的概念发展为主线，但是学生在课堂上的主体地位体现仍然是可以再提高的，在接下去的实践中，我将先从精简体验活动入手，通过提高活动效率来增加学生的自主探究，比如可以尝试让学生更充分地思考和阐述有关时间测量的观点，实践自己提出的更有创意和价值的想法。

五、实践导师点评

叶小燕老师在执教《时间在流逝》一课时围绕“时间”这一核心概念，实现了教师教学方式转变促进学生学习方式改变，让学生在观察、体验中像科学家一样去探究。明显呈现了单元起始课的特点，充分挖掘学生前概念，既完成本课的教学目标，又实现对整个单元的总引领作用。整个学习过程在“探究—研讨”中进行了多维体验，构建了“生活经验聚集—活动设计关联—思维互动研讨—科学概念建构”的立体教学结构，在科学教学中落实了核心素养。

吴韦春
庆元县城东小学，党总支书记、校长，省特级教师，正高级教师

毛艳燕

游戏案例：搭建游戏中的“平衡”

一、教师简介

毛艳燕

松阳县第二实验幼儿园保教主任，教龄24年，一直坚持在一线岗位任教，用爱心接纳每个孩子，用慧心组织开展各种活动，用细心获得家长信任支持，用恒心收获累累硕果。曾获丽水市教改之星、市明星教师、市教坛新秀、市学科带头人、松阳县优秀班主任、县学科带头人、县教育系统先进个人、首届松阳县最美教师等多项荣誉称号。

二、课堂教学思想

游戏是幼儿园的基本活动，具有独特的价值，幼儿园的教育是通过游戏的方式建构和提升幼儿的经验，中小学的教育是通过上课的方式让学生学习系统的学科知识，这是幼儿教育和中小学教育最大的区别。中小学教师的教育重点是教给学生知识，幼儿园教师的重点是创造适宜的环境，提供丰富的材料，让幼儿在游戏中达成学习和发展的目的。所以在游戏中观察幼儿行为，分析其行为背后的发展，判断其发展水平，并提出支持发展的策略，用教师想让幼儿知道的知识去检视他们的行为从而帮助和支持其达成，是幼儿教师专业能力的重要体现，也是幼儿园专业特殊性所在。

三、教学案例（片段）

在众多的游戏之中，木玩搭建游戏以它独特的魅力深受不同年龄段幼儿的青睐。在搭建的过程中，孩子们是积极的实践者，他在不同的场域穿梭，依据自己的需要和设计，不断地改进和挑战搭建玩法。老师应该静候孩子们的探索和发现，观察分析他们的木玩搭建游戏，有意识地增加富有挑战性的内容，让孩子们在游戏中更进一步发展，引发他们多样的体验、思考与探究。

下面记录的就是大班孩子们在一次木玩搭建游戏中由一个“偶然问题”而引发的学习。

（一）第一次游戏

大家都在搭建自己小组商量好的作品，沛成一个人很认真地在构思他的设计。他用三块方形积木片做底座，一块长条积木横在上面，然后用两块长条各自横在一边，一层层往上搭建。由于一个人在搭，不能顾及两边，所以经常会往重的一边斜。他小心翼翼地两边一起放。他的搭建过程引起了我的关注，我静静地在一边拍照。（图 1—4 为沛成的搭建过程）

图 1

图 2

图 3

图 4

后来他还尝试着想站上去，最终因为没人帮忙，没能成功站到上面（图4）。时间的原因，游戏没有再继续。

游戏分享：在之后的分享中，我把小朋友的搭建照片逐一展示给小朋友们看，沛成的搭建过程引起了其他小朋友的兴趣，他们开始讨论。

嘟嘟：再搭上去肯定会翻掉。

我：为什么？

潘彧：因为不平衡。

我：平衡这个词用得好。

沛成：不会的，是因为时间不够了，我才没再搭上去。

嘉辰：我也觉得会翻掉，底下就那么一点点积木。

沛成：只要像天平一样，就不会翻。

师：你能把话说得更明白一些吗？

沛成：天平就是要两边都一样重，就平衡了。

我：哇，你能联想到天平游戏，很有想法。

其他孩子：下次我们都要试试看。

分析：潘彧虽然能说到“平衡”，但是还不能正确表达出概念含义，所以我特意强调了“平衡”这个词。沛成的回答让我惊喜，他能把自己的搭建联系到天平，原来幼儿是有经验的，而且通过已有经验来解决问题。这次游戏的分享让孩子们对于平衡产生了兴趣，也可以说，兴趣是让游戏持续下去的重要因素。

(二) 第二次游戏

第二天，大家继续在建筑工地进行搭建，这一次，很多孩子开始尝试沛成的搭建方式。沛成则去找来小伙伴——家睿，准备和他共同来搭建。

我问：今天为什么找好朋友一起搭？

沛成：我一个人不能一起放两边。(他想表达的是两人在两边一起放就不容易斜掉)

这次的搭建比上次要大，沛成和家睿一起边商量边共同搭建，一层层地往上垒高，最下面的一块长条板被压得越来越弯了。(见图 5—7)

图 5

图 6

图 7

游戏分享：回到教室，我把他们的搭建过程的视频投屏到电视上给孩子们观看，使他们直观了解，产生思考。这一次孩子们的讨论变得热烈，嘉辰关注到了一个细节，这个细节沛成和家睿两人在搭建过程中并没有发现。我马上意识到这是一个涉及杠杆原理的关键点。

嘉辰：我发现一个地方，其实是不平衡的。

我：我看沛成和家睿两边都放一样的东西，怎么不平衡？

嘉辰：左边其实比右边多了一块积木！（见图 8）

图 8

之前孩子们在关于天平的游戏中积累了“重的或多的一边会下沉、轻的或少的会上升”的经验，但这次观察到的结果却恰恰相反。我及时关注到孩子的认知冲突，为了进一步引发他们的思考，我有意识地让他们交流自己的发现。

我：为什么左边多一块，但两边却平衡了啊？

孩子们七嘴八舌开始讨论。

潘彧：我知道，可能是这边长一些，那边短一点。（边说边用手指左边和右边）

嘟嘟：最下面的木板，左边的板短一些，右边的长一些。所以短一点的多放一块，重一点就平衡了。

我：如果两边一样长呢？

潘彧：这样左边肯定就重了，不平衡了。

孩子们对自己理解的平衡开始商讨和记录，记录也是游戏的一部分，可以帮助他们进行思考、梳理、归纳，也可以让我及时倾听孩子们的想法，有效地捕捉教学契机。孩子们分享了记录之后，围绕木板两边长短不一的问题，又展开了讨论，虽然孩子们还不能很准确地画出，但也引发了对于背后的杠杆原理的思考。这次分享活动让大家对于平衡又有了新的认识：原来，能改变平衡的除了重量，还有距离的长短等可变因素。

其实如果要解决这个问题，需要还原当时的搭建场景，对其中的各个因素一一进行分析，但是我没有这样做，而是不断给孩子们抛问题，并且鼓励他们用自己的方式去思考、假设、求解，就算没有得出最终的答案，也没关系，因为我还可以为孩子们创造很多机会去探索。悬而未决的问题，或许能成为孩子们下一次游戏的动力。

（三）第三次游戏

这一次，孩子们已经不满足于单纯的搭建，他们开始利用自身的重量来探索平衡。琛琛和嘟嘟一人站在木板的一边，琛琛个子比嘟嘟高大，所以木板斜向他这边（见图 9）。

图 9

图 10

图 11

嘟嘟找来一些积木，抱在身上，试图让自己变重一点，以达到平衡。琛琛则试着用积木搭在另一边，想看看需要多少积木才能和嘟嘟达到平衡（图 10—11）。

游戏分析：一次又一次的搭建游戏已经逐渐演变成没有标准测量工具

的平衡探索活动，木玩积木成为孩子们不断深入探索的工具，他们无时无刻不存在的丰富想象和创造，让我很感叹。虽然支点的受力面积比较大，积木也不完全等重，得出的结论不是完全的精确，但从孩子们的不断探索和严肃认真的眼神里，可以看到他们敢于实践和实事求是的科学探究精神，这不正是我们的教育一直在追求的吗？

（四）第四次游戏

孩子们探索平衡的内容更加丰富了，从单点平衡到多点平衡（见图 12），从平行的平衡到三角的平衡（见图 13），从单一的平衡到组合型的平衡（图 14）……

图 12

图 13

图 14

在游戏结束后的分享活动中，我和孩子们围绕着不同积木的重量、接触点的大小、力矩以及同伴自己的协作等开展了讨论，我们的木玩平衡搭建探索也还在不断继续……

四、教学案例（片段）反思

（一）对于幼儿——专注游戏探索过程，提升探究能力

我们发现，幼儿在游戏中的探索性学习，往往比教师预设的科学探究活动更复杂更精彩。在游戏过程中，孩子的游戏行为是偶然的，但发现的问题却非常有价值，如：如何让搭建保持平衡。他们运用已有经验去解决，但在新的情境中发现和原来的经验产生了矛盾，如：两边的重量不一样，支点发生变化。在一次次的平衡探索中，他们学会了思考，思维活跃，探究能力和相关经验也获得提升，然后运用新经验去创造新的玩法，这是传统的科学活动所不能预设的。

（二）对于教师——准确捕捉关键问题，推进深入学习

在孩子们一次次的游戏中，我学习如何在观察中捕捉孩子的关键问题，如：第一次游戏后孩子提出平衡一词，第二次游戏他们对关键点的发现。这些问题为之后的游戏分享提供了充分的准备。在他们持续的探索中，教师准确捕捉关键问题，及时组织分享讨论，才能让孩子们不断地运用多种经验进行多次尝试，使探索往纵深发展，成为一个不断深入的学习过程。

五、实践导师点评

在这个案例中能感受到该教师对于儿童游戏的敬畏态度和专业智慧。她能葆有好奇地对幼儿看似简单重复的行为进行细致、持续性的观察，从中去捕捉儿童"新的学习方式"的出现；她会一对一地倾听了解儿童的想法并用适宜的方式与儿童互动；读懂孩子是如何反复调整材料在进行假设与验

证……就这样,通过如此翔实且深入的观察记录、分析解读,我们就有了更多与儿童分享游戏经验的机会和可能。

沈颖洁
杭州市西湖区学前教育指导中心,正高级教师

王云燕

大班语言《上楼下楼》

一、教师简介

王云燕

云和县实验幼儿园教育集团副园长，高级教师。2000 年 8 月参加工作，曾先后获得“丽水市学科带头人”“丽水市教坛新秀”“云和封面人物”“师德先进个人”“优秀科研教师”“先进工作者”“优秀班主任”等荣誉称号。曾多次在市级教学比武中荣获优质课、基本功一等奖；30 余篇论文在省市县各级期刊获奖发表；10 余项课题在省市获奖；编制的 3 项微课程项目分别获全国及浙江省一等奖；担任丽水市首部云和木玩游戏参考用书《木玩之旅》编委。

二、课堂教学思想

中国的传统文化源远流长，博大精深，文化经典灿若星河，有着其无比独特的魅力。随着儿童年龄的增长、经验的积累，他们对祖国上下几千年的悠久文化产生浓厚的兴趣，古老动听的民间戏曲、神奇的甲骨文演变、淡雅清新的水墨画……面对中国庞大的传统文化体系，他们有着强烈的认知探究和参与欲望。在幼儿园阶段可通过环境渗透、师幼共学、经典传诵等形式传承与发扬传统文化，以支持儿童深度了解传统文化并与各种形式的文化结构进行直接的面对面的对话和学习。在兴趣激发、文化创设、讲述经典、开展传统活动的过程中，引导儿童积极体验、感受、探究、分享，使其得到传统文化深厚气息的熏陶，进而助推传统文化课程的生长。

三、教学案例（片段）

绕口令作为一种特有的中国传统文化形式，蕴藏着丰厚的民间智慧，很符合大班幼儿的年龄及学习特点，亦是一种独特的文学表现形式。绕口令《上楼下楼》来源于生活且新颖诙谐有趣，它由若干个发音相同、相近的语、词有意集中在一起，如楼、头，上楼不下楼、下楼不上楼等组成简单、有趣的语韵，并要求快速念出，让幼儿读起来极具节奏感，妙趣横生。

本活动旨在帮助儿童了解中国语言的多元化与独特的语言艺术，激起儿童对中国语言文化的探究欲望，在感受中国传统特色文化的同时，推动传统文化主题活动的深入开展。

（一）“听觉”冲击，感受绕口令魅力所在

教学片段1：

教师：今天老师带来一段绕口令，请你们听一听。“白石塔，白石搭，白石搭白塔，白塔白石搭，搭好白石塔，白石白又大……”这是一段绕口令，一口气说下来才算好！

教师：听了有什么感觉？

幼儿：说得很快、很多字很像、很有趣、很搞笑、不小心会说错……

教师：是的，这就是绕口令的特点，语速很快，有些字发音很像，一不小心就容易说错，不仅好玩还很有趣呢。

设计意图：绕口令是语言文化中一项趣味十足的语言游戏，因为其短小简洁的篇幅却蕴含着极强的节奏感与趣味性，加之一口气急速说下来的要求，给幼儿以听觉上的冲击与享受。通过直观的第一感受，帮助幼儿初步发现绕口令的语速、节奏、易错以及妙趣横生等特点，从而产生学习绕口令的

浓厚兴趣。

(二)“图谱”支架，实现清晰理解效果

教学片段2：

(倾听教师《上楼下楼》绕口令后，出示完整绕口令图谱。)

教师：我说的绕口令就在这个图谱里，谁看懂了？

幼儿1：这一句是“上上下下、下下上上”。

(教师点击课件图谱“上上下下、下下上上”。)

教师：你是怎么认识它的？

幼儿1：这两个箭头表示上、下，合在一起就是上上下下、下下上上。

教师：对的，你们还看懂了哪一句？

幼儿2：楼上的人下楼。

(教师点击课件图谱：楼上的人下楼。)

教师：为什么觉得这一句是“楼上的人下楼”？

幼儿2：房子(图)表示“楼”，火柴人就是“人”，这两个箭头表示“上”和“下”，连起来就是“楼上的人下楼”。

教师：是的，理解得很正确。可以把这一句说得有节奏一点吗？

幼儿加入节奏：楼|上的|人|下|楼(教师身势动作引导有节奏地说)。

(点击课件图谱“楼下的人上楼”。)

教师：很好，那这一句和上一句有什么不一样？

幼儿：这一句和前面一句是相反的。

幼儿：楼下的人上楼。

……

(播放课件图谱“上楼下楼”。)

教师：这几个图标在一起表示什么？

幼儿：上楼下楼。

教师：对，我们今天学的绕口令就叫《上楼下楼》。

教学片段3：

(观察图谱)

教师：你们发现这则绕口令有什么秘密吗？

幼儿3：每个图最后都是“楼”。

幼儿4：还有一个是“头”，简直看晕了“头”。

教师：是的，结尾都有一个“楼”或者“头”，楼和头的发音听上去感觉怎么样？

幼儿：很像，会听错。

教师：对，这就是绕口令的特点，每个句子中都会有一个相同或者相似的发音，使绕口令说起来更有难度。

教师将绕口令《上楼下楼》分解成若干具体图片，如：“上、下”“高楼”“上楼、下楼”“许多人”“许多人上楼”“楼上的人下楼”“上上下下、下下上上”“晕”等。教师和幼儿一起认识图谱，逐一理解每幅图谱的意思，鼓励幼儿根据图谱大胆并有节奏地念出来。当幼儿读懂图谱后，人手一张完整绕口令图谱，通过幼儿自由的读与试，在自己的学习进度中学说绕口令。最后，通过直观的图谱呈现，幼儿更清晰地感受到绕口令结尾的内容结构特点，轻松地发现关于绕口令的发音特点和语韵风趣。

设计意图：3—6岁阶段的儿童以具体形象思维为主，借助于具体形象且能感知的事物，可以帮助他们对文学作品节奏韵律和句式结构等的感知理解。因此，我们为幼儿提供充分的感知和理解绕口令的直观材料，以“图谱”为支架，帮助儿童清晰理解绕口令《上楼下楼》的内容，在“合”“分”“合”的学习路径中创设儿童自主学习的时间与空间，助推儿童高效完成绕口令的学习。此策略，将教师教的“无痕”和幼儿学的“有意”进行了有效结合，达到了自由、自主的学习效果。

(三)“速度”推手，凸显语言独特魅力

教学片段4：

(第一次发放图谱自由学习后。)

教师：你们觉得哪一句比较难？

幼儿5：这一句(有的上楼不下楼)……

教师：那我们一起来试试这一句。

幼儿：有的上楼不下楼。

教师：能加上节奏吗？（教师利用手势为幼儿打节奏。）

幼儿加入节奏：有的|上楼|不下|楼。

教师：能再加快点速度吗？

幼儿：有的|上楼|不下|楼（教师拍手为幼儿打节奏。）

教师：非常好，说得又快又整齐。

教师：还有哪一句让你感觉有点难？

（加入速度与节奏）

……

教学片段5：

（通过男生与女生的小组学习及提速学说绕口令，增加绕口令的趣味性。）

教师：男生能加快速度说一次吗？

男生：能！（集体说绕口令。）

教师：男孩儿的绕口令说得怎么样？女孩儿能不能也说得又快又整齐？

女生：集体说绕口令。（教师通过身势帮助幼儿提速。）

教师：听完你们的绕口令，老师也想来试一试。（快速完整念绕口令：有一座高楼，许多人上楼，许多人下楼，楼上的人下楼，楼下的人上楼，有的上楼不下楼，有的下楼不上楼，上上下下，下下上上，哎！简直忙晕了头！）

提问：你们觉得我念得怎么样？

幼儿：很快，很清楚……

教师：带着我的速度和节奏，再来试一试。

设计意图：节奏和韵律作为幼儿语言经验范畴内的重要学习内容，它要求幼儿在感受韵律的基础上，既要将相似的字念准确，又要快速。而节奏与速度作为绕口令的灵魂，也是绕口令教学的重难点所在。此环节，通过教师与幼儿的充分互动，帮助幼儿感受绕口令中的节奏与韵律，找出重点，突破难点。

（四）“游戏”依托，显现互学共生本质

教学片段6：（第二次发放图谱自由学习后开展绕口令PK赛。）

教师:谁来挑战一下快速度?

幼儿1说绕口令。

教师:你们觉得他说得怎么样?哪里说得特别好?

幼儿2:楼上的人下楼、楼下的人上楼说得很有节奏。

幼儿3:速度也很快。

教师:谁来和他PK下。

幼儿4说绕口令。

教师:他说得怎么样?

幼儿5:他的速度也很快,而且有节奏。

设计意图:游戏环节为幼儿创设自由、宽松的语言环境,以“PK游戏”的形式鼓励幼儿进行个别展示、集体展示以及与教师的比试,从而完整感知绕口令的节奏和韵律,体会绕口令将发音相同、相近的词组成简单、有趣语韵时带来的风趣和朗诵的成就感,加深幼儿对绕口令的理解,在“PK游戏”中加深和巩固记忆,体验绕口令的趣味性。

四、教学案例(片段)反思

本活动中,教师建立自由、平等、轻松、有趣的语言学习环境,为儿童创设了与“图谱”材料充分互动的机会,使儿童的主体地位真正得到回归。活动中,通过教师潜在的引导,让儿童与教学内容自然相遇。通过听觉、视觉等多感官对比,发现并了解绕口令的特点,通过自主学习、自由挑战掌握绕口令的朗诵技巧,在由易到难的阶梯式行进中提高幼儿的语言能力和思维水平。

本次活动,以幼儿在前、教师在后为教学原则,以师幼间的双向互动为推动力,在师幼二维共行的教学中互相影响、互相渗透,从而培养幼儿语言核心素养的发展。我们看见了儿童,看见了教育契机,就能够很好地找到课程的出发点,在传统文化课程的实践与推进中努力做到不断重新认知儿童,调整对幼儿的期待,更大可能地看到充满独特思维气质、内心丰盈的儿童。

五、实践导师点评

幼儿园老师要善于挖掘传统文化中适合幼儿的学习内容，让孩子体会其中的奥妙与精髓，从中获取营养，在学习中传承。绕口令是一种民间传统语言游戏，有趣的语韵与节奏感妙趣横生，特别适合大班孩子的兴趣及学习特点。此活动在老师循序渐进而生动有趣的引导下，让孩子感受绕口令的语言的魅力，体验文学作品的不同表达形式，提升语言的表达能力。

戴和英
丽水市实验幼儿园教育集团，正高级教师

周芸

垃圾去哪儿了

一、教师简介

周芸

遂昌县示范幼儿园教育集团书记、园长，教龄23年。中国学前教育学会会员、浙派名师培养对象、丽水市教学名师、学科带头人、教坛新秀、教研积极分子、优秀教师、明星教师、师德标兵、优秀指导教师，遂昌县首席教师、科技新秀、政协委员、学前教育学会理事。获丽水市基本功比赛一等奖、丽水市优质课一等奖，多个课题在省、市获奖，多篇论文发表在省、市级刊物上并作交流，指导的教师10余人获市名师等双名系列荣誉，辅导多人成功考取编制。

二、课堂教学思想

1. 关注生活教育的价值

注重幼儿生活经验的积累，结合当下周围生活中的热点——“垃圾分类”链接活动，引导孩子学习垃圾分类，帮助幼儿解决生活中的实际问题，引导幼儿从身边的小事做起，培养环保意识。

2. 视幼儿为主动的学习者

避免社会活动中单一的说教行为，把主动权交给孩子，坚持孩子在前、教师在后，通过观察、操作、猜测验证等多种形式让幼儿习得垃圾分类的经验。

3. 重视学习情境的创设

将图片、视频、教具相结合，创设垃圾分类的情境，激发幼儿的兴趣和热情，让幼儿在情境中潜移默化地习得垃圾分类的技能，懂得减少垃圾产生的方法。

三、教学案例（片段）

（一）经验唤醒，引发主题

1. 观察图片一：汤公园美景照片

师：小朋友们，还记得上次我们春游的地方吗？（教师引导幼儿回忆汤公园的美景。）

2. 观察图片二：汤公园满地垃圾照片

师：这张照片里的汤公园你们喜欢吗？为什么？（教师引导幼儿感受满地垃圾带来的负面影响。）

师：看到这些垃圾，你们有什么感受？（不喜欢，心情很差，感觉很臭、很脏……）

师：你们平时也这样乱扔垃圾吗？你们会将垃圾扔在哪里？（垃圾桶。）

师：你们都有扔垃圾入桶的好习惯。

【设计意图】从幼儿的生活经验入手，通过两张场景照片的对比，观察整洁优美的汤公园和满地垃圾的汤公园，让幼儿在对比观察中发现两者的不同，唤醒幼儿的经验和感受，自然地过渡到活动的主题中。

（二）认识四色垃圾桶，学习垃圾分类的正确方法

1. 出示四色垃圾桶，了解不同颜色的垃圾桶有不同的用处

师：你们看，我这里有四个垃圾桶，它们有什么不一样？（颜色不一样。）

师：为什么会有不同颜色的垃圾桶？它们分别是用来装什么垃圾的？（绿，易腐垃圾；蓝，可回收物；红，有害垃圾；灰，其他垃圾。）

师：装鱼骨头的是哪一个垃圾桶？

师：绿色垃圾桶装什么垃圾？（易腐垃圾。）你们可真能干，连名称都知道呢，还有谁想来分享？

幼：红色的是有害垃圾。

师：正确，红色垃圾桶装有害垃圾。

幼：蓝色的可以装可回收的纸。

师：没错，你把装什么垃圾介绍出来了，说明蓝色的垃圾桶是装——“可回收物”。

幼：灰色的是其他垃圾。

师：有一个垃圾桶的名称和其他三个不一样，你知道是哪个吗？

幼：可回收物。

小结：这四个垃圾桶颜色不一样，名称不一样，装的垃圾也不一样。

2. 尝试分类投放垃圾，并讲述理由

师：今天，我带来了一些垃圾图片，请你们看一看，它们应该装进哪个垃圾桶呢？（教师引导幼儿尝试将垃圾图片投放在对应的垃圾桶。）

师：投放好的小朋友可以来分享一下。为什么把易拉罐放在可回收物里？谁放的，来说说理由？（幼儿讲述。）

师：你已经有这方面的经验了，大家同意吗？

师：一次性的快餐盒，有人放在可回收物，也有人放在其他垃圾，说说你们的理由。

3. 幼儿再次进行实物垃圾分类，巩固分类方法

师：幼儿园里产生了一些垃圾，你们能帮忙进行分类投放吗？（教师引导幼儿对实物垃圾进行分类投放。）

师：需要请四个小朋友当垃圾桶管理员，管理员的任务是什么？你们知道吗？

幼：看看大家扔得对不对。

师：是啊，管理员需要监督大家正确投放，检查别人有没有扔错垃圾，对的扔进来，不对的提醒他换一个垃圾桶扔哦！

师：我为你们准备了夹子用来夹垃圾，现在开始行动吧！看谁分得又快又好。

管理员注意监督，看看小朋友都扔对了吗？

师：经过我们大家的努力，垃圾都找到自己对应的垃圾桶，幼儿园又变得干净整洁了，谢谢你们！请把爱心送给自己（比心）

【设计意图】本环节让幼儿进行猜测—尝试分类—验证——调整，让幼儿了解四色垃圾桶的分类。让孩子尝试在前，允许孩子出错，鼓励孩子用语言和行动将自己的理解表达出来。在验证中给予幼儿调整的机会，在实物操作中加以巩固。通过实际操作、亲身体验建立相关的直接经验，加深对垃圾分类方法的认知，积累经验。

（三）链接生活经验，探讨让垃圾变少的方法

1. 幼儿分组讨论：如何减少垃圾？

师：我们的生活中每天都会产生许多垃圾，垃圾越来越多会影响我们的生活环境，有什么方法能减少垃圾的产生呢？请你们和旁边的小朋友讨论一下，有哪些好办法？

2. 集体交流：减少垃圾的办法

幼：可以把油壶做成花盆。

师：这是废物利用，可以减少可回收物。（根据幼儿的回答进行梳理、回应。）

幼：少用快餐盒。

师：是的，少用一次性物品可以减少其他垃圾。

幼：把碗里的东西吃得干干净净。

师：把饭菜吃干净，可以减少易腐垃圾，所以我们要光盘行动。你们一个个都是环保小卫士，要为你们点赞。

【设计意图】本环节旨在将幼儿的认知链接到生活中，引导幼儿思考、表达从生活源头减少垃圾产生的方法，支持幼儿在真实的生活情境中学习，解决生活中遇到的问题。体现了教育即生活，生活即教育的理念。

(四) 通过悬读法,了解垃圾处理的方法

师:刚才我们想出了那么多减少垃圾的办法,你知道那些已经制造出来的垃圾又是怎样处理的吗?我们来看看工人叔叔是怎么处理垃圾的吧!(播放四宫格课件。)

师:他们用了什么方法?你想了解哪一个方法?(追随幼儿的兴趣点,逐一播放垃圾处理的图片。)

师:第1幅——这是怎么处理垃圾的?(请幼儿说。)

师:好像是这么一回事。我们来听听。(播放录音:金属易拉罐经过回收处理,最后又变成了新的易拉罐。)

师:再来看看第几幅?

师:第2幅——他们是怎么处理垃圾的?

小结:焚烧垃圾产生的能量可以用来发电哦!

师:第3幅——你们看出来是在处理污水了,也来听听。

播放录音:污水经过沉淀和消毒,可以净化成干净可用的水。

师:再来看看最后一种,第4幅——把垃圾埋在地下是什么方法呢?我们来听听。

播放录音:垃圾填埋也是垃圾处理的一种方法,可是这些垃圾永远埋在土里可能会造成新的污染。

小结:现在,你们知道,垃圾处理有的可以回收,有的可以焚烧发电,有的可以通过净化再利用,有的可以填埋。原来,垃圾经过科学分类处理后可以变废为宝。所以,我们要正确地进行垃圾分类,合理处理和再利用,减少污染。

师:还有很多关于垃圾的秘密都藏在在这本《垃圾不见了》的书里(出示绘本),我把它放到阅读区,大家平时可以去看一看哦!

【设计意图】本环节借助绘本《垃圾不见了》,引导幼儿仔细观察,发现不同种类垃圾的处理方法,感受垃圾变废为宝的神奇。在丰富幼儿知识经验的同时,激发其环保意识。

（五）活动延伸

师：希望你们把垃圾分类和减少垃圾的方法告诉更多的人，让我们一起保护美丽的家园，让城市、村庄、高山、大海变得更加清洁美丽，让我们的地球妈妈也越来越美丽。（播放背景 PPT 图，欣赏城市、村庄、高山、大海的美景。）

【设计意图】幼儿对垃圾分类的方法有了进一步的了解，对垃圾处理的方法和价值有了新认知。本次学习活动来源于生活，最终也将回归到生活中，通过向周围的人来宣传垃圾分类，做好垃圾分类，孩子将不断获得经验的巩固和提升。最后的图片欣赏，进一步渲染了保护环境的重要意义，带给孩子潜移默化的环保感受，唤醒意识，保护地球。

四、教学案例（片段）反思

（一）活动亮点

1. 教具准备，巧妙设计，注重细节

垃圾桶教具的设计巧妙，让孩子把图片展示在垃圾箱表面，便于孩子操作和替换，垃圾桶的另一面做成透明的，方便幼儿观察。

2. 支架搭建，层层递进，由表及里

环节设计层层递进，搭建支架，从图片、实物到视频、绘本，助力学习，让幼儿在亲身体验、实际操作、直接感知中习得垃圾分类的技能，懂得减少垃圾产生的方法，避免枯燥说教。

3. 孩子在前，老师在后，注重引导

设置垃圾桶管理员的角色，在投放—检验中增加生生互动，把学习的主动权交还给孩子，老师退居其后，灵活引导。

（二）不足和建议

（1）活动中呈现的图片和实物垃圾数量有限，需要在日常生活中进一步实践。

（2）在分类投放的操作过程中，有几名幼儿是通过观察同伴、跟随同伴扔垃圾的，需要更好地关注个体差异。

（3）可增加家园联系，在日常生活中养成垃圾分类的好习惯，并能在家庭生活中持之以恒。

五、实践导师点评

该案例立足教学过程，表述详尽，教学内容主次分明，聚焦真实生活教育情境，关注幼儿视角，并为幼儿长远发展做了有效延展。案例分析阐述结构合理，衔接自然紧凑，体现了教学过程中教师的思考与整体设计理念。垃圾分类对于幼儿来说，不仅是社会认知更是生活经验的再现，因此，建议类似这样的活动，我们后续可以更多地凸显实践性和可操作性，让幼儿在可触碰的实操中积累、梳理自己的经验，也可结合开展一些社会实践活动。

汪瑾
上海市徐汇区科技幼儿园，高级教师

全大棕

科学实验培养学生科学思维

一、教师简介

全大棕

龙泉市顺风实验学校高级教师，丽水市科学学科带头人。1996 年毕业于丽水师范专科学校生化教育专业，2003 年毕业于浙江师范大学化学本科，2008 年获浙江省科学竞赛优秀指导师称号，2014 年被评为龙泉市科学学科带头人，2017 年被评为丽水市科学学科带头人。多次获龙泉市优秀教师、先进工作者，龙泉市优秀班主任荣誉称号。多篇论文在各级刊物发表和在浙江省教育厅教研室论文评比中获奖。负责和参与多个市级课题的研究。

二、课堂教学思想

科学课程以立足学生核心素养的发展为目标。科学核心素养是指学生通过科学学习逐步形成的适应个人终身发展和社会发展需要的具有科学学科特性的必备品格和关键能力。科学核心素养的内容有科学观念、科学思维、探究实践和态度责任。物理学诺贝尔奖获得者劳厄说:“学习重要的不是我们获得了什么知识，而是我们在学习的过程中发展了思维能力。”因此，教育的本质应该是培养思维，在教学的过程中要将培养学生的科学思维放在首位。科学是一门以实验为基础的学科，对实验教学进行有效的组织设计和教学引导，是培养和激发学生树立正确的科学观念、拓展科学思维、形成良好的科学思维品质、提高科学核心素养的一种重要途径。

三、教学案例（片段）

（一）对比实验，培养学生的模型建构思维

模型是对抽象事物的直观的描述；模型是对解决问题的方法、思路的概括；模型是对过程的一种表征。通过实验对比，将科学本质进行提炼，把教师的问题与模型的建构联系起来，使学生在合作讨论、自主探究及运用知识中形成对解决问题的方法的概述和表征，有利于培养学生理解问题的能力，提高学生分析和处理实际问题的意识。

例：在学习二氧化碳的制取，选择发生装置和收集装置时，对比过氧化氢制氧气的发生装置，引导学生从制取两种气体的反应物的状态、反应条件进行分析对比，并与用高锰酸钾和氯酸钾制取氧气对比，寻找异同。再引导学生进行二氧化碳和氧气的密度、溶解性的对比。通过小组交流讨论，选择不同的发生装置和收集装置的实质是反应物的状态、反应条件和气体的密度、溶解性的不同。通过对比实验的分析，建构了选择发生装置和收集装置的模型。

在模型建构的基础上，引导学生从建构出的收集气体的模型，分析用不同的装置收集氧气、二氧化碳、氢气和氨气时气体导入的方向，通过学生的讨论分析，进一步巩固气体收集的模型。

再让学生思考以下问题：

（1）如果在集气瓶中盛满水收集氧气时，气体导入的方向应该如何？

（2）如果用此装置收集二氧化碳，应该如何进行改进？

通过问题引导学生采用对比实验这种模型建构方式，有利于学生正确形成科学观念，又有利于促进学生建构模型思维能力的发展。

(二) 分析实验,培养学生的科学推理思维

科学推理是依据一个或几个已知的判断、一定的事实或现象结合科学原理按照一定的逻辑推出新判断、新结论的思维方式。在教学中教师根据生活事实或实验现象,设计问题链,引导学生根据现象、事实结合科学原理通过推理,解决系列问题,得出结论。

例:同学们把集气瓶中的二氧化碳倒入装有燃着的蜡烛的烧杯中,观察现象。根据观察到的现象,教师设计了以下的问题链:燃烧的条件是什么?蜡烛熄灭说明了什么?下面的蜡烛先熄灭说明了什么?教师先让学生以小组为单位讨论,让小组代表分析推理过程。从燃烧条件→蜡烛熄灭→无助燃剂和可燃物→二氧化碳不能燃烧不支持燃烧,从燃烧条件→下面的先熄灭→下面无空气→二氧化碳密度比空气大。

例:用稀盐酸和石灰石制取二氧化碳后,溶液中溶质的可能性情况?设计了以下问题链:发生的化学反应是什么?反应中生成物是什么?反应物中是否都反应完了?引导学生根据问题进行分析,学生很容易就推理出溶液中溶质的可能性为① $CaCl_2$,②$CaCl_2$, HCl 两种可能情况,再让学生设计方案验证溶质情况。在分析实验、设计实验的过程中既巩固了知识,又形成了推理思维能力。

科学推理是学生思维能力发展到一定层次后所形成的理性思维。在课堂教学中根据实验现象设计问题链引导学生根据一定的事实、现象,结合一定的科学原理进行推论得出结论,有助于提高学生对实验中的问题进行分析和解决实际问题的综合应用能力,有利于培养学生的科学推理思维。

(三) 设计实验,培养学生的科学论证思维

例:在学习二氧化碳的密度比空气大时,引导学生根据密度不同产生不同的现象,依据不同的概念、原理设计实验。先让学生分组讨论,分享讨论结果,互相评价方案优缺点,再选择科学原理正确、现象明显、简单易操作的方案进行实验。学生讨论后设计了以下四种方案。

方案 1:使用弹簧测力计对相同体积的空气和二氧化碳进行比较。

方案 2:利用天平来比较相等体积的空气和二氧化碳气体的质量。

方案 3:在一个平衡杆两端各挂一个相同的纸杯,向一侧的纸杯中均匀地倒入一瓶二氧化碳气体。

方案 4:在一个烧杯的中央安放一个盛满新鲜空气的轻质塑料袋,向这个烧杯底部倒入少量的二氧化碳。

学生进行了互评后,综合分析四种方案现象明显程度、操作困难程度,最终选择了方案 3。在学生自己设计、互评的过程中,学生为了阐述、举证对、错,不断地发展出论证思维。

例:在学习二氧化碳的溶解性时,引导学生分析二氧化碳溶于水后,密闭容器内的压强会怎样变化?让学生设计实验证明二氧化碳的溶解性。学生设计了如下两种方案。

方案 1:收集一试管的二氧化碳气体,将试管倒扣在装有水的烧杯中,观察试管内水面的变化。

方案 2:用矿泉水瓶收集一瓶二氧化碳气体,在瓶内加入一定量的水,迅速盖紧瓶盖,观察瓶子的变化。

经过讨论,两种方案都比较简单易行,材料易得。学生进行了操作,很容易就判断出二氧化碳溶解性的大小。同时可以用氧气做相同的实验,控制水的量相同,就可以比较氧气和二氧化碳的溶解性大小。

(四) 改进实验,培养学生的质疑创新思维

质疑是创新的基础,质疑是批判的前提。质疑是依据一定的科学规律、科学概念对自己或他人的各种思考、结论、实验设计的过程和方案等,进行充分严密地反思,提出自己的疑问。教学过程中引导学生产生怀疑、提出问题、分析发现的问题并解决问题。

例如:在学习二氧化碳与水反应产生酸的活动中,教材中只用紫色石蕊加入蒸馏水和变扁的瓶中的液体进行对比,就说明了有新物质酸的生成。引导学生分析,课本中的方案能证明就是 CO_2 和 H_2O 发生反应了,是否存在缺陷?有什么缺陷?应如何改进?让学生产生质疑,对课本中的实验进行深层次的分析——该实验没有排除二氧化碳是否能使石蕊变色。进一步

提问能否用二氧化碳通入紫色石蕊试液？通过学生讨论、优化设计以下方案。

方案1:向干燥的用紫色石蕊溶液浸泡过的紫色小花喷洒蒸馏水。

方案2:将干燥的用紫色石蕊溶液浸泡过的紫色小花放入装有二氧化碳的集气瓶中。

方案3:将喷洒蒸馏水后的紫色石蕊小花放入装有二氧化碳的集气瓶中。

在教学中,要注意引导学生对教材中的知识、实验设计方案、插图、活动等相关内容问题进行自主思考和提出质疑;还要引导学生进行实验设计,问题分析,并对自己和他人的设计、分析进行质疑、反思和创新设计,不断促进学生质疑创新思维的发展。

四、教学案例(片段)反思

科学是以实验为基础的学科。在课堂教学中对实验进行对比、分析、设计和改进,让学生像一个科学家一样地研究、论证并得出科学结论和科学概念,促进学生科学探究能力的发展,促进学生发散思维、创新思维等高阶思维的培养。在课堂教学过程中注意引导学生从实验教学情境中找出存在的问题,解决实际问题,明晰我要做什么,怎么做,为什么这样做?还可以怎么做,怎样做更好?让学生主动地去参与、去对比、去设计、去分析、去改进、去感知、去发现、去质疑、去建构、去推理、去创新,发展学生的逻辑思维,提高学生解决问题的意识和探索问题的能力,形成正确的科学观念,不断地提高学生的科学核心素养。我们要不断挖掘实验中存在的问题、实验中出现的意外,注重课堂动态资源,引导学生深度学习和思考,提高学生的科学思维能力。

五、实践导师点评

科学课程旨在培养学生的核心素养,掌握基本的思维方法,具有初步的科学思维能力。科学思维是从科学的视角对客观事物的本质属性、内在规律及相互关系的认识方式，包括模型建构、推理论证、创新思维等。科学是一门以实验为基础的学科，在实验的过程中建构知识，发展科学思维。该教师以培养学生的科学思维为目标，在实验对比、分析、设计和改进的过程中，引导学生对问题进行分析，对实验进行设计，提升学生的科学思维能力，培养学生的核心素养。既体现了以学生为主体的教学思想，又与新课程标准培养学生的核心素养为目标相契合。

朱红
宁波市海曙区教研室教研员，特级教师，正高级教师

叶永强

基于学生科学思维培养的初中物理深度教学探索

一、教师简介

叶永强

景宁畲族自治县民族中学教师，任教初中科学，教龄18年，先后被评为丽水市初中科学学科带头人，丽水市优秀教师。获丽水市青年教师课堂教学一等奖，课题和论文多次在市县级获奖。

二、课堂教学思想

初中物理科学思维包含情境创设、现象分析、证据意识、质疑创新四个要素。在物理课堂教学中，教师很少把实验现象和过程作为质疑、探究和推断的对象，从而忽视学生科学思维的培养。以“惯性”概念教学为例，通过创设情境，亲历情境转换；问题支架，参与现象分析；稚化追问，树立证据意识；延迟评价，勇于质疑创新，有效地培养学生的科学思维。

三、教学案例（片段）

（一）新课导入

教师可以要求学生闭上眼睛，想象自己就在公交车上等候汽车开动，这时候公交车突然行驶起来，让同学们做出身体反应；公交车继续行驶，突然公交车开始加速，让学生做出身体的反应；公交车继续行驶，突然司机刹车，让学生做出身体的反应；公交车继续行驶，突然公交车右转弯，让学生做出身体的反应。学生根据生活经验都做出了“前倾”“后倒”“左偏”“右歪”的各种各样的动作。

教师设问：为什么身体位置会发生变化？你们这样做的理由是什么？

学生认为，刹车时，人受到惯性的作用，向前倾；刚启动时，人受到惯性作用，向后倒。也有学生认为，刚启动时，人受到向前牵引力的作用，下半身向前，上半身向后倒。立即有学生提出质疑，我们知道力是物体对物体的作用，那么，“惯性”和力作用的施力物体是什么？这个“惯性”和力的作用肯定不是一码事。

教师设问：在科学上，物体速度大小的改变和运动方向的改变统称为运动状态的改变，为什么物体不受外力作用时，会保持原来的运动状态呢？此时，学生说不清道不明。

教师提示：在生活中，我们都有一些“习惯性”，如星期六，小明同学在床上睡懒觉，妈妈叫：“小明，该起床吃早饭了。”小明说：“再等一会儿吧！”这时，小明企图保持原来躺在床上静止的状态。傍晚，小明在外面踢足球，妈妈叫：“小明，可以回家了。”小明说：“让我再踢一会儿吧！”这时，他企图保持原来运动的状态。类似地，所有物体，原来静止的有保持静止状态的性质；原来运动的有保持匀速直线运动状态的性质。换句话说，所有物体都有保持原来运动状态的性质，叫作惯性。

（二）惯性现象分析

教师讲述：在研学旅行途中，小明同学坐在匀速行驶的大巴车上，他正上方行李架的书包里有一包餐巾纸掉落，则这包餐巾纸掉落在哪里？有学生认为小明前排乘客身上，也有人认为小明身上，或小明后排乘客身上。教师追问：哪种说法正确呢？学生讨论得出，汽车匀速直线运动时，掉落的餐巾纸由于惯性仍然保持与汽车相同的速度，由于餐巾纸处于小明正上方，所以会刚好落在小明身上。下面我们做实验验证一下。

教师演示：如图1所示，用力去打一摞棋子中间的一个，该棋子飞出而上面的棋子又落回原位置。设置问题：研究对象是哪个？研究对象原来的运动状态？发生了什么变化？由于惯性，研究对象将会怎么运动？学生讨论得出，棋子本来都是静止的，当用力击飞中间的一个时，上面的棋子由于惯性仍然要保持原来的静止状态，又由于重力作用而落回原位置。

图 1

教师演示：如图2所示，在小车上放木块，①突然拉动小车，②小车碰到障碍物突然停下来，观察木块的运动现象，并解释原因。学生讨论得出，现象①分析：木块处于静止状态，突然拉动小车时，木块下部受到小车的摩擦力而从静止改变为运动，上部由于惯性保持原来的静止状态，所以木块向后倒。现象②分析：木块处于运动状态，小车突然停下时，木块下部从运动变为静止，上部由于惯性保持原来的运动状态，但因为木块下部受到小车的摩擦力而不会运动，于是木块就会向前倒。

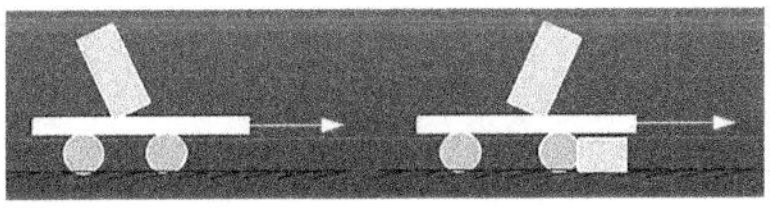

图 2

教师设问：为了道路交通安全，交通运输部门开展“一带一盔”活动，系安全带可以减小因汽车紧急刹车对人员造成的伤害，为什么？学生讨论得出，当汽车急刹车时，人的下半身随汽车停止运动，而上半身由于惯性仍保持原来的运动状态继续向前运动，所以人会向前倾。教师提示，解释倾倒问题采用分割法。具体分析时，要分别分析身体上部和下部的运动状态是否改变，由于身体下部的运动状态发生了改变，而身体的上部由于惯性保持了原来的运动状态。提醒学生注意乘车安全,乘汽车系安全带。

(三) 惯性的危害与应用

教师设问:一块石头,一根羽毛,哪个更容易、更快速扔出去,为什么?出手后哪个飞得更远,为什么?学生认为石头更容易扔出去,出手后飞得更远,立即有学生质疑,羽毛更容易、更快速扔出去,因为羽毛质量小,惯性小,运动状态容易改变,所以人可以轻松把它扔出去,但它受到很小的空气阻力,就很容易让它的速度迅速减小,所以飞不远;石块质量大,惯性大,运动状态不易改变,所以人也就不易将它高速扔出,但它一旦飞出后,空气的阻力也难以让它减速,所以它就飞得远一些。

教师设问:惯性和惯性定律是不是一回事,它们有什么区别和联系呢?学生认为,惯性就是惯性定律,立即有学生质疑,因为物体具有惯性,才使物体不受力作用时,会保持原来的运动状态不变,当物体受到外力作用时,物体仍然具有惯性,但它不再保持原来的运动状态。教师引导学生利用表格对两者进行对照比较,总结填写表1内容。

表1　惯性和惯性定律区别及联系

区别	惯性	惯性定律
	固有属性	运动规律
	物体处于任何运动状态都存在	不受外力作用(即合外力为0)的情况下才成立
联系	惯性定律是物体不受外力作用时,物体惯性的直接表现	

教师设问:你知道载人飞船与空间站是如何实现精准对接的吗?你知道导弹是如何像长了眼睛一样精确打击目标的吗?学生认为这是应用惯性技术。教师追问:惯性是否总是对我们有利呢?学生认为,任何事情都有正反两方面。不利的一面,如车辆难以紧急刹车,高速行驶的车辆不易拐弯等。有利的一面,如装锤柄,子弹在枪膛里受到火药气体的推力等。在利用惯性时,应避免惯性带来的危害。

四、教学案例（片段）反思

1. 创设情境，亲历情境转换

教师创设学生乘车情境，每个学生都有亲身体验，但没有思考其中的奥秘，必然兴趣盎然，再通过创设科学情境进行问题引导，让学生感受惯性现象，从而建立惯性概念。情境创设充分体现了初中物理“从生活中来，到生活中去”的科学课程理念，知识联系生活，运用于生活，培养学生的科学思维。

2. 问题支架，参与现象分析

本案例中，为了让学生利用惯性知识分析现象，教师安排了三个实验，用问题引导学生自己去解释实验和图片中出现的现象，学生经历现象分析，并利用事实说话，进行逻辑推理得出结论，同时也培养他们解释、分析、归纳实验现象，提高科学分析的能力。

3. 稚化追问，树立证据意识

科学证据意识的表达其实是一个科学论证过程，而科学论证是一个推理过程。在物理教学中，教师稚化追问，引导学生科学论证，运用多维度证据对研究问题科学推理得出结论。

本案例中，教师引导学生科学论证，收集相关的证据，大胆表达自己的观点，使研究的问题不断深化。

4. 延迟评价，勇于质疑创新

本案例中，教师引导学生科学交流，设置开放性问题，鼓励学生提出质疑，激发学生的质疑创新思维。

科学思维是构成学生核心素养的重要方面，科学教育的根本目标是发展学生的科学思维。当然，培养学生的科学思维能力不是一蹴而就的，不要误将机械式刷题当成科学思维能力培养的一种有效途径，它的效果只是暂时的，要把科学知识和技能始终作为质疑、探究和推断的对象，充分发挥物理教学的育人价值，切实提高学生的物理学科核心素养。

五、实践导师点评

叶永强老师以“惯性”概念教学为例，通过创设情境，亲历情境转换；问题支架，参与现象分析；把实验现象作为质疑、探究和推断的对象，在实验过程中稚化追问，树立证据意识；延迟评价，勇于质疑创新，促使学生透过现象探究现象本质，促进学生理性思维循序渐进、自然生长，有效培养学生的科学思维。本培养的理性思维策略给同行教师提供了很好的借鉴。

王燕红
全国优秀教师，浙江省特级教师，正高级教师

戴丽娜

初中语文微项目化学习课堂教学实践

一、 教师简介

戴丽娜

莲都区花园中学教师，任教初中语文学科，从教15年，获浙江省中小学教坛新秀、浙江省民办中小学优秀教师、丽水市初中语文学科带头人、莲都区师德楷模、莲都区优秀班主任等荣誉称号；获浙江省教育教学论文评比一等奖，丽水市初中语文课堂评比一等奖，丽水市第三届中小学教师教育技术应用能力大赛初中语文组一等奖等，参与浙江省初中语文教材配套作业本的编写与修订工作，参与初中语文课外读本的编写工作。

二、 课堂教学思想

语文课堂的学习形式需要多元化、活动化。在实践活动中，学生的学习兴趣得到驱动，对学习的知识才会积极探究。根据《义务教育语文课程标准（2022年版）》中突出强调的“学习任务群”“情境性”“过程性评价”理念，项目化学习、主题任务探究等活动形式，应当在课堂教学中广泛应用和开展，将语文学习的核心知识融入实践活动设计中。课堂教学应是“授之以渔”，传授、引导的是学习的方法、路径，而方法和路径唯有参与体验才会有所感悟，唯有交流反思才会提升发展。语文的学习需要走向生活、融入生活。

三、教学案例（片段）

项目化学习活动的开展，往往需要整体的规划思考，较长时间的设计、实践、展示、评价等。然而，对于初中阶段的语文学习而言，并不是所有的课程内容都能进行较好的整合，课时的安排也是有限的。所以，在课时有限的情况下，微项目化学习课堂的设计和实践就显得十分必要。

微项目化学习课堂，虽然压缩了课时，但活动的设计、实践、展示、评价等要素都不可缺少，课堂的呈现自然是紧凑、丰富的。以部编版初中语文教材九年级下册自读课《短诗五首》为例，谈谈微项目化学习课堂的设计与实践。

（一）活动选题与设计

案例为自读课文的学习，是将教读课文的语文学习要素进行迁移运用与实践。《短诗五首》的内容比较丰富，是蕴涵哲理和人生思考的五首短诗。本课在九年级下册的诗歌学习单元，而九年级上册第一单元的诗歌活动单元已经学习，学生已初步掌握诗歌赏读的核心知识。那么，本课的微项目化学习课堂的选题与活动设计指向诗歌赏读核心知识的巩固与拓展。而诗歌赏读的核心知识包括意象意境分析、表达技巧、表现手法、结构形式等，通过选题和设计驱动核心知识在活动实践中的呈现。现今的数字信息时代，微信使用普及，从诗歌角度可以选择一些公众号的活动，驱动学生自主学习探究诗歌的核心知识。

如“为你读诗”公众号发布的征集活动，我们就可以选择“‘为你读诗’投稿文案编创”作为活动主题。文案编创活动需要了解文案的特点和编创的角度，学生可以自主查看公众号中的文案设计形式，老师也可以在设计活动时筛选“为你读诗”公众号中几期有关哲理的诗歌文案，作为学生学习实践的范例。

编创活动设计“主题拟定”“短诗解读”“文案成稿”“小诗创作”四个学习任务，根据小组抽签的诗歌准备相关资料。有范例的参考，学生对资料的准备包括了作者简介、诗歌解读角度、朗诵的配乐等。

（二）活动实践与展示

微项目化学习，在整体的规划下，课堂往往是实践和展示的呈现部分，所以学习活动的资源、材料也需要提前一个课时或课外时间准备。老师可以设计学案或学习任务单，以便学生准备时可以更明确与高效。项目化学习是团队或小组合作探究的活动，在实践中需要有组长的统筹及每一位组员的分工、参与、合作。

《短诗五首》的“投稿文案创编”活动，准备阶段：学生分五个小组，每个小组抽签其中一首短诗，分别为《月夜》《萧红墓畔口占》《断章》《风雨吟》《统一》；根据短诗的内容，小组分工 1—2 人朗读，1 人准备相匹配的配乐音频，小组内其他成员解读短诗的哲理或人生思考，设计朗读技巧。

课堂实践展示的第一个“主题拟定”任务，小组根据诗歌内容商讨、拟定这一期的主题，主题要明确指向诗歌的内容或思考导向。《月夜》组的主题为“你是深夜月色下的沉默，也是黎明破晓时的曙光”，《萧红墓畔口占》组的主题是“追忆往昔，赠你一束红山茶”，《断章》组的主题为“万物依存，制约联系”，《风雨吟》组的主题是“磨难与希望，你将被谁引领”，《统一》组的主题是“万物皆有灵，和谐而统一”，都符合短诗的内容或者情感指向。

第二个“短诗解读”任务，小组根据已学的诗歌赏读的方法，研读并梳理诗歌的情感表达，这个环节要展示配乐朗读及朗读设计的解说，小组成员分工参与展示。

第三个“文案成稿”任务，是这个学习活动的重点展示环节，要确定文案编写的切入点或角度，小组完成并提交一份文案。文案的撰写，是由短诗内容解读引发的思考和联想，要与拟定的主题、朗诵的风格、赏读的角度相契合。课堂展示的文案为小组推荐的初稿，每个小组展示后，其他小组提出文案修改意见。

其中，《统一》小组的文稿普遍得到各小组的认可，初稿文案内容如下：

“我们知道个人是微弱的，但我们也知道整体就是力量。”——马克思

一草一木，一花一树。你是否游畔在路途，欣赏美景的同时引发出更深刻的思考？

人生漫漫，花开花落，依旧会做到“化作春泥更护花”的温柔。一朵、两朵、成百上千，皆是生命，只有一朵。叶生叶落，四处飞扬，人们早已数不清究竟有多少，一样，叶再多也是有一片；绿树生果，果实只有一颗，树木只有一棵。

何为此？你有曾想过，无数生命个体结合成庞大整体，那植物如此，人或为此？是啊，渺小的人类，人口总数多，可又未曾不统一起来，成为伟大的种族？拒绝战乱，拒绝硝烟，让我们统一起来，反对战争，珍爱和平。万物皆有灵，和谐而统一。整个大地是一朵花，所有人类亦是一朵花。

文案引用的名言与短诗解读方向一致，由短诗内的意象、意境解读引发联想，拓展对人类的思考。文案与小组拟定的主题、上一环节的朗读风格设计相契合。至于修改建议，其他小组也指出了一点，需要删去“拒绝战乱，拒绝硝烟，让我们统一起来，反对战争，珍爱和平”这个句子，理由是这个句子将“和谐而统一”的范畴缩小了，整个文案关于万物皆有灵的、生命平等的主题内容要一致。

第四个“小诗创作”任务，也是文案投稿的一部分，是在前三个学习任务基础上，对诗歌赏读理解的延伸、内化，并根据这一期的主题将内化感悟运用于创意表达。老师可以拟定题目或者意象，学生将对短诗解读的思考融入小诗的创作。比如“苔”和“鹰”的意象，选择“苔”创作的，会从渺小的苔花绽放引发人对平凡而坚强的思索；选择“鹰”创作的，会从孤勇形象、自由形象描绘，将展翅翱翔前的磨砺或施展才华志向等表达出来。可以说，这个学习实践活动中有每个阶段的独立成果，也有综合、完善后的最终主题成果。

(三)活动评价与思考

项目化学习,通过活动需要形成最终成果。而最终成果形成之前,评价的步骤不可缺少。微项目化学习课堂虽然时间有限,也不例外。评价需要制定相关的细则或标准,对学习活动中的阶段成果展示和最终成果展示给出客观的反馈,以便不断修改完善学习成果。可以制定评价量表,进行打分和问题的反馈。通过量表,我们能够发现实践中的不足之处,及时调整环节任务;能够反思最终成果的达成情况和完善方向。

《短诗五首》的文案编创活动,评价量表的标准制定也是对应“主题拟定”“短诗解读”“文案成稿”“小诗创作”四个学习任务。老师可以拟定文案整体的评价量表供小组之间打分评价;也可以给出一些参考的评价细则,对其中阶段性成果展示的“配乐朗诵”环节,让学生自制量表进行更详尽的评价;“小诗创作”作为诗歌赏读的创意表达成果,学生可以根据诗歌的特征小组内制定评价量表,内容形式不同,细则标准也应当不同。

微项目化学习课堂,“微”而有序,“微”而有质。在有限的时间内,课堂以自主、合作、探究的实践形式呈现,达成学科知识的学习理解、迁移运用和创新表达。这样的课堂更能激发学生学习语文的内驱力,“做中学”“用中学”,又能学以致用、举一反三,在提升语文核心素养的同时,真正将语文学习融入生活。

四、教学案例(片段)反思

微项目化学习课堂的主题选择和活动设计要源于生活,情境创设要贴近学生的生活和认知。实践活动设计的驱动问题和核心知识都要指向学生核心素养的加强与提升。教学案例中活动的设计与实践都具有现实生活意义,学生日常使用微信,是比较熟悉的活动领域;文案编创也是当下自媒体时代的常见形态。这个实践活动形成的优秀成果,可以直接参与征集活动的投稿。实践活动开展的现实价值,也能进一步提升学生学习语文的兴趣,让他们主动去发现生活中的语文。实践案例中,还需反思的是评价的过程和形式。评价应当伴随实践过程，过程中形成的成果评价也需要细致落实。评价的方式除了评价量表，还可以有更多的形式，包括信息技术的实时投票，或者学生评委会的设置与评析等。

五、实践导师点评

项目化学习是新课标理念之下的一种教学理念，一种学习方式。语文学科是一门实践性很强的学科，语文学科的项目化学习符合学生通过语文实践活动提高语文素养的学习路径。九年级下册的《短诗五首》微项目化学习课堂，跳出传统的教师讲解、分析，学生背诵、默写的模式。而是按照学生的现实生活，选择学习主题，创设贴近学生生活的真实情境，设计学生感兴趣的驱动问题，在语文实践活动过程中，通过语文知识建构、形成创造性的成果，通过成果的展示和修订等环节来提升学生的语文核心素养。并且设计了比较科学的评价量表，大大激发了学生学习诗歌的兴趣。

童国强
金华市光南中学，浙江省特级教师

黄珍

读写融合课《吃球龙》

一、教师简介

黄珍

遂昌县教育研究室高级教师，执教小学语文，教龄23年。曾获丽水市学科带头人、丽水市优秀教师、丽水市教坛新秀、丽水市明星教师、遂昌县优秀教师、遂昌县名师、遂昌县中小学教师专业发展培训工作先进个人等称号。主持及参与省、市、县的课题研究和市级校本课程10余项；30多篇论文在省、市、县级学术论文评比中获奖，并有6篇论文在省市级刊物上发表；在市、县级课堂教学研讨中开设公开课和讲座30多场。

二、课堂教学思想

统编小学语文教材重视课外阅读，将课外阅读纳入教材体系，形成“精读—略读—课外阅读”三位一体的阅读教学体系。阅读是输入，表达是输出，读写之间紧密关联，读是写的基础，写是读的升华。课外读写融合课的开展就是基于教材这样的编排体系，从课堂延伸到课外。课外读写融合课为学生提供合适的课外阅读材料，在读的过程中不仅能理解作品内容，丰富语言积累，还能探究语言表达的奥秘，并进行模仿迁移，领悟写法，让读与写有效融合。一方面帮助学生解决“写什么”的困扰，另一方面向读学写，让学生感知“怎么写”，最终促进学生读写能力的发展。

三、教学案例（片段）

喜欢故事是孩子的天性，对于小学低年段的学生来说，《吃球龙》是一篇充满童趣的“微童话”，特别适合他们阅读。根据本篇微童话的特点，本次读写融合课设计了三个环节。一是“猜猜玩玩”，通过最受孩子们欢迎的小游戏设置，让孩子们知道质量重的东西沉，质量轻的东西浮以及圆球的概念；二是“听听想想”，通过讲读故事，让孩子们了解微童话的内容，探究语言表达方式，迁移模仿；三是“想想说说”，激发学生的想象力，创编童话。

（一）活动一：猜猜玩玩，引入童话

上课伊始，教师创设游戏情境，激发学生探究的兴趣。

师：小朋友们，今天老师给你们带来了几样东西，看（师出示实物足球，再出示一个透明的装满水的大脸盆），请小朋友们猜一猜，假如老师把足球放进这个脸盆里，你猜是会沉下去还是浮在水面上？

学生有的猜会沉下去，有的猜会浮在水面上，意见不一。

教师做实验来验证学生的猜测。（刚才猜会浮在水面上的小朋友兴高采烈，猜沉下去的小朋友则露出遗憾的表情。）

师：那么篮球和排球呢？（这时的猜测就容易多了，大多数学生都猜会浮在水面上。）

师：我请两位小朋友上台做一做实验，看看大家是否都猜对了。两位学生上台做一做，结果证明了篮球和排球都会浮在水面上。

教师这时变戏法似的拿出一个铅球，这是什么球？（铅球）谁上来拿一拿，你有什么感觉？（请 3 位学生上台体验。）

生：我觉得铅球很重。

生：这铅球小小的，却很重。

师:假如把铅球放进这个脸盆你猜会怎样?(几乎所有的学生都说会沉下去,教师请学生把铅球放进脸盆,验证自己的猜测。)

师:通过刚才的猜猜玩玩,我们知道了足球、篮球、排球这些比较轻的球会浮在水面上,而铅球这样比较重的球会沉到水底。有一位叫冰波的作者,他就把这么好玩的事想出了一个很好听的童话故事,小朋友想听吗?

孩子有着天然的好奇心和探究欲,教师创设的"猜猜玩玩"的游戏情境,不仅能够迅速将学生的注意力集中起来,还能激发学生探究的乐趣。

(二) 活动二:听听想想,讲读童话

激发起学生的兴趣后,师生一起讲读童话,在讲读童话的过程中引导学生感知童话故事的生动有趣,领悟作者的语言表达方式并进行迁移模仿练习。

教师出示吃球龙图片,生动地讲述第一段童话。

师:这么爱吃球的龙我们以前还真没见过,我们合作读一读这段话,看看吃球龙是怎样吃球的。

教师引读:吃球龙专吃圆圆的球。

生 1:咕噜,吃个足球。

生 2:咕噜,吃个篮球。

生 3:咕噜,吃个排球。

师:除了足球、篮球、排球,你知道还有哪些圆圆的球?(乒乓球、垒球、气球……)

师:你能把刚才讲的这些球放进句子中,也学作者这样说一说吗?

出示句式:吃球龙专吃圆圆的球。咕噜,吃个(　　);咕噜,吃个(　　)。

师:是啊,吃球龙它飞来飞去地吃,像什么呢?

生 1:吃球龙它飞来飞去地吃,像一条贪吃蛇。

生 2:吃球龙它飞来飞去地吃,像一个网兜。

师:小朋友们的想法真多,真有意思呀!那我们的作者是怎样想的呢?(出示句子"它飞来飞去地吃,像一串会飞的糖葫芦",请 3—4 个学生读这个句子。)

师故意设疑:老师就搞不懂了,为什么作者说"它飞来飞去地吃,像一串

会飞的糖葫芦”？我们看看糖葫芦是怎样的？（图示横放的一串糖葫芦。）

生：因为吃球龙吃下一个又一个的圆球，它的身体也就被吞下去的球撑出这样糖葫芦的形状，所以作者说它像一串会飞的糖葫芦。

师：嗯，作者的想象真奇特呢，我们一起读读这句话。（生读）

师：这么贪吃的吃球龙可真让人担心呢！（出示：老龙们很担心，“这么吃，你会消化不良的。”）小朋友，你们有没有消化不良过？消化不良是怎样一种感觉？

生：消化不良时肚子会很痛。

生：消化不良肚子胀着很难受。

师：那我们的吃球龙这样吃会不会消化不良呢？（出示童话的第三段，师讲述。）

师：你能不能将“有一天吃球龙盘在地上一动也不动”中的“盘”换一个词，这句话的意思也不变？（躺、睡、卧……）那你觉得用哪个词更好呢？

师：是啊，吃球龙飞不起来了，身体沉甸甸的。你们猜它又吃什么球了？（生自由猜测。）

师：它到底吃了什么球，我们问问吃球龙自己吧。（出示图文。“你又吃什么球了？”“就吃了一个铅球，小小的。”）

学生齐读句子，同桌互问。

师：读到这里，我看到有小朋友笑了，老师想问问你，你为什么笑啊？你有什么话想跟吃球龙说吗？

生：吃球龙你也太搞笑了，竟然吃个那么重的铅球。

生：吃球龙，你可要注意哦，铅球虽然小，但是很重，吃下去你会飞不起来的。

生：吃球龙，不要贪吃哦，不然你会消化不良的。

生：吃球龙，赶紧把吃下去的铅球拉出去，这样你就不会肚子痛了。

……

师：刚才我们讲的这个有趣的童话就在这本书中，（出示书本）请小朋友打开书自己再读读这个微童话吧！

对人类语言的认识能力是儿童天生具有的，教师要做的就是把儿童引到广阔的语言海洋当中去，以读带写，以写促读，让孩子的读写能力协调发展。

（三）活动三：想想说说，创编童话

师：读完这个有趣的童话，小朋友想不想自己也来编一个童话故事呢？看老师给你们提供了什么？（图示人物：贪吃蛇、吹气龙、踢球狗……事物：乒乓球、垒球、氢气球、皮球、热气球……）你也来编一编吧。

学生小组讨论编故事，一个个童话故事就被创作出来了。

生：贪吃蛇爱吃圆圆的球。咕噜，吞个足球；咕噜，吞个篮球；咕噜，吞个垒球。他爬来爬去地吃，就像一串撒尿牛丸。一天，贪吃蛇突然发现自己浮在半空中，吓得赶紧叫妈妈。蛇妈妈问他，“你又吃什么球了？”贪吃蛇说，“我就吃了一个氢气球，轻轻的。”

生：吹气龙非常爱吹气。小兔拿个气球蹦蹦跳跳地走过来，呼呼，气球吹爆了；小狗在踢球，呼呼，足球吹跑了；小海狮在表演顶球，呼呼，头上的球不见了。大家都不喜欢吹气龙，他难过极了。吹气龙的妈妈见了说，“你看那边，小动物们准备坐热气球去旅行，可是热气球怎么也飞不起来，你去帮帮他们吧。”吹气龙听了，赶紧飞过去对着热气球吹气，呼呼呼，热气球飞起来了，呼呼呼，热气球越飞越高。小动物们拍手欢笑，吹气龙也笑得咧开了嘴。

……

在教师的引导下，同学之间的合作下，学生想想、说说、写写，感受着创编童话的乐趣。

四、教学案例（片段）反思

低年段小朋友对什么事都好奇，课始的“猜猜玩玩”几乎调动了每一个孩子的积极性。教师再告诉孩子们刚刚探究的事物就有人将它编成童话故事，孩子们对这个故事就非常期待。在讲读这个故事时，孩子们的阅读兴趣和习得语言的热情被极大地激发出来，到“创编童话”环节，借助教师提供的

材料创作童话故事就水到渠成了。

作为低年段的读写融合课，在选取文章时应从文体、写法、修辞等方面着手，选择适合低年段孩子读写的好作品。《吃球龙》是一篇微童话，故事内容生动有趣，语言浅显易懂，其中的排比句和比喻句比较容易迁移模仿，可以进行语言习得的练习，因此我将这篇材料放在二年级的读写融合课中。从整堂课的效果来看还是不错的，学生读得有趣，写得生动。

附图文：

吃球龙专吃圆圆的球。咕噜，吃个足球；咕噜，吃个篮球；咕噜，吃个排球。

它飞来飞去地吃，像一串会飞的糖葫芦。老龙们很担心："这么吃，你会消化不良的。"

果然，有一天吃球龙盘在地上一动也不动，难受地说："我飞不起来了。身体沉甸甸的。"

"你又吃什么球了？"

"就吃了一个铅球，小小的。"

五、实践导师点评

审视当下的语文教学，我们教师既重视阅读教学，也重视习作教学，但是将两者结合的教学相对较少，读与写往往脱节。读写活动的分离导致读的效果大打折扣，写的结果令人头疼。叶圣陶先生说："阅读是吸收，写作是倾吐。"读与写应相互作用，紧密联系，协调发展。如何在读与写之间形成联结，相互促进？黄老师组织学生猜猜玩玩、听听想想、说说写写，看上去有趣又简单，细细思考，却发现黄老师深谙情境创设、支架搭建、激励评赏的重要性，在玩的过程中激发读的兴趣，在读的过程中培养说的能力，最后自然而然地完成了写的迁移。黄老师的《吃球龙》读写融合课为我们提供了低年级读写融合教学的一个范式。

施燕红

衢州市教育局教研室，特级教师，正高级教师

刘双双

整本书导读课《逐狼呼和塔拉》

一、 教师简介

刘双双

浙江省庆元县实验学校高级教师。任教语文学科，教龄23年，丽水市语文学科带头人，丽水市优秀教师，入围2019“阅读改变中国”年度点灯人，杨丽佳特色教师工作室学员。出版《如何设计阅读单　让孩子成为阅读高手》，参与编写“百千大阅读”读本五年级上下册。

二、 课堂教学思想

语文素养的培养特别是思维素养，与阅读特别是优质阅读有着重要的关系。整本书阅读指导是培养学生思维品质的好途径，学生在建构阅读整本书的经验中，不但可以提升阅读鉴赏能力，养成良好的阅读习惯，更重要的是，可以站在思想家、文学家的肩膀上，更快速地提升他们的思维品质，加深他们对社会、对人生的思考和理解，形成自己的人生观。所以，在语文教学中，教师不仅仅要关注课文的教学，更应该引导孩子在整本书阅读的广阔空间中学习语文，努力在阅读中构建一个有趣、有味、有思考的课堂，让孩子读中有所发现,发现一个有趣的世界;读中有所探索,去了解语言文字背后的味道;读中有所思考,让有个性的思想在课堂里飞扬。

三、教学案例(片段)

阅读三个“狼狗搏斗”画面,预测狼和狗谁会胜出。

(一)浏览第一个片段,狼和狗搏斗猜测谁会胜出

师:刘老师今天带来了几个狼和狗搏斗的画面,非常精彩。现在拿出抽屉里第一个信封内的阅读片段读一读,猜一猜谁会胜出,你的理由是什么。

师:狼胜出占多数,狗胜出少数,不确定的也有一个。

A. 认为狼胜出的学生,发表观点和理由。

生1:因为狼有惊人的速度和结实的牙齿,而且他比猎犬更矫健更凶猛。

师:她发现了文章中的一句话,发现了文章中写到的细节。会联系文本很好。其他理由呢?

生2:因为狗是追狼的,如果狼被打败了,那接下来的情节发生不了了。

师:我觉得你可以做作家,你知道怎么去安排故事。

生3:我觉得狼会胜出,因为,狼是被追的,课文中写道在柳树丛前,狼会在里面袭击。假如你追人,突然变成人反过来袭击你。

师:你还联系到了生活。

生4:因为文中写“狼比猎犬更敏捷”,所以,狼会赢。

B. 认为狗胜出的学生发表理由。

师:那认为狗会胜出的学生来讲一讲。

生1:课文中提到有三条猎犬,如果有一只被咬,那么其他两只也会来攻击狼。

师:这个细节很重要。狗是三只,狼只有一只。

生2:我觉得狗会胜出,虽然主角是狼,故事要有变化的。

生3:除了冬天,其他季节狼是单独行动的。

师:我发现你很爱思考。

片段分析:这是第一次给出片段进行预测,这个片段给出的信息不多,

孩子只能依据仅有的信息和以往的生活经验来展开预测。借助预测，在初读中激发了学生继续阅读的兴趣。

（二）浏览狼狗第二次搏斗，猜测谁会赢，再小组合作交流

师：那你想知道到底是谁赢了吗？那接下来我们看下一个阅读片段。现在小组长拿出 2 号信封。把阅读单发给大家。时间 10 分钟。

师：好了以后可以小组在一起交流。

A. 学生自主阅读

B. 抽小组代表展示

师：我们先听一下他们的依据合理不合理。如果是你，你给他打几星，理由是什么。

生 1：我的预测是狗会胜出。预测依据是文中第二自然段写出了狗很强悍很暴力。第二个依据是狗跟狼撕咬在一起，另外两头猎犬也追上去了，第三条预测是文中猎犬我看出它一点也不怕狼。

师：你们认同他的这个依据吗？

生 1：认同。

师：有没有反驳的？或者是有补充，跟他不一样的。你是有不一样的想法是吗？

生 2：我写的是狼会胜利。

师：你认为狼会胜利，那他刚才说的那几条你怎么反驳？

生 2：首先，他有一条说到狗是很强悍很暴力的，但是狗虽然是强悍暴力的，但是永远比不上狼，因为狼毕竟是狼，狼的后代是狗，狼都会比狗更加强悍更加暴力。

师：你是从哪里感受到这一点的？

生 2：在狗与狼的第一次搏斗之前，作者都花了很多的笔墨去介绍狼很凶残很暴力。

师：你们发现了吗？他是联系了刚才我们第一个画面介绍狼的凶残的那个部分，这么猜测的，好，其他同学呢？其他组认为狗会赢和狼会赢都行，你来说说你的依据。

生 3:我觉得是狗会赢,因为之前已经说了,有一条狗已经咬到狼了,然后另外两条狗又会去围攻它,狼已经放弃了逃跑,然后三条狗再次围攻了狼,狗又受到了猎人的辅助。

师:还有猎人在边上,是吧?哦,他认为狗会赢,狼输。那还有谁有其他想法?你说。

生 4:我觉得是狼可能会被猎狗打败,然后我猜测的依据是这篇文章的第二自然段结尾那里说,狼被猎犬们包围住了,可能就逃不出去。然后第二条依据是第四自然段说狼是第一次被三条猎犬包围住,可能会不知所措。然后第三条最后一个自然段说狼就放弃了逃跑,可能狼已经绝望了。

生 5:我认为狼赢,预测的依据是,一、可能他的同伴会来。二、没准狼是假装自己很弱。三、有可能狼挣脱开来,逃出几百米,狗就追不上他了。四、狼比狗更强,毕竟狼是祖先,祖宗和后代比祖宗更厉害。

师:他说的一二三很有理有据,逻辑很严密。有不一样的可以反驳。

师:你刚刚是不确定,那现在是什么?

生 8:我认为狼会赢。因为,狼是最强最暴力的,很多狗都臣服于它。

生 9:我之前认为狼会赢,现在认为狗会赢。我从狼的凶猛,和"狼是第一次被猎狗围住,而且是三条猎狗","猎人来了,狼可能被捕杀"等语句判断出来。

师:我们发现找到的阅读线索不断改变自己的想法。那到底是谁胜出呢?我们接着预测,组长下发 3 号信封。时间 7 分钟。

片段分析:这是第二次预测,这次给出的线索逐渐增加,学生针对狗与狼的第二次搏斗场面展开预测,在这一次的预测中要求孩子预测要有依据,可以从多角度去寻找依据,孩子们从文章的细节、阅读同类文章的经验、对动物的了解、联系生活实际等角度展开了预测。这时的预测孩子是在深入阅读文章的基础上展开的。

(三) 浏览狼狗第三次搏斗,猜测谁会赢

师:刚才是认为狼会赢又改变了观点,认为狗会赢的举手。你来说说看。

生 1:第 1 自然段:当狼将全部的注意力都集中在前面这头猎犬身上的时候,另一头猎犬就会悄无声息地向他后背扑去,一口咬向他的背脊。还有

第 2 自然段，三头猎犬配合默契。

师：你从细节中推测，有其他想法的补充，很棒。

生 2：我觉得也有可能是狗会胜出，因为三条狗的默契很好，然后在第 1 自然段里面又有两个人类撑腰，然后前面第 2 次搏斗还有甘地的反击和西拉的加入。

师：观察非常仔细，阅读很细心，除了阅读的细节里面，还有从其他的角度猜测这只狗会赢的吗？

生 3：我的预测是狼会输，我的依据是，①狗的身边还有猎人撑腰，辅助猎狗；②三头猎狗捕捉狼是当成游戏一般；③三头猎狗的配合是十分默契的，很有节奏，对狼的攻击是没有停顿的；④狼攻击的动作总是慢半拍，基本上没有反击。

师：这 4 条有理有据啊。那么刚才还坚持狼会胜出的人你怎么反驳？

生：我预测狼肯定会赢。预测依据，①作为一头高傲的狼，不应该输，它会有很多的同伴来支援；②有一只狗是雌狗，它身上肯定会有缺陷；③也许狼在保存实力，忍不住后面爆发了，就打败了猎狗；④第 2 自然段的第 1 句：狗当作是游戏，都会轻敌，然后就输了。

师：读了这段话，你有什么疑问吗？

生：我产生的疑问是文章主要都是写狼的，而且题目都是狼，为什么这里却写狼受了很严重的伤？

师：大家发现没有，我们在阅读中对这头狼的印象是从凶残、聪明甚至强健到弱小，在改变，这确实有意思，那么作者为什么要写这样一头狼呢？你想猜一下吗？

生：为了突出那三条猎狗的厉害。

师：你认为他其实不是主角，是配角。

生：因为作者想改变人们对狼的看法，因为狼向来在人们眼中都是凶残的，想让人们更重视狼，因为现在很多品牌上面都会有狼，比如说“七匹狼”。

师：那么作者心中，他到底对狼有着怎样的心态呢？单读这三个片段，我们不知道，作家黑鹤曾经写过这么一句话，“我想让孩子们知道，如果离开城市，其实仍然还有荒野，在荒野之中，人类和其他的生灵是可以和谐共处的。”他到底对狼是怎样的态度呢？去阅读这本书你一定会有更多发现。

片段分析：这是第三次预测，这次给出的线索有了很多变化，学生在阅读中把三个片段进行了对比，而且把自己三次的预测进行比较，并针对很多同学的预测为何产生变化展开了讨论，让阅读走向了深层的思考。

四、教学案例（片段）反思

在这一节课的教学中，我选取了书中三次“狼和狗搏斗的画面”，让学生根据搏斗场面展开预测，谁会胜出。孩子们针对搏斗的场面结合自己以往阅读同类书籍的经验、生活经验和文章中的细节展开了一次又一次的预测。在这个过程中，我们的讨论重点并不是预测的结果是否正确，而是讨论，你为什么这样预测？你的依据是什么？你的几次预测有变化吗？为什么会变化？

整本书阅读，我们在让孩子进行预测的时候，答案并不是最重要的。重要的是让学生说出预测的依据是什么；阅读中，我们可以从不同角度进行预测。用预测展开教学时，要注意的是：①老师给出预测材料读到哪里停下来是很关键的，我们给出的信息要适量，太少不好预测，剧透过多则会让孩子失去阅读的兴趣；②在让学生预测后再进行印证和填写阅读单，需要注意的是，我们阅读交流的重点是孩子预测的线索和依据是什么，并对线索和依据进行分析，而不是简单地判断对错。

五、实践导师点评

刘双双老师的这节整本书的阅读导读课《逐狼呼和塔拉》，先引导学生从图片、课题去预测书本内容，再重点带领学生学习狼和狗的“三次搏斗”，让学生在快速阅读的过程中圈画线索进行预测，并采用小组合作学习的方式，让学生碰撞出思维的火花。整堂课井然有序，学生兴趣盎然。

杨丽佳
丽水市实验学校，正高级教师

郑艺

基于交际语境，实现读写融通

一、教师简介

郑艺

丽水经济开发区第一小学语文教师，高级教师，丽水市教学名师、市138第二层次人才培养对象、市教科研先进个人、市精准教学先进个人、《小学教学设计》特约编辑。荣获第二十届央馆赛全国一等奖，中国教育学会主办的微视频大赛全国一等奖。2015年6月21日，CCTV新闻直播间15分钟专题报道郑氏父子间的家庭教育和郑艺的教育教学。其中父子间的两封家书被《人民日报》《读者》等100多家纸媒与新媒体报道。

二、课堂教学思想

求真、求实、求新，打造言意共生、思趣共振的语文课堂。

语文课堂要求真，立足情境性与实践性，还原真实的生活场景，将生活经验转变为语文经验；语文课堂要求实，注重阶段性与发展性，诚实地直面学生真实的学情，尊重心理逻辑，以包容的心态看到“每一位学生”，尊重学科逻辑，以务实的姿态落实“每一篇课文”；语文课堂要求新，突出时代性和多元性，关注互联网时代日常生活中语言文字运用的新现象和新特点，拓宽语言运用场景，打通线上与线下。语文教学还要引导学生在文本中“走一个来回”，在读写融通、言意共生中发展个体语言经验；引导学生在思维中“受一次冲击”，在思辨性阅读与表达中激起认知冲突，提升思维能力。

三、教学案例（片段）

（一）教材解读

1. 基于读者视角，审视文本价值

《记金华的双龙洞》是叶圣陶先生撰写的一篇经典游记。课文按照游览的先后顺序，依次介绍了去双龙洞路上、洞口、外洞、孔隙、内洞的见闻感受以及出洞情况。除了游踪变化是课文的线索外，另一条溪水流经的路线也是课文的线索。课文结构清楚，过渡自然，是学生用来学习“按游览顺序写景物”的典范之作。

2. 基于编者意图，单元整体关照

习作单元中的阅读课，是指向表达的阅读课，重在习作方法的理解与运用，从而提升习作能力。第一条语文要素“了解课文按一定顺序写景物的方法”指向习作方法的理解。两篇精读课文，侧重点各不相同。《海上日出》是了解按照景物变化的顺序来写，《记金华的双龙洞》是了解按照游览的顺序来写。第二条语文要素“学习按游览的顺序写景物”指向习作方法的运用。写景学生并不陌生，通过三上第六单元习作《这儿真美》和四上第一单元习作《推荐一个好地方》，学生已经初步学会了描写一处景物，介绍一处景点，本单元的重点应强调“有顺序地写多处景物”，把握习作教学序列，从而使学生的习作能力层递推进，螺旋上升。

（二）教学流程

1. 板块一：基于交际语境，生成任务驱动

（1）借助朋友圈，创设交际语境。

（2）借助留言，生成驱动性问题：能说清楚路线图的朋友圈，该怎么发？

【设计意图】本单元是习作单元，精读课文的教学要体现“阅读辅路，由读到写”的理念。本单元的习作是“游________”。现代人的游记，更多的是以图文结合的非连续性文本的形式，发布在社交媒体上。因此，课堂伊始就基于真实的运用场景，创设交际语境，生成具体的任务驱动，激活学生的学习动机。以此任务贯穿整堂课，用真实的生活，贯通学生的知识习得路径。

2. 板块二：初读课文，落实字词

（1）用自己喜欢的方式读课文，读准字音，读通句子。理解题目中“记”的意思。

（2）借助词串，组块识字。

① 借助图片，直观理解“石钟乳、石笋”。

② 边读边指认身体部位理解“额角、肩背、臀部、脚跟”。

③ 关注构词方式，整体理解“狭窄、突兀”。这是一组由近义字组成的词，读着读着就能把意思读明白。

④ 联系上下文理解“蜿蜒、 簇”。

【设计意图】运用组块编码的方式，可以提升生字词短时记忆的效果。又根据具身认知理论，调动多感官参与生字词学习，促成深度认知下的信息加工，更易进入语义编码的长时记忆。适度的身体活动，调动了识字环节的积极情绪，让识字教学事半功倍。运用多种方法落实生字词，做到音、形、义的结合，渗透运用汉字的构造、语法和语境推断生字词的意思。

3. 板块三：理清游览路线，制作朋友圈的“图”

学习要求：默读课文，将朋友圈中的路线图补充完整。

（1）借助过渡句，确定游览景点。默读课文，尤其关注文中的过渡句，圈出景点。

（2）借助课后题，形成完整路线。出示课后题，同桌讨论，可以将哪些景点填入路线图中。

(3) 放入朋友圈，完成交际任务。上台展示，全班交流，确定路线图，工工整整誊写至朋友圈的图中。

【设计意图】理清游览路线是本课的学习重点。笔者对课后题进行了适度的改编，将其放入微信朋友圈的交际情境中。既充分发挥了立体路线图的直观形象，将课文的游览顺序可视化，又赋予了习题真实的生活应用场景，使读写活动具有清晰的意图感和方向感。学生在强烈的任务驱动中，真正地感受到自己在一步步解决真实的问题。

4. 板块四：对比推敲过渡，撰写朋友圈的“文”

(1) 对比阅读：出示小悠和叶圣陶的朋友圈，自由地读一读。

(2) 小组讨论：小悠和叶圣陶的朋友圈，有什么相同点和不同点？你更喜欢谁的文案？

【设计意图】如何用过渡句，使景物的转换更自然，是本课的学习难点，也是本单元习作的要求之一。运用对比阅读的策略，探究表达奥秘。异中求同，发现表达规律——体悟过渡句的用处。同中求异，洞察表达特色——学习过渡句的写法。通过小组合作，引导学生在分析比较和归纳判断中充分展开思辨过程，在具体的言语交锋中，培养学生的思维能力。

5. 板块五：改编初试身手，实现读写融通

(1) 回顾驱动性任务：好想发一条能说清楚路线图的朋友圈，这该怎么办？

(2) 画一画：提供图片支架，规划游览路线。

这是华东药物植物园的平面图。老师根据小悠的朋友圈，已经标注出了她游览的景点。请你画出游览路线图，看看有哪几种走法。

(3) 说一说：借助过渡提示，说清游览顺序。

①独学，画出游览路线自由说；②合学，小组交流互相说；③展学，派代表说说本小组共同讨论的“最佳游览路线”。

(4) 评一评：借助评价量表，聚焦“说清楚”。

(5) 写一写：为小悠撰写图文朋友圈。

(6) 课后作业，拓展延伸。

自选作业一：周末约上亲朋好友，根据你帮小悠发布的这条朋友圈，去华东药物植物园玩一玩。可以去小悠没去过的景点，留下属于你的图文并茂的朋友圈。

自选作业二：周末约上亲朋好友，去你们想去的地方游玩。发布一条能说清楚路线图的朋友圈，吸引圈中好友点赞、评论。

【设计意图】该环节改编了习作单元中的初试身手，保留了它的核心要义——规划游览路线。但根据地域特色和实际学情，将游览地点进行了本土化的改造。这不仅使任务情境更真实，能够更好地激发言语动机，降低表达难度，而且学生真的能够凭借发布的朋友圈，进行线下的参观游览。朋友圈秒变为可以进行操作型阅读的程序性文本，在边阅读边游览的过程中，深切体悟言语表达的准确所带来的现实意义。

四、教学案例（片段）反思

习作知识的教学，重在整体推进。该案例整体解读教材，明晰各大板块的不同功能。并根据学情，进行灵活重组。前置单元习作，分解习作目标，以终为始，逐步推进。关联初试身手，充分发挥其诊断功能，突破单元习作的核心知识。

习作知识的教学，重在精准具体。贴上“移步换景”的标签，并不意味着学生真正地理解。该案例基于学生自身的读写经验，在真实的读写任务中，引导学生直面读写困境和读写痛点，精准调用习作知识，并在一次次的诊断性与反思性的自我建构中，摸爬滚打地将习作知识转变为真正的习作能力，让言语智慧与习作思维，在言语实践中真实成长。

五、实践导师点评

习作单元的精读课文聚焦学习文章的表达方法。联系学生生活，将“如何按浏览的顺序写景物”这一语言运用点，包裹在“如何发一条能说清楚路线图的朋友圈”这一真实的任务驱动中。以课文的优质语言为表达范本，引导学生了解课文按一定顺序写景物的方法，使学生亲历从内容理解到语言运用的学习过程，读写融通，培养学生的读者意识、目的意识和功能意识，使学生的语言表达能力、文体思维能力和语篇构造能力，得到真实有效地提升。

余琴
浙江省教育厅教研室，小学语文教研员，高级教师，省特级教师

吴伟波

单元整合课“认识底和高”

一、 教师简介

吴伟波

莲都区丽新民族小学校长，小学数学教师，丽水市教学名师，浙派名师培养对象。从事教学工作23年，带领团队创办“吴伟波数学工作室”，进行原创练习设计与研究，坚持每天发布“每日一题”；近三年，承担莲都区名师工作室工作，培养学科带头人3名，教坛新秀6名，教坛新苗12名；参与莲都区课堂教学改革研究，围绕课堂教学改革发表相关课题和论文15篇。

二、 课堂教学思想

“认识底和高”这节课，以学生认知为起点，以理解底和高的学科概念为目标，以学生的实践操作和数学概念辨析为路径，在经验改造中完成概念建构，深化意义理解。

整节课，我坚持学生立场和学科逻辑，通过让学生经历从实际物体抽象出几何图形的过程，认识图形底和高的特征，感悟点、线、面、体的关系；理解图形概念与测量间的密切关系；在整体认知和深度思辨过程中，积累观察和思考的经验,逐步形成空间观念。

此外,本节课作为图形面积教学的关键起始课,对底和高概念的深入理解为后续推导常见图形面积计算方法奠定了理论基础,基于概念理解的深度操作为图形面积变式变形储备了核心方法,有效帮助学生逐步形成量感和推理意识。

三、教学案例(片段)

(一)片段一:生活体验,初步感知

活动与设问:

(1)老师与学生比身高:谁高一些?为什么?

(2)如何描述身高:人的身高是从哪儿到哪儿?

追问:哪里是你所说的高(引导学生指着投影说)?

课件演示:连接底和顶的虚线段。

【设计意图】通过丰富的生活感悟,结合“高在哪儿”的情景,初步理解生活中的底和高;从比身高这一生活情境入手,初步感知“高”在哪儿。以生活现象为切入口,为孩子学习数学的高埋下伏笔,让学习扎根于孩子的生活中,并随之自然生长。

(二)片段二:对接生活,经历思辨

1. 引导迁移

请根据自己刚才对“高”的理解,尝试在三角形中找到顶点和底边,并画出它的高。

学生自主活动:独立画高(全班画高,教师寻找典型素材,并拍摄画高过程进行展示。)

2. 展示梳理

结合学生画高视频,整理画高的方法。

师:说一说你是怎么画高的?有哪些关键技巧?

学生反馈，教师根据学生反馈进行画高方法的板书整理。

（板书：① 用直角　② 对底边　③ 找顶点　④ 画虚线　⑤ 做标记。）

归纳核心概念：高——从顶点向底边画的垂直线段。

师：运用所学方法，进行规范画高。画高后，再来说说你对高的理解。

【设计意图】展示学生的画高作品，归纳画高的方法后，再引导学生规范画高，从而理解高的特征，使学生对底和高的概念有初步的感知。借助学生的画高视频，总结规范画高的方法，提升学生的画高技能。基于学生现场画高的视频教学，既激发了学生的参与兴趣，又能直观展示规范画高的过程并促使学生掌握画高技巧，进而帮助学生建构高的概念。

3. 深度思辨

还有同学是这么画高的。（展示素材 2）追问：现在这条线段是三角形的高吗？如果它是高，那么它对应的底又在哪里呢？

同伴互助：理解斜边上的高（三角形顶点到对应底的垂直线段。）

深度拓展：除了以上两条高外，你还能继续找到这个三角形的其他高吗？

归纳思辨：孩子们，我们回过头来看看大家的作品，对比并试着分析，看了图 1 中的三角形不同的底和高，你又有什么新的想法？

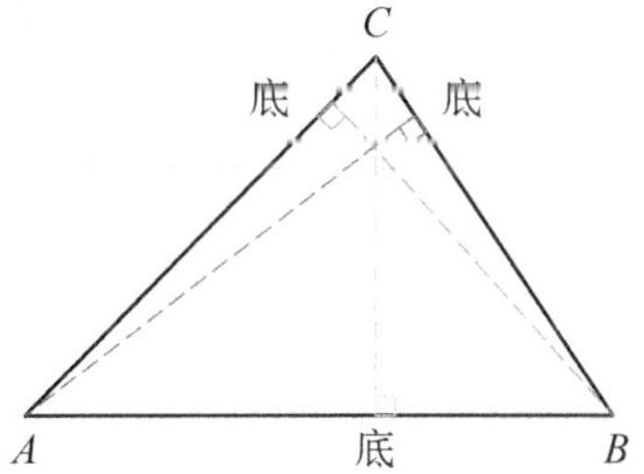

三角形有 3 条底，3 条高

图 1

展示课件，引导学生观察：关于三角形的底和高，你有什么发现？

生 1：三角形的底可以在任意一条边上；

生 2：三角形的高与底是互相垂直的；

生 3：三角形的底与高是一一对应的。

整理完善：请同学们将没画完的高补充完整。（学生作图。）

【设计意图】在此环节，教师抽离了三角形的水平底边，再组织学生画高，从而辨析数学中的底和高与生活中的底和高的异同。体会选择不同的边为底，高也随之不同，从而理解图形的底与高是一一对应的。通过深度思辨抽象出三角形有三组底和高，深入理解高与底的一一对应关系。

（三）片段三：自主探索，沟通联系

探索平行四边形和梯形的高：（动画演绎）将三角形的这个顶点，向右平移，就得到了两个新图形，它们分别是（梯形和平行四边形），你能用刚才学习的画高的本领，画出它们的高吗？

画高并思考：平行四边形和梯形的底和高在哪儿？

收集学生作品，进行有序反馈。

反馈1：先反馈以平行四边形水平边为底的高，纠正错例；然后思辨，这些从顶点到底边的垂直线段都是平行四边形的高吗？引出平行四边形有无数条高，再反馈以平行四边形侧边为底的高，引出有无数条高。最后归纳，平行四边形有两组底和高。

反馈2：先反馈以梯形上下底为底边的高，引出有无数条高，再反馈以腰为底的高，进行数学思辨，明确梯形的高在数学定义上不能以腰作为底边。

反馈3：先反馈正确画高的素材，引导孩子梳理自己画高的方法，再反馈不规范的画高素材，利用反例对学生画高的方法进行经验优化。

PPT动态方式总结：从顶点向对边（底）画出的垂直线段就是高，平行四边形和梯形从平行线中任意一点出发向对边（底）画出的垂直线段就是高。重点强调，值得注意的是，平行四边形除了上下边平行，左右边也平行，所以从平行线中任意一点出发向对边（底）画出的垂直线段就是高；而梯形的两腰不能作为底，因此腰上也没有高。

板书小结：从平行线中任意一点出发向对边（底）画出的垂直线段就是高。

【设计意图】通过三角形顶点的平移，引出平行四边形和梯形，进而将三角形画高的方法迁移至新图形中。通过旋转平行四边形和梯形，改变水平

底边，展示学生在该类图形中画的高，促进学生理解高的核心本质，即顶点到底边的垂线段。在判断"这条虚线是否依然是这条底上的高"的活动中，理解平行线间可以作无数条高，掌握高的本质属性，为后续面积的等积变形教学做足铺垫。

（四）片段四：单元视角，适度拓展

变式练习：在给定的底边 AB 上分别画出一个高为 3 cm 的三角形、平行四边形和梯形。（每个小方格的边长表示 1 cm。）

展示学生作品，归纳小结：其实这些符合要求的图形一定会在这样的平行线间，平行线间相等距离让这些以 AB 为底的图形高都等于 3 cm。

【设计意图】在给出具体底边，提供高的数据情况下，让学生逆向构图，通过展示不同的作图答案，激发学生的空间想象能力，将"等积变形"形象化展示在学生面前，再利用希沃课件进行等底等高图形的动态演示，促使学生理解：图形的底和高决定着图形的面积。

（五）片段五：回顾整理，拓展延伸

学习回顾：孩子们，你们在这节课中学习了哪些知识？回忆一下，我们是怎么学到这些知识的？

拓展延伸：除了今天学习的在平面图形中找底和高，我们还会在哪儿认识它们呢？（展示生活物品的底和高，展示立体图形的底和高。）

【设计意图】在回顾整理中凸显"底和高"与"点到直线距离"这两个知识间的本质联系，从而更丰富地理解高就是垂线段的学科本质，帮助学生构建底和高的知识网络。课末，在学习了底和高的知识后，再次回归生活，理解生活物体的底和高，理解立体图形的底和高，进而理解三维物体的底和高，为后续的学习提供坚实基点。

四、教学案例（片段）反思

本节课，教师依托学生画高素材和图形运动变式等内容，以联系为纽

带，以深度辨析为路径，促进学生在课堂中求联探异，深度理解数学本质。整节课以经验改造和素材辨析为主线，通过直观的素材促进学生理解底和高，通过不同素材的提炼辨析，掌握底和高的数学本质。教学中，师生在对比中理解高的概念，在操作中强化高的本质，在练习中拓宽对高的外延。利用静态的成果图，动态的学生画高视频，以及希沃课件的规范演绎，让学生在多维刺激下发现规律，发现本质，发现问题，从而促进深度思考，积累活动经验，逐步形成空间观念。

五、实践导师点评

吴老师的“认识底和高”，站在单元整合视角，以儿童比“高”的生活经验入手，通过创设“比身高”情境，拓展至比物体高、图形高等活动，激发学生探索“高”的热情。课堂中，巧妙使用各层次学生素材，借助数学特征明确的典型素材，助推学生逐步理解“底和高”的数学本质。通过拓展练习，将知识迁移至面积板块，为学生后续的学习提供了坚实的学科知识和技能储备。教学设计创意十足，课堂教学层次清晰，是一节具有借鉴意义的图形概念教学课。

张绍军
莲都区教师进修学校，正高级教师

毛剑梅

“‘矿’‘石’奇缘”项目化学习实践

一、 教师简介

毛剑梅

莲都区大洋路小学教育集团城西校区科学教师，2000 年 8 月参加工作，曾获丽水市教学名师、丽水市学科带头人、丽水市优秀教育工作者、丽水市优秀科技辅导员、莲都区首届十佳青年教师、莲都区教科研先进个人、莲都区优秀教师等荣誉，所撰写的 40 多篇论文、十几项课题在省、市、区级期刊发表或获奖，承担市、区级讲座 30 余次，在省、市、区级上研究课、评比课 20 余次，执教的优质课先后获得市、区级一等奖，省级二等奖。

二、 课堂教学思想

《义务教育科学课程标准(2022 年版)》在课程理念中明确指出：要确保学生有充足的时间探究、实践和思考，在学习学科概念的基础上，理解跨学科概念，并应用于真实情境。科学学科项目化学习就是以核心知识或技能为载体，以综合学习为表现形式，以核心素养的培育为关键指向的综合性学习。本案例在立足课标的基础上，贴近学生的生活实际，以核心知识和技能为圆心去进行设计、开发和实施，将核心概念贯穿于问题解决的整个过程，直至最后成果的形成和评价的开展。在项目实施过程中增强学生对学科核心概念和跨学科概念的认识与理解，从而促进学生核心素养的发展，为学生的终身发展奠定基础。

三、教学案例

(一) 第一部分　项目缘起

矿产是丽水市四大优势自然资源之一，具有矿种多、储量大、分布集中、矿床规模较大、质量优等特点，素有浙西南"聚宝盆"之美誉。境内已发现矿产 57 种，其中金属矿产 25 种，非金属矿产 32 种，发现矿产地近千处，其中可开发利用的 460 多处。丽水的各类矿产中，叶蜡石的储量占全国重要地位，缙云沸石矿是全国最大的具有工业利用价值的沸石矿，遂昌金矿是浙江省最大的金矿。

为挖掘丽水地质知识中隐藏的宝藏，大洋路小学教育集团城西校区四年级的星宝们开展了"'矿''石'奇缘"项目实践活动，沉浸式体验岩石和矿物多样性的神奇，通过体验、合作、探究，揭开岩石、矿物等的奥秘，身临其境地感悟自然科学的力量，探索 46 亿年地球奥秘。

(二) 第二部分　项目目标

项目目标见表 1。

表 1　项目目标

项目目标	
科学	① 岩石和矿物是地球上的重要自然资源，记录了地球的形成和演化历史；岩石是由一种或多种矿物组成，不同矿物有不同的形态特征 ② 岩石是天然产出的，由一种或多种矿物(部分为火山玻璃物质、胶体物质、生物遗体)组成的固态集合体，是地球内力和外力地质作用的产物 ③ 矿物是指由地质作用所形成的天然单质或化合物，具有相对固定的化学组成，在一定的物理化学条件下稳定，是组成岩石和矿石的基本单元

续表

项目目标	
技术	能用简单的工具对岩石或矿物进行细致的观察，并能用图和文字的形式记录观察结果
工程	能按要求收集信息、处理信息；能根据需要选择合理的材料、工具、方法制作岩石和矿物标本；能对其他同学的岩石和矿物标本做出评价并提出改进建议
人文	认识到岩石和矿物是人类生产生活的重要自然资源，我们应该保护自然资源并合理开发与利用
数学	能对收集到的岩石和矿物进行分类、统计，并进行对应的数据分析

（三）第三部分　项目设计

本项目活动分为三个阶段，分别是问题引入阶段、探索活动阶段、制作展示阶段。

问题引入阶段：通过具体情境，使学生明确本项目的任务。

探索活动阶段：通过活动，让学生了解和掌握项目任务相关的一些科学、技术、工程等问题，完成项目任务阶段，包括制作并展示岩石和矿物标本。

制作展示阶段：开展“矿石奇缘”汇报交流会。

每一阶段的活动主题活动内容、活动时长见表2。

表2　各阶段活动主题、活动内容、活动时长

活动阶段	活动主题	活动内容	活动时长
问题引入阶段	子项目一：确定主题：怎样给岩石和矿物制作标本卡	了解岩石背后的故事，了解丽水丰富的矿产资源和古生物化石资源，形成研究主题：如何保存矿产资源信息，并进行推广	40分钟
探索研究阶段	子项目二：这是什么岩石？	通过肉眼、放大镜观察岩石的颗粒、光泽、软硬等特征，并进行描述	40分钟
	子项目三：这是同一种岩石吗？	观察石英、长石、云母等矿物，描述花岗岩的组成	40分钟

续表

活动阶段	活动主题	活动内容	活动时长
	子项目四：制作岩石和矿物标本	对采集到的岩石、矿物进行编号，观察并对照标本图鉴，识别并添加标签	40 分钟
成果展示阶段	子项目五："矿石奇缘"汇报交流会	赴"丽水市博物馆"参观学习更多关于岩石和矿物的知识，结合前面所学，开展实践活动报告交流会	120 分钟

(四) 第四部分　项目实施

1. 问题引入阶段

【子项目一】怎样给岩石和矿物制作标本卡。

活动目标：了解岩石背后的故事，了解丽水丰富的矿产资源和古生物化石资源，形成研究主题——如何保存矿产资源信息，并进行推广。

活动材料与准备：岩石和矿物标本、相关图片或视频、班级记录表等。

活动过程：

(1) 在地球上的哪些地方可以找到岩石？

(2) 了解岩石背后的故事。展示弓石燕等化石、魔鬼塔、蕨类植物、鹦鹉螺、土壤形成的文字和图片介绍及一些相关视频。

(3) 了解我们身边的矿产资源：遂昌金矿、缙云沸石矿、青田黄蜡石等。

(4) 正是因为土壤和岩石有着这样特殊的作用，所以我们人类才一直不断地在研究他们。体会研究岩石和土壤的意义，激发学生探究岩石和土壤的兴趣。

(5) 了解丽水丰富的矿产资源和古生物化石资源，形成研究主题：如何保存矿产资源信息，并进行推广。

活动建议：①课前让学生参与资料收集；②对于丽水的矿产资源的信息及资源的收集要尽量丰富、全面。

设计意图：通过了解丽水丰富的矿产资源，提出富有现实意义的驱动性问题，引入项目研究，将学生的科学探究与学生的生活建立紧密联系，维持学生持续探究的兴趣。

2. 探索研究阶段

【子项目二】这是什么岩石?

活动目标:通过肉眼、放大镜观察岩石的颗粒、光泽、软硬等特征,并进行描述。

活动材料与准备:花岗岩、砂岩、大理岩、放大镜、手电筒、小刀、铜钥匙、小钢锉、观察记录表等。

活动过程:

(1) 观察三种常见的岩石标本。

(2) 学习观察方法,分小组观察。

(3) 观察了解更多岩石的特征。

(4) 观察岩石的光泽和组成岩石的内部物质。

(5) 交流分享观察结果,全班共同交流讨论。

(6) 活动建议:①学生观察岩石的特征前要先研究观察的方法以及观察工具的使用;②要准备更多具有典型性的岩石供学生观察。

设计意图:通过观察、记录、描述几种常见岩石的特征,初步认识几种常见岩石的显著特征,同时培养学生合作探究、积极交流、互相质疑等意识。

【子项目三】这是同一种岩石吗?

活动目标:观察石英、长石、云母等矿物,描述花岗岩的组成。

活动材料与准备:花岗岩、石英、长石、云母等常见岩石和矿物标本和图文资料;放大镜、白色无釉瓷板、手电筒、金属、丝绸、玻璃、蜡烛、泥土、观察记录表。

活动过程:

(1) 展示四张不同矿物图片,帮助学生区分矿物与岩石的区别。老师明确,岩石是由一种或多种矿物有规律组合而成的集合体。

(2) 观察花岗岩的组成。

(3) 观察三种矿物的特征:颜色与条痕颜色的观察、光泽与透明度的观察。

(4) 这三种矿物的各自特点归纳与三张矿物资料卡(云母、石英、长石)

比较，判断这三种矿物分别是哪种矿物。

设计意图：通过观察不同的矿物，学会用科学的方法进行观察，能用科学词汇描述不同矿物的特征，认识到矿物和岩石与人类关系密切，是大自然留给我们人类的宝贵资源。

【子项目四】制作岩石和矿物

活动目标：对采集到的岩石、矿物进行编号，观察并对照标本图鉴，识别并添加标签。

活动材料与准备：自备的岩石和矿物、带盖的纸盒、放大镜、标签纸、岩石和矿物标本图鉴。

活动过程：

(1) 揭示制作标本的意义，初步了解制作步骤。

(2) 识别采集到的岩石和矿物。

(3) 制作岩石或者矿物标本。

(4) 展示所有小组制作的标本盒，以“画廊漫步”的形式参观、讨论并投票。

(5) 充实标本盒。

设计意图：完成岩石和矿物的标本制作后，采用“画廊漫步”的形式，各项目组长介绍制作成果，各项目小组组员按图片顺序走动对照评价标准相互评价。在这个过程中，组组移动互评优缺点，并不断改善自己的作品。

3. 成果展示阶段

【子项目五】矿石研究成果发布会

活动目标：赴“丽水市博物馆”参观学习更多关于岩石和矿物的知识。结合前面所学，开展实践活动报告交流会。

活动材料与准备：实践活动记录表、交流 PPT。

活动过程：

(1) 布置赴“丽水市博物馆”考察学习任务。

(2) 学生以实践活动小组的方式带任务参加实践。

(3) 学生撰写实践活动报告。(文稿、美篇、PPT 等形式都可以。)

(4) 班级内分小组分享实践活动报告并进行修改，选择优秀报告参加年段交流。

(5) 以年段为单位，开展“矿石奇缘”项目实践活动分享交流会。

活动建议：活动前教师要提前进行考察，确定实践活动的任务目标。

设计意图：以“丽水市博物馆”为引导，启发学生关注并走近各类社会教育场馆，更好地发挥各类场馆的教育作用。通过交流分享实践活动报告，加强知识学习与社会实践之间的联系，实现学生对核心概念的有效构建和深度理解。

四、教学案例（片段）反思

“‘矿’‘石’奇缘”项目化学习的开展基于现实意义和学生核心素养培养，有效地结合了地理、科学、数学、艺术、技术和工程等多领域的学习内容，能很好地培养学生的理性思维、动手能力、审美艺术等综合素养。通过体验、合作、探究，揭开岩石、矿物的奥秘，身临其境地感悟自然科学的力量，探索地球奥秘。

在项目研究过程中，我们结合丽水市的矿石资源提出了富有现实意义的驱动性问题，促使学生对项目研究产生浓厚的兴趣，并产生长时探究、持续探究的动力。因项目实践研究的需求，我们将单元内容进行了重组，改变碎片化、割裂式的教学，突出了知识之间的内在联系，促进知识的结构化及学生学习的整体性。加入了“丽水市博物馆”这一重要的科技场馆，加强了知识学习与社会实践之间的联系，实现了学生对核心概念的有效构建和深度理解。

五、实践导师点评

毛剑梅老师实施的“‘矿’‘石’奇缘”项目化学习，实现了教师教学方式转变促进学生学习方式改变，整个项目化学习呈现“有明确的任务驱动、有材料限制和评价要求、有设计引导单提示、有量化的研究成果、有展示交流评价”等活动体验过程，在课例教学过程中引导学生对“矿石”奇缘学习进行了系统性、设计性、实践性的迭代升级，构建了“生活经验聚集—活动设计关联—思维互动研讨—成果拓展延伸”的教学结构，在科学教学中落实了核心素养。

吴韦春
庆元县城东小学，党总支书记、校长，省特级教师，正高级教师

陈勇

基于深度学习的初中数学课堂思考性问题设计

——以浙教版七(下)4.32“用乘法公式分解因式”为例

一、教师简介

陈勇

庆元县第二中学教师,执教初中数学,教龄16年。庆元县初中数学名师工作室领衔人,曾获得丽水市教坛新秀、庆元县优秀班主任、庆元县工会积极分子、庆元县教学质量突出奖等荣誉。论文《一道期末试题解法探究和变式拓展》《一道中考试题解法探究和变式拓展》《作业批改的艺术》等获得市级以上荣誉,曾开设市级以上讲座“基于智学网下的月考试卷分析”“探究以一道题为背景的教研模式”等。

二、课堂教学思想

“问题是数学的心脏”,数学课堂中解决问题是教学活动的重要组成部分。“章建跃先生认为：从数学知识发生发展的合理性、学生思维过程的合理性上加强思考，这是落实数学学科核心素养的关键点。”①激发学生兴趣，引导学生思考，鼓励学生质疑，引导学生发现问题与提出问题，最终达成分析问题和解决问题的能力是新课程标准的核心任务。深度学习主张学生积极参与课堂活动，深入研究课堂内容，理解课堂知识，发展数学思维能力，学会自主学习，体验成功，获得终身发展。基于深度学习，提升初中数学课堂教学核心素养的关键是思考性问题的设计。

三、教学案例（片段）

（一）问题引入，发现规律

用简便方法计算：$101^2-2\times101+1$。

师：你能用简便方法计算上面算式的值吗？

生：$101^2-2\times101+1=(101-1)^2=10\,000$。

师：嗯，很好！你能写出一些具有以上规律的多项式吗？

生：$1\,001^2-2\times1\,001+1=(1\,001-1)^2=1\,000\,000$。

生：$99^2+2\times99+1=(99+1)^2=10\,000$。

师：有了突破，写了一个第二项是“+”的多项式，你能写出一些具有以上规律且最后一项不是“1”的多项式吗？

生：$102^2-2\times102\times2+2^2=(102-2)^2=10\,000$。

生：$95^2+2\times95\times5+5^2=(95+5)^2=10\,000$。

师：太棒了！怎样的多项式我们才可以用这种方法来进行计算？

生：满足完全平方公式 $(a\pm b)^2=a^2\pm2ab+b^2$，等号右边的式子就可以进行如上运算。

师：能用字母表示你的发现吗？

生：$a^2\pm2ab+b^2=(a\pm b)^2$。

---

① 侯有岐，罗新兵. 立足核心素养　合理设计问题　驱动课堂教学——基于核心素养背景的深度教学例析[J]. 中学数学研究，2022(3)：4—7.

设计意图：在新课导入处设"联系性问题"，重数学本质。因式分解和整式乘法是互逆运算，学生已有乘法公式 $(a\pm b)^2=a^2\pm 2ab+b^2$ 的基础，此处设置了三个引导性的"思考性"问题："你还能写出一些具有以上规律的多项式吗？怎样的多项式我们才可以用这种方法来进行计算呢？能用字母表示你的发现吗？"学生在完成简便计算后，不只是关注运算结果是否正确，更多是三个引导性问题指引着学生回顾反思这个简便运算带给我的启发，从而激发学生仔细观察"$101^2-2\times 101+1$"的结构特征，学生已经学过整式的乘法，给出这样的结构，他们能够联想到这个结构类似于我们之前学习的完全平方公式，大胆做出自己的猜想，写出一些满足该结构特征的多项式，并能尝试用字母来表示发现。让学生感受为什么要对完全平方公式进行因式分解，把原来和差的形式变成乘积的形式后计算变得简便，激发学生探索新知的欲望，从而引导学生积极思考。

(二) 阅读思考，归纳公式

阅读教材第 105 页第 2 课时正文部分。

学生归纳如下。

完全平方公式：

符号表示：$a^2\pm 2ab+b^2=(a\pm b)^2$。

文字表述：两数的平方和，加上(或者减去)这两数的积的 2 倍，等于这两数和(或者差)的平方。

文字简述：首$^2\pm 2\times$首$\times$尾$+$尾$^2=($首$\pm$尾$)^2$。

完全平方式：$a^2+2ab+b^2$，$a^2-2ab+b^2$。

公式法：一般地，利用公式 $a^2-b^2=(a+b)(a-b)$，或 $a^2\pm 2ab+b^2=(a\pm b)^2$ 把一个多项式分解因式的方法。

追问：完全平方公式中 a，b 可以表示什么？

设计意图：通过阅读、归纳的形式让学生自学 $a^2+2ab+b^2=(a+b)^2$，$a^2-2ab+b^2=(a-b)^2$，加深学生对公式结构的记忆与理解，为正确运用完全平方公式进行因式分解"搭桥"，通过追问引导学生对字母 a，b 进行深一步的思考，强调公式中字母意义的广泛性。

(三) 填写表格,辨析公式

做一做:填写下表,如表1所示。

表1　公式辨析

多项式	是否是完全平方式	表示成 $(a\pm b)^2$ 的形式	a 表示什么	b 表示什么
x^2-6x+9				
$4y^2+1+4y$				
$x^2+4xy-4y^2$				
$1+4a^2$				
$x^2+\frac{1}{2}x+\frac{1}{4}$				

师:x^2-6x+9 是完全平方式吗?你是怎么判断的?

生:x^2-6x+9 是完全平方公式。a 表示 x;$9=3^2$,b 表 3;$2ab=2\times x\times 3=6x$. $x^2-6x+9=x^2-2\times x\times 3+3^2=(x-3)^2$。(教师板演)

师:很好!判断完全平方式:“先找平方项,再验证中间项”。

生:$4y^2+1+4y$ 是完全平方公式。$4y^2=(2y)^2$,a 表示 $2y$;$1=1^2$,b 表示 1;$2ab=2\times 2y\times 1=4y$。

$4y^2+1+4y=4y^2+4y+1=(2y)^2+2\times 2y\times 1+1^2=(2y+1)2$。

师:注意平方项不一定要写首尾的位置。

生:$x^2+4xy-4y^2$ 不是完全平方公式。因为平方项 $4y^2$ 的符号是“—”,不满足完全平方式的特征。

师:完全平方式中平方项的符号应满足什么特征?

生:都是正号。

生:$1+4a^2$ 不是完全平方公式,因为只有两项。

师:完全平方式应该有几项?

生:3 项。

生：$x^2+\frac{1}{2}x+\frac{1}{4}$ 不是完全平方公式，$x^2+\frac{1}{2}x+\frac{1}{4}=x^2+\frac{1}{2}x+\left(\frac{1}{2}\right)^2$，若 a 表示 x，b 表示$\frac{1}{2}$，则 $2ab=2\times x\times\frac{1}{2}\neq\frac{1}{2}x$。

师：判断一个多项式是否是完全平方式你有哪些经验？

生：从项数上看，3 项；从平方项上看，有两项要能化成两个数（或式）的平方，且符号都为"＋"；从中间项看，是平方项中两个数（或式）乘积的 2 倍，符号可正可负。

（板书）："判断完全平方式先看项数，再看平方项，然后验证中间项"。①

师：对于非完全平方式"$1+4a^2$"你能增加一项使它成为完全平方式吗？

生：若 1，$4a^2$ 是平方项，则完全平方式中的 a 表示 1；b 表 $2a$；中间项 $2ab=2\times1\times2a=4a$。则增加中间项：$\pm4a$，即 $1\pm4a+4a^2=(1\pm2a)^2$。

师：1，$4a^2$ 只能看成平方项吗？

生：若 1 是平方项，$4a^2$ 是中间项，则 $4a^2=2\times1\times2a^2$，所以另一个平方项为$(2a)^2$，可增加平方项：$4a^4$，即 $1+4a^2+4a^4=(1\pm2a^2)^2$。

师：对于非完全平方式"$x^2+\frac{1}{2}x+\frac{1}{4}$"，你能改变一项使它成为完全平方式吗？

生：若 x^2，$\frac{1}{4}$ 是平方项，则完全平方式中的 a 表示 x；b 表示$\frac{1}{2}$；则中间项 $2ab=2\times x\times\frac{1}{2}=x$。改变原式中 $\frac{1}{2}x$ 为 $\pm x$，即 $x^2\pm x+\frac{1}{4}=\left(x\pm\frac{1}{2}\right)^2$。

生：若 x^2 是平方项，$\frac{1}{2}x$ 是中间项，则完全平方式中的 a 表示 x；则中间项 $2ab=\frac{1}{2}x=2\times x\times\frac{1}{4}$，所以另一个平方项为$\left(\frac{1}{4}\right)^2$，改变原式中的$\frac{1}{4}$ 为$\left(\frac{1}{4}\right)^2$，即 $x^2+\frac{1}{2}x+\left(\frac{1}{4}\right)^2=\left(\mathrm{x}+\frac{1}{4}\right)^2$。

① 潘小梅. 初中学习教学研究入门 36 问[M]. 浙江大学出版社，2017.

生：$\frac{1}{2}x$ 是中间项，$\frac{1}{4}$ 是平方项，则完全平方式中的 b 表示$\frac{1}{2}$；则$\frac{1}{2}x = 2\times\frac{1}{2}\times\frac{1}{2}x$，所以另一个平方项为$\left(\frac{1}{2}x\right)^2$，改变原式中的 x^2 为$\left(\frac{1}{2}x\right)^2$，即$\left(\frac{1}{2}x\right)^2+\frac{1}{2}x+\frac{1}{4}=\left(\frac{1}{2}x+\frac{1}{2}\right)^2$。

设计意图：在突破难点处设计“理解性问题”，重数学经验。本课的难点是完全平方式，学生阅读文本之后只知道形如“$a^2\pm 2ab+b^2$”的式子是完全平方公式，对完全平方公式的结构特征还是模糊不清的，遇到具体问题时对判断一个多项式是否为完全平方式容易失误。本题出示了 5 个多项式：项数上有两项和三项；平方项的位置有放首尾的也有不放首尾的；平方项的符号有全是正的，也有一正一负的。五个多项式判断完成后追问“判断一个多项式是否是完全平方式你有哪些经验?”让学生及时归纳出“判断完全平方式先看项数，再看平方项，然后验证中间项”从而让学生形成判断一个多项式是否为完全平方式的经验。五道问题从简单到复杂，学生通过问题解决的过程，将归纳的经验用于实践，加深对完全平方公式的结构特征的理解。

(四) 例题解析，应用公式

例 1：把下列各式分解因式。（展示学生做法，进行例题解析。）

(1) $4a^2+12ab+9b^2$　　(2) $-x^2+4xy-4y^2$　　(3) $3ax^2+6axy+3ay^2$

追问 1：第(2)题和第(3)题为什么要先提取“$-$”号和“$3a$”?

追问 2：因式分解有什么顺序?

设计意图：借助学生的计算过程，有正确的，有错误的，思考运用完全平方公式进行因式分解要注意什么？因式分解有什么顺序？

例 2：分解因式 $(2x+y)^2-6(2x+y)+9$.

设计意图：本例是用完全平方公式进行因式分解的具体应用，学生对判断一个多项式是否为完全平方式已积累了一定的经验，但之前所涉及完全平方式“$a^2\pm 2ab+b^2$”中的“a，b”表示的都是单项式，从而在本例中教师先引导学生思考“完全平方式 $a^2 \pm 2ab + b^2$ 中的 a，b 分别表示什么？”a 表示多项式 $(2x + y)$，从而完善了完全平方式中 a，b 既可表示单项式，也可表示多项式的结构特征。为学生能灵活应用完全平方公式进行因式分解积累经验。

(五) 自主编题，应用公式

针对例 1、例 2 这样的结构，请自主编 4 道同类型问题，小组内先交流，每个小组派一个代表汇报编题成果。

设计意图：让学生自己编题，加深学生对完全平方式的深入理解和正确使用，又激发了学生学习的主动性。

(六) 课堂小结，构建认知

基础知识：完全平方公式：$a^2 \pm 2ab + b^2 = (a \pm b)^2$。

基本技能：掌握完全平方式的结构特征，能用完全平方公式进行因式分解。

数学思想：从特殊到一般，分类讨论等。

【设计意图】在学生学习因式分解概念的时候，已经知道因式分解和整式乘法是两个互逆过程。本节是本章因式分解的最后一课时，从而引导学生归纳总结这两章中存在互逆过程：单项式乘以多项式与提取公因式（前者的 a 表示的是单项式，后者中的 a 既可表示单项式也可以表示多项式）；多项式乘以多项式中的乘法公式与公式法；多项式乘以多项式中的 $(a + b)(c + d) = ac + ad + bc + bd$ 与 $ac + ad + bc + bd = a(c + d) + b(c + d) = (a + b)(c + d)$。利用如上单元整体的教学设计进一步帮助学生理解“数学知识之间的内在逻辑关系”，从而也体现核心素养为导向的设计：

为何学？——从运算体系结构，运算的互逆性，有学的必要。

学什么？——整式乘法的逆运算—因式分解。

怎么学？——类比，转化，归纳（特殊到一般）。

学到什么程度？——概念，公式，应用。

四、教学案例（片段）反思

初中数学课堂教学问题设计应以学生为主体，关注学生已有的知识、学习经验，紧扣教材，着眼数学知识的发生发展，引导学生思考，鼓励学生质疑，合理培养学生思维。“联系性问题”可激发学生的学习欲望，无形中帮助学生回顾旧知的同时明确即将学习的新知的方向。帮助学生找到新知识的立足点和生长点，注重研究数学问题的本质。“理解性问题”突出学生的主体地位，让学生自主学习，老师起引导作用，不断地帮助学生在探究的过程中积累经验，学会归纳反思，对概念、公式、定理、例题等的认识更加清晰，突破教学难点。注重新知识和已学知识间的相互联系，帮助学生理解数学知识之间的内在逻辑关系，从而促使学生养成与提升数学核心素养。

五、实践导师点评

陈勇老师执教的浙教版七下“4.3 用完全平方公式分解因式”一课，立意于发展学生核心素养，以充分运算思考性问题促进学生思考，践行深度学习教学理念。本课遵循公式教学的基本路径，从简便计算引出公式，运用理解性问题帮助学生理解公式中字母的含义，适时配备练习巩固公式，利用例题拓展公式，每一个环节都运用归纳性问题及时反思积累经验。激发兴趣，引导思考，发展思维，内化素养，培养能力，成为课堂的主旋律，是一节值得品味的好课。

潘小梅
宁波市鄞州区教育学院，浙江省正高级特级教师

单俞刚

让实验+问题成为深度学习的“催化剂”

——以“物质在水中的分散状况”教学为例

一、教师简介

单俞刚

青田县教育教学研究室初中科学教研员，青田县高层次人才教育专业委员会委员。自1997年参加工作至今已有26年，曾获浙江省第二十六届“春蚕奖”、浙江省中小学生综合实践优秀指导师、丽水市教学名师、丽水市优秀教育工作者等荣誉。多年来承担各级各类讲座和公开课数十次；在2016年浙派名师经典课堂教学艺术展示活动中开设公开课“影响导体电阻大小的因素”，荣获“最受观众喜爱的课”。

二、课堂教学思想

我一直坚持并努力践行着杜威“做中学”的教学思想。倡导让学生在课堂中享受做的过程、享有问的权利以及讲的机会。只有让学生在实践中体会、在体验中产生问题、在问题解决中激发学生学习动力和兴趣，这样的课堂才能焕发出生命力。活动与体验既是深度学习的核心特征，也是我倡导学生学习的方法。以实验+问题的方式驱动学生积极主动参与问题解决的过程，让学生在活动和体验中建构知识、在关联和结构中探求溶液特点，从宏微结合的视角寻找溶液形成过程，在拓展实验中达成对知识的深度理解，具备迁移知识并运用知识解释生活现象的能力。以实验+问题的方式促进学生深度学习。

三、教学案例（片段）

（一）课前活动

将沾有糖渍、泥渍和油渍的布条放入水中清洗，发现糖渍全部洗净，泥渍和油渍部分洗不净。

驱动问题：不同物质分散到水中或其他液体中有什么特点？

【设计意图】将课前活动中观察到的有的污渍能去掉，有的污渍去不掉这一生活现象，转化为不同物质分散到水中或其他液体中会有什么特点这一可研究的学科问题。用贴近学生生活的问题激发学生的好奇心和求知欲。

（二）片段一：活动和体验助力科学概念的建构

学生实验1：将蔗糖、泥沙和植物油分别放入水中搅拌，观察现象并记录如表1所示，后展示。

表1 不同物质加入水中后现象记录表

水中加入物质后搅拌	现象	久置后的现象	均一吗？
蔗糖			
泥沙			
植物油			

驱动问题：蔗糖、泥沙和植物油分散在水中形成的物质，由多种物质组

成，叫混合物，根据现象，请你对它们分类并说明理由。

生1：蔗糖分子很小，分散到了水中形成的物质稳定均一，而泥沙以小颗粒悬浮在水中，植物油以小液滴分散在水中，不均一、不稳定，一段时间后会分层。

概念初建构：一种物质分散到水中形成均一稳定的混合物叫溶液。固体小颗粒悬浮在水中形成的混合物叫悬浊液。小液滴分散到水中形成的混合物叫乳浊液。

学生实验2：1—4小组将碘加入酒精中；5—8小组将酒精加入水中，观察现象，并得出结论：水是常见的溶剂，但不限于水，也可以是其他液体。

概念再建构：一种物质分散在液体中形成均一稳定的混合物称为溶液。固体小颗粒悬浮在液体中形成的混合物叫悬浊液。小液滴分散在液体里形成的混合物叫乳浊液。

【设计意图】基于实验现象能进行有依据的分类，完成对溶液、悬浊液和乳浊液概念的初步建构，再通过实验拓展对溶质和溶剂的认识，整个过程让学生处于活动和体验之中，完成溶液、悬浊液和乳浊液概念的再建构，实现对三个概念的深度理解，形成科学观念。

（三）片段二：在关联和结构中探求溶液的特点

驱动问题：我们可以看见蔗糖溶液稳定久置不分层，那么蔗糖在水中分散均匀吗？如何证明？

生1：品尝。用吸管品尝蔗糖溶液的上部、中间、底部，看是否一样甜？

师：化学实验室里不可以轻易品尝，但老师课前和一位同学一起泡好了一杯糖水，请你来品尝，并说说你的结果。

生：一样甜。说明分散均匀。

生评：不太准确，甜味稍微有点不同不一定能尝得出来。

生2：对于有颜色的，看各部分颜色是否一致，如果没有出现深浅不一，说明均匀分散。

生评：颜色存在细微的差异也看不出来。

生3：取相同体积的溶液置于质量相同的烧杯中，比较质量是否一样，一样说明均匀分散。

生4:取相同质量的溶液比体积是否一样,如果体积一样说明均匀分散。

生评:需要将溶液多分几等份进行比较,结论才可靠,操作比较麻烦。

生5:可以用密度计直接测出溶液的密度,如果密度一样,说明均匀分散。

师:溶液特点:均一稳定。

【设计意图】本环节设计的问题充分关联学生已有的生活经验:甜度一样、颜色相同说明物质均匀分散,也充分唤醒了学生前面学过的密度概念及测定相关知识,在关联原有经验和知识的过程中将溶液特点均一性和稳定性纳入自己的新知识结构中。在生生评价中不断将溶液均一性特点的判断从感性走向理性,从定性走向定量,使学生意识到可靠的证据是得出科学结论的前提,体现科学思维的严密性。

(四) 片段三:在宏微结合中寻求溶液形成的本质

驱动问题:我们知道蔗糖由许许多多的蔗糖分子构成。为什么可见的蔗糖放入水中消失不见(溶解)能形成蔗糖溶液?

生1:因为蔗糖分子不停在做无规则运动,蔗糖溶解是扩散的结果。

生2:分子间不是存在引力吗? 蔗糖分子间分开时难道没有被吸引住吗?

生3:有可能水分子对蔗糖分子的吸引力大于其他蔗糖分子对它的吸引力。蔗糖分子就被“拐跑”了。(此时学生掌声四起。)

学生模拟活动:一个男生代表一个蔗糖分子,几个男生一起手拉手站一起代表蔗糖分子间引力,一个女生代表一个水分子,几个女生手拉手站一起代表水分子间引力。形成溶液的过程就是男生和女生间的引力大于男生与男生间或女生与女生间的引力,即溶质分子分开与溶剂分子分开并进到彼此空隙当中。

拓展问题:从微观角度解释碘固体溶解在酒精中形成碘的酒精溶液,酒精溶于水形成酒精溶液。

生4:水分子对碘分子的引力大于其他碘分子对它的引力,碘分子和水分子进入彼此空隙当中，形成均一稳定溶液。

生 5：酒精溶于水形成酒精溶液也是酒精分子与水分子进入彼此空隙的结果。

【设计意图】通过对溶液形成的本质探讨，意在让学生深度思考引起宏现象背后的微观原因。通过微观模型示意图将蔗糖溶解于水形成蔗糖溶液的过程形象化，使学生初步具备从宏微结合视角理解溶液形成过程的能力。模拟活动的开展旨在让学生体验同种分子间有引力，但不同种分子间的引力不同，从而理解溶质溶解在溶剂中形成溶液的过程，并能依此类推，形成统一认识。通过拓展问题让学生进一步理解溶质和溶剂种类的多样性。

（五）片段四：在拓展实验中达成迁移能力

驱动问题：为什么生活中加入洗洁精可以将油污除去？

学生实验：将洗洁精加入刚才的乳浊液中并振荡观察。

生 1：分散在水中的油滴变得比刚才更小了。

驱动问题：为什么加洗洁精可以使油滴更容易分散在水中呢？

学习资料：洗涤剂的分子，一端亲食物油或煤油，另外一端亲水；亲油的一端会钻进油滴，无数洗涤剂分子包围在油滴周围，使油状的小液滴破碎，变得更细小；而亲水的一端向外，使油与水形成一个稳定的分散体系。

生 2：当这些油污从衣物上脱离，以更小的液滴分散在水中时，能去除油污。

生 3：生活中不同污渍有不同的去除方法，选择能将污渍溶解的物质就有好的去污效果，或者选择洗涤剂帮助物质以更小的微粒分散到水中也可达到较好的去污效果。

【设计意图】从生活走向科学，利用科学知识解决生活问题，引导学生从本质上理解去污的原理。通过提供学习资料的方式让学生获取知识，探究问题解决的根本，不仅能培养学生的资料阅读分析能力，也能使学生具备从科学视角审视生活问题的意识，从而具备知识迁移和运用知识解决实际问题的能力。

四、教学案例(片段)反思

以如何去除衣服上的污渍这个生活化问题激发学生的学习兴趣和探究热情,以实验+问题的方式引领学生逐步完成科学知识的建构。在活动和体验中建构科学概念,形成科学观念;在关联中寻求证据,形成新的知识结构,让学生的科学思维经历从感性走向理性,证据寻求从定性走向定量;从宏观和微观相结合的视角探寻溶液形成的过程;以拓展实验初步理解去污原理,让学生从科学角度认识生活问题,形成知识迁移并提升解决实际问题的能力,问题+实验是深度学习的"催化剂"。教材为了减轻学生知识单纯记忆的负担,没有明晰溶液的概念,只呈现了悬浊液和乳浊液的概念。本节课教学中活动和体验是主要的学习方式,学生基于实验观察比较和归纳,分析与归纳,在理解基础上建构概念,不需要死记硬背而具备区分判断能力。

五、实践导师点评

在深度学习理论的指导下开展"物质在水中的分散状况"教学,提炼了"实验+问题"的深度学习策略。学生经历在活动和体验中建构知识、在关联和结构中探求溶液特点、从宏微结合的视角寻找溶液形成过程、在拓展实验中达成对知识的深度理解等教学环节,初步形成了宏微结合的学科观念,发展了推理论证科学思维,具备知识迁移并运用知识解释生活现象的能力,值得学习、借鉴和推广。在以宏微结合的视角寻找溶液形成过程的环节可以通过模型建构深入理解事物的本质。

朱红
宁波市海曙区教研室科学教研员,正高级教师

何卫芬

“双减”背景下的校本作业的设计与研究

一、教师简介

何卫芬

云和县第三中学数学教师，一级教师。2010 年 8 月参加工作，曾荣获丽水市教坛新秀、云和县优秀学科教师、云和县优秀班主任、云和县优秀指导师、云和县“三育人”先进个人等荣誉称号。多次参加各类课堂教学评比，获丽水市网络公开课一等奖，多次获云和县数学优质课一等奖；多篇课题、论文在县、市评比中获一等奖；多次参加县、市命题比赛；连续多年担任班主任，任教班级被评为县先进班集体。

二、课堂教学思想

我国古代教育学家孔子提出了“温故而知新”的教育理念，说明了知识的反复温习和解读的重要性，而作业正是为了实践这一理念而诞生的产物。正如大家所熟知的，课后作业一直以来都是学校教育教学活动的重要组成部分，其教育价值自然是不必多说的，在教学过程中，它扮演了一个巩固知识、形成技能、反馈课堂成果、调整教学策略的重要角色，是课堂教学的补充和延伸。

三、教学案例(片段)

传统的课后作业,除了教科书上的课内练习和课后练习外,主要是学生购买的教辅资料,当下的教辅资料无论做得如何精妙都摆脱不了一个问题,那就是其面对的终究是大众群体,然而不同的学校、不同的班级、不同的学生个体,不可避免具有差异性,这样教师使用同样的教辅资料布置统一的作业内容并不能很好地解决这个问题。繁重而盲目的作业设置,会让一切的美好支离破碎,如何运用精准教学理念进行课后校本作业的设计,以合理而有效的作业,既能把学生从完成单调无味、机械低效的作业中解放出来,又能让教师从批改繁多的作业资料中释放出来,值得我们探讨。

(一)选题精准,举一反三

如何让课后校本作业,成为学生喜欢做的作业,首要的一点就是选题要精,精在让学生在做一道题的同时思考两道甚至多道同类问题,激发学生举一反三的思维能力。在选题时要注重选取知识性强、涵盖面广的题目类型,让学生在做题的同时引发其思考,强化其知识体系的养成。例如复习一元二次方程时,我们分层设计如下一组练习:

当 m 为何值时,关于 x 的一元二次方程 $x^2-(m+2)x+4=0$ 有实数根?

变式 1:当 m 是什么实数时,关于 x 的不等式 $x^2-(m+2)x+4\leqslant 0$ 无解?

变式 2:当 m 是什么实数时,关于 x 的二次三项式 $x^2-(m+2)x+4$ 能分解为两个因式的积?

变式 3:当 m 是什么实数时,直线 $y=mx$ 与抛物线 $y=(x-1)^2+3$ 有公共点?

这组作业从一元二次方程出发,将二次函数、一元二次不等式、多项式因式分解以及在同一直角坐标系中函数交点问题结合起来,这些题虽然内容不一样，但其本质是相同的，都可以用根的判别式解决，属于多题一解解决知识变式问题。学生要完全理解也有一定的难度。所以设计成分层作业，可以给不同层次的学生自选完成。

（二）层次分明，关注个性

课后校本作业是针对自己学校的学情特点而设计的一项常规性的实践活动，那么根据不同学生的不同特点，设置分层的作业量和作业难度就变得特别重要，如何做到基础目标、发展目标和提高目标三者统一，是一个值得思考的课题。

我校实行分层教学，根据学生的学情，我们选题要求统一如下所示：

作业层次	选 题 要 求	选做学生
C层作业	基础层面：重在知识的验证、记忆和巩固基本知识。保证学生能保质保量完成作业，减少心理压力，增强自信心和成就感	1～8班C层学生
B层作业	发展层面：侧重基础知识的熟练掌握和知识技能的迁移与应用	1～8班B层学生
A层作业	拓展层面：重在拓展思维，学科的高阶思维，培养实践能力与创新能力	A层课改班

（三）注重时效，兼顾复习

课后校本作业肩负着回顾课堂知识、升华教学目标和重难点的重任，打铁要趁热，反馈要及时。新课的学习成果，让学生掌握了学科的知识，但数学的学习将知识转化为技能，课后校本作业的反复练习就是为了达到这一目的，将学生的知识转变为技能，让学生的技能由生疏变为熟练。因此在作业中设置相应的反馈模块，由教师引导学生进行重点问题和错题的梳理和反思，发挥了学生的主体性作用，让学生体验自主学习的过程与成果。学生经过做作业、改错、反馈、进一步改错、分析知识点之后，最终形成的完整作业便成了考试复习的利器。

以浙教版《数学》九年级上二次函数图像复习为例，设计分层校本作业如下：

1.2　二次函数的图像复习　分层作业

【基础训练】

1. 抛物线 $y=-\frac{1}{2}(x-3)^2-5$ 的对称轴是（　　）

A. 直线 $x=-3$　　B. 直线 $x=3$

C. 直线 $x=-5$　　D. 直线 $x=5$

2. 抛物线 $y=4(x-1)^2-5$ 的顶点坐标是（　　）

A. $(1, -5)$　　B. $(-1, -5)$

C. $(1, 5)$　　D. $(-1, 5)$

3. 将抛物线 $y=2x^2$ 向上平移 1 个单位，得到的新抛物线的函数表达式为（　　）

A. $y=2(x+1)^2$　　B. $y=2(x-1)^2$

C. $y=2x^2+1$　　D. $y=2x^2-1$

4. 将抛物线 $y=2x^2$ 向左平移 2 个单位，得到的新抛物线的函数表达式为（　　）

A. $y=2(x+2)^2$　　B. $y=2(x-2)^2$

C. $y=2x^2+2$　　D. $y=2x^2-2$

5. 抛物线 $y=x^2-4x-7$ 的顶点坐标是________.

6. 已知二次函数 $y=x^2-2x$，则它的对称轴是直线________.

7. 已知二次函数为 $y=x^2+bx+c$，且该图像经过 $A(0, 1)$，$B(2, -1)$ 两点。

(1) 求 b 和 c 的值；

(2) 试判断点 $P(-1, 2)$ 是否在此函数图像上.

【能力提升】

8. 函数 $y=x^2+1$ 的图像大致为（　　）

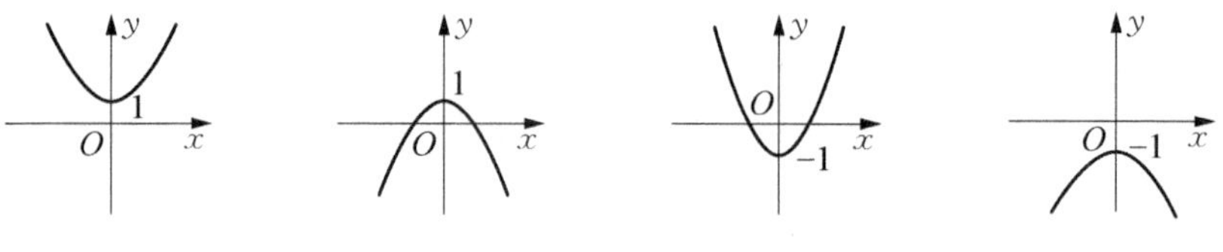

9. 已知函数 $y=-(x-1)^2+4$.

(1) 求该函数图像与 x 轴，y 轴的交点坐标；

(2) 在所给方格中建立平面直角坐标系，画出该函数的大致图像；

(3) 根据图像写出，当 x 取何值时，$y\geqslant 0$?

【拓展延伸】

10. 如图，已知抛物线 $y=a(x-1)^2-3(a\neq 0)$ 的图像与 y 轴交于点 $A(0,-2)$，顶点为 B。

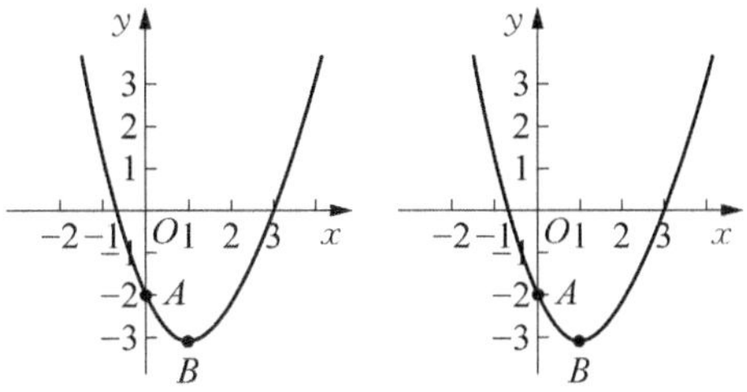

备用图

(1) 试确定 a 的值，并写出点 B 的坐标；

(2) 若一次函数的图像经过 A，B 两点，试写出一次函数的表达式；

(3) 试在 x 轴上求一点 P，使得$\triangle PAB$ 的周长取最小值。

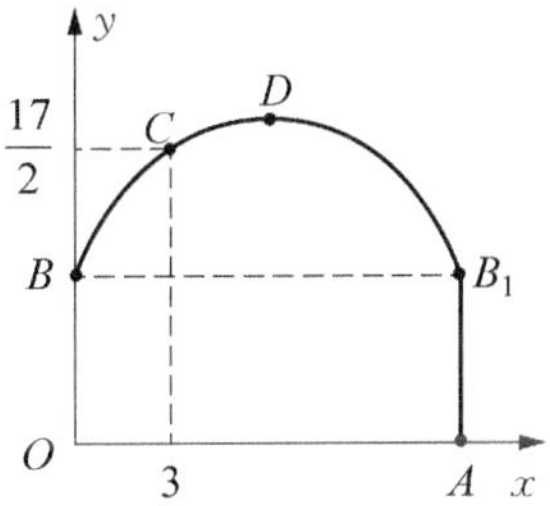

11. 如图，隧道的截面由抛物线和长方形构成，长方形的长是 12 m，宽是 4 m。按照图中所示的直角坐标系，抛物线可以用 $y=-\frac{1}{6}x^2+bx+c$ 表示，且抛物线上的点 C 到墙面 OB 的水平距离为 3 m，到地面 OA 的距离为 $\frac{17}{2}$ m。

(1) 求该抛物线的函数关系式，并计算出拱顶 D 到地面 OA 的距离；

(2) 一辆货运汽车载一长方体集装箱后高为 6 m，宽为 4 m，如果隧道内设双向行车道，那么这辆货车能否安全通过?

(3) 在抛物线型拱壁上需要安装两排灯，使它们离地面的高度相等。如果灯离地面的高度不超过 8 m，那么两排灯的水平距离最小是多少米?

四、教学案例(片段)反思

课后作业是提高教学效能的保证,为了保证学生既能完成书面作业,又能最大化地巩固课堂所学,“双减”背景下分层作业的设计与实施尤为重要。教师把作业分为基础训练、能力提升和拓展延伸等几部分,学生根据自己的不同情况,可以选做,也可以由教师根据学生的能力,进行指定练习。经过将近一学年的实践与研究,我校九年级中考复习校本作业库已经初具雏形,大部分分层作业少而精、精而趣,但是各位教师编制的校本作业缺乏统一性,缺乏系统性。此外教师的批改、分层设计能力还有待进一步提高,需要不断反思、总结、改变、创新,选用更加科学、合理的内容和方式,努力让学生的知识在完成分层作业中得到升华,技能在完成作业中得到掌握。分层作业让学生不再把作业当成一种负担,真正具备数学学科核心素养。教师也能更好地落实立德树人的根本任务。

五、实践导师点评

“双减”是减法,减轻学生过重的学业负担,促进学习评价体系优化。在实现有效课堂的前提下,教师更需要高质量的作业设计、实施、管理与评价,让作业与课堂相辅相成。何老师在“双减”新政策下,遵从“顶层设计、专业引领、协同推进”的工作思路对作业进行了深层次的重塑,进行了一场“悄悄的革命”。从学校实际情况出发,整合学校资源,设计 A、B、C 分层式作业,因材施教,有的放矢,使所有学生积极地参与到学习中来。分层作业激发了学生的学习能动性、主人翁意识,受到不同层次同学的喜爱。

王伟

宁波市宁海县星海中学,浙江省特级教师,正高级教师

李岩娟

基于科学史促进初中科学深度学习的实践
——以“欧姆定律”教学为例

一、教师简介

李岩娟

云和县第二中学高级教师，执教科学学科，教龄18年。丽水市学科带头人。曾获得丽水市教坛新秀、丽水市德育新秀、丽水市事业—家庭兼顾型先进个人、丽水市学科优秀指导师等荣誉称号，多次获得云和县优秀教师、云和县优秀教科研工作者、云和县优秀班主任、云和县先进个人等荣誉称号。获丽水市初中实验技能大赛二等奖、丽水市微课评比市一等奖。所撰写的《基于“深度学习”的初中科学教学设计》等论文在省、市获奖，参与撰写的课题多次在丽水市获奖，主创的“科技点亮梦想—项目化小制作”获市精品课程。

二、课堂教学思想

波利亚提出“在教一个科学的分支（或一个理论、一个概念）时，我们应该让学生重蹈人类思想发展中的那种最关键的步子……”，让学生重演知识的发生过程，即让学生重蹈人类思想发展过程中那些最关键的步骤，重演科学知识的发生过程①。科学知识的形成和来源都有一定的历史背景，教师要以教材为蓝本，挖掘相关的科学史或科技知识，先了解知识形成的过程和背景，融入科学史和深度学习的理论和策略，然后再从学情出发进行教学设计，追寻科学家的足迹，探寻科学知识的本质和方法，旨在帮助学生形成科学知识，锤炼科学思维，让学生知其然，更知其所以然，避免就知识学知识，从而发展学生的科学核心素养，实现学生对科学更有深度的学习，最终实现教学相长。

三、教学案例（片段）

欧姆定律是浙教版《科学》八上第四章第6节“电流与电压、电阻的关系”中的内容，在学习电流、电压、电阻三个概念之后通过实验定量研究三者之间的关系。教材给出了实验电路图，如果按照教材上课，只要让学生根据电路图进行实物连接，然后调节滑动变阻器进行多次测量即可完成，是一个验证性实验。

教学过程如下。

（一）问题引领，设计方案

问题1：我们已经学习了电学中电流、电压、电阻三个物理量，这三个物理量之间存在什么关系？

学生根据前面所学的知识进行猜想：①电压越大，电流越大（两节电池比一节电池时通过小灯泡的电流大）；②电阻越大，电流越小（电源电压一定时，增大滑动变阻器的电阻，电流表示数减小）。

猜想不是瞎猜、乱猜，而是要有一定依据并有可能进行进一步探索的假设，当学生提出自己的猜想时，教师一定要让学生说出自己为什么做出这样

① 江丕权.关于教与学——波利亚《数学的发现》与“探究式教学”[J].中国教育学刊，2003(10)：35—38，59.

的猜想。

问题 2:如何研究电流与电压之间的关系?

研究电流与电压之间的关系,要控制电阻相同(控制变量法),如何设计实验方案,研究的对象是什么,电流和电压哪个是自变量,哪个是应变量?电流怎么测?电压怎么测?学生设计(见图 1)。

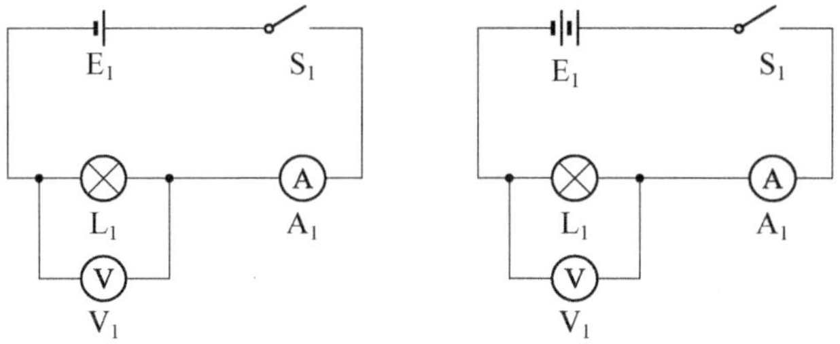

图 1

如果只提供一个固定电压的电源,你是否有改进的方案?你还有其他办法改变灯泡两端的电压吗?学生学习了串联电路电压的特点,想到串联上一个定值电阻,通过使用不同规格的定值电阻,还有同学想到了滑动变阻器。学生设计(见图 2)。

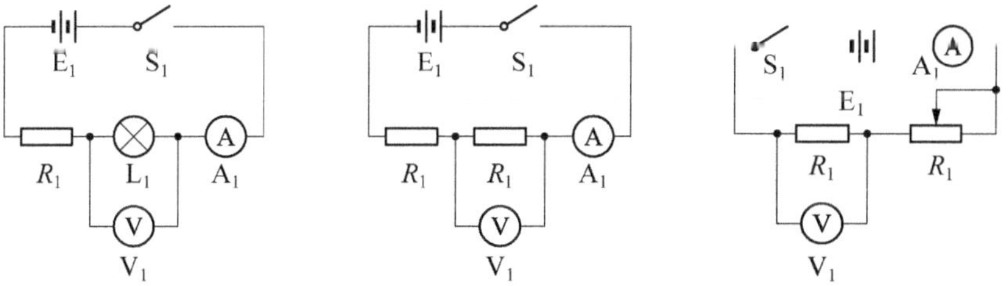

图 2

教师投影展示有代表性的三种设计方案,让学生进行相互评价,最终确定采用图 2 中的第三种方案,在这个过程中学生进一步明确研究的对象是定值电阻 R_1,电压表测 R_1 两端的电压,电流表测通过 R_1 的电流(串联电路电流处处相等),滑动变阻器的作用是改变 R_1 两端的电压,多次试验寻找规律。

(二) 动手实验,得出结论

学生根据实验方案,分组完成两个实验,在实验过程中,教师让学生根据自己的方案进行实验,在探究过程中发现各个实验方案的优缺点。通过实验、分析、反馈、修正,学生在活动中寻找知识,在思想的碰撞中得出知识的真谛,最后通过比较得出更加合理的方案。在电路连接过程中,学生总会出现连接错误,但好在进行小组合作,他们在讨论中完成纠错,教师在不断地巡查过程中发现小组自行解决不了的问题再进行提示帮助。在这里,教师没有亦步亦趋地教学生如何连接电路,让学生在试错中进行纠错,加深印象,特别是判断电路故障非常需要有这样的经验。如观察电流表和电压表示数的变化判断短路、断路;电流表、电压表指针左偏了是什么原因?闭合开关前指针右偏又是什么原因?移动滑动变阻器,电压表示数不变是什么原因;等等。学生在一一解决问题后进行实验,记录实验数据,再分析数据得出结论。

(三) 史实引入,深度学习

我们用一节课的时间研究了电流与电压和电阻之间的定量关系,得出了欧姆定律:$I=\frac{U}{R}$。欧姆当时的研究和我们现在一样吗?他是怎样进行研究的呢?下面我们一同追寻科学家欧姆的足迹来思考以下问题:

史料1:当“电流”的概念刚刚由安培提出并进行量化,电压、电阻的概念都还没有被提出,法国数学家傅立叶发现:热传导过程中热量流与两点间的温度差成正比。欧姆受此启发,提出猜想:电流也应该与导线两端之间的某种驱动力成正比?①

思考讨论:

1. 欧姆在什么环境下提出猜想?他采用了什么方法?

2. 他提出电流与我们现在学的哪个物理量之间有关系?

---

① 吴国盛.科学的历程[M].北京:北京大学出版社,2002.有改动。

在电压的概念没有被正式提出时，欧姆受到傅立叶的启发，能引发思考并提出猜想，学生通过阅读资料、思考讨论，理解欧姆当时提出电流与电压关系的不易，启发学生思考问题的方式方法，养成良好的思维习惯。

史料2：欧姆把这种驱动力叫"验电力"，即现在的电势差，初中阶段称为电压。欧姆利用电流的热效应导致的热胀冷缩来测量电流的大小，操作起来效果很差；电流的磁效应被发现后，欧姆依此原理设计了一个扭秤，可以方便地测量电流的大小①。

思考讨论：欧姆当时的研究与我们现在的研究有什么区别？

电流虽然已经被量化，但欧姆能根据科学的发展，及时更改实验思路，达到更好的测量效果。教师以此引导学生明白科学探究是一个不断完善、发展的过程，同时让学生更加深刻地理解科学方法。

史料3：1922年，德国物理学家塞班克发现了温差电效应，发明了温差电池，温差电池能提供稳定的电流，欧姆把伏打电堆改为温差电池，利用温差电池和电磁扭秤继续进行金属的导电实验，终于得出了"通过导体的电流与电势差成正比，与电阻成反比"的结论。1826年，欧姆发表了实验结果论文，1827年出版了《关于电路的数学研究》，给出了欧姆定律的理论推导，但由于论文知晓率低，人们认为其仅仅依据理论推测，没有实验证据，所以遭到了非难。后来，他的工作在国外越来越受重视，直到1842年，他的祖国终于认识到他的价值，1849年，欧姆成为慕尼黑大学教授。

思考讨论：从欧姆发现"欧姆定律"到得到大家认可的过程，你有什么启发或感受？

科学史以文本的形式通过PPT展现给学生，并通过相应问题引导学生思考，并与自己刚刚进行的科学探究形成鲜明的对比，让学生真正体会到发现问题比解决问题更加重要。发现问题，提出假设可以给研究指明方向。同时让学生理解科学知识来之不易，引导学生在生活中学会观察，善于思考，勇于提出猜想假设。

---

① 吴国盛. 科学的历程[M]. 北京：北京大学出版社，2002.

四、教学案例（片段）反思

在学习“电流与电压、电阻的关系”时，学生先在教师的问题引导下，结合自己学习的知识进行探究学习和合作学习，学生完成实验并对数据进行分析后，得出欧姆定律，他们为自己探究得出欧姆定律而骄傲，同时提高了学生的实验设计能力、数据分析和处理能力。在这个基础上，教师提供科学家欧姆发现欧姆定律的过程资料，引导学生阅读思考，让学生在追寻科学家探究足迹的过程中领会科学研究方法和科学实践精神，在课堂上渗透了情感、态度、价值观，从而进一步加深了学生对欧姆定律的理解，让学生感受发现科学知识是多么地不易。

本节课是一节实践课，只有提供足够的时间让学生思考、讨论、动手实验，才能真正达成深度学习。引入科学史比较抽象，学生是在自己完成实验后再去理解性学习，所以要完成这节课内容需要用较长课时或两节课连着上。

五、实践导师点评

学生经历提出问题、建立猜想、设计方案、开展实验、得出结论等科学探究过程，发展了科学探究能力，养成了科学探究习惯。在实验探究教学中适时引入科学史教育，在科学史教育中，以问题驱动，引导学生追寻科学家探究的足迹，体验科学研究方法，体会科学精神，形成初步的科学观念，逐步认识科学的本质，这是一个渗透科学史并开展深度学习的不错的案例。问题的设计可以更加精准一些。

朱红

宁波市海曙区教育局教研室，特级教师，正高级教师

刘俊军

指向深度学习的单元整体教学

一、教师简介

刘俊军

景宁县教育研究培训中心初中数学研训员，景宁县教育研究培训中心评价部主任。曾获得2022年浙江省师干训先进个人、浙江省“三育人”岗位建功先进个人、丽水市教学名师、丽水市学科带头人、丽水市教坛新秀等荣誉称号。曾在浙江省初中数学“关键问题解决”专题研训活动中做报告，在第三届浙江省中小学青年教师教学竞赛中荣获二等奖。同时积极开展“基于深度学习的专题复习教学策略探究”的课题研究。

二、课堂教学思想

指向“深度学习”的单元整体教学，把每一课时的数学知识置于整个单元数学知识体系中，处理好局部知识与整体知识的关系，引导学生感受数学的整体性，通过对教学内容的“结构化”组织，加强各块知识之间的整合，注意各单元教学内容之间的互相联系，帮助学生形成良好的认知结构，最终实现“深度学习”的理想目标。单元整体视角下的复习课教学，不同于专题复习课，是在单元整体教学大观念引领下的课堂教学，通过复习梳理一类或一块知识，不仅要掌握基础知识，多视角地认知与厘清知识间的内在联系，更重要的是要清楚学科内容本质，归纳总结出一套或一类数学学习对象的研究方法。

三、教学案例（片段）

（一）开放式问题引入，激发学生学习兴趣

问题 1：已知 $\triangle ABC$ 的三条边分别为 a，b，c，你能得到哪些结论？

问题 2：若 $\triangle ABC$ 的边特殊，其中两边相等，你能得到哪些结论？

问题 3：若 $\triangle ABC$ 的角特殊，其中一个角为直角，你能得到哪些结论？

问题 4：若有两个三角形，你会想到哪些知识？

【设计意图】“三角形知多少”这个环节以一个三角形引入，由学生自主回忆与解答，而后教师适当提问，这一环节唤起学生对三角形边（线）角的性质、全等三角形的性质与判定、等腰三角形的性质与判定、直角三角形的性质与判定知识的回顾。创设情境，让知识再现，从而进行应用体验，促进思维的深刻性。原点构建起相应的“知识导图”，在教学中引导学生经历知识结构化的过程，构成知识的整体性架构。

（二）精选习题，搭建知识应用支架，构建单元整体知识网络

问题 5：如图 1 所示，已知 $\triangle ABC$.

（1）下列长度的三条线段能组成 $\triangle ABC$ 的是（　　）

A. 2，3，5　　B. 2，4，7　　C. 3，4，8　　D. 3，5，7

（2）若 $\angle A=80°$，$\angle C=40°$，则 $\angle B=$________°.

（3）如图 2 所示，若 AD 是 $\triangle ABC$ 的中线，且 $\triangle ABD$ 的面积为 5，则 $\triangle ABC$ 的面积为________.

（4）如图 3 所示，若 AD 是 $\triangle ABC$ 的高线，CE 平分 $\angle ACB$ 交 AD 于点 E.

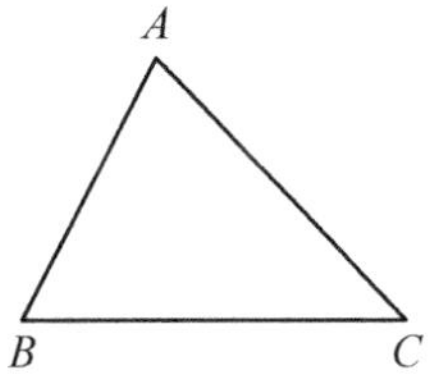

图 1

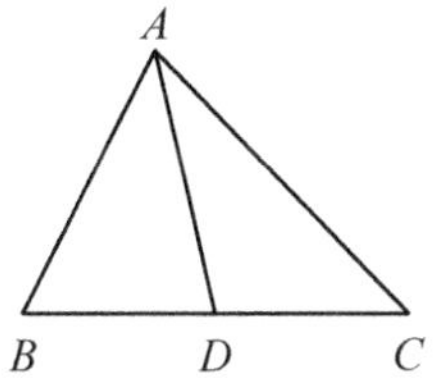

图 2

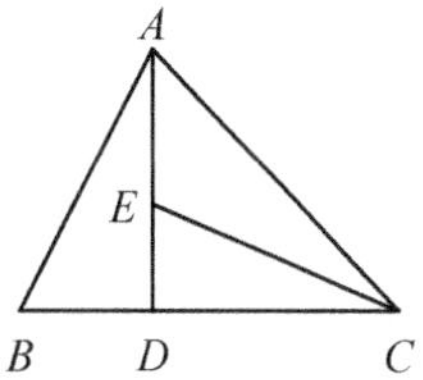

图 3

已知 $\angle ACD = 40^\circ$，则 $\angle DEC =$ ________ °.

【设计意图】将一般三角形的相关概念与性质通过一图四问来整理小结，以题带知识点，形成知识网络，整体视角下精选并设计练习，构建知识框架。

问题 6：如图 4 所示，已知 $\triangle ABC$ 和 $\triangle DEC$.

(1) 已知 $AC = DC$，添加下列条件后，仍无法判定 $\triangle ABC \cong \triangle DEC$ 的是(　　)

A. $BC = EC$

B. $\angle ABC = \angle DEC$

C. $AB = DE$

D. $\angle A = \angle D$

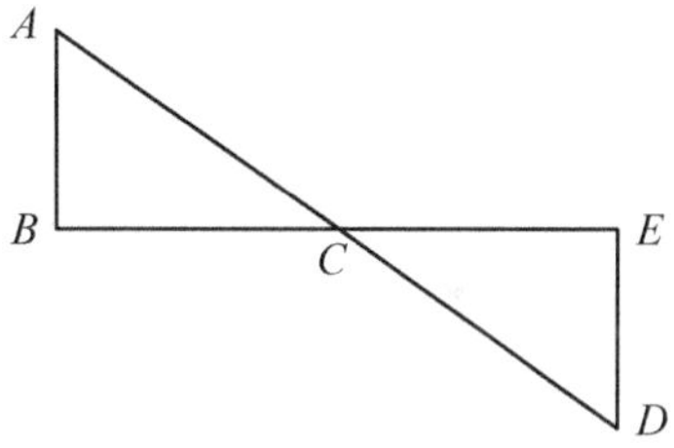

图 4

(2) 已知 $\triangle ABC \cong \triangle DEC$.

① 若 $AB = 3$，则 $DE =$ ________，

② 若 $\angle A = 60^\circ$，$\angle ACB = 30^\circ$，则 $\angle E$ 的度数是________.

【设计意图】一般全等三角形的性质与判定，梳理基础知识的同时也为问题 9 第(2)小题做基础知识与图形铺垫。

问题 7：在射线 OA 上找点 Q，使 $\triangle OPQ$ 是等腰三角形，请在图中画出来，保留痕迹.

追问：若 $\angle POA = 30^\circ$，则 $\angle PAO =$ ________ °.

问题 8：已知 $\angle AOP = 60^\circ$，$OP = 2$，点 Q 在射线 OA 上且 $\triangle OPQ$ 是直角三角形，求 OQ 的长.

【设计意图】通过作图操作让学生自主梳理特殊三角形的性质与判定，在“做中学”，促进学生思维生长，形成数学核心素养。

(三) 综合应用,培育数学素养

问题 9:已知 $\triangle ABC$ 中,$\angle ABC = 90°$,$AC = 10\,\text{cm}$,$AB = 8\,\text{cm}$.

(1) 若边 AC 上的一个动点 P 从点 A 开始沿 $A \rightarrow C$ 方向以 $1\,\text{cm/s}$ 的速度运动,设点 P 运动的时间为 $t\,\text{s}$。

① 求 CP 的长(用含 t 的表达式表示);

② 当 $BP \perp AC$ 时,求 BP 的长;

③ 求 t 为何值时,$\triangle BCP$ 是等腰三角形.

(2) 动点 Q 在射线 AB 上从点 A 开始沿 $A \rightarrow B$ 方向以 $2\,\text{cm/s}$ 的速度移动.设点 Q 运动的时间为 $t\,\text{s}$,求 t 为何值时,$\triangle ACQ$ 是直角三角形.

(3) 点 P、点 Q 分别在 CA、BA 的延长线上运动,使得以 A,P,Q 为顶点的三角形与 $\triangle ABC$ 全等,请求出所有符合条件的 AQ 的长。

【设计意图】基于基础知识梳理与巩固,由静态几何图形的研究延伸到动态问题的探究,由单动点到双动点,学生在探究中学会解决问题的方法,形成几何图形中解决存在性问题的基本步骤:第一步根据形的特征分类定图,第二步根据线段长或线段比求相关的量,第三步解决问题。在厘清知识间内在联系的基础上,归纳出一类数学问题的解决方法,使数学核心素养融入学生学习实践。

(四) 导图小结,形成单元整体教学大观念

课堂小结对于一堂复习课来说非常关键,它是一节课的终点,也是下一阶段的起点,更是对单元整体视角下知识与方法的提炼与升华。本课,笔者通过知识导图的形式归纳出几何形研究的基本路径:一般到特殊,再到形与形之间的关系。同时总结出几何图形解决存在性问题的基本步骤。

【设计意图】把分散的知识点整合成“知识导图”,让学生对知识有更加深入的理解。在课堂引入环节“三角形知多少”时在学生的回答下完成“知识导图”的第一级分支,再通过课堂深度学习,师生共同将这个导图逐步丰满,最后形成一个三角形学习的体系与几何研究形的基本路径。这样的导图把看似没有直接关联的零散知识变成一个支架,梳理在一个系统中,锻炼

了学生的分析能力，有利于培养学生的聚合思维、发散思维和结构化思维。

四、教学案例（片段）反思

1. 用单元整体教学大观念来引领课堂教学

本节课采取基础＋拓展的形式，以题带知识点，通过动手操作、交流合作等形式开展课堂教学活动。第一步是根据图形的特征进行分类、画出相应图形，第二步是利用线段的数量关系求相关的量，第三步是解决问题。

2. 创设深度学习路径，由低渐高显深度

本节课创设深度学习的有效路径有：①找原点，激活已有知识；②精心设计习题，搭建应用平台。动手操作让学生初步感受最基本的“化动为静”，为后面的拓展提升的思路形成做好铺垫。

3. 创设螺旋上升促发展，由易到难思有痕

本节课基于大单元复习的理念，整合了三角形的知识，进行螺旋上升设计，促进学生思维的生长：以螺旋上升设计引发学生思考；以变式教学促进深度学习，培养高阶思维，真正实现核心素养导向的深度学习；以思维导图提升思维的深刻，从单元整体视角下的复习课把分散的知识点整合成一个思维导图，帮助学生整体建构知识。

4. 立足学生重育人，由学到育显担当

数学的育人功能隐含于数学教学中，它以数学知识为载体，以数学思想方法、数学思维品质为突破口去揭示事物的本质属性。本节课非常重视分类思想、方程思想、化归思想、数形结合等数学思想的体会与提炼，帮助学生总结了解决三角形问题和几何图形研究的一般方法。

五、实践导师点评

刘老师通过“三角形复习”课堂案例以及深刻的课后反思，将自己对指向“深度学习”的单元整体教学的思考进行了分享。刘老师在课堂设计中由低渐高、螺旋上升，展开有挑战性的学习任务，通过一系列参与和体验式活

动,使学生能够掌握基础知识和基本方法,体会数学的基本思想。在整个教学过程中,学生形成了积极的内在学习动机、正确的价值观,既有扎实的学识基础,又有独立思考能力,善于合作,具备创新精神。刘老师在教学中真正做到了立德树人。

王伟
宁波市宁海县星海中学,浙江省特级教师,正高级教师

彭敏

概念教学的实践与思考

一、教师简介

彭敏

一级教师，云和县第三中学数学教师、教科处副主任。曾荣获丽水市学科带头人、丽水市教学能手、丽水市教坛新秀、云和县优秀学科教师、云和县优秀班主任、云和县优秀指导师等荣誉称号。多次参加各类课堂教学评比，获丽水市网络公开课一等奖，多次获云和县数学优质课一等奖；注重教学研究，多篇课题、论文在县、市评比中获奖；连续多年担任班主任，注重班级建设和学生习惯培养，任教班级被评为县先进班集体；重视命题研究，多次参与县市命题，2021年参与丽水市初中数学学科中考命题。

二、课堂教学思想

从教11年，积极参加教学培训，主动更新教学理念，注重打造创新、高效、和谐的教学课堂，将生活情境引入课堂，激发学生的学习兴趣。在班级管理中，以学生为评价主体，注重评价实效，采用多形式、多渠道的评价方法，建立开放、宽松的评价氛围，坚持正面鼓励和激励学生，让不同层次的学生都能得到长足发展。教学讲究生动性，充分调动学生的兴趣，引起他们不断地期待。教学手段丰富，教学方法出新，教学结构严谨，注重以清晰、准确的示范或文本演示帮助学生理解、操练和活用语言；让学生在积极参与语言实践中扎实地掌握知识，形成技巧，发展能力，尝试成功，从而获得课堂教学的高效率。

三、教学案例（片段）

（一）创设情境，建立模型

我们知道数学来源于生活，又应用于生活，在生活中，当我们收集到数据后，通常是用统计图表整理和描述数据，为了进一步获取信息，我们还需要对数据进行分析，今天我们将与大家一起在实际问题情境中学习数据分析的一个工具——平均数。

某果农种植的100棵苹果树即将收获。果品公司在付给果农定金前，需要对这些果树的苹果总产量进行估计。

(1) 果农任意摘下20个苹果，称得这20个苹果的总质量为4千克。这20个苹果的平均质量是多少千克？

(2) 果农从100棵苹果树中任意选出10棵，数出这10棵苹果树上的苹果数，得到以下数据(单位：个)：154，146，152，153，148，147，151，155，149，145。你能估计出平均每棵树的苹果个数吗？

(3) 根据上述两个问题，你能估计出这100棵苹果树的苹果总产量吗？

归纳：在实践中，我们常用样本平均数来估计总体的平均数。用样本估计总体，是统计中重要的思想方法。

总结：一般地，对于 n 个数 x_1，x_2，…，x_n 我们把

$$\frac{1}{n}(x_1+x_2+\cdots+x_n)$$

叫作这 n 个数的算术平均数，简称平均数，记做 $\bar{x}$（读作 x 拔）。

设计意图：复习回顾小学学习的算术平均数，并通过学生的计算经验归纳一般形式，为引入加权平均数作铺垫。

随堂训练：统计一名射击运动员在某次训练中20次射击的中靶环数，获得如下数据：

6，6，8，10，6，9，7，6，9，10，9，8，7，8，10，8，7，10，7，9。求这次训练中该运动员射击的平均成绩。

总结：$\overline{x}=\dfrac{6\times4+7\times4+8\times4+9\times4+10\times4}{4+4+4+4+4}=\dfrac{160}{20}=8$

这种形式的平均数叫作加权平均数，其中4，4，4，4，4，称为权。

归纳：当一组数据中有的数据出现多次重复，我们常用加权平均数来简便计算这组数据的平均数。计算加权平均数的分母应为各权的和。

（二）合作学习

云和县第三中学举办第十七届艺术文化节。

【设计意图】2022年5月恰逢云和县第三中学举办第十七届艺术文化节，将本课的问题主线创造性地与艺术文化节的背景结合，符合学生生活实际，调动孩子积极性与兴趣，从而达到师生共同参与的目的。（见表1～表4）

表1　活动1

小记者	形象气质	语言表达	阅读写作
小语	80	85	84
小涵	88	80	87
小慧	82	90	86

如表1所示，如果学生会想招募一名综合能力较强的小记者，从她们的平均成绩看，应该录取谁？

【设计意图】在实际情境中复习算术平均数并在此基础上展开对平均数的进一步认识与学习，探讨平均数的统计意义。

表 2　活动 2

小记者	形象气质	语言表达	阅读写作
小语	80	85	84
小涵	88	80	87
小慧	82	90	86

如表 2 所示，如果学生会想招募一名文字编辑能力较强的小记者为艺术节撰写宣传稿，应该如何选拔？

【设计意图】结合具体问题情境引出对方案合理性问题的探讨，提出质疑，让学生自主探究如何在计算平均数时体现每个数据的差异，从而初步形成权的概念，体会权的意义。此时平均数的计算是难点，学生答案中呈现多种计算方式，教师通过对其计算形式的统一，解决问题，为加权平均数公式的推导作铺垫。

表 3　活动 3

小记者	形象气质	语言表达	阅读写作
小语	80	85	84
小涵	88	80	87
小慧	82	90	86

如表 3 所示，如果学生会想招募一名现场采访表演者的小记者，形象气质占 30%，语言表达占 50%，阅读写作占 20%，请计算后说明你的方案。

【设计意图】在实际问题中体会权的不同形式（百分比），让学生尝试用已经得到的公式计算加权平均数，并进一步体会权的意义。

权的数学文化：本义指黄花木，因其坚硬，不易变形，发展为在秤上滑动以观察质量的秤砣。权，然后知轻重；度，然后知长短。——《孟子·梁惠王》

【设计意图】追根溯源，从中国古代对权的理解引入数学文化，开拓学生视野。

(三) 小组合作

表 4　小组合作

主持人	应变能力	语言表达	形象气质
小阳	85	95	95
小桐	95	85	95

如表 4 所示，请小组内交流合作，设计合适的权，为本届艺术节选拔一名优秀的主持人。

【设计意图】这是一个开放性的问题，让学生用所学知识自主设计方案，强化了学生的创新意识，培养了他们的数据分析观念，并让学生感受到数学在我们生活中的应用，同时在班级内充分地展示与交流锻炼了学生的交流能力和语言表达能力。

(四) 收获与感悟

(1) 本节课你学习了哪些知识？

(2) 本节课在思想方法上对你有什么启发？

(3) 与同伴的交流合作中，你向同伴学到了什么？

【设计意图】教师结合提出的问题，引导学生回顾和自我反思，让学生对数据的权的作用及意义，算术平均数、加权平均数的算法及意义，以及两者之间的内在联系有进一步的认识和理解，通过学生归纳和教师总结，让学生将所获得的知识形成体系，进而形成更高的思维水平和良好的数学品质。

四、 教学案例（片段）反思

本节课在真实、生动、活泼的生活情境下复习小学学习过的算术平均数，并进一步研究加权平均数，让学生感受权的意义、作用和表现形式，建立良好的统计观念，为后续中位数、众数、方差等统计量的学习以及用样本估计总体思想的体会等统计思想奠定基础。

加权平均数的形式有多种，本课中重点研究并学习了百分比、个数两种权的形式，教师可以补充其他形式的表示方法，扩大学生对加权平均数的理解。多媒体课件辅助呈现课堂资源优化课堂效果较好；合理板书体现知识自然生成的动态过程，提炼归纳课堂要点，让学生厘清算数平均数、加权平均数的来龙去脉；用学案、电子展台辅助小组展示合作成果，教师积极肯定学生本节课的学习情况并将学习过程比喻为计算加权平均数，鼓励学生在学习中加大自信与勤奋的权获得成功。

五、实践导师点评

彭敏老师执教的浙教版八下“3.1 平均数”一课，亮点频出，精彩纷呈。全课思路清晰，让学生自然地经历新知识的产生与发展的过程，尤其对加权平均数的概念，结合当地实际创设情境提出 3 个不同问题，让学生充分理解权的含义，通过配备练习掌握权的不同表现形式，新颖又能体现数学本质，有效突破难点，也是本课的突出亮点。本课教学让学生在现实情境中理解统计的意义和数据分析的方法，实现发展数据分析观念的教学目标，是一节优秀的课。

潘小梅
宁波市鄞州区教育学院，浙江省正高级特级教师

宋红

基于数学思维生长发展的数学核心素养
——以浙教版《数学》八(下)“5.1矩形(1)”为例

一、教师简介

宋红

松阳县第五中学教师，执教初中数学，教龄18年，松阳县第五中学数学备课组长，曾获得松阳县教坛新秀荣誉称号、丽水市优质课评比二等奖；参与丽水市初中数学周末空中课堂的直播教学，参与丽水市初中数学“网络公开课”学习平台的展播课录制；在丽水市网络三项“网络公开课”“微课”“命题”评比中均获得一等奖；多篇论文及课题在县市级评比中获奖，在命题比赛中多次获县市一等奖；多次开设县市级讲座。

二、课堂教学思想

从教18年来，我始终秉持“教育的终极目标就是让学生更好地生长、成长”这一教学思想。结合《义务教育数学课程标准(2022年版)》课程理念，初中数学课堂教学应关注学生从问题中生长思维、从探究中生长学力、从感悟中生长品格、从内化中生长素养，让学生每天都能感悟自我生长的内生力量，享受外部生长的阳光雨露，实现数学教学的理性回归。

三、教学案例（片段）

以浙教版《数学》八（下）“5.1 矩形（1）”课堂教学为例，具体阐述基于数学思维生长，发展数学核心素养的教学思想。

（一）创设情境，生成概念

【画一画】画一个平行四边形，使得平行四边形的周长为 6 且边长均为整数。

【议一议】能画多少个不同的平行四边形？它们有什么共同的特点？

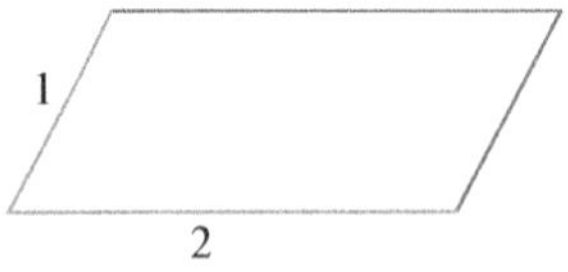

图 1

在这些平行四边形中，有没有面积最大的一个平行四边形？说出你的理由。

【预设】学生得到了平行四边形的一组邻边长的数量关系，即平行四边形的一组邻边长的和为 3，又因为边长均为整数，所以一组邻边长分别是 1 和 2，如图 1 所示：

教师首先肯定学生的回答，同时引导学生发现因为一组邻边的夹角不同，所以这样的平行四边形有无数个。当且仅当一组邻边的夹角为直角时，平行四边形的面积最大，进而引出矩形的定义，揭示本节课的研究对象。

【设计说明】教材合作学习是利用火柴棒摆拼图形来引出矩形的定义，但现实生活中火柴并不常见，因此对这个问题利用线段进行改编，学生浸润在“操作—观察—讨论—比较—归纳”这一系列数学活动中，直观地感受到矩形是在已学的平行四边形基础上由“角的特殊化”得到的一类特殊的平行四边形，从而经历矩形概念的形成过程，培养学生的几何直观。

（二）画图说理，理解概念

例题：利用直尺和圆规，请将图 2 的平行四边形 $ABCD$ 改为矩形，并说明作图的依据。

【设计说明】通过操作活动“画一画”，学生深化概念的理解，教师追问“这样画的依据是什么?”帮助学生深化矩形的概念，对矩形概念的理解从几何直观发展为逻辑推理。

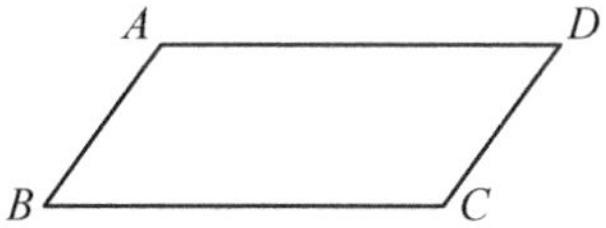

图 2

(三) 类比旧知，探究新知

想一想 1：掌握了矩形的概念，我们会继续研究矩形的什么内容呢?

想一想 2：平行四边形性质的研究对象主要有哪些?

合作学习：猜想矩形的性质，并完成表 1 的填写：

表 1　矩形的研究对象与性质

研究对象	性　　质
边	
角	
对角线	
对称性	

【设计说明】平行四边形的研究是从定义→性质→判定，及其元素(边、角和对角线)作为性质和判定的研究对象。学生类比平行四边形的研究思路，可知矩形性质的研究方向。通过小组合作猜想、罗列矩形所具有的所有性质，进而归纳得到矩形具有平行四边形的所有性质，猜想矩形所特有的性质，引导学生在本节课中主要探究矩形的特性。

【证一证】矩形的四个角都是直角。

【教学预设】学生口述证明过程，教师追问依据。

【知识点】矩形的对角线相等。

【例题】已知：在矩形 $ABCD$ 中，对角线 AC，BD 相交于点 O。求证：

$AC=BD$。

【预设】方案一：证明三角形全等。方案二：利用直角三角形的性质（直角三角形斜边上的中线等于斜边的一半）的方法。在肯定两种方案的同时进行比较，得出利用直角三角形的性质（直角三角形斜边上的中线等于斜边的一半）的方法，比较简便。

【设计说明】矩形的性质：矩形的对角线相等。学生利用全等三角形或者直角三角形的性质的旧知来证明对角线相等，并通过比较得出利用直角三角形的性质来证明较为简洁，感悟其中的转化思想和选择优化解决问题的方案，在数学活动中积累数学经验。

（四）学以致用，强化新知

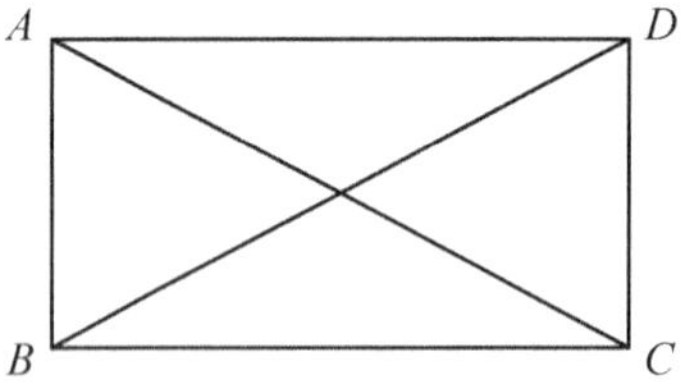

图 3

【例题】已知：如图 3 所示，AC，BD 是矩形 $ABCD$ 对角线。

（1）若 $\angle BAD=90^\circ$，则 $\angle BDC=$________$^\circ$；

（2）若 $AC=10\,\text{cm}$，$DC=6\,\text{cm}$，则 $BC=$________cm，矩形面积是________cm^2。

【设计说明】通过学生对以上 2 个问题的解决，教师可以了解学生对矩形性质的掌握情况。教师追问：图中还有其他特殊三角形吗？它们之间又有什么关系？学生感悟其中的转化思想，同时积累“把矩形问题转化为特殊三角形”的数学经验。

（五）例题拓展，深化新知

【例题】已知：如图 4 所示，矩形 $ABCD$ 的对角线 AC 与 BD 相交于点 O，$\angle AOD=120^\circ$，$AB=4\,\text{cm}$。

（1）判断 $\triangle AOB$ 的形状；（2）求矩形对角线的长。

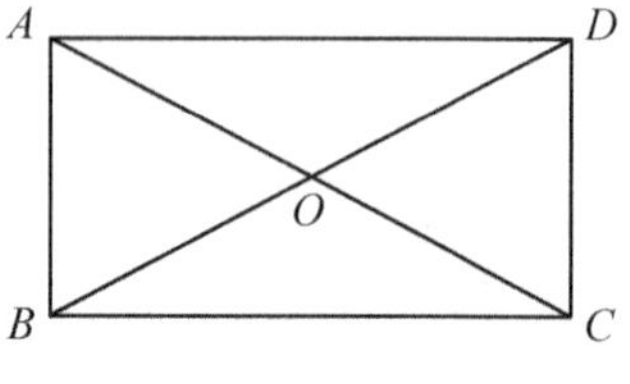

图 4

【设问】

（1）得出等边三角形的依据是什么？

（2）你用到了矩形的哪些性质？

（3）这里还有更特殊的三角形吗？

【设计说明】本例题是在上一环节图形的基础上，通过矩形两条对角线形成夹角的特殊化设置的问题。在此背景下学生探究对角线、边、角之间的一些结论，也是对矩形中特殊三角形（等边三角形、直角三角形）的挖掘和延续，感悟其中从一般→特殊→更特殊的研究方法，进一步发展学生的几何直观能力，同时通过规范学生证明过程的书写，培养学生的逻辑推理能力。

【知识拓展】已知：如图 5 所示，矩形 $ABCD$ 的对角线 AC，BD 交于点 O，$\angle AOD=120^\circ$，$AB=4\text{ cm}$，点 E，F，P 分别是线段 AC，BD，AD 上的动点，且满足 $PE\perp AC$ 于点 E，$PF\perp BD$ 于点 F。

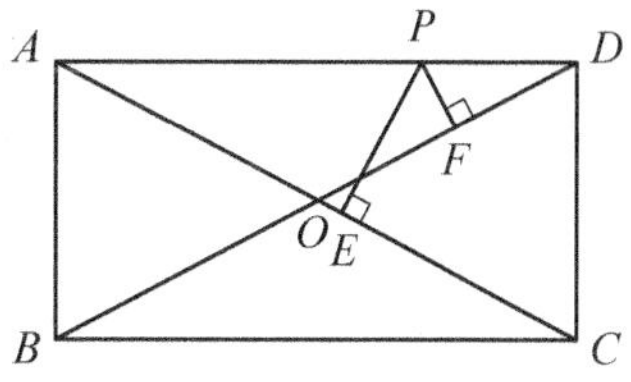

图 5

思考：$PE+PF$ 的值是否会改变？如果不会变，请求出 $PE+PF$ 的值。

【预设】学生利用含有 30° 角直角三角形的性质，将 PE 转化为 PA 的一半，将 PF 转化为 PD 的一半，因此 $PE+PF$ 的值即为 AD 的一半，而根据题意由勾股定理可求得 AD 的长，从而解决问题。（学生上台展示，教师点评小结。）

【设计说明】在原例题条件和图形不变的的基础上，通过增设条件，形成一个动态的数学问题，学生利用矩形的性质，把动态问题转化为直角三角形边、角之间的关系问题，进而将两条折线段之和化为一条直线段，积累了化折为直的数学活动经验。学生上台讲解有助于数学表达和逻辑思维能力的发展。

（六）归纳小结，深化认知

通过图示法进行课堂归纳小结，清晰呈现了矩形研究的思维轨迹，为今后学习菱形、正方形，以及其他几何图形提供了研究方向和研究方法。

四、教学案例（片段）反思

矩形是在系统学习了三角形和平行四边形的基础上研究的一类特殊平行四边形。作为本章的起始课，我们研究矩形的思路和方法成为后续学习特殊平行四边形（菱形、正方形）以及其他几何图形的指路明灯。课堂上，学生首先在数学活动中直观感受矩形是在已学的平行四边形上通过角的特殊化得到的一类特殊平行四边形，从而经历矩形概念的初步形成过程。其次通过画图赏析，深化矩形概念的理解。再次通过问题解决，深化矩形性质。课堂上学生感悟对平行四边形“角”的特殊化，引发对矩形这个特殊平行四边形性质的探究，再到对矩形“相关角”的特殊化，将矩形问题转化为特殊三角形问题，得到特殊结论，经历从一般到特殊到更特殊的研究方法，提高总结和归纳的数学抽象能力，发展核心素养。

五、实践导师点评

宋老师以“5.1 矩形(1)”课堂教学为例，结合课后反思表达了自己在课堂实例中对学生教学思维的生长进行设计，发展学生数学核心素养的教学思想。教材的设计安排不一定完全适用于班级里的每一个学生，因而宋老师对教材进行合理改编，并深入挖掘做了一系列设计，以激发学生数学思维并渗透数学思想，但最终还是回归教材本真，落于实处。整个课堂设计，保证学生能在课堂上得到数学核心素养的培养。

王伟
宁波市宁海县星海中学，浙江省特级教师，正高级教师

滕元法

在“双减”背景下的作业设计与实施路径

一、教师简介

滕元法

中学高级教师，丽水市实验学校学术委员会办公室副主任。在深化课堂教学改革中，潜心研究、创新实践，开展了大单元视角下的课堂教学改革，探索“双减”背景下的作业设计与实施路径，开展创新人才培养模式的实践研究等，并在省市级教育同行中交流经验上百场。通过这些教学变革，打破提升教学质量瓶颈，在实现高质量发展的教改之路上，推进精准教学，减轻学生过重负担的同时提高学业质量，从而在“并跑”中实现“领跑”、弯道超车。

二、课堂教学思想

2021 年 7 月，中共中央办公厅、国务院办公厅印发了《关于进一步减轻义务教育阶段学生作业负担和校外培训负担的意见》。它像春风，吹响了为学生减负的号角；似春雨，滋润着老师和家长的心田。“双减”是指有效减轻义务教育阶段学生过重的作业负担和校外培训负担，学校教育要认真贯彻国家教育方针、践行教育的初心使命，扎实推进“双减”工作落地见效，进一步减轻学生的课业负担。数学教师要紧紧围绕学科核心素养要求，整体设计课内外的学习活动；要把课外作业和课堂教学有机结合起来，以少而精的高质量作业取代简单、机械、重复性的大量作业，达到“减负增效”的目的；要使作业真正为教学服务，为素质教育服务，使之有利于学生知识、能力、综合素质的发展。在“双减”背景下，优化作业设计，让老师和同学摒弃“作业就是‘笔＋本’”的固有观念，唯有深化探究有效的作业设计，方能达到减“量”提“质”的目的。

三、教学案例

在“双减”背景下，为扎实推进“双减”和“五项管理”等工作的落地见效，进一步减轻学生的课业负担，我们立足学生核心素养的培养，组织开展了校本作业的设计与开发，形成个性化校本作业的范式，意在探寻我校提出的“适性教育”理念下的个性化学习范式，探索分层学习、私人定制式作业以及过程性评价和发展性评价有机结合。通过个性化校本作业的学习，激发了学生学习数学的兴趣，提高了学业成绩，实现教学质量的弯道超车，为基于实证的课堂教学改进提供了新思路，推动精准教学的再探索、再深化。

（一）个性化校本作业设计与开发的原则

学生作业的现状，存在作业体系不够科学，作业内容不够创新、灵活、系统，作业层次不够严密、合理，作业难易程度不够适标、递进，作业评价不够全面、客观等问题。因而，确立个性化校本作业的设计与开发要遵循的主要原则有适标性原则、针对性原则、发展性原则、适度性原则、递进性原则。

（二）个性化校本作业设计与开发的流程

作业是检验教学效果的媒介，是师生交流的平台，是减量不减负的主渠道，是全面提高教学质量的重要保证。因此要在作业设计过程中加强精细化管理，为教学服务好“最后一公里”，这样才能有效减轻学生课业负担，达到既减量又提升教学质量的目的。在实践过程中，我们制定了个性化校本作业设计与开发的流程图：以“制定细目表—选题—改编—审稿—再修改—精诊—改进”的路线图，科学设计、精准定位；以大单元的视角，把知识点落实到各课时当中，形成完整的作业体系。

（三）个性化校本作业设计与开发的范本

1. 以“五个维度”设计开发课时作业，让“减量不减质”落地

在课时作业设计与开发上，我坚持全员落实基础、全面分层练习、全力挖掘学生潜能，以激发学生学习兴趣为导向，围绕“学习目标、基础素养、素养提升、思维升华、反思纠错”五个维度进行顶层设计，明确学生学习的内容、方法及任务目标，优先学习必须理解掌握的知识，而后学习经过努力能够学会的知识，最后集中攻坚难啃的“硬骨头”。这样不仅落实了课程标准，又让每个学生在思维上得到最大限度的发展，真正做到轻负高效、分层练习，实现精准作业。

在知识点的落实上，以大单元的视角，将知识点分解到每个课时中，一题一个知识点或一题多个知识点进行编制，在练习的层次上，以课标与教材为母版，对标分层设计，让绝大部分学生吃得饱，有激发学习兴趣的思维提升题，还时刻注重反思的纠错。这样学困生就不会因为数学难而惧怕数学，学优生也不会因为作业简单而轻视数学思考。

少量的课时作业如何增效是大家最关心的问题，在落实增效上，推出“三色作业”完成法，即首次作业用黑色笔完成，教师面批后用红色笔订正，学伴或教师再批后的错题才是教师应该讲解的，学生用自己喜欢的颜色笔进行纠错，同时及时进行错题反思，进行数学写作。

2. 以“大单元视角”开发课堂练习，让“高效课堂”落地

课堂教学少不了练习，数学的高效课堂必须站在大单元的视角下进行教学设计，设计练习题时教师要有完整的知识体系，结合本班学生的实际，对教材进行重组，让课堂练习更贴近学生的学习。例如：在浙教版《数学》七上“4.3 代数值的值”这节课中，例 1 在难易度的编排上可以调整，正整数和负整数代入计算时，正整数代入更简单一点，用小数代入还是用分数代入可

以重新思考，在教学时，基于学生学习的知识体系，可以把第(1)小题与第(2)小题调换，再把第(3)小题变成分数，这样从易到难、从培养学生运算能力的角度更加适合学生的学习。例1之后，还可以再设计一道例2的系列求值问题，五个系列问题的设计体现了以下几个方面：①从易到难练习设计，让每个孩子都能学、都愿学、都乐学；②从单一量的代入到整体代数，重视知识体系的梳理与归纳，体现整体思想；③由系数相同变化到系数不同但系数比例相同的问题，在不同中找相同，引导学生进行方法的迁移；④由符号语言的表达到文字语言的描述，正是数学语言转换的例证。

3. 以“项目化学习”为依托，让“数学操作与数学实验”落地

随着教育改革的不断深入，教学手段、教学模式、学生的学习方式等都在发生变化，强调以学生为中心的项目化教学也得到了越来越多的关注。为激发孩子们学习数学的兴趣，提升学生逻辑思维能力，拓宽知识面，开阔视野，培养学生运用数学和动手操作的能力。学校每周都安排了两个课时，开设“数学应用”和“趣味数学”的数学拓展课程。学生在玩转七巧板、汉诺塔的同时，了解了七巧板、汉诺塔的由来，学会趣味操作，感受其中蕴含的数学问题；从“二进制、四进制、十进制的应用”学习数的进位；从“被数学选中的人”了解数学是什么、数学家在做什么、数学教会了我们什么；从“一笔画”“欧拉定理”“四色问题”“麦比乌斯带”“分割图形”“奇特的墓志铭”感受数学文化的魅力；从“最完美的数”“有理数的巧算”“观察算式找规律”提升学生的运算能力。

4. 以开发“博雅课程”为切入点，让个性化作业与学习丰富多彩

学校课程，即校本课程，它(基于学校、为了学校)是学校在确保国家课程和地方课程有效实施的前提下，针对学生的兴趣与需要，结合学校的传统和优势以及办学理念，充分利用学校和社区的课程资源，自主开发或选用的课程，是基础教育课程体系中不可或缺的一部分。我带领数学组全体成员积极参与到博雅课程的开发之中，从课程开发的培训学习、课程专题的研讨、数理科技模块的设计，到数理科技模块图谱的设计理念及设计方案、雅思数学节的架构等。

四、教学案例（片段）反思

个性化作业设计与实施，对数学教师来说虽然并不是“零起点”，但由于学情的差异，如何高质量地设计开发以校为本的作业体系，对数学教研团队和教师来说是需要系统思考和研究的。结合“双减”政策，针对初中学生的认知规律与学习特点，应坚持核心素养导向，在提质增效、控时减负的基础上，切实发挥好作业的育人功能；应遵循单元教学设计思想，重视整体规划，规范设计流程，全面关注各类作业的内容、结构、难度、类型和水平等要素；应重视作业内容与相应教学内容之间的一致性，以利于有效检验教学目标，要在作业的目标与功能、形式与内容、评价与反馈等环节开展系统的设计与实施。

五、实践导师点评

滕老师的“在‘双减’背景下的作业设计与实施路径”课题系统研究初中数学作业设计，从五个维度——学习目标、基础素养、素养提升、思维升华、反思纠错——顶层设计作业，为作业设计操作的可行性明确方向，也为新作业实现有效量少但提升学生素质提供了保证。作业设计过程中关注数学整体结构，关注数学学习，关注项目化元素的融入，使得作业设计源于传统作业，而高于原有作业，既有学科知识的落实，又有能力提升，还有思想方法的提炼，更有实践应用的体验，是当前作业减负中落地、可行、高效的实践研究。

叶茂恒
温州市鹿城区教育研究院

周央庆

指向深度学习的“问题串”设计

——以“氢氧化钠的变质问题”教学为例

一、教师简介

周央庆

庆元县第二中学教师、执教科学学科；教龄11年；丽水市绿谷名师理科班培养对象，丽水市学科带头人，丽水市优秀教育工作者，市优秀指导师；市优质课一等奖，一师一优课“物理性质与化学性质”获部级优课；庆元县优秀教学个人、县首届菇乡新秀。参与编写的《玩转科学》《动手玩科学》获市级精品课程。

二、课堂教学思想

心理学家布鲁纳指出：“教学过程是一种提出问题和解决问题的持续不断的活动，思维永远是从问题开始的。”因此，教师应该运用好“问题串”引导学生主动学习和探索，学生通过“闯关式”解决问题的模式来提升自身实践探究能力，同时也在不断地磨炼中具备了自己发现问题的能力，如此形成良性循环，可谓授之以渔。要利用“问题串”触发深度学习，首先得找一个合适的学习主题，能触发深度学习的主题必然是具有挑战性的；同时，科学教学最好是来源于真实情境的，因为这样的实践探究更加具有实施价值和可验证性，更能引起学生探究的求知欲，增加研究的契合度和合作性，在解决真实问题的过程中也能有效触发学生的高阶思维。

三、教学案例（片段）

氢氧化钠是浙教版《科学》九年级上册第一章第 4 节“常见的碱”中的内容，本节内容是在学习了常见的酸的性质后，需要对比分析几种碱的物理性质和化学性质。同时在后续常见的盐的学习后，氢氧化钠的性质及其化学性质的剖析也将更加完整。

氢氧化钠是初中阶段非常重要的一种碱，关于它的性质，特别是氢氧化钠的变质问题更是中考的高频考点，结合酸、碱、盐的性质及实验现象进行物质鉴定和推断，通过有序的实验设计抽丝剥茧地排查氢氧化钠的变质情况及变质程度又是其中的难点。

（一）设计新课导入式问题串，触发学生探究兴趣

导入式问题串能直接有效地切入主题，奠定课堂教学的基调，同时也能调动学生的学习积极性。如“氢氧化钠的变质问题”的探究实验利用以下导入式问题串引入新课。

教师在做酸碱反应实验时，将稀盐酸滴入氢氧化钠溶液中，意外看到有气泡产生，在确认药品没错后，教师认为是氢氧化钠溶液变质了。

导入式问题串：①你觉得老师的依据是什么？②氢氧化钠变质的原因又是什么？

学生用化学方程式表达，并记录到表格中。

师生对氢氧化钠的变质与否的实验检验方式进行建模。

【设计意图】学生根据初中所学知识，很容易猜想到氢氧化钠变质是因为氢氧化钠与空气中的二氧化碳反应生成碳酸钠杂质，并且进行合作讨论、

设计实验证明。由实际可操作性较强的问题引发的思维碰撞，既能激发学生的动手欲望，又能唤醒他们对已有知识框架的反思和扩充。

（二）设计过程递进式问题串，培养学生逻辑思维

递进式问题串指的是设计的问题难度不一，问题呈现一般由易到难，层层递进，环环相扣。如下，在“检测 NaOH 溶液变质程度”用到此方式。

师：已知变质原因和变质后的杂质成分，①此份氢氧化钠变质程度又如何？②如何检验是部分变质还是全部变质？（过程递进式问题串）

提出情境：

小明向少量已变质的 NaOH 溶液中滴加酚酞溶液，发现溶液变红，他觉得一定还有 NaOH 存在，说明是 NaOH 溶液部分变质。你觉得他的分析正确吗？

生：不正确。因为 Na_2CO_3 也呈碱性，会干扰 NaOH 的检验，所以用酚酞无法确定 NaOH 溶液的变质程度。

师：变质程度的影响因素是什么离子？怎样设计实验才能有效地检验氢氧化钠的变质程度？

学生（讨论后）：部分变质是有 CO_3^{2-} 的同时还剩余有 OH^-，而全部变质则只含有 CO_3^{2-}。

归纳总结出检验方法：先除去 CO_3^{2-}，再检验是否含有 OH^-。如此就可以用已有知识框架中的除 CO_3^{2-} 方法和检验 OH^- 方法依次解决。

【设计意图】通过本环节的设计促使学生对错误思维进行辩证分析，找到解决新问题的实验操作方案，利用已有的知识框架，再分析再建模，发展学生整理知识脉络，辨析同类知识点微小差异的能力。

（三）设计收尾延展式问题串，调动学生顺向迁移

延展性问题串指设计的问题具有发散性，学生可以通过若干个小问题的引导，洞察全局。

部分组别通过实验探究确定氢氧化钠溶液存在变质情况，但变质程度不严重，那么以此为背景可以设置以下问题串（见表 1）。

表 1　延展式问题串设计

教学难点	设计的问题串
探究氢氧化钠的变质问题	1. 变质后 NaOH 溶液中所含杂质 Na_2CO_3 的含量为多少？ 2. 如何提高变质后 NaOH 溶液的纯度？ 3. 保存 NaOH 溶液应注意什么？ 4. 请你按照探究氢氧化钠变质问题的思路设计氢氧化钙变质问题的探究

教师检验后发现很多小组的氢氧化钠为部分变质，氢氧化钠中含有杂质 Na_2CO_3 含量。

学生小组讨论并设计实验过程。

师：变质后的氢氧化钠如果情况并不严重，如何进行提纯？氢氧化应该如何保存？

生（讨论后）：能将 CO_3^{2-} 转变成 OH^- 的实验操作是最佳方案。

以此得出可用可溶性钙盐或钡盐进行操作，实际操作后发现进一步的问题——如何把握加入物质的量才能使提纯效果最好？学生继续讨论、交流、分享方案。

【设计意图】教师进行深入引导，使实验探究变得更加有挑战性和趣味性。此过程中，学生主动对知识进行深加工，易引发深度思考，转而生成新的挑战性探究主题，此为真正将所需替代所教。第 4 个问题“请你按照探究氢氧化钠变质问题的思路设计氢氧化钙变质问题的探究。”巧妙地将氢氧化钠的变质问题升华为碱的变质问题，使知识结构网络化、系统化。

（四）设计课后应用式问题串，锻炼学生实践能力

用实践应用来检验学生的学习效果是比较快捷且有效的方法，那么选择有代表性、严谨性的问题便尤为重要。教师选择衢州中考真题进行详细讲解。

【设计意图】该中考题从题目背景到问题都和本节课核心探究的“氢氧化钠的变质问题”相契合，但又有其个性设计，多角度地检阅学生的掌握情况并再次触发学生的探究欲望。

四、教学案例（片段）反思

“问题串”的设计是教师备课中的重点和精华，是教学预设的集中体现，但又不可过满，还需留下“空白”来激发学生教学相长。所以问题串的设计应该要考虑以下几方面：①问题串的设计要有针对性，即根据教学目标，整合学生的共同性问题，并寻找合适的主题进行设计。②问题串的设计要有层次性，学生具有差异性，科学课程的理念是“面向全体学生”，且学生的学习过程是由浅入深、循序渐进的过程。③问题串的设计要有启发性，教师设置的问题不可太肤浅过于表面化，如果问题的答案过于显而易见，学生就会失去探索和解决的欲望，并且片面地认为自己已经足够掌握相关知识点，影响其课堂的专注力。纵观本节课的设计，我觉得还可以在问题串的启发性方面进行深挖和完善。

五、实践导师点评

问题决定课堂教学的品质和效果，序列化的问题是课堂教学的生命线，选择该主题具有重要的现实意义。本案例创设真实的实验情境，以探究氢氧化钠是否变质以及变质的程度作为载体开展问题驱动教学，教学中教师设计了四类问题串：情境式问题串、递进式问题串、延展式问题串、应用式问题串，学生在问题的启发引导下，层层深入，发展科学思维和问题解决的能力。

每一类问题的问题串要明显，可以序列化表示。对于问题串的分类可以再斟酌一下，进一步明确它的特点和作用。

朱红

宁波市海曙区教育局教研室，特级教师，正高级教师

朱峰

基于电子书包应用的初中科学“3J”精准教学模式研究

——以“物质的酸碱性”为例

一、教师简介

朱峰

女，农工党党员，教育硕士，莲都区教研室初中科学教研员，丽水市教学名师，丽水市学科带头人，丽水市教坛新秀，丽水市精准教学先进个人；获浙江省优质课一等奖，中华人民共和国教育部“一师一优课”部级优课。浙江省中小学教材专家库成员，丽水市专家评委库成员，丽水市“双名工程”培养对象。从教17年，30多次在省、市、区执教公开课、观摩课，20多项（篇）课题或论文获奖，并多次应邀参加衢州、台州及丽水其他县市的教研活动或教师培训项目，开设讲座30多场。

二、课堂教学思想

以电子书包为支撑，借助大数据和信息与通信技术，实时记录、跟踪和分析学习者在教学过程中的数据，充分利用教学数据赋予教师“显微镜”式的观察能力以及“望远镜”式的预测能力，协助教师开展具有针对性的差异性和个别化教学，使教学更加科学化、精准化、智能化、个性化。经过一年半时间的摸索和实践，逐步形成贯穿于课前、课中、课后三阶段“精准分析—精准定位—精准决策”的“3J”精准教学新模式（见图 1）：

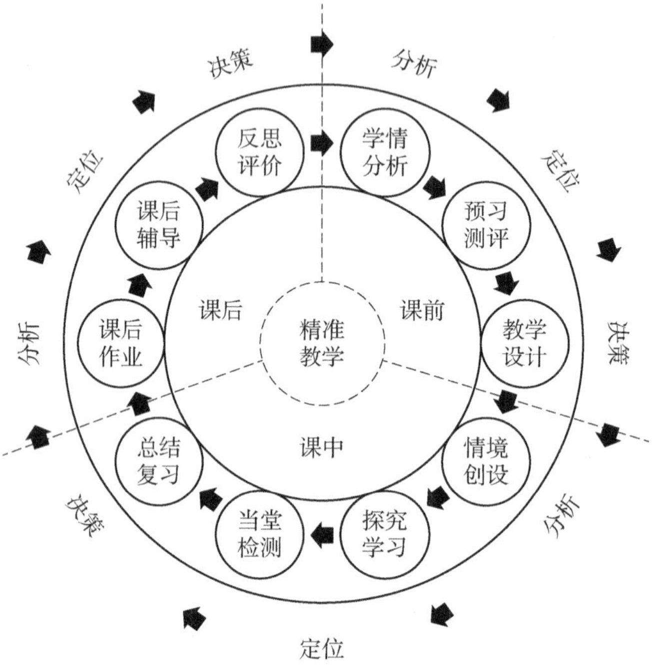

图 1

下面以浙教版《科学》九年级上第一章第 2 节“物质的酸碱性”为例，探析该模式的具体应用。

三、教学案例（片段）

（一）课前前测——探查前概念，预习检测及时方便

在开展教学前，教师通过智通课堂，调查了学生对日常生活中常见物质

酸碱性的前概念。

示例:下列物质哪些属于酸性物质?哪些属于碱性物质?

①自来水;②小苏打;③柠檬汁;④洁厕灵;⑤洗洁精;⑥白醋;⑦肥皂水;⑧厨房油烟净。

同时,教师通过学海浏览器,给学生发送《物质酸碱性》微课,帮助学生预习新课的内容,并在云作业中发送了预习检测作为前测,摸清学生学情,教师根据前测的学情组织教学。

【设计意图】前测数据显示:学生对常见物质中洁厕灵、洗洁精和肥皂水等物质的酸碱性的认识存在较大的误区。于是教师根据前测的结果调整教学内容,将酸碱的定义教学内容留到第二课时,这节课专门设置实验操作,鉴定生活中物质的酸碱性和酸碱度,并将前测中涉及的几种有争议的物质设计加入小组实验,充分利用数据指导教学。

(二) 课中交互——及时捕捉呈现,提高课堂交互性

1. 引课:魔术"变色的百合"

(教师把事先用硫酸和氢氧化钠分别浸泡过的素描纸折成一朵百合花,其中用硫酸浸泡过的纸做成花朵,用氢氧化钠浸泡过的纸做成叶片)

师:同学们,上课前我先来给大家变一个魔术。我这里有一瓶神奇的紫色药水,为什么说它神奇呢?下面,让我们一起来见证奇迹的时刻。

(教师取出事先准备好的装有紫甘蓝浸出液的喷壶,将浸出液喷在纸花上,花朵部分呈现红色,叶子部分呈现绿色。)

生:(一片惊讶声)

师:想知道其中的秘密吗?学完这节课大家就可以给这个魔术揭秘了。

2. 新课:实验探究,纠正前概念,获取新知

师:昨天大家根据自己的生活经验,对日常生活中常见的物品的酸碱性做了判断。其中绝大多数同学都赞成白醋、柠檬酸是酸性的,洗洁精、小苏打是碱性的。那我要采访下大家,你为什么觉得白醋、柠檬酸是酸性的?

生1:我觉得它们吃起来或者闻起来是酸酸的。

师:我这里刚好有一瓶白醋,谁来闻一下?注意正确的扇闻方法。

那么大家又是凭什么来判断洗洁精和小苏打是碱性的呢?

生 2:摸起来滑滑的,尝起来涩涩的。

师:看来我们同学对酸性物质和碱性物质已经有一定的了解了,我这里有四瓶无色透明溶液,你能想办法判断它们的酸碱性吗?你能用闻一闻、尝一尝、摸一摸的方法来确定它们的酸碱性吗?

生(齐):不行。

师:那么我们可以用什么方法来鉴别物质的酸碱性呢?想一想刚才的小魔术。

生 3:酸碱指示剂,昨天的微课讲过。

师:是的,自然界中存在这么一种物质,它在酸性溶液和碱性溶液中所显示的颜色是不一样的,我们称之为酸碱指示剂。紫色石蕊溶液是常见的酸碱指示剂之一。那么紫色石蕊溶液在酸性和碱性溶液中有什么不同的颜色呢?

3. 小组活动一:紫色石蕊溶液的显色实验

师:我发现在昨天的前测中,同学们对洁厕灵、厨房油烟净、肥皂水这三种物质的酸碱性的判断存在比较大的差异。包括之前大家认为是酸性的白醋、柠檬酸等,真的是酸性物质吗?小苏打、洗洁精真的是碱性物质吗?我们借助石蕊溶液来验证一下。

【设计意图】将课件中的某页即时发送课堂提问,学生接收到该课堂提问后,根据实验要求完成实验,并将实验结果填写在图中。教师可以随时抽取任意一小组的实验结果进行全班展示,并由展示小组对本小组实验结果进行解释说明。若学生的答案不是很正确,教师也可以在学生的基础上进行修改完善后再一键发送给每个学生。同时教师可以看到哪些学生没提交,由此来把控课堂的节奏。

师:刚才的实验我们判断了常见物质的酸碱性,但是大家也发现了身边有很多酸性物质,也有很多碱性物质,那么这些酸性物质的酸性谁最强?碱性谁最强呢?用石蕊溶液能帮助我们判断吗?

生(齐):不行。

师:是的,这个时候我们要借助一个新的工具——pH 试纸。它由试纸和标准比色卡组成。标准比色卡上 pH 数值从 0～14。pH＝7 为中性，0—7 为酸性，7—14 为碱性。大家知道如何使用 pH 试纸吗？

生 4：用洁净的玻璃棒蘸取被测试液涂在 pH 试纸上，稍等一会再与标准比色卡对比，读出读数。

4. 小组活动二：用 pH 试纸判断物质酸碱性强弱

【设计意图】在学生进行实验的过程中，教师抓拍学生实验的过程和拍摄学生的学习任务单，与全班同学分享。

（师生一起小结本节课的主要内容。）

师：学了今天的内容，谁能说说刚才我们的小魔术的秘密所在？

生 6：我猜想也是一种酸碱指示剂吧。

师：没错，这是一种酸碱指示剂——紫甘蓝浸出液。

（教师播放紫甘蓝浸出液的制取过程的视频。）

（三）课后检测——数据反馈，及时巩固

新课结束后，利用学海运作业对学生进行检测。电子书包自动生成学生正确率、上交情况等数据。教师精准地掌握学生的学情，及时发现学生存在的错误，当场批改，及时反馈、及时纠正，有效提高了课堂效率。

【设计意图】在课堂最后几分钟时间进行当堂检测或者根据课堂教学的重难点布置相应的检测巩固练习，教师可以实时看到学生的上交情况、班级作业的正确率，甚至是每个选项、每个空格是哪些学生错了。根据学生作业的正确率、用时、订正情况等数据信息来把握教学进度，决策采取什么样的跟进措施。

四、教学案例（片段）反思

本节课是基于电子书包项目的初中科学常态课。教师充分利用电子书包的功能优势，在课前、课中和课后都进行了深度的运用。课前，通过智通课堂调查前概念，通过学海浏览器向学生发送预习微课，并运用云作业向学生发送预习检测。利用数据分析学生前概念中的错误认识，进行备课、组织

课堂教学。课中，采用同屏技术，实时展示实验过程，并将微小的实验现象放大，呈现在大屏幕。同时及时捕捉课堂生成资源，抓拍学生实验和实验单，以及典型错误，有利于学生自纠和互纠，方便与大家进行交流学习。教师利用课堂最后5分钟时间进行当堂检测，收集班级每个学生对本节重点知识的掌握程度，教师端可以看到全部同学的作业正确率甚至是每一个学生的错题。课后，可以根据当堂检测的结果，将学生进行分层分组，布置不同的作业；或者根据学生作业的对错情况布置个性化错题，真正做到精准教学。精准把握学情、精准选择教学内容、精准评估学生学习结果、精准运用学生学习结果，充分体现技术的优越性，大大提高了课堂的交互性和实效性。

五、实践导师点评

该案例是建立在初中科学课程特点和数据分析的基础上，使课堂师生之间的每一次互动都伴随着“精准分析—精准定位—精准决策”的发生，它将数据的运用贯穿整个教学环节，用数据诊断教学，在具体的教学过程中又融合了电子书包的优势，使得课堂教学呈现出独特的优势：

（1）提供个性化的学习环境和资源。课前教师在“云课堂”发布预习材料，课中教师抽取典型案例进行师生教学互动，课后教师布置分层分组的个性化作业并录制微课供学生反复听讲，以及教师布置个性化错题帮助学生巩固落实，这些都是教师在统一授课制的现实教学中为学生创造的个性化的学习环境。

（2）改变课堂师生互动的方式。在电子书包应用实践过程中，因为精准的数据反馈，使师生互动更高效，使得学生课堂参与度更高，参与机会更多，学生协作学习的机会也更多。合理利用技术，使教师能关注到所有学生，保证互动对象的公平，增强师生互动的深度，扩大师生互动的广度，也促进师生互动的有效性。

（3）改变课堂教学测评与反馈方式。教师在课堂上发布典型例题，系统自动计算学生做题时间和上交人数，只要有一位学生提交反馈，教师就可以马上进行批改，还可以邀请做正确的学生协助批改，大大节省了教师课堂上的批改时间，及时的反馈让教师能及时发现问题并在课堂上进行补救。精讲精练、当堂检测、及时反馈、当天巩固，让课堂教学变得更高效。

王燕红
台州路桥新桥镇初级中学，正高级教师，特级教师

徐黎英

大单元教学设计

一、教师简介

徐黎英

中学高级教师，景宁县教育研训中心初中社会法治教研员。先后获得丽水学科带头人、丽水市教学名师、景宁县首届畲乡名师等荣誉称号。“做学生成长的引导者，做教师发展的摆渡人”是徐老师一直以来的追求。一线教学16年，学习、实践加反思；研训工作3年余，探索、研习同进取。做学生的良师益友，为教师的发展创平台。“教而知困，行方致远。”亲自深入课堂实践，潜心团队建设，致力于为景宁初中社会法治教学开创新局面而努力。

二、课堂教学思想

2019年以来，他带领的团队致力于研究课堂教学方式的改革，聚焦于初中历史大单元教学的研究与实践，坚持素养导向的课堂教学。目前历史教材的编排以历史的发展先后为顺序，以章节为单位逐课安排课时，这种编排方式有一定的适用性和优点，但是也存在一些不足，因为它更加突显的是历史时序单线性的纵向深入，一定程度上忽视了横向的、立体的联系。而大单元教学是以教材单元为基础，以大主题为统领，设计真实情境，整合学习内容，通过一个个活动，完成具有内在联系任务的学习事件。因此，他们提出的大单元教学模式更有利于帮助学生全方位、多角度掌握历史知识，激发学生学习历史的兴趣，加深学生对历史教学内容的理解，培养核心素养，解决关键问题。

三、教学案例（片段）

如果说这是一个故事，好像并没有期待中的那些惊心动魄，可是，初中社会学科团队的小伙伴们却在静水流深中完成了一次华丽的蜕变，它不是"故事"，却胜似"故事"。2021年3月9日，市里发文决定举行丽水市初中历史与社会课堂教学评比活动，此次评比的主题是促进学生素养发展的教学实践暨大概念视角下的大单元教学设计。

（一）序曲——绞尽脑汁定主题

这个故事的书写者是景宁县初中社会法治组一支老、中、青搭配的完美团队，有丽水市学科带头人杨雷英老师、景宁县名师叶常青老师、丽水市教坛新秀潘娅宁老师、丽水市教学新苗也是本次参赛选手方琪老师。

故事伊始，一群人绞尽脑汁，围绕"主题上确定什么内容？"在一个晚上的时间要基于大单元教学理念设计出本节课，还要准备好8分钟的单元整体设计阐述，这对于选手和团队来说都是一次巨大的挑战。对整个单元的整体把握和对大概念的确定从很大程度上会影响"剧情"的走向。讨论了又讨论，仍然毫无头绪。"有了！"他们抽到了七下第一单元"繁荣与开放的时代"。"统一多民族国家的巩固与发展"这个大概念统领整个中国古代史，其中隋唐兴衰是统一多民族国家巩固和发展的重要阶段，因此基于这个大概念我们可以先设计隋唐两个朝代时序教学的学习项目，运用年代尺的方法纵向厘清朝代兴衰的发展历程；然后从多维视角横观盛唐气象，理解繁荣与开放的阶段特征；最后提升历史人物、历史事件的评价方法，从直观感知到揭示本质再到方法的运用，结构清晰，层层递进，符合历史学习的逻辑顺序。

于是他们首先确定了整个单元的整体设计框架(见图 1)。单元主题服务于学科大概念,学科大概念支撑单元主题。

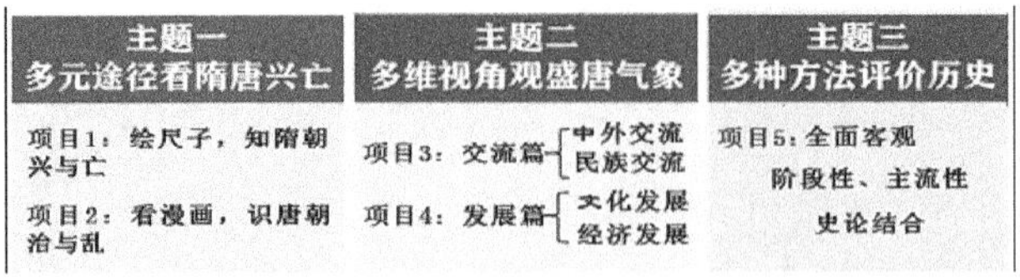

图 1

(二) 跋涉——确定单元定目标

确定单元整体设计理念后,基于唐朝的兴与衰的内容,“教什么?”“怎么教?”就成了他们最需要思考的问题。本单元主要需要解决的两个教学关键问题分别是:①如何梳理人类历史演进的基本脉络,认识历史发展的基本趋势,认同统一始终是中华民族历史发展的主流;②如何评述重要历史人物、事件、现象,恰当说明他(它)们在历史进程中的作用。而在关键问题的背后我们需要培养的是唯物史观、史料实证、历史解释、家国情怀等学科核心素养。基于关键问题和核心素养,我们设计了如下的单元目标:①借助年代尺、漫画等形式了解隋唐的兴衰历程,并借助史料探析隋唐兴亡的原因;②从经济、文化、民族政策、中外交流等角度认识盛唐气象,理解繁荣与开放的时代特征;③通过隋唐时期典型的历史人物、历史事件的评价,学会评价历史的方法,理解他(它)们在历史进程中的作用。

一堂课的呈现形式是“皮”,背后支撑的理念才是真正的“骨”。为了寻到真正的“骨”,他们开始了紧张的资料收集过程。围绕“唐朝的治与乱”他们分四块进行了理论梳理:本节课如何体现学生的深度学习?本节课如何体现基于单元主题意义的教学设计?本节课的目标是什么?“双减”背景下的作业应该如何布置?

有了理论做基础,他们仿佛感觉到在漫长的跋涉过程中有了支撑他们越过沼泽的“拐杖”,每一步都走得稳稳的。

有了“骨”，就必须“画皮”了。又是一个“确定—推翻—再确定”的艰难过程。

先是了解学情和确定教学目标。关于学情，他们了解到本节课的授课对象是七年级的学生，该班同学历史学习基础较弱，而这节课是本学期的第一堂历史课，学习内容综合性较强，难度较大。学生获取历史知识的主要途径除了系统的课程学习外，趣味历史书籍、历史漫画、历史文创则作为一类创新的历史知识学习方式已渗透在孩童的记忆中，因为表达形式生动形象、通俗易懂、风趣幽默，比较符合青少年的认知特点，容易激起他们探究历史的兴趣。漫画情境的创设符合大单元教学中设计真实的情境，符合七年级学生的认知特点，有利于激发学习的兴趣，进而降低学习的难度，让学生真正参与到学习中来。所以我们决定采用漫画的形式创设情境，助推大单元教学的有序开展。

目标的设立直接决定了这堂课学生的收获与否，是最最关键的一环，针对“目标”的设立，他们讨论了多次，最后，他们设置了内容目标、关键问题、核心素养目标，而且考虑到学生的水平，他们决定将核心素养目标以“润物细无声”的方式在完成知识目标和技能目标中体现出来。最终确定如下三个目标：①通过人物大搜索，了解影响唐朝历史进程的关键人物及相关事件；②运用漫画及书本知识分析成就盛世气象的原因；③对比分析唐朝“治”与“乱”，感悟其对当下治国理政的借鉴意义。

到了重难点环节的时候，他们感觉这一环节的处理还是不够完美，如何在一节课内让教学的重难点得以突破，既是本节课的亮点，也是本节课最容易出彩的地方。在“如何治”的环节，他们决定以大组分工、小组合作的方式，呈现大量的漫画内容让学生从不同角度去分析盛世景象的原因，这既能培养学生透过现象看本质，找寻漫画背后所隐含的寓意，又能培养学生多角度多思维的比较分析能力和概括内在联系能力，从而实现关键问题的解决，培养历史意识和综合思维。其中也借用多媒体手段来进行探究反馈，以提高学生的课堂参与度。

最后是对单元整体设计要做好阐述，这非常考验参赛教师的逻辑思维能力和处理整个单元的设计能力。基于单元主题，围绕单元目标，基于素养本位，做好大单元设计。他们基于单元主题设计，设置单元目标，围绕单元目标确定我们的课时教学，课时教学分为人物搜索、原因探寻、时空对接三个环节。而整个课时教学又是紧扣整个单元主题和目标的。

（三）呈现——课堂展示显风采

从接到课题到第二天一大早的上台呈现，虽然很累，但所有人都充满了新的力量。

方琪老师年轻有活力也很沉稳，不仅把课上得如同预期那般生动有趣，还急中生智巧妙地处理了几个现场状况。说起今年首创的现场单元整体设计阐述，确实让人望而生畏，预测不到嘉宾是“犀利风”还是“温柔风”，但是方琪老师充分的准备、清晰的逻辑思维、流畅的语言给评委们留下了深刻的印象，并最终获得了一等奖的佳绩！

（四）谢幕——团队参与共成长

他们是故事的书写者，也是故事的受益者，如果没有这次奇妙的旅程，对于大单元教学设计教学方式的一次尝试和探索，他们的感触也没有那么深。他们不急不躁，沉稳应对，在静水流深中完成了一次自我的蜕变。

四、教学案例（片段）反思

本课以漫画为支架，帮助学生去了解唐朝的兴衰历史，能较好地调动学生学习的兴趣度和参与度，整体课堂氛围较浓，本节课班里较多同学举手回答问题，我们可以感受到，学生对唐朝的兴衰历程有了整体的把握，也更好地理解了唐朝的“治”与“乱”对当下中国的治国理政所带来的启示。

不足思考：人物搜索环节，对关键性人物和重要人物的理解区分不够，导致出现了多种答案，因此在关键性人物的引导上花了较多时间。学生看漫画时间过少，导致对漫画的解读过快而不深入，理解难度大，与书本知识的对应结合度不高。课堂小结可以考虑增加漫画书籍、公众号等的推荐，让学生的兴趣生根并且发芽。

五、实践导师点评

徐黎英老师带领的团队，进行了一次“大概念大单元”视角下的教学实践。首先值得肯定的是教学的勇气。教学改革需要一批有勇气的教师进行教学实践，在做中学、做中研，在研中改，研中做。这个过程正是教师成长的过程。其次是选题准，值得研。大概念教学是近几年比较热门的一个研究点，理论介绍多，但教学实践案例不多。徐老师及其团队，以唐代历史为内容载体，以大概念来重新组织教学单元，然后进行教学实践，思路、步骤清晰，给教师提供了可以学习借鉴的范本。最后，徐老师团队还进行了课后反思，实践＋反思，正是教师成长的必不可少的路径。徐老师团队也为大家提供了一次大单元教学实践的有益探索。

唐少华
杭州市上城区教育学院，正高级教师，省特级教师

毛余魏

初中生政治认同核心素养的培育实践

一、教师简介

毛余魏

男，高级教师。2010 年 8 月参加工作，现就职于丽水市庆元县蔚文中学，执教初中历史与社会和道德与法治。撰写的《浅谈思想品德作业设计的有效性》《变局中初中生政治认同核心素养的培育策略》等多篇论文获丽水市论文评比一等奖。先后荣获"丽水学科带头人""丽水市教坛新秀""庆元县教育系统优秀共产党员""丽水市优秀教师""庆元县教坛先进个人"等荣誉。2014 年参加丽水市思想品德优质课评比并获得一等奖。

二、课堂教学思想

道德与法治教师要以立德树人为根本任务，遵循育人规律和学生成长规律，要遵循社会规律和学生成长的需要，以正确且有价值的政治理念、道德规范和法治意识对学生进行系统化的、循序渐进的教育。第一，教师应注重案例教学，选择、设计和运用典型实例，鼓励学生探究、讨论，提高学生的价值辨析能力。第二，教师要探索体验式教学方法，采取情境体验、时政解读等形式，让学生在课堂上主动体验，开展自主学习与合作探究，促进感悟与构建，强化学生的道德认知和道德实践。第三，教师应从学生角度出发，考虑学生的学习和认知水平，有效整合教材资源，创设有效的学习任务，借助任务的驱动，引导学生积极参与。

三、教学案例

《坚持国家利益至上》对应的课程标准："感受个人成长与民族文化和国家命运之间的联系，提高构建社会主义和谐社会的责任意识。""懂得维护国家安全、荣誉和利益是每个公民的义务。"

该课从思想和行动两个角度，引导学生思考：当个人利益与国家利益冲突时要做到以国家利益为重。首先，帮助学生树立正确的国家利益观是该课教学的核心目标之一。实现这一目标需要教师从思想上引导学生认识：必须时刻坚持国家利益至上，要有危机意识和防范意识，要增强维护国家利益的责任感和使命感。这必须是学生心目中岿然不动的信念。其次，懂得并正确捍卫国家利益是该课教学的重点和难点。教材从政治站位再到学生认知，由浅入深地呈现内容，旨在引导学生坚决同一切有损国家利益的行为作斗争，用实际行动捍卫国家利益。

（一）新课导入：人物猜想

1. 教师在 PPT 呈现中体现黄旭华人生的一些关键词。

2. 教师引导学生根据 PPT 提供的关键词猜测人物，看看谁最快猜出正确答案。

【设计意图】通过教师提供的关键词猜测出科学家的姓名，激发学生学习兴趣的同时自然导入贯穿课堂的主要人物——黄旭华。

（二）环节一：梦的启航

播放黄旭华纪录片（片段），引导学生观看并思考问题：

1. 黄旭华的梦想发生了怎样的变化？

2. 什么情感推动他改变自己最初的梦想?

驱动任务一:爱国故事分享会

呈现一个体现黄旭华梦想访谈片的片段,引导学生观看并完成任务:

1. 回忆自己记忆中印象深刻的爱国人物的事迹或言行。

2. 与全班同学分享让自己印象深刻的爱国人物的事迹或言行。

【设计意图】学生通过观看黄旭华院士少年时期的纪录片,了解到他为了国家利益而改变了自己的梦想——因国家抗战的需要,果断将自己的梦想由当一名医生改为制造核潜艇。由此意识到个人梦想需要和祖国命运结合在一起。

(三) 环节二:追梦路上

播放黄旭华纪录片(片段),引导学生观看并思考:

1. 在追梦路上黄旭华院士曾经面临哪些冲突?

2. 面对冲突,他是如何抉择的?

【设计意图】学生通过倾听黄旭华院士的讲述,了解到他在研制核潜艇过程中的付出与艰辛。由此意识到在追梦路上会面临许多的冲突与选择。但无论何时,无论面临怎样的矛盾和冲突,始终坚持国家利益至上。

驱动任务二:利益关系探讨会

呈现一段黄旭华院士的演讲片(片段),引导学生结合黄旭华院士在追梦路上的抉择,说一说你对国家利益和个人利益的关系的理解。

该任务组织学生进行小组合作学习,学习要求如下:

1. 组内交流:4 位同学一组,各组员相互交流讨论 3 分钟,各小组选择一位记录员记录组员观点,并形成统一观点。

2. 班级交流:各小组选择一位发言人与全班同学分享本组观点。

3. 观看微课,正确理解并学会正确处理个人利益与国家利益的关系。

【设计意图】利用黄旭华院士在研制核潜艇过程中面临的矛盾和选择,帮助学生正确认识国家利益与个人利益的关系并学会处理两者的关系。该项驱动任务,学生以小组合作的方式进行,学生围绕着任务在分工中合作,既有组内的小组合作,又体现着同一任务下的群体合作,学生的合作意识、合作能力得到了培养。

(四) 环节三:梦的延伸

驱动任务三:个人未来设想会

学生结合自身实际,仿照模板,设想未来的人生轨迹,谈谈自己将如何维护国家利益。

1. 学生安静思考并在便利贴上书写自己未来的人生轨迹、理想或工作。

2. 学生在黑板上张贴自己设计的未来(便利贴)。

3. 选择一部分学生来展示和分享并总结升华。

【设计意图】意在引导学生将爱国主义情感转化为具体行动,意识到坚持国家利益至上需要在学习和生活中不断践行。在相互分享、倾听彼此的"未来"时,学生又认识到坚持国家利益至上需要每一个人的努力,可以从细节做起,从小事做起,每个人都可以有所为。

四、教学案例(片段)反思

该课首先选取"中国核潜艇之父黄旭华"这一恰当案例进行榜样教学,丰富了学生的情感体验。当学生因观看、倾听他的事迹而热泪盈眶时,黄旭华院士已然是他们心目中爱国者的榜样。

其次,创设情境体验,提升学生的政治认知。基于思想不够成熟、社会经验不足的学情,教师创设了真实的社会生活情境来提升学生政治认知进而增进政治认同。

最后,借助任务驱动,引导学生政治参与。在完成"爱国故事分享会""利益关系探讨会"和"个人未来设想会"三项驱动任务的过程中,学生逐渐意识到坚持国家利益至上需要在学习和生活中不断践行。课堂教学还应设计思辨性问题,学生可以通过思辨性问题的思考和争论,学会用正确的方式捍卫国家利益,做到理性爱国。

五、导师点评

毛余魏老师的《坚持国家利益至上》课堂教学案例，教学目标明确，教学结构严密。它的最大亮点是案例教学、情境教学和合作探究的有效结合。运用典型的实例，配之以生动的访谈和演讲，以形象化解抽象，用情境激发情感，加深了学生对国家利益的理解，丰富了学生的政治情感，从而强化了榜样教育的德育效果，达到了厚植政治认同、落实立德树人的教学目标。正如案例中所说，"当学生因观看、倾听他的事迹而热泪盈眶时，黄旭华院士已然是他们心目中爱国者的榜样"。这也是教学的最大成功所在。

仲玉英
杭州师范大学，教授

陈建英

分析·诊断·实施：大数据助力精准教学

一、 教师简介

陈建英

丽水市实验学校教师，执教初中历史与社会学科，教龄23年，曾获得丽水市教学名师、丽水市精准教学先进个人、丽水市三育人先进个人、丽水市巾帼建功标兵等多项荣誉。有《浅谈班内分层竞学复式教学法》等60多篇论文获奖或发表，主持的“布置动手型作业提升学生地理空间能力”等20多个课题在各级获奖；承担各级讲座近30场。

二、 课堂教学思想

“教育无他，爱与榜样”，这是我一贯秉承的教育教学思想。课堂教学中以生为本、注重学习链接真实生活，实施精准教学研究教学内容；整合教材进行大单元项目化教学减轻学习任务，强调创设丰富多样的学习情境，在真实情境中激发学生的学习动机从而激发学生学习内驱力，构建快乐高效的历史与社会课堂；创新作业的模式，实施三维校本作业，让动手型作业激发学生的主观能动性，培养学生的空间思维能力，改变了原来简单的机械学习、接受学习，变为有意义学习和发现学习，使学生真正成了学习的主人。

三、教学案例（片段）

（一）一次单元测试引发深思

在每次单元测试中学生考出的成绩总是差异很大，如图1、图2所示，这是在七年级上册历史与社会一次单元诊断中出现的，不同班级学生的成绩分布存在较大的差异，不同班级社会学科成绩也会出现较大的差异，在大班额授课制下如何依托大数据真正做到因材施教、因人施教是我们一直在思考探究的问题。

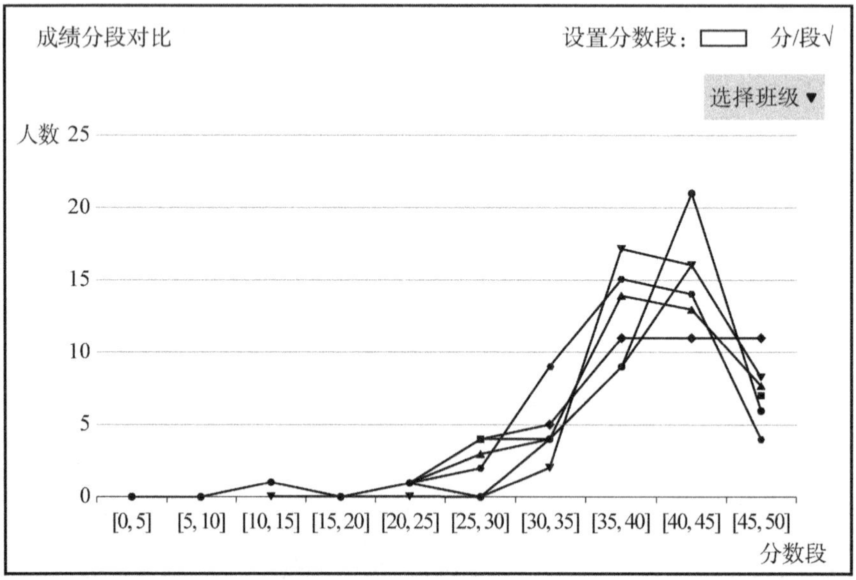

图 1

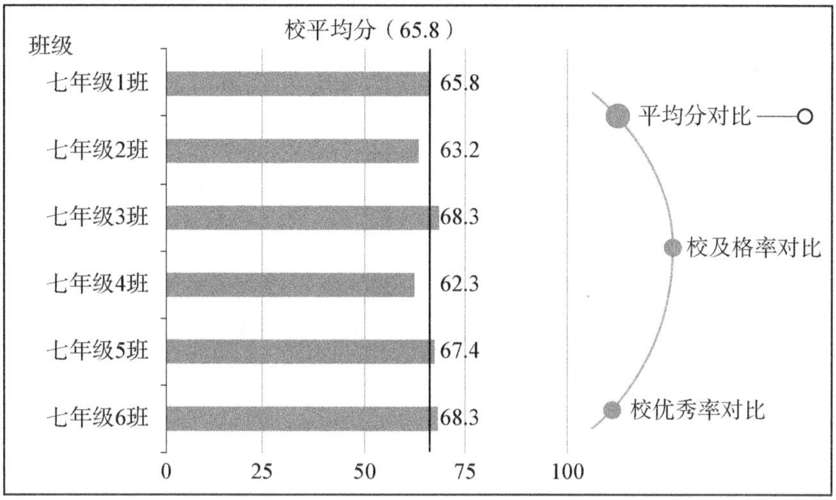

图 2

（二）一组数据诊断单元学情

在大数据时代，要进行精准教学必须要依托信息技术软件，我校在众多的软件中通过比对选择了科大讯飞的智学网作为媒介来获取每次测试的反馈数据，在单元诊断中通过智学网的分析可以迅速精准地找到学生存在的知识点和能力缺陷及班级共性的错误。如图 3，在试卷分析中清楚地看到每道题目的得分情况，红色说明第 6 题和第 8 题这两道题目的得分率低，这是班级共性的错误；点开序号可以看到班级得分情况，在第 6 题中只有 18 位同学选了正确的答案，而选 A、C、D 三个错误选项的人数多且比较均匀；通过

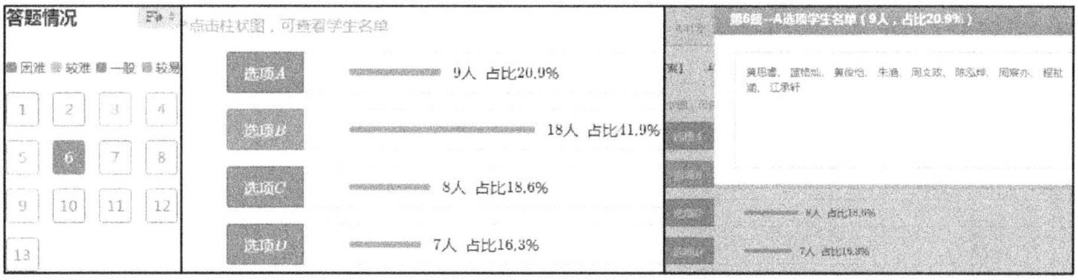

图 3

在选项中查询可以清楚地看出哪些同学是选错的，针对错误选项进行分析发现，有因教师本身命题的科学性表述存在问题而影响学生答题的，也有因学生对南非的自然和人文环境因素的掌握存在问题导致答题错误。利用科大智学网平台对试卷分析能具体到题、具体到选项、具体到人，这为试卷的讲评提供了科学精准的依据。

从整份试卷知识点的角度去探寻主观题，在科大讯飞智学网的平台上，家长、学生及教师同样可以调出非选择题中孩子的失分情况，掌握共性的数据。就整份试卷的知识点得分情况而言，雷达图为教师提供了哪部分知识需要精讲精练、哪部分知识无须讲解、哪部分知识只要个别辅导；让学生明确哪些知识自己需要强化复习。如图 4，“乡村与城市”“与山为邻”学生掌握得较好无须分析，“从地球仪上看世界”“如何认识城市”要进行精讲精练以及后续的拓展性练习。科大讯飞智学网平台反映的知识点就更加到位了，促使老师教得更加精准、学生学得更加精准。

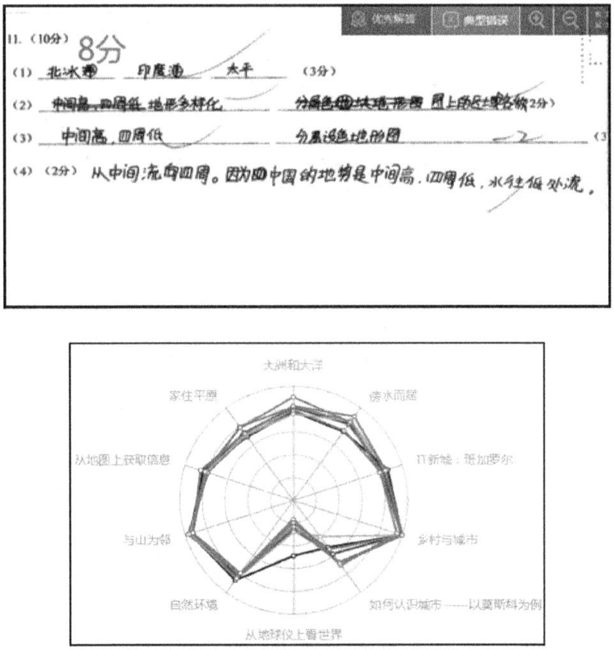

图 4

（三）一组练习促进精准分析

如何开展一堂试卷的精准分析课？

第一步，解析错题，以练促学。在试卷分析课上，我们把目光集中在易错题上，解释易错题以后再进行拓展练习。在分析易错点时展示错误答案，让错误的学生在自我质疑中得到提升。选择与易错题类型相似的题目进行扩展训练。练习过程学生一定要动脑动笔独立完成。这时候充分利用希沃、学习终端等工具，能够在课堂上及时反馈学生的学习情况，从而了解到学生对这类问题的掌握程度。学习终端在选择题的反馈中有很大的优势，反馈结果直观准确。非选择题无学习终端的班级可以用希沃授课助手直接拍照上传再进行分析讲解。

第二步，课后变式，再次巩固。针对单元诊断的结果，每天课后的作业中，我们要有选择地进行变式训练，时间控制在15分钟左右。通过前面两步走，我们已经可以精确地认识到学生问题出现在哪里，所以布置作业时可以大胆地剔除很多题目，选择具有针对性的练习。既能减轻学生的负担，又能提高成绩。

（四）一组方案推进精准实施

第一，理清知识脉络：理清各章知识之间的逻辑关系，形成一个清晰的知识脉络，便于学生系统掌握基础知识，把握区域地理的掌握要素。

第二，抓住重点习题：依据科大智学网的平台进行重点习题的强化。依据学情量身定制作业，对于一些学有余力的学生要给予较有难度的练习，而对于一般的学生重点还是基础性的习题，做到“分层对应”，有针对性地复习。

第三，难点强化：难点是复习的重点，把书中的难点进行整合归类。采用个别辅导的形式，对一些有难点的学习进行特殊的训练，提出特殊的要求，并把难点归类分析，形成习题，进行强化性复习。

第四，错题训练：开展“你来出题我来考”的活动，让学生明晰哪些题对自己来说是常错题，错因是什么，独立弄懂之后命题通过智学网推送给同学练习，在智学网平台上形成学生个人错题集和教师个人的学生错题库。

第五，专项训练：围绕七年级社会中区域地理包含的自然环境条件和人文环境条件进行专项训练。

四、教学案例（片段）反思

依托大数据进行数据诊断的精准教学实施以来，教研组资源的生成与共享更加充分了；教师的观念发生了转变，从基于经验的社会学科教学逐渐转变为基于实证的精准教学；学生对学习的兴趣也更加浓厚了，负担也减轻了，成绩也有了显著的提升，使精准教学真正为精心育人而服务。在精准教学的过程中，不能为了追求表面的数据而精准，精准的数据必须服务于教学，为育人而服务。我校利用科大讯飞的大数据平台进行精准教学定位，通过测试摸清学情、尊重差异、分层学习，是往“以生为本，私人订制化”方向发展的精准教学。在这条路上我们还在不断地探索与完善。

五、实践导师点评

当前“双减”背景下，教师如何评价学生，如何精准地把握学情，成为当下教育关注的热点。陈老师在本课的案例中做出了较好的回答。依托互联网，依托大数据，精准把握学情，切实减轻学生过重的负担。学生在学情诊断中发现自己的不足，并及时纠正和提升，从而更加自信，学习能力得到了提升。因此这一做法是我们当下课堂变革减轻学生过重负担的有效途径和抓手，我们应在教学中稳步推广。

张强
温州市瓯海区牛山实验学校，浙江省特级教师，正高级教师

刘迎春

如何开展基于主题意义探究的初中英语单元整合教学

——以人教版 *GO FOR IT* 教材七年级下第十一、十二单元为例

一、 教师简介

刘迎春

中学高级教师，中共党员，丽水市云和县文元育英中学副校长、党支部副书记，英语教师，教龄 30 年，30 年来一直坚持每年任教 2 个班级，擅长培优和命题。曾获丽水市优秀教师、丽水市优秀教育工作者、丽水市学科教学名师、丽水市教科研先进个人等荣誉称号，丽水市学能优秀辅导师、云和县首届杰出教师、云和县封面人物最美教师，2008 学年至今连续 13 年获得人民政府颁发的教育教学年度奖等。

二、 课堂教学思想

《普通高中英语课程标准（2017 年版）》指出：英语课程应该把对主题意

义的探究视为教与学的核心任务，并以此整合学习内容，引领学生的综合发展。

我认为开展基于主题意义探究的英语教学对落实培养英语学科核心素养的育人目标有非常积极的意义。在主题探究的英语课堂中，学生学习的语篇和参与的活动都围绕一个主题开展，为了深入探究主题内容，学生需要对语篇的内容有更准确、更深刻的把握，学习就会更加深入而不至于停留在对表层的理解。

我在平时教学中非常注重以主题为引领进行单元整体的教学设计，取得了良好的教学效果，下面我就如何开展基于主题意义探究的单元整合的教学设计做课例分析。

三、教学案例（片段）

人教版 *GO FOR IT* 教材七年级下册第十一、十二单元的话题都是运用一般过去时谈论往事，教学内容相关性极大，因此笔者在进行这两个单元的教学时把教材内容进行了整合，确立了教学主题“Unforgettable experiences”，基于这个主题的探究开展两个单元整合的课堂教学。

（一）围绕主题和语境设计基于主题意义的整体教学目标

教材内容：人教版 *GO FOR IT* 教材七年级下册第十一、十二单元。

课时安排：5 个课时完成 2 个单元整合后的教学。

主题：Unforgettable experiences(难忘的经历)。

语言目标：

1. Students can talk about different activities/events fluently.
2. Students can describe feelings or things with different adjectives.
3. Students can understand and use the simple past tense.

能力目标：Students can describe their unforgettable experiences with the simple past tense, e. g. school trips, holidays/vacation experiences, travelling diaries, etc.

情感目标：Students can know whether they are good experiences or not, they are unforgettable experiences, maybe they will remember forever, maybe they can get something important from these experiences.

【设计意图】基于主题的教学目标是指学生经过课堂学习在某个主题方面获得新的知识或加深对该主题的理解。从教材内容经过整合后以探究Unforgettable experiences的主题意义为主线开展听说读写的综合教学，促使学生在学习语言知识的同时掌握语言技能，学会用一般过去时来描写经历、表达情感，获得exciting experiences or boring experiences are unforgettable experiences的情感体验。

（二）在导入和拓展环节将学习内容与学生自身的知识、经验和情感态度相结合

导入：Show students some pictures of their two school trips in 2021. Describe them in simple past tense, then ask, "What do you think of these school trips?" and make students answer with description words like "exciting/meaningful/tiring/boring..." and tell them, "No matter if they are exciting or tiring experiences, they are unforgettable experiences."

【设计意图】用谈论学生曾经亲身体验过的School trips—长途拉练作为课堂的导入，不仅能激发学生讨论的热情，培养学习兴趣，而且能很快让学生把自身的知识、经验和情感态度结合起来。基于主题意义探究的课堂，教师要为学生创设真实的语境，让学生感受到课堂学习不仅是在学习英语，而且是在与同学、老师分享和交流知识、经验和情感态度。

拓展：write a composition "An Unforgettable school trip to Chuzhou" as a task after learning Unit 11—Unit 12.

【设计意图】学生经过基于主题语境"Unforgettable experiences"的一系列积极主动的探究学习后，在语言输出也就是拓展、提升环节运用所学的游记写作框架，写一篇关于一次学校组织的前往处州府城进行研学活动的游记。让学生在创作语篇的过程中基于真实的活动体验表达自己的思想、经验和情感态度，鼓励学生积极投入主题意义探究的过程之中并能说真话、表

达真实思想和分享经验，从而实现学生对单元语篇意义的充分理解和积极反应。

（三）围绕主题安排教学内容和设计教学活动，把教学内容和不同教学板块联系起来

Before reading and while reading: Talk about different people's unforgettable experiences as the following structures.

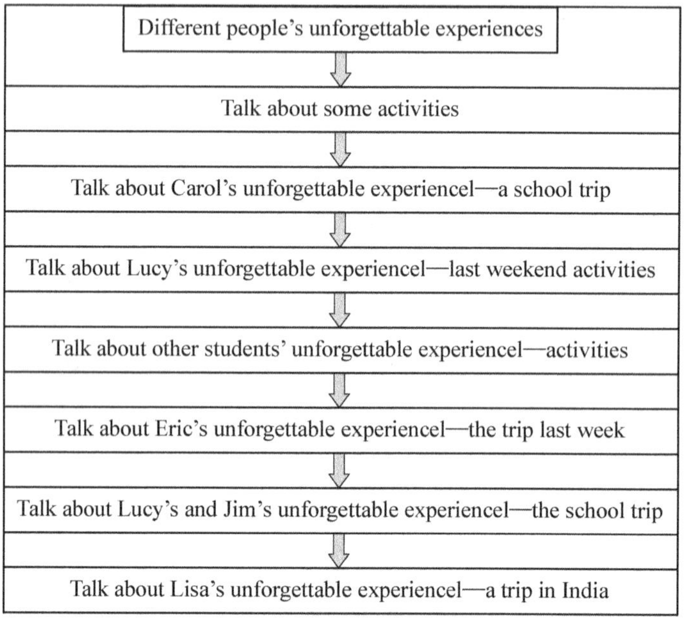

图 1　基于主题意义探究对教材整合后的教学步骤

【设计意图】基于对"unforgettable experiences"主题意义的探究来安排本主题的课堂教学内容和设计教学活动。先让学生根据第十一单元 Section B 的图讨论 vacation activities，然后让学生就第十一、十二两个单元中不同学生的 school trips, vacation activities, weekends 展开讨论，探究这些经历之所以令人难忘的原因，让学生自始至终地在语境中接触、体验、感知和学习语言。基于主题意义探究的教学能让学生在理解语篇内容、探究语篇主

题意义的过程中，体验语言的使用，感知语言的结构，尝试运用所学语言。

（四）根据教学实际调整主题意义探究与聚焦语言知识的学习活动的顺序

在语篇研读引领的教学基础之上，在本主题的第 4 课时安排的是听说教学，也就是把聚焦语言知识的教学活动安排在语篇学习活动之后，这样的教学调整能让学生的学习始终不脱离语境。

设计意图：在学习理解基于主题意义探究的基础上再开展语言知识的教学，即听说教学和语法教学。先学语篇再学习语言知识的好处在于，这样的教学调整能让教学变得事半功倍，能让聚焦语言知识的学习活动变得非常轻松，这样的处理方式能起到为聚焦语言知识的学习奠定基础的作用。

四、教学案例（片段）反思

基于主题意义探究的单元整合教学为单元教学提供了手段和方向，教师在教学过程中要以解决问题为目的，积极创设与主题意义密切相关的语境，整合语言知识和语言技能，促进语言学习的发生与发展，促进师生在具体教学活动过程中进行情感交流、思维互动，创设和谐的教学氛围。教师在教学中要根据教材内容确定主题，引导学生根据主题意义充分挖掘该主题所承载的文化信息并通过主题意义的探究提升学生的思维品质，有利于学生学科核心素养的培养。

在这个过程中，教师要不断鼓励学生学习和运用语言，开展对语言、意义和文化内涵的探究，通过对不同观点的讨论，提高学生的鉴别和评判能力。教师要通过引导学生参与主题意义的探究，发展学生的多元思维，塑造其良好品格，实现英语学科育人的价值。

五、实践导师点评

语言是人类特有的交际工具，是由词汇按一定的语法所构成的复杂的符号系统。但是在现实生活中，学生接触的是活生生的语言实例，即各式各样、长短不一的语篇。英语课程标准指出英语课程应该把对主题意义的探究视为教与学的核心任务，即基于语篇的深度学习。所以基于主题意义的单元整体教学是今后英语教学研究的主要方向之一。该课例是对单元整体设计的一个很好的课例，能够指导教师如何挖掘单元主题并围绕主题开展教学，该教学研究有助于学生高阶思维能力的培养，促进学科核心素养的落地。

罗敏江
上海外国语大学附属浙江宏达南浔学校，校长，中学高级教师

王成美

基于学习活动观的初中英语听说教学实践与思考

一、 教师简介

王成美

任教于青田县伯温中学，初中英语教师，教龄13年，先后获得丽水市教坛新秀、丽水市学科带头人、市直学校优秀老师等荣誉称号；参与各类教学比赛并先后获得青田县优质课一等奖、丽水市优质课一等奖、浙江省优质课二等奖，在省、市、县级开展公开课及研讨课20余节；曾连续六年参与浙江省微课程建设并获省精品微课程；所辅导学生参与各级各类英语比赛获国家级、省级和县市级奖项百余项。

二、 课堂教学思想

英语学习活动观是指“学生在主题意义引领下，通过学习理解、应用实践、迁移创新等一系列体现综合性、关联性和实践性等特点的英语学习活动，使学生基于已有的知识，依托不同类型的语篇，在分析问题和解决问题的过程中,促进自身语言知识学习、语言技能发展、文化内涵理解、多元思维发展、价值取向判断和学习策略运用。这一过程既是语言知识与语言技能整合发展的过程,也是文化意识不断增强、思维品质不断提升、学习能力不断提高的过程。”在新课改背景下,初中英语听说教学要树立正确的教材观、学生观和活动观,教学设计须充分解读文本、基于学情合理使用材料,让教材为我们而用、为教学而解。

三、教学案例(片段)

本案例选自人教新目标英语八年级上册第七单元“Will people have robots?” Section B 1a—1e。听力内容为主人公 Joe 与 Alexis 进行的三段对话,分别谈论了 Joe 过去的生活、现在的生活及十年后关于职业的规划。

(一) 活动 1:导入

通过时事新闻英雄航天员王亚平女士太空出舱视频导入话题,激起学生的兴趣,同时通过提取视频中的关键信息解决本课时的关键词眼:(astronaut, rocket)以及相关词汇。追问“What do you think of being an astronaut?”激发学生对这一职业的兴趣,初步交流对这一职业的认知和看法,旨在帮助学生在已有知识经验和学习主体之间建立关联,发现认知差距,形成学习期待。通过 astronaut 引入文本图片后,通过提问:“Where are they? What are they talking about?”让学生解读并预测图片,渗透听力技巧。

该活动指向培养学生在情境中学习新知以及运用听力技巧的学习能力和语言能力,同时通过读图来初步了解对话的人物和相关背景知识,对图片潜在信息进行预测,激发学生的学习兴趣,为接下来的听力任务扫清障碍。

(二) 活动 2:听对话,整体感知对话内容

了解对话的发生顺序和对话对应图片的主题。作为听力第一个任务,学生需要对所听的完整的听力内容进行整合分析,才能得出三幅图的主题。

该环节,学生需要通过概括与整合,从语篇中获取与主题相关的知识,方能完成听力任务。该听力活动也是指向培养学生的关键信息整合能力和理解能力的学习理解类活动。

(三) 活动3:针对三个听力对话内容,设置不同的听力任务

第一个对话,通过细听对话内容,了解Joe目前的工作与住所,同时用图片处理生词apartment。通过听力对话内容,让学生推测人物关系以及谈谈他们对Joe工作的看法,同时感知responses可继续对话。

听第二个对话前,通过Joe的回答来预测Alexis的问题,降低听力任务的难度,同时进行听力技巧的指导:write down key words。再通过细听来检查预测是否合理。根据学生反馈,机动选择问题与音频的呈现顺序。

第三个对话,通过三个关键问题来解决对话的细节,通过复述来强化一般将来时的句型。再通过个别句子有重点地听音模仿,体会Alexis的说话意图以及猜测双方关系的进展。同时分析Alexis的反应和问题,为大活动环节做知识积累及铺垫。提问"Does Alexis think Joe can be an astronaut?"猜测Alexis之所以认为Joe不太可能成为宇航员的原因。通过对听力材料的分析,引导学生使用恰当的语气和语气词来回应,指向培养学生解读文本的学习能力和思维品质。

(四) 活动4:小组合作讨论

承接听力部分第三个对话的内容,顺势询问学生:"Do you think Joe will be an astronaut? Why or why not?"让学生以小组为单位展开讨论。该问题没有统一的答案,学生可结合自己的认识和想法各抒己见。该环节旨在培养学生的合作意识,通过交流讨论,学生能够有更多的语言储备和支架来表达自己的观点,丰富句型表达,指向培养学生建立新旧知识链接的学习能力和多元表达的语言能力。学生需要通过分析与判断、内化与运用等学习实践,内化语言知识和文化知识,加深对文化意涵的理解,促进知识向能力的转化,完成从学习理解类活动向应用实践类活动的进阶。

(五) 活动5:续编对话

以第三个对话为切入口,通过课堂各个环节活动的积累和人物剖析,解读对话双方的语气和心理,以全开放的方式让学生将对话继续进行。教师通过活动提出推理与论证、想象与创造等超越语篇的学习活动要求,引导学生对主人公价值取向及态度行为进行推理与论证,创造性地解决新情境中的问题,理性表达情感态度与观点,完成能力向素养的转化。续编对话,学生需要运用前面环节所学的使用反应和提问的对话技巧,才能恰当自然、富有逻辑地表达观点。该活动指向培养学生综合运用所学语言以及语言策略进行交际的学习能力和语言能力,也是学习活动观中迁移创新的成功印证。对话展示后,教师回归到学生自身,承接课堂第一环节的问题“What do you think of being an astronaut?”追问“Is it possible for us to be an astronaut in the future? If so, what should we do from now?”引导学生对自己的未来的职业生涯进行规划。教师同时点出:“不管将来从事何种职业,每个人都需要仰望星空的同时,脚踏实地去努力。”完成情感升华。

(六) 活动6:作业

作业第一部分为学生必做:

A. Imitate the conversations in 1c.

B. Polish the conversation and act it out the next class.

这两项作业的设置,旨在帮助学生夯实语音及口语表达基础,有利于学生巩固语言知识和技能。

作业第二部分:Talk about your life in the future with your partners.

经过本课学习后,学生能对自己未来的职业生涯做个规划,并在与同伴分享的过程中形成积极的情感体验。

该过程承接了本节课中涉及的所有内容及能力指向,也是学习活动观中迁移创新活动的又一体现。

四、教学案例（片段）反思

该教学案例，是基于初中英语学习活动观所做的一次实践尝试。教学设计各环节中，教师通过提问的方式，一步步引导学生学习新知，归纳总结，理解运用，并在最后形成自己的理解，将课堂内容进行迁移创新。该案例有别于以往的常规化初中英语听说课教学设计，但学生表现证明，学习活动观的践行有利于促进学生知识建构，促进思维从低阶向高阶稳步发展。美中不足的是，在迁移创新环节，没有充分考虑到学生个体差异，没有给基础薄弱的学生足够的语言支架，导致该部分学生不敢表达。因此，在迁移创新类活动的设置上，需充分考虑学生差异性，最大限度体现活动的适用性。

五、实践导师点评

学习活动观视域下的课堂教学，特别强调意义引领和语篇依托，课堂活动设计要非常充分地体现主题语境下的意义探究和问题解决。该课例将学习活动观融入课堂教学的每个环节中，课堂活动设计生活化，理念演绎到位，课堂结构清晰。作业设计人性化，面向全体，尊重差异，重视学生的学习体验，关注学生学习能力和学习策略的培养，帮助学生达成知识、生活、生命的共鸣，较好地践行了英语学习活动观。

吕秋萍

丽水市实验学校，正高级教师

李慧英

如何基于大观念进行单元整体教学设计
——以第四单元“Don't eat in class”教学为例

一、 教师简介

李慧英

现任青田县第二中学英语教师、英语教研组长，曾荣获丽水市优秀教育工作者、青田县优秀教师、优秀班主任、青田县初中英语学科带头人等光荣称号。25年前，怀揣教育梦想，满怀激情进入教育行列；25年中，本着教书育人理念，勤勤恳恳兢兢业业坚守三尺讲台；如今，期待专家引领，继续前行，做一个永葆激情的一线教师。

二、 课堂教学思想

2022年4月颁布的《义务教育英语课程标准》(以下简称《课标》)对英语教学提出了几点教学建议：坚持育人为本；加强单元教学的整体性；秉持英语学习活动观组织和实施教学。不难看出，培养学生核心素养，实现学科育人，落实立德树人是英语课程的根本任务。而单元整合教学要求教师围绕单元主题，对教学语篇及相关教学资源深入解读、分析、整合或重组，建立各语篇内容和育人功能之间的联系，形成具有整合性、关联性、发展性的单元育人蓝图，符合了学科育人功能的指向性。回看《普通高中英语课程标准（2017 年版）》中提出的“大观念”一词，正强调了“以学科大概念为核心，和课程内容结构化，以主题引领，使课程内容情景化”。

三、教学案例（片段）

下面以人教版 *Go For it* 初中英语七年级下册第四单元“Don't eat in class”为例，阐述如何基于大观念进行单元整体教学设计。

（一）阐明核心观念，把握教学主线

基于对《课标》的理解和对单元的主题把握，本单元设立的指导思想如下：单元教学设计围绕 Rules 这一主题，关注单元内各文本之间的联系，在主题引领之下设计由浅入深、由表及里的教学活动，引导学生在知识的构建中学会对规则的表述和观点的表达。

（二）搭建内容框架，确定单元目标

本单元的主题是 rules（规则）。该主题属于人与社会范畴，涉及“班级与学校规则，规则意识”。内容围绕 rules 这一主题展开，涉及六个语篇。在梳理并整合完单元内容之后，教师便能够基于对单元整体的把握进行单元整体教学目标的设定和对单元教学设计的规划组织。单元整体教学目标的制定需围绕大观念和小观念的构建展开，遵循可操作性、可检测性的原则（王蔷，2021）。以第四单元“Don't eat in class”为例，教师基于单元大小观念，制定了如下的单元目标和课时安排。

第 1/2 课时（听说）：认识生活中的规则，Section A 1b, Section A 2a，2b。

第 3 课时（听说、语法）：规则和自我的冲突，Section A 2d, Section B 1b，1c。

第 4 课时(写作):写一封信给 Dr. Know 来咨询自己在规则上的困境,Section B 3a。

第 5 课时(阅读):学会与规则相处,Section B 2a。

(三) 梳理语篇内容,确立课时目标

在实施单元整体教学中的课时教学时,教师首先需要研读语篇文本,梳理并构建服务于小观念的结构化知识和语言学习的重点(包括语篇结构、语言特点、文体特征等),确定课时目标,设计教、学、评一体化的活动。在"Don't eat in class"这一单元中,我们以阅读语篇 Section B 2a 为例,说明如何提炼小观念和梳理结构化知识和语言重点,使学生在进行小观念探究过程中完成语言的整合性学习,并在语言输出环节,能有意识地结合所学的知识重点进行态度的表达和观点的阐述。

在 Molly 写给 Dr. Know 的信中,内容大致以总分总的结构来组织语言,讲述自己的问题并求助。信的开头以"There are too many rules."开门见山表达了自己的来信原因和问题关键。之后举例介绍了生活中的家规和校规来具体阐述规则和自我愿望的冲突。其中使用含"don't"祈使句和含"can't""must""have to"等情态动词的句子来描述,按照从学校到家、从早到晚的顺序来叙述。最后用"terrible"一词表达自己的感受和向 Dr. Know 提出自己的疑惑"What can I do?",内容安排合理,句子中一些副词和连接词的运用帮助读者理解 Molly 的感受,如"At school, we have more rules.""I can only play on weekends.",烦恼忧愁的 Molly 形象生动地呈现在读者面前。同样通过分析 Dr. Know 的信件,教师可以发现该信件通过举例说明等手段表达了两个观点:要转变视角,积极思考规则之外我们能做的(Think about the both sides of the coin and take a positive attitude towards life)和了解规则的必要性和重要性,学会理解并遵守规则(Understand the necessity and importance of rules and follow them)。

通过研读语篇的文体特点、主要内容、语言组织逻辑等,教师开始设计层层递进的学习活动,引导学生通过对文本内容的学习建立知识结构,形成本语篇对应的小观念。结合英语学习活动观的三个活动层次,该阅读语篇

的课时教学目标如下：

学完本课之后，学生能够：

1. 获取并梳理 Molly 的来信内容，回答关于 Molly 来信的问题“Why-what-how”。

2. 结合自身实际，谈论在日常生活中与规则的摩擦和对规则的感受。

3. 梳理和概括 Dr. Know 回信中表达的观点，同伴间模拟扮演 Dr. Know 与 Molly 的对话。

4. 分析批判 Dr. Know 的观点是否正确（如思考是否所有的规则都是有帮助的），并结合实例进行说明论证。

5. 结合所学，针对如何看待规则和如何和规则和谐相处提出自己的意见和建议。

（四）精心编排活动，引路核心素养

基于大观念的单元整体教学中课时教学活动的设计要以提炼观念为目的，以探究主题意义为设计主线，基于语篇，通过学习理解、应用实践和迁移创新等活动，引导学生对结构化知识进行梳理整合，逐步形成小观念，进而整合到单元大观念之中，从而使深度探究单元大观念成为可能。

1. 感知与注意

教师首先引导学生关注语篇中的图片，回答问题“How does the girl feel? Why does the girl look unhappy? What problem does she have?”猜测图片中的小女孩的心情和遇到的问题，并联系自身回答：“What can we do if we have problems?”此处教师引入并介绍 Dr. Know 背后的文化和中西文化差异。

2. 获取与梳理

通过此环节，学生进入对 Molly 来信内容的探究，解决上面提出的三个问题（why、what、how）。针对 how 问题，教师引导学生通过对文本的细节阅读，感知副词、频率词在信中对抒发 Molly 情感有着什么样的作用，尝试模仿 Molly 的语气朗读信件，体验她的心情；梳理规则的过程中，教师引导学生关注规则的表达方式，祈使句和情态动词在表述规则时不同的语场。

此处完成了课时目标 1。

3. 描述与阐释

在学习 Molly 的信件之后，教师提问："Do you have similar problems like Molly?"引导学生联系自身，反思自己是否和 Molly 有相同的困扰，从 what 和 how 两个角度谈谈自己的情况。此处学生在学习理解的基础上结合自己实际进行浅层的口头表达活动，内化所学语言知识和表达技巧。本步实现了课时目标 2。

4. 概括与整合

在学生学会表达自身与规则的矛盾基础上，学生开始阅读 Dr. Know 的来信，概括与整合其在信中的观点，尝试举例对观点进行阐释说明，解读其立场。在此基础上，同桌之间结合所知的 Molly 和 Dr. Know 的立场，编设两人面对面的场景，对两人语言进行预设并角色扮演。至此，课时目标 3 达成。

5. 批判与论证

在充分解读两封信件中的内容和梳理双方思想之后，教师提问："Do you totally agree with Dr. Know? Are all the school and family rules helpful and reasonable?"教师引导学生以批判的视角对 Dr. Know 的观点展开讨论，并结合实例进行简单论证，完成本课时教学目标 4。

6. 想象与创造

在对文中观点进行分析判断之后，教师给出最后一个任务："If Molly ask you for help, what advice will you give her?"将语篇中的情境落在现实，当生活中朋友遇到类似的问题，你会给出怎样的建议？学生围绕主题意义 how to live with rules，联系现实，介绍自己对 Molly 问题的看法，以及就如何与规则和谐相处提出自己的意见和建议，在活动中实现小观念的构建，完成教学目标 5。

在课后作业中，同桌之间两两结对写信，一方就规则所引发的问题为主题写信求助，另一方分享关于规则的看法和建议来回信解决问题，巩固所学，实现知识的迁移创新。

四、教学案例（片段）反思

1. 用仔细观察单元主题画引入本单元的教学内容，有利于提高学生的读图能力，因为学生对图片信息的感知有着无限可能。

2. 教材的有机整合，由浅入深地教授了本单元的语言知识，同时也了解了中西方文化知识差异的存在。

3. 整合化的课堂教学，实现教材的有机整合，提高单元教学的整体性。

4. 基于主题意义的单元整体设计也对教师提出了新的挑战，注重挖掘语篇中隐含的细小观念和相互关系，搭建主题关联框架，在主题意义探究和语言实现的活动中发展学生核心素养，实现育人目标。

五、实践导师点评

本案例以人教版 *Go For it* 初中英语七年级下册第四单元“Don't eat in class”为例，从四个方面阐述如何基于大观念进行单元整体教学设计，即：①阐明核心观念，把握教学主线；②搭建内容框架，确定单元目标；③梳理语篇内容，确立课时目标；④精心编排活动，引路核心素养。案例的设计体现了新课标的课程理念，教学内容的组织以主题为引领，以不同类型的语篇为依托，融入语言知识、文化知识、语言技能和学习策略等学习要求，以单元的形式呈现，较好地避免了碎片化知识教学。

诸才章
金华市教育教学研究中心中小学英语教研员，正高级教师

杨英平

支架系统:让表达与思维同构共生

一、 教师简介

杨英平

景宁畲族自治县民族小学副校长,高级教师,丽水市教学名师、学科带头人、教育科研先进个人,曾荣获景宁畲族自治县"畲乡英才""畲乡名师"、优秀校长、优秀教师等称号,"京苏粤浙"卓越班教师优秀学员,"长三角"地区骨干教师培训班学员,浙江省书法家协会会员,浙江省青年书法家协会会员兼理事,浙江省硬笔书法家协会会员,中国硬笔书法家协会高级讲师。

二、 课堂教学思想

"扎实、充实、丰实、平实、真实"是叶澜教授倡导的理想课堂,也是我一直坚守的初心课堂,更是我一辈子追求的课堂教学境界。这样的课堂必定是有增量的课堂,必定是学有所获的课堂。那么,习作课如何实现增量?我认为习作课应该基于现状,植根原点,巧设情境支架、内容支架、方法支架和评价支架,激活思维、拓宽思维、锤炼思维、提升思维,让每一位学生经历表达与思维同构共生的习作历程。

三、教学案例（片段）

以三年级上册习作《这儿真美》教学为例。

师：同学们，课前老师请大家欣赏一个视频，视频中的哪些景点你觉得特别美？

生：凤凰古镇，远近闻名；畲寨东弄，网红景点；鹤溪河，四季如画……

师：我们的畲乡越来越美，外地小朋友都想到我们畲乡旅游，作为畲乡小主人，你们愿意为他们推荐身边的美景吗？今天我们就来一场畲乡美景推荐小达人评选，评选的主题是——“这儿真美”。

【设计意图】课前播放畲乡美景视频，缓解学生在新环境上课的紧张，而且不露痕迹地将学生引入习作课堂。而“畲乡美景推荐小达人评选”这一活动，有效激起孩子们的兴趣。

（一）分享景点，借助教材拓思路

师：首先我们来分享推荐的景点，拿出预习单，用开火车的方式来说一说。

师：真好，畲乡美景确实多，刚才大家推荐的都是畲乡特别有名的美景，其实身边美丽的地方远不止这些，还有哪些地方也可以推荐呢？

（教师读教材第1、2自然段。）

师：书本给我们提供了思路，请同学们把书翻到84页，默读第1、2自然段，我们还可以推荐身边的哪些美景？

（可以推荐花园、果园，田野、小河）

师：如果让你再推荐一个身边小小的美景，你会推荐哪里？

【设计意图】以往的教学中，大家更加关注课文的预习，习作的预习并没有得到重视。景点的提前准备和分享体现了学生的学习主人翁意识，有效解决了“写什么”的问题。教师适时引导学生阅读教材，让学生通过教材习得方法，可谓“一举两得”。

(二) 三层连夸，借助三夸写中心

1) 用词语夸

师：如果选一个很棒的词语夸夸你推荐的美景，你会用哪个词？

生：我想用“(　　)”夸夸我推荐的(　　)。

2) 用句子夸

师：用一个关键句夸夸你推荐的美景，敢不敢挑战？怎么夸？让我们一起向书本学习。

(1) 阅读例句，发现角度。

师：自由读教材，发现是怎么夸的？

大家：(第一句作者对小花园直接赞美……

第二句作者抓住树林的特点比喻夸……

第三句作者看到池塘的直接感受……)

(2) 学习例句，仿写关键句。

师：让我们也学着写一个句子美美地夸一夸自己推荐的美景。

(3) 展示交流，聚焦关键句。

师：板书：围绕一个意思。

3) 选景物夸

(1) 观看图片，寻找景物。(师 PPT 展示学校图片。)

师：这是我们都非常熟悉的地方，你找到了哪些景物？

(根据同学们的回答出示景物，追问：所有都要写下来吗？哪些可以不要？)

(2) 预习交流，学会筛选。

师：请同学们拿出预习单和同桌交流，有哪些美的景物，哪些可以增加，哪些可以删去。

【设计意图】用词语夸、用句子夸、选景物夸，三层连夸，同时充分使用习作教材和精读课文，循序渐进，梯度行进，“习作的时候，试着围绕一个意思写”中“一个意思”如何表达，并不是教师直接“教的”，而是学生“学的”，在“练”中“习”，在“练”中“得”，在“练”中“会”。

（三）正反两例，借助例子学方法

1）反例激思

师：有个同学很喜欢我们的小广场，写了一段话夸小广场。

（我们的小广场真是美。有高高的棕榈树，有两排银杏树，有一个两层喷泉，还有一个足球小子。）

师：请同学们讨论一下这样的语言有没有写出小广场的美？为什么？

2）正例习法

师：老师带来了一段话，美景夸夸秘籍就藏在其中，我们一起来找找。

（1）出示图片，寻找景物。

（2）出示片段，发现写法。

师：大家自由读，哪里写得特别美？

（围绕主要意思写；一样一样写；比喻、拟人修辞手法；动作、声音、样子等。）

（3）改变呈现，梳理写法。

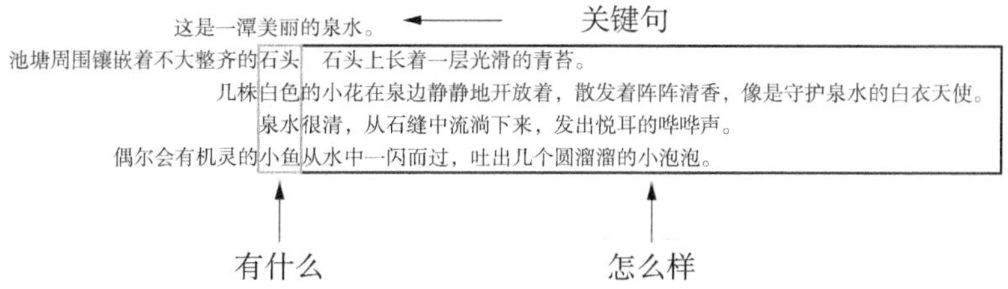

师：要想把美景介绍出来，可以用“有什么”+“怎么样”的方法。

【设计意图】反例的呈现，学生都能说出没写好，但是如何写才是好，学生并不是很清楚，正例的呈现有效解决了这个问题，特别是“有什么”+“怎么样”的发现，是在教师巧妙设计支架的情况下，学生自主发现的，学生不仅能感受到发现的快乐，更有习得的体验，就有了跃跃欲试的习作激情。

（四）现场习作，借助评价促水平

师：同学们，不知不觉中，我们学到了——“有什么”+“怎么样”的方法，接下来我们进入评比关键环节——“小达人”评评评。

（让学生抄下或者先写夸美景的一个关键句。用“有什么”+“怎么样”的方法把美景写清楚。挑战时间8分钟。）

师：你可以写自己推荐的美景，也可以写我们校园的小广场，如果能够用上这个学期学到的新词就更好了。

（①写美景。②评美景。③改美景。）

师：你是几星小达人？恭喜你。

【设计意图】2022版《课标》明确指出，语文教学要体现“教—学—评”一体化意识。习作教学也应是如此，教什么，学什么，写什么，评什么应该一致。评价清单，既是学生习作中方法的提示，更是学生习作后评价的依据，这种一致性的设计，有效解决了当前习作教学中教、学、评割裂的现状。

四、教学案例（片段）反思

习作教学中现实存在四大问题：兴趣不浓，还停留在“要我写”的消极应付中；内容不广，还停留在习作教材列举的几个事例中，不能很好地选择习作内容；方法不够，还停留在简单方法的重复中，不能随着年级的升高或者习作要求的提高而选择运用适当的习作方法；评价不实，还停留在读一遍就算是评价了，不能很好地发挥评价的功效，提升习作水平。面对这些问题，本课例从课程标准、教材编排、课堂改革、学生学情等方面立体思考，搭建丰富的支架：情境支架，激活思维；内容支架，拓宽思维；方法支架，锤炼思维；评价支架，提升思维。在解决习作教学四大问题的过程中进行了有效的探索，也取得了一定的效果。

五、实践导师点评

“习作的时候，试着围绕一个意思写”是本单元的表达语文要素。杨英平老师巧用支架，展开学生学习过程，落实单元语文要素，让学生学有所获。主要体现在：从学生生活入手，介绍畲乡好地方，让学生产生表达欲望；用好习作教材和单元课文，指导学生运用“围绕一个意思写”的方法；以学生熟悉的校园为例，通过不同角度的范例，引导学生进一步感受表达方法；设计评价清单，以评促学，体现教、学、评的一致性。一个个助学支架，使学生的思维与表达共生长。不过，使用助学支架应更好地契合学生的实际需求。

余琴
浙江省教育厅教研室，小学语文教研员，高级教师，省特级教师